근대 동아시아 '유사종교' 연구

—용어 성립과 의미의 변천사 탐색—

근대 동아시아 '유사종교' 연구

-용어 성립과 의미의 변천사 탐색-

권동우 저

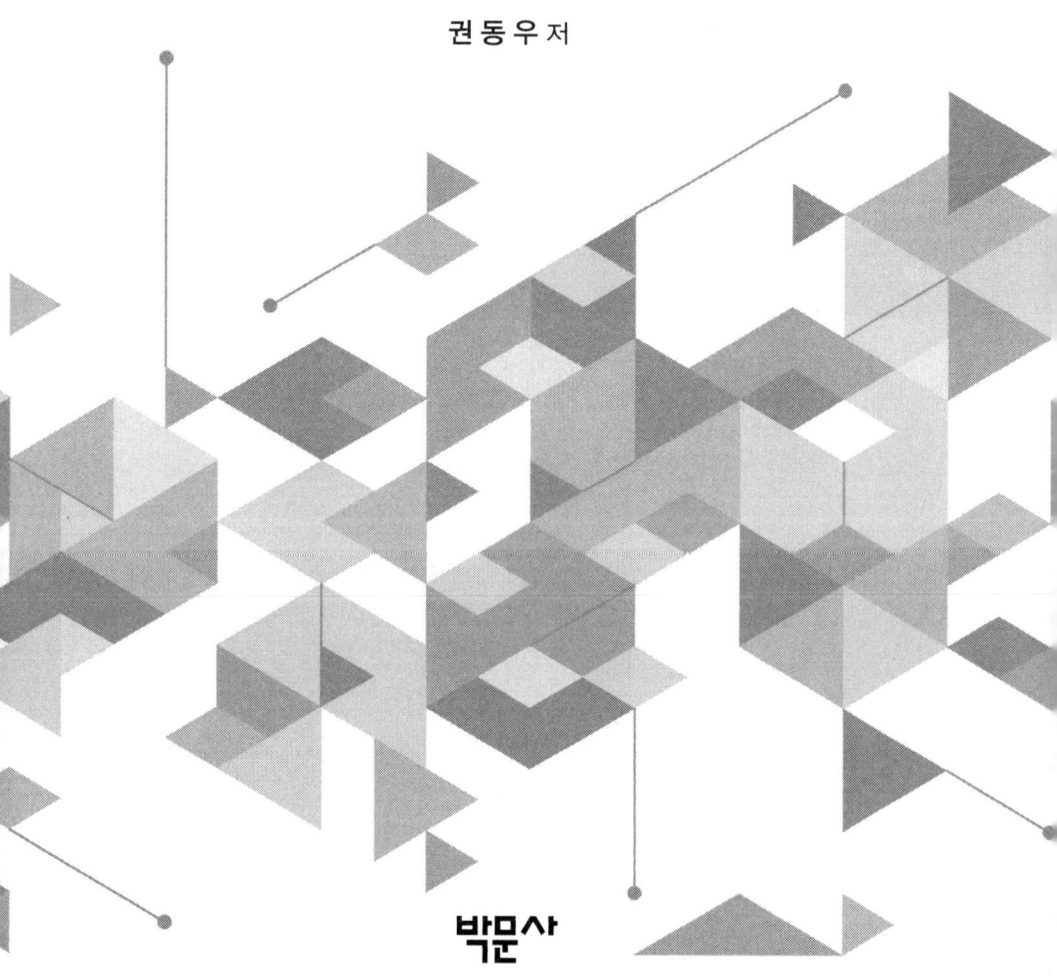

박문사

머리말

필자가 한국신종교 연구에 관심을 가지게 된 것은 스승이신 여산 류병덕 박사님의 영향이 컸다. 1995년 늦깎이로 대학에 입학하여 인연을 맺게 된 여산님은 뒤에 필자가 원불교에 출가하고 학문의 길을 가게 되는데 큰 영향을 주셨다. 일본에서 신화를 연구하게 된 것 또한 '혼붉'사상과 신종교의 관계를 탐구했던 여산님의 문제의식에서 영향을 받았다.

하지만 필자가 일본에서 신화 연구로 박사학위를 취득한 후, 근대 신도 그것도 교파신도를 연구하게 될 것이라고는 생각지도 못한 일이었다. 그 계기는 2013년 한국학진흥사업단의 한국신종교사전 편찬사업에 공동연구원으로 참여하게 되는 시점으로 거슬러 올라간다. 당시 필자는 본격적으로 한국신종교 관련 연구를 진행하게 되었고, 그 과정에서 우연히 '교파신도'라는 존재를 발견했다. 국가신도에만 익숙했던 필자로서 처음에는 이 용어가 무척 낯설고 또 역사와 기본 개념을 이해하는데 적지 않은 시간이 걸렸지만, 일제강점기 한국 사회에 유통되었던 종교의 양상을 파악하기 위해서는 누군가 꼭 연구해야만 할 것이라는 생각을 했었는데, 그 누군가가 결국 나 자신이 되고 말았다.

그런데 교파신도의 연구를 진행하면서도 공인종교로서 신도·불교·기독교와 비공인종교로서 유사종교가 공존하였던 근대종교의 존재 양상과 전체 구조가 좀처럼 선명하게 그려지지 않았다. 왜냐하면 어떤 상황에서는 천리교나 금광교와 같은 교파신도를 유사종교와 동일한 '음사사교(淫祠邪敎)'라고 비판하는 것을 볼 수도 있었고, 또 어떤 경우에는 국가신도와 교파신도가 서로의 경계를 구분할 수 없을 정도로 밀착해 있는 경우를 볼 수도 있었기 때문이다. 한편으로 유사종교라는 표현은 해방 이후 일제에 의한 종교탄압의 대표적인 표현으로 인식되면서 학술용어로서의 사용이 철저하게 배제되는데, 과연 근대 유사종교라는 표현은 오직 국가 주도로만 그 용어가 형성되고 개념이 정착되어 온 것인가라는 의문 또한 명확하게 해소되지 않았다.

그러던 중 2021년 「'유사종교해산령'의 실체에 관한 연구」라는 논문을 쓰게 되면서 일제강점기에 '유사종교해산령'이 없었다는 것을 확실히 확인했고, 또 조선총독부가 종교를 통제하고 관리하는 방식은 결국 법령을 통해 실행되었다는 것도 확인할 수 있었다. 그러면서 문득 떠오른 한 의문이 〈포교규칙〉에서 '종교유사단체'라는 표현을 사용한 것 또한 유사종교를 통제하기 위한 법적 근거를 마련하기 위한 것이었을텐데, 그렇다면 총독부의 관리들을 비롯하여 당시 사회에서는 '종교유사단체'라는 표현이 법령 용어로 채용될 정도로 일반적으로 사용된 것이었을까? 하는 점이었다. 이로부터 시작된 의문을 해소하기 위해 자료를 찾아봤지만 사실상 국내에서 '종교유사단체'라는 표현이 일반적으로 사용된 사례는 찾아볼 수 없었다.

그러다가 우연히 1895년 동학을 '종교유사의 교'라고 표현한 것을 발견하였다. 그래서 국내 자료 가운데 비슷한 표현이 있는지를 찾아봤지만 동학 이외에 이 용어가 적용된 사례는 없었다. 이로부터 이 표현을 사용한 것이 일본 외교관들이었다는 점에 착안하여 시야를 근대 일본으로 옮기게 되었다. 그리고 이처럼 근대 일본의 '종교' 개념 형성과 변화의 흐름 속에서 '종교유사' 또는 '유사종교'라는 용어가 형성되었다는 것을 비로소 확인하게 되었다. 이러한 발견을 계기로 '유사종교'라는 용어가 동아시아(주된 영역은 근대 한국과 일본)에서 어떻게 성립되고 또 변화하면서 한국과 일본의 신생 종교를 규정하는 개념으로 자리를 잡아 갔는지에 대한 의문으로 문제의식이 옮겨갔다.

이러한 의문점에서 출발한 본 연구는 2022년에 한국연구재단 저술출판지원사업의 지원을 받아 본격적으로 시작하였다. 그러나 3년이 넘는 기간 동안 자료조사와 분석을 하면서 알게 된 것은, 생각했던 것보다 유사종교라는 용어의 개념을 정리하는 것이 수월하지 않다는 것이었다. 일본에서 찾은 자료는 그 양이 방대했으며, 이를 일일이 확인하면서 유사종교라는 용어가 지닌 의미와 그 변화의 양상을 확인해 가는 과정은 많은 인내와 체력을 요구했다.

우여곡절을 거쳐 책을 출판하기에 이르렀지만, 결국 근대라는 시기를 통해 유사종교라는 용어가 어떻게 형성되고 그에 대한 인식이 변해갔는지에 대한 대체적인 흐름을 파악하는 정도로 마무리할 수밖에 없었다. 이를 바탕으로 근대의 '종교적 특성' 혹은 유사종교 교단들의 '종교적 정체성' 등으로 시야를 확대하며 세밀한 논의로 나가기 위해서는 더 많은 시간과 노력이 필요할 것이며, 이 한 권의 책에 담아내기에는 너무 광범위한 주제라는 점에서 다음의 과제로 남긴다.

따라서 근대 유사종교에 관한 논의 가운데 본 저술이 차지하는 부분은 극히 일부에 해당하며 이 분야 연구의 기본적인 토대를 제공하는 정도라고 말할 수 있다. 필자의 역량 부족으로 깊은 논의로 이어가지는 못했지만, 이러한 논의의 과정을 통해 많은 과제를 남길 수 있었다는 것, 아니 사실상 근대 유사종교 연구의 첫발을 떼었다는 것만으로도 작으나마 본 연구의 의의를 찾고 싶다.

이처럼 저술 과정에서 보람도 있었고, 마무리에 약간의 아쉬움도 남지만, 무엇보다도 집필을 일찍 마무리되지 못한 필자를 더 자책하게 하는 것은 사이토 히데키(斎藤英喜) 선생님 생전에 출판하지 못한 점이라 할 것이다. 일본에서 박사과정을 지도해주셨고, 항상 연구의 길을 밝혀주신 선생님은 빨리 저술을 마치고 일본어로도 출판해서 재미나게 논의를 이어가 보자고 밝게 웃으면서 격려해 주시곤 했다. 또 초기에 연구의 방향을 잡을 때에도 많은 조언을 해 주셨는데, 완성된 책을 보여드릴 수 없다는 것이 너무 큰 아픔으로 남는다. 비록 늦었지만, 스승님 영전에 죄송한 마음과 깊은 감사의 마음을 담아 이 책을 바친다.

목차

서장(緒章)

1. 문제의식의 소재

근대 이후, 한국뿐만 아니라 일본에서도 '유사종교'라는 용어에는 매우 강한 부정성이 담겨 있다. 그것은 용어 자체가 종교와 비종교의 경계를 의미한다는 점에서 유사종교로 분류되는 교단의 입장에서는 이를 쉽게 수용할 수 없었다. 또한 일본제국이 이 용어의 범주에 속한 교단을 대상으로 엄한 단속과 통제, 그리고 교단 해체라는 탄압을 가하면서 '사교(邪敎)'의 이미지를 강조해 온 것도 하나의 이유일 것이다.

특히 한국에서는 일제강점기 조선총독부의 종교탄압 속에서 형성된 '유사종교=사교'라는 부정적 이미지는 조선이 해방된 후에도 상당히 오랫동안 지속되면서 한국 신종교가 극복해야만 할 큰 멍에가 되어 왔다. 1970년 문화공보부의 지원을 받아 실시되었던『한국 신흥 및 유사종교 실태조사보고서』[1]처럼 유사종교라는 용어는 해방 이후에도 학계에서 일반적으로 통용되고 있었다.

하지만 1970년대 이후 한국 신종교 연구자들 사이에서는 유사종교라는 용어가 일본제국에 의한 민족종교의 규제와 탄압을 의미하는 것이라는 시각이 점점 증가하면서 근대 한국에서 탄생한 종교에 이 용어를 사용하는 경우는 거의 없어졌다.

따라서 1970년대에서 1990년대를 통해 형성해 온 한국 신종교 연구의 동향 가운데 하나는 이러한 유사종교의 부정적 이미지를 탈피

---

1 장병길·류병덕 외 공저,『한국 신흥 및 유사종교실태조사보고서』, 문화공보부, 1970.

하려는 신종교 교단의 열망이 학문을 통해 실현되는 과정이었다고도 볼 수 있다. 곧 무라야마 지준(村山智順)을 비롯하여 일제강점기 일본인에 의해 규정되어 온 근대 한국종교의 부정적 인식을 불식하려는 종교학계의 노력은 근대 한국종교의 성격을 '민족종교'로 규정하고 그 특징을 재정의하는 것을 주된 연구의 과제로 삼아 왔다.[2]

1985년 한국의 신종교 교단들은 '한국민족종교협의회'를 만들어 스스로 민족종교의 색깔을 강화하였으며, 동시에 학계에서는 이들 민족종교가 일제의 종교탄압에 저항하고 투쟁했다는 '민족주의' 이데올로기에 기반한 연구를 반복하면서 그 성과를 오늘까지 이어가는 형국이다.[3] 물론 이러한 연구 과정에서 민족종교에 내재된 '친일(親日)' 혹은 '반민족적' 성향의 역사는 철저하게 봉인되었고, 이는 오히려 근대 한국 신종교가 만들어 온 종교적 실상을 종합적으로 이해할 수 있는 주요 회로를 일부 차단하면서, 근대종교 이해의 저해 요인이 되어 왔다는 점도 부인할 수 없다.

한국에서 1970년대 이후 민족종교에 대한 연구가 활발히 전개되었다면, 일본에서는 같은 시기에 거의 유사한 관점에서 '민중종교(民

---

2 윤이흠, 『한국종교연구』 권1, 집문당, 1986, p.288.
3 신종교를 민족종교로 규정하는 연구는 윤이흠의 『한국종교연구』 시리즈에서 본격적으로 제기한 이후 강돈구, 「한국근대종교운동과 민족주의의 관계에 대한 연구」, 『한국종교연구회회보』 2-1, 1990; 윤이흠, 「한국민족종교의 역사적 실체」, 『한국종교』 23, 1998를 비롯하여 성주현, 「일제강점기 민족종교의 비밀결사와 독립운동자금 모금운동」, 『한국민족운동사연구』 56, 2008; 이경원, 「한국민족종교의 특성과 대순사상」, 『신종교연구』 18, 2008 등 종교학 또는 종교 교단을 중심으로 형성되었으며, 근래의 연구로는 김철수, 「일제시대 민족종교의 조직구성과 근대성」, 『선도문화』 30, 2021; 「민족종교의 항일운동─보천교의 '숨겨진 역사'」, 『유라시아문화』 2, 2020; 전홍석, 「근대 한국민족종교에 대한 세계문명사적 조명」, 『동아시아고대학』 54, 2019 등 다양한 분야로 확대되고 있는 형국이다.

衆宗教)' 논의가 활발히 전개되었다. 그리고 이러한 민중종교 논의는 한국에도 영향을 끼쳐 1980년대 이후 민족종교와 민중종교라는 두 가지 관점이 한국 신종교 연구의 주류를 형성했다.

일본에서 근대종교를 민중종교라는 관점에서 재평가하는 연구는 무라카미 시게요시(村上重良)에 의해 본격적으로 개시된다. 그는 1957년『근대민중종교사의 연구』를 통해 민중종교 연구의 길을 개척하였으며, 1970년대 들어서면서 일본의 민중종교 연구는 일본 역사학계와 종교학계 연구자들 사이에서 주된 연구 방법의 하나로 주목받기 시작한다. 특히 무라카미가 1970년 간행한『국가신도(國家神道)』는 국가신도와 민중종교의 대립적 구조를 확고하게 구축하였고, 이로부터 이른바 '광의의 국가신도' 논의가 본격적으로 시작되었다.

특히 1971년 일본 종교학계와 역사학계의 두 거장인 무라카미와 야스마루 요시오(安丸良夫)가 편찬한『민중종교의 사상』이 발표되면서 민중종교론에 본격 시동을 걸었다. 뒤이어 무라카미는 1974년『혼미치(ほんみち)불경사건 : 천황제와 대결한 민중종교』를 간행함으로써 국가신도와 민중종교의 대립적 양상을 구체적으로 논증하기 시작했다.

또한 시미즈 마사토(清水雅人)의『민중종교의 실상－12인의 교조들』(1972), 야스마루의『데구치오니사부로 저작집2권・해제』(1973), 마쓰노 준코(松野純孝)・시미즈 마사토의 공저인『일본의 민중종교』(1976), 무라카미의『평전 데구치오니사부로』(1978) 등으로 연구가 진행되면서 일본의 민중종교론은 연구방법론을 넘어 점차 실체화된 개념으

로 정착된다.[4]

무라카미는 1977년 구로즈미교, 뇨라이교(如來敎), 곤코교 등의 경전을 '민중종교의 성전(聖典)'이라고 표현하였고, 1979년에는 오모토교(大本敎)의 경전도 민중종교의 성전으로서 소개했다. 야스마루는 1979년 『신들의 메이지유신』을 간행하여 민중종교론 연구를 가속했고, 1980년대와 90년대를 통해 많은 신진 연구자가 이 연구방법론을 기반으로 일본 근대종교의 민중종교적 속성을 논해왔다.

한편 국가신도에 관한 연구는 1994년에 간행된 신도학자 사카모토 고래마루(阪本是丸)의 『국가신도 형성과정의 연구』나 2003년 간행된 닛타 히토시(新田均)의 『「현인신(現人神)」「국가신도」에 대한 환상』 등 무라카미의 논리에 반론을 제기하는 연구가 시작되면서 보수우익 학자들에 의한 '협의의 국가신도' 논리를 형성했다. 하지만 여전히 국가신도에 관한 연구는 무라카미의 국가신도론이 주도적으로 수용되어 온 경향이 있으며, 근래 시마조노 스스무(島薗進)에 의한 『국가신도와 일본인』(2011)을 비롯하여 『메이지대제(明治大帝)의 탄생 -제도(帝都)의 국가신도화』(2019) 등 국가신도와 민중종교를 대립적 관계로 설정하고 논의를 전개하는 방식은 일본 역사학계 및 종교사의 영역에서 여전히 유효하다.

일본에서 민중종교 연구가 활성화되고 있던 1980년 국내에서도 황선명에 의한 『민중종교운동사』가 간행되었고, 뒤이어 1982년에는 『한국근대민중종교사상』, 1985년에는 류병덕의 『한국민중종교

---

4 이로부터 근세말·근대에 출현한 종교들이 점차 민중종교라는 틀에서 자기 교단을 재정의하면서 스스로를 '민중종교'라고 주장하기도 한다.

사상론』이 간행되는 등 민중종교에 대한 연구가 본격화된다.

이에 대해 윤이흠은 한국 신종교를 민족종교의 관점에서 재평가하는 연구의 방향을 제시하였고, 이후 이 민족종교의 연구방법론이 학계와 신종교 교단에 적극 수용된다. 하지만 한국 근대종교를 조선총독부와 민족종교를 탄압과 저항의 이항대립적 관계로 파악하고 있다는 점에서 민중종교론과 민족종교론은 연구방법론의 측면에서 사실상 서로 크게 다르지 않았다.

그런데 최근 역사 연구의 영역에서 제시된 '트랜스내셔널히스토리(Transnational History)'의 방법론이 등장했다. 곧 근대 한국의 역사를 친일과 반일(항일)의 이항대립적 구조로 볼 것이 아니라 두 요소가 복잡하게 얽힌 양가적 영역이 존재했다는 연구 관점이 새롭게 제시된 것이며,[5] 이를 수용하였거나 이와 유사한 관점에서 한국 신종교를 연구하는 동향도 나타나기 시작했다.[6] 근대를 단지 대립하는 두 이데올로기가 충돌하는 양상으로만 보는 것이 아니라, 모순된 논리가 한편으로는 서로 충돌하면서도 묘하게 공존하는 '복합성'의 시대로 재조명하기 시작한 것이다.

이와 같이 근대를 대립과 갈등, 착종과 모순이 공존하는 시대로 마주하려는 시각은 1980년대 이후 친일에 대한 반일(항일)의 프레임에 갇혀 있던 한국 근대종교 연구에 새로운 가능성을 제공하고 있다.

5　윤해동·이소마에 준이치, 『종교와 식민지 근대』, 서울 : 책과함께, 2013.
6　조성운, 『민족종교의 두 얼굴−동학·천도교의 저항과 협력』, 서울 : 선인, 2015; 제점숙, 「근대 한국불교의 '친일−항일' 담론−한국불교 '친일'의미의 다양성」, 『비교일본학』 37, 2016; 권동우, 「교파신도의 조선포교로 보는 근대신도(近代神道)의 이중성」, 『종교연구』 80-1, 2020 등.

실제 근대 한국의 종교 상황을 보면 기존의 전통적인 불교와 유교, 도교 등이 존재하는 가운데 서구 기독교의 유입과 더불어 일본계 종교(불교/신도)가 유입되었다. 이러한 가운데 새롭게 탄생하는 종교단체는 이들과 어떠한 형태로든 관계를 맺거나 영향을 받지 않을 수 없었다. 또한 한국 사회가 근대를 지향하는 가운데 이미 깊이 뿌리 내리고 있던 전근대적 요소의 극복을 요청하는 과도기적 양상을 보이는데, 이러한 과도기적 특징이 투영된 것처럼 신생 종교단체에는 근대성과 전근대성이 혼재해 있었다. 또 보천교의 사례처럼 강한 민족적 성향을 보이면서 독립운동을 지원하는 항일적 행동을 보이다가도 일제의 정책에 적극 호응하는 친일적 양상을 보이기도 한다.

이런 요소들이 복잡하게 얽혀있는 가운데 근대 한국 신종교의 최대 과제는 사실상 '생존'에 있었다. 곧 그들이 일제의 공인교 체제 아래서 근대적 종교를 지향하면서도 대중이 선호하는 전근대적 요소를 수용해 간 것이나, 항일적 모습을 보이면서도 일제에 순응할 수밖에 없었던 이유도 사실상 종교로서 존립 기반이 취약했던 이들이 살아남기 위한 투쟁의 과정이었다고 볼 수 있다. 그리고 실제로 많은 신생 교단이 생존의 문턱을 넘지 못하고 해체 혹은 소멸하였다.

필자는 향후 한국 신종교 연구의 영역에서는 이러한 새로운 관점을 수용하여 한국의 신종교를 착종과 모순이 공존하는 근대의 산물로서 접근해 갈 필요가 있다고 생각했다. 곧 기존의 민족종교 혹은 민중종교라는 프레임에 의해 누락되거나 배제, 봉인되었던 한국 신종교의 다양한 특성을 재조명함으로써 근대종교의 실상에 접근해 가는 것을 주된 연구의 과제로 삼고자 했다.

이를 위해 착안한 것은 바로 '유사종교'라는 용어의 성립과 동아시아적 전개였다. 유사종교라는 용어는 근대라는 시기에 탄생하였으며, 그 적용 영역이 일본과 한국을 넘어 만주까지 확대된 용어로, 일제에 의한 종교탄압의 대표적인 상징처럼 여겨졌다. 일제는 공인교 체제를 도입하여 신도와 불교, 기독교만을 종교로 인정하고 그 외는 비밀결사 혹은 유사종교로 취급하면서 이들에 대해 국가권력을 이용하여 탄압과 교단 해체를 지속해 왔다. 따라서 앞서 밝힌 것처럼 유사종교라는 용어는 근대기 종교에 대한 탄압의 상징적 표현이었으며, 이를 통해 형성된 부정적 인식은 근대종교가 극복해야 하는 숙명적 과제이기도 했다.

그런데 필자는 유사종교라는 용어에 적용되어 온 인식 경향에 몇 가지 의문이 들었다. 첫째는 유사종교라는 용어를 형성하고 의미를 부여해 온 주체는 과연 누구인가라는 점이었고, 둘째는 유사종교라는 용어는 근대를 통해 일관되게 신생 종교단체를 대상으로만 적용하는 용어였는가 하는 점이며, 셋째는 한국과 일본에서 유사종교라는 용어는 동일한 의미로 인식되었는가 아니면 다른 의미의 인식 체계를 만들어 왔는가 하는 점이다.

본 연구는 기본적으로 이러한 문제의식을 기반으로 논의를 시작했으며, 논의의 전개는 근대 일본과 식민지 조선을 왕환(往還)하며 유사종교의 용어 성립 및 의미 변천의 역사를 중심으로 하였다. 전체적으로 위의 문제의식을 반영해 가기 위해서도 이 방식이 가장 바람직하다고 생각했기 때문이다.

당초 본 연구에서는 위의 문제의식을 기반으로 연구의 시야를 확대하여 근대 한국과 일본을 넘어 만주까지 시야를 확보하면서 유사종교가 상호 밀접한 관련을 맺거나 혹은 이 용어의 성립에 두 나라 사이의 문화적 영향 관계가 어떻게 전개되는지도 생각해 보고자 했었다.

하지만 최근 일제강점기 한일 종교의 교류에 대해서는 보천교와 오모토교 산하 인류애선회(人類愛善會)의 교류가 연구되었고,[7] 시야를 동아시아로 확대하여 1920년대에서 1930년대에 걸쳐 오모토교와 만주의 도원(道院)·세계홍만자회(世界紅卍字會)가 서로 교류하면서 아시아주의·초국가주의의 이상을 공유해 갔다는 연구[8] 또한 이루어지고 있다는 점에서 시야를 너무 확대하지는 않고자 한다.

따라서 본 저술은 유사종교라는 용어가 근대를 통해 어떻게 형성되고 또 그것이 식민지 조선과 일본을 왕래하는 과정에서 어떠한 의미 변화를 보이는지, 나아가 일본 정부의 유사종교에 대한 인식 및 대응과 조선총독부의 유사종교에 대한 인식과 대응은 어떠한 유사성과 차이점을 보이는지 등에 대해 살펴보는 것에 집중했다.

또한 기존 연구를 통해 볼 때 유사종교라는 용어는 일본제국이 주변 국가를 침략하고 지배하는 과정에서 각 지역에서 출현하는 신종교들을 통제, 관리하기 위해 만들고 활용한 것으로 이해되어 왔다. 곧 유사종교는 일제가 동아시아 사회 전반의 사상통제를 위해 적극

---

7 朴海仙, 『植民地朝鮮の豫言と民衆宗教』, 法藏館, 2024, pp.119-124.

8 玉置文弥, 「近現代日中におけるアジア主義・超国家主義と「民衆宗教」―大本教と道院・世界紅卍字会の連合運動―」, 東京工業大学 博士學位論文, 2024.

적으로 활용해 간 근대적 개념이라고 보았던 것이다.[9] 그러한 점에서 '유사종교'라는 개념은 대부분 일본 지식인 또는 관료가 중심이 되는 식민지 침탈과 그 과정에서 창출된 근대적 개념이라는 틀이 강하게 작용해 왔다.

이러한 문제의식을 토대로 아오노 마사아키(靑野正明)는 '유사종교'라는 용어가 조선총독부에서 1915년 〈포교규칙〉의 선포에 의해 '종교유사단체'라는 표현을 처음으로 사용하면서 탄생하였다고 보았다. 뒤이어 1919년 일본에서는 '종교유사행위'라는 표현으로 등장한다고 하여 유사종교라는 용어의 원형이 식민지 조선에서 일본으로 건너갔으며, 이후 조선과 일본을 왕래하면서 정착되었다고 주장했다.[10]

하지만 이 용어는 사실 1800년대 후반 일본에서 처음 사용된 정황이 발견되며, 이미 1895년 동학을 '종교유사의 교(敎)'라고 표현하는 등 그 사용의 사례가 빈번하게 등장하는 것을 확인할 수 있다. 또한 1900년대 초반에도 종교유사단체라는 표현이 일본의 언론이나 문헌 등에 자주 등장한다는 점에서 이 용어의 시작은 식민지 조선이 아니라 19세기 말의 일본에서 비롯된다는 것을 알 수 있다.

이후 종교유사단체와 유사종교라는 용어는 상호 보완적으로 사용되며, 일본제국의 근대화 및 식민지 개척과 연동하는 사상통제의 틀 속에서 개념이 정착되어 간다. 물론 당시 동아시아에는 이와 흡사한

---

9 가쓰라지마 노부히로, 「종교개념과 국가신도론」(윤해동·이소마에 준이치, 앞의 책, p.162)
10 아오노 마사아키, 「조선총독부의 신사정책과 유사종교」(윤해동·이소마에 준이치, 앞의 책, pp.201-209)

의미를 지닌 '의사종교(疑似宗敎)', '신흥종교(新興宗敎)', '사이비종교(似而非宗敎)' 등의 표현이 혼재했으며, 그에 내포된 의미는 '비종교'적이라는 속성으로 서로 친근성과 동질성을 지닌다. 다만 어떠한 용어를 사용하느냐에 따라 당시 유사종교 그룹에 속한 종교단체에 대한 이미지에 큰 변화가 나타난다는 것을 알 수 있다.

특히 계몽적 사회 지식층을 중심으로 유사종교 전반에 대해 '미신(迷信)', '사교(邪敎)', '음사사교(淫祠邪敎)' 등의 이미지를 덧씌우면서 사회에서 퇴출해야 할 대상으로 삼는데,[11] 이러한 인식 경향은 조선과 일본을 통해 거의 동시다발적으로 나타나는 현상이었다. 하지만 한편으로 일본에서는 유사종교에 이슬람교, 힌두교, 라마교 등이 포함되면서 용어에 대한 해석의 방향이 전환된다. 이에 비해, 식민지 조선에서는 유사종교를 미신이나 사교로 인식하는 경향이 고착된다.

이러한 차이에서 발견되는 한 가지 특징은, 근대 유사종교에 대한 논의가 초창기에는 대부분 일본 정부 소속의 관료나 정치인, 군인 등에 의해 주도되다가, 뒤에는 그 범위가 점차 확대되어 일본 내 지식인층을 중심으로 논의가 활발히 전개된다는 점이다. 곧 19세기 후반부터 일본에서는 유사종교 논의가 시작되며, 1920년대 초반에는 급격히 세력을 확장하는 오모토교에 대한 단속의 필요성이 제기되

---

11 青野正明,「植民地期朝鮮における「類似宗敎」概念」,『国際文化論集』43, 桃山学院大学国際教養学部, 2010; 島田裕己,「新宗敎批判の歴史的変遷―天理敎, 創価学会, オウム真理敎を事例に」,『宗敎研究』82-2, 2008; 孫江,「宗敎結社、権力と植民地支配―「満州国」における宗敎結社の統合」,『日本研究』24, 国際日本文化研究センター, 2002.

었고, 1926년 이후 종교법안이나 〈종교단체법〉을 구상하는 과정에서 유사종교에 대한 종교학적 위상 정립을 둘러싼 논의 등이 반복적으로 전개되었다.

이러한 논의의 과정에는 불교와 기독교의 주요 인사들이 대거 참여하며, 전통적 의료를 계승해 왔던 유사종교 단체를 향한 의약업계의 반발적 논의, 사회주의자들이 종교무용론을 전개하는 과정에서 파생되는 유사종교 관련 논의, 종교학자들에 의한 유사종교의 범주와 성격을 규정하는 논의 등, 다양한 관점에서 유사종교에 대한 논의는 전개되었다. 물론 그 가운데 대부분이 이들의 미신성을 강조하며 음사사교로 규정하고 그에 대한 단속의 필요성을 주장하는 것이었지만, 이러한 논의는 결과적으로 유사종교라는 용어에 포함된 의미가 단조롭지 않고 많은 변화의 추이를 생산하고 있다는 것을 보여준다.

이에 대해 식민지 조선에서는 1915년 〈포교규칙〉이 제정되고 종교유사단체라는 용어가 법률 용어로 등장하지만, 이 규칙이 제정되는 과정에서 유사종교 관련 논의는 사실상 전혀 없었다. 또한 1919년 3·1운동 이후 조선총독부는 유사종교를 비밀결사와 연동하여 미신으로서 탄압의 고삐를 죄여 나가는데, 이러한 과정에서도 유사종교에 대한 논의는 거의 찾아볼 수 없다. 물론 1925년 최남선에 의해 유사종교가 민족의 종교성을 계승하고 있다는 논의가 나오기는 하지만 사실상 유사종교에 대한 부정적 이미지는 조선총독부 주도로 생산되고 확대되었다.

또한 유사종교에 대한 단순한 이미지를 넘어 이들의 계통을 구분하거나 그에 수반되는 특정 교단의 종교적 속성 등 세부적인 영역도 조선총독부에 속한 촉탁들이나 경찰에 의해 기본 체계가 구축된다. 따라서 식민지 조선에서 유사종교를 둘러싼 거의 모든 인식은 철저하게 조선총독부라는 공적 집단에서 규정한 범주 내에서 이루어지며, 그렇게 형성된 자료가 각종 언론을 통해 소비되면서 부정적 이미지를 재생산·재구축하는 구조를 만들어왔다.

이처럼 근대 유사종교에 대한 인식 형성에 있어서 식민지 조선과 일본은 기본적으로 다른 토대 위에 서 있었다. 근대 일본이 '종교'라는 용어의 개념을 정착시켜 가는 과정이 있었고, 유사종교 또한 그러한 논의에서 파생된 것임이 분명하다는 점에서 유사종교를 둘러싼 '근대성'의 논의는 중요한 것이었다. 하지만 식민지 조선에서 이뤄지는 유사종교에 관한 논의는 식민 지배라는 통치 구조 속에서 조선총독부의 관료들이 적극적으로 대립과 저항의 구도를 형성해 왔다고 볼 수 있다. 곧 해방 후 식민지배와 민족종교의 대립 구도를 형성한 것은 핍박받은 민족종교 측이 아니라 오히려 지배자인 조선총독부였다는 것이다.

그러므로 근대 유사종교에 대한 논의를 전개하기 위해서는 식민지 조선과 일본의 지역적 상황에 따른 차별화된 시각을 전제할 필요가 있다. 단지 유사종교라는 단어를 공유했다고 해서 그것이 적용되는 의미까지도 같은 것은 아니었다. 이에 본 저술에서는 식민지 조선과 일본 사회에서 나타나는 유사종교라는 용어를 둘러싼 인식변화의 차이를 세부적으로 밝히면서 그 심층으로 논의의 시각을 옮겨가고자 하는 것이다.

2. 연구사적 검토

　일본이 아시아·태평양 전쟁에서 패배하기 이전에는 오직 신도, 불교, 기독교만 종교로서 공인(公認)하는 공인교제도를 도입하고 있었으며, 이러한 정책은 식민지 조선에도 동일하게 적용되었다. 종교 활동을 하고자 하는 모든 단체는 반드시 신도 교파에 속하는 교회로 등록하거나 혹은 불교의 종파, 기독교의 교회로 등록하지 않으면 안 되었다. 따라서 일본 근대사회가 형성되는 초기에는 온묘도(陰陽道), 슈겐도(修驗道) 등 민간을 통해 전승해 오던 주술적 종교행위자의 대부분이 교파신도나 불교계의 종파로 소속되어 종교 행위를 지속할 수밖에 없었다.

　이러한 교파에 소속되지 못한 채 비공인의 상태로 종교 행위를 지속했던 단체들은 1939년 〈종교단체법〉이 제정되면서 일본 정부가 행정상 이들을 종교결사(宗敎結社)로 취급하였고, 문부성에서 관리를 해 갔다. 다만 이 법이 제정되기 이전의 일본 사회에서는 신생 교단이면서도 공식 종교로 등록되지 않은 이들을 '종교유사단체' 혹은 '유사종교'라고 불렀으며, 경찰에서 이들의 관리를 맡았다. 아시아·태평양 전쟁 패전 후, 〈종교법인령(宗敎法人令)〉에 제정됨에 따라 과거의 유사종교들이 모두 종교법인으로 등록하여 종교활동을 하게 됨으로써 포교의 자유를 얻었지만, 근대를 통해 대부분의 유사종교 단체는 각종 언론이나 잡지를 통해 주된 비난과 공격의 대상이 되었고, 또 국가권력의 통제와 탄압을 받으면서 포교 활동을 지속해야만 했다.

일본인에게는 패전의 시공간, 한국인에게는 해방의 시공간을 통해서도 유사종교라는 표현은 한동안 유지되었다. 그러나 이 용어는 점차 근대의 잔재(殘滓)로 인식되면서 사실상 학문적 영역에서 거의 사라진다. 이후 유사종교는 19세기 후반부터 20세기 중반까지 한국과 일본 등 동아시아에서 신종교를 행정적으로 규정하고 탄압했던 역사 용어로만 남게 된다. 그러한 이유에서인지 한국과 일본에서 유사종교라는 용어를 전면에 내세운 연구는 그다지 많지 않았다. 더욱이 근대종교를 규정하는 새로운 연구 방법으로 '신종교'나 '민중종교'가 등장하면서 유사종교는 더욱 그 존재감을 상실해 갔다.

1990년 일본에서 간행된 『신종교사전(新宗敎事典)』의 첫머리에서는 신종교의 개념과 발생에 대해 언급하면서 다음과 같이 기술하고 있다.

> 현재 사용하고 있는 '신종교'라는 말이 사용된 사례의 직접 원천은 아마도 쇼와 25년(1950) 즈음으로 거슬러 올라간다. 현재 신종교의 최대 연합조직으로서 활발한 활동을 하고 있던 '신일본종교단체연합회(新日本宗敎團體連合會)' 이른바 '신종련'은 쇼와 26년에 결성되었는데, 그것은 당시 결성 단계에 있었던 두 연합조직인 '신종교단체연합회'와 '일본신종교연합'의 합병에 의한 것이었다. 이 두 단체가 모두 '신종교'라는 단어를 명칭의 중간에 포함하고 있던 것은, 당시의 시대 분위기를 말하여주는 것일 것이다.[12]

---

12 井上順孝 外 編,『新宗敎事典』, 弘文堂, 1990, p.2.

여기서는 일본에서 신종교라는 표현을 채용하기 시작한 것이 1950년대 일본의 패전 후 혼란을 상징하는 현상으로 사용해 온 '신흥종교'라는 용어의 부정성을 탈피하려는 것에서 기인한다고 했다.[13] 하지만 필자는 오히려 '신종교'라는 표현은 근대를 통해 형성되어 온 유사종교 또는 신흥종교라는 용어가 지닌 부정적 이미지를 탈각(脫殼)하려는 의도가 더 강하게 포함되어 있다고 생각한다.

신종교라는 표현은 그 자체 '새로운 종교'라는 뜻이라는 점에서 기성종교와 대별되는 용어로 사용되는 경향이 있다. 하지만 근대 일본 사회에서 신종교는 가마쿠라시대를 기점으로 새롭게 등장하는 정토종이나 선종, 일련종 등을 남도육종(南都六宗)에 대비되는 혁신적 불교로서 표현하는 경우가 많았다. 이는 단지 과거 불교와 차별화되는 것만이 아니라, 새로운 시대를 향도하고 개척하는 신사조(新思潮)의 의미가 강하게 내포되어 있었다.

또한 덴리교(天理敎)나 오모토교, 세이쵸노이에(生長の家) 등 근대 유사종교로 분류되거나 사회적으로 음사사교로 지탄받던 교단이 자신들을 표현할 때 유사종교라는 부정성을 완곡히 배제하고자 스스로 '신종교' 또는 '신종교운동'으로 호칭하는 경향도 상당히 발견된다.

물론 근대를 통해 신종교라는 표현이 무조건 긍정적 의미로만 수용된 것은 아니었지만, 적어도 근대를 통해 유사종교의 '유사성'이 부여하는 부정적 이미지, 곧 종교인 것처럼 보이지만 실상은 수준이 낮은 것이라는 부정적 인식에서 벗어나, 기성종교와 대비되는 혁신

---

13 위의 책, p.3.

적이고 신선한 의미를 담은 신종교로 칭함으로써 온전한 '종교'로 인정받기를 선호하였다는 것은 분명하다.

한국 사회에서도 해방 후 유사종교라는 표현은 한동안 사용되었다. 다만 일제라는 국가권력에 의해 형성되고 적용되어 온 용어라는 인식이 점차 강조되면서 이 용어는 일제에 의한 민족종교 탄압을 상징하게 되었고, 학계와 종교계에서는 일종의 금기어처럼 그 표현이 서서히 사라져 갔다.

해방 이후 한국에서 유사종교 연구는 장병길, 류병덕 두 학자를 중심으로 주도되었다고 볼 수 있다. 장병길은 일제강점기의 학문적 토대를 바탕으로 유사종교를 민간신앙과 연계하는 속에서 이들의 특징을 규정하였다. 곧 그는 유사종교가 "집단의 요소를 갖고 있으나 집단을 형성할 조건을 충분히 갖지 못한 것"이라 하였고, 또 사회 하층에 의해 받아들여진 종교라고 하면서 고등종교와 차별화했다.[14] 종교진화론의 관점에서 유사종교를 고등종교에 미치지 못하는 것으로 규정한 것이다. 한편으로 그는 유사종교와 신흥종교를 구별하였고, 해방 후 한국전쟁을 거치는 과정에서 탄생한 새로운 종교를 신흥종교라고 하면서 이들은 유사종교보다 저열한 것이라고 평가했다.

류병덕도 또한 유사종교와 신흥종교를 구별하였는데, 다만 그는 장병길과 다른 시각을 보인다. 곧 류병덕은 일제강점기에 형성된 민중종교를 신흥종교로 규정하면서 유사종교와 차별화하려고 시도한

---

14 장병길, 「변모하는 부락사회 ─ 유사종교부락 대중신앙의 집합체」, 『지방행정』 15권 155호, 대한지방행정공제회, 1966, p.52.

다. 그는 유사종교라는 개념이 일제강점기를 통해 형성된 것인데, 해방 이후 일부 학자들이 신흥종교를 일괄적으로 유사종교로 규정하는 것에 반발하였으며, 신흥종교와 유사종교를 구분하기 위한 '유사종교론'의 구축을 시도했다.[15] 이미 고착된 유사종교의 부정적 인식에서 벗어나기 위해 '신흥종교'라는 새로운 관점을 도입한 것은, 일본에서 패전 후 유사종교의 개념을 수용하지 않고 신흥종교로서 그 개념을 새롭게 정립하려 했던 의도와 상통한다.

이후 한국 신종교 연구에 있어서 유사종교라는 개념은 사실상 일본제국이 민족종교 혹은 민중종교에게 덧씌운 굴레와 같은 것이라는 인식이 점차 강화된다. 특히 윤이흠은 근대 한국 신종교를 민족종교라고 규정하면서 "한국민족종교가 가장 견디기 어려운 시련이 유사종교와 사이비종교라는 굴레이다. (중략) 그런데 유사종교와 사이비종교라는 개념은 일제의 식민지 정책수행을 위해 취해진 것이다"[16]라고 하였다. 특히 그는 일제강점기 종교정책이 '공인종교'와 '유사종교'로 나뉘는 이중기준에서 유사종교라는 용어가 기인한 것이라는 점과 유사종교라는 용어의 시작이 1915년 〈포교규칙〉에서 처음 사용된 것이라고 주장했다.

황필호는 이처럼 한국 신종교를 민족종교로 규정하려는 노력이 이루어짐에도 불구하고 여전히 학계에는 유사종교와 사이비종교에 대한 관념이 강하게 자리잡고 있음을 비판했다. 그는 일제강점기를

---

15 류병덕, 「한국 신흥종교의 유사종교 규정에 관한 연구」, 『원광대학교논문집』 4, 원광대학교, 1969, p.228.

16 윤이흠, 「한국민족종교의 역사적 실체」, 『한국종교』 22, 원광대 종교문제연구소, 1988, pp.101-115.

통해 신종교를 견제하기 위한 관념에서 낙인찍은 '유사종교'의 꼬리표를 떼지 못하고 있으며, 따라서 신종교 지도자들이 '민족종교'라는 새 이름표를 가지고자 애쓰는 것은 이에 부응하려는 노력이라고 주장했다.[17]

이러한 흐름 속에서 윤승용은 "민족운동을 탄압하고 식민지 지배를 효과적으로 관철하려는 조선총독부의 정치적 목적이 유사종교라는 새로운 정치적 범주를 만들어냈다고 볼 수 있다"[18]라고 하면서 일제가 의도적으로 유사종교론을 전개함으로써 한국의 민중종교를 유사종교로 규정했다는 논지를 전개했다. 일제가 당시 출현한 새로운 종교를 모두 유사종교라고 한 것 자체가 '정치적 목적'이라고 판단한 것이다.

이상과 같이 한국의 종교 연구에서 유사종교에 대한 인식은 일제강점기 민족종교에 대한 '탄압'을 목적으로 만들어진 개념이라는 것이 지배적이었다.

그런데 이러한 국내의 유사종교 연구에 대해 새로운 관점을 제시한 것이 아오노 마사아키였다. 그는 조선의 유사종교와 일본의 유사종교 개념을 '법령' 중심으로 비교 검토하면서 유사종교라는 용어의 유래와 변화의 양상을 분석하였다. 먼저 그는 용어적으로 '종교유사단체'는 조선총독부의 〈포교규칙〉에서 처음 사용되지만, 유사종교라는 용어가 일반화되는 것은 1920년대 이후 일본에서 유사종교라

---

17 황필호, 「종교 다시 쓰기 – 한국종교연구회 『종교 다시 읽기』를 읽고」, 『종교연구』 24, 한국종교학회, 2001, p.214.
18 윤승용, 「동아시아 종교의 근대화과 그 한계 – 동아시아의 민중종교를 중심으로」, 『한국종교』 43, 원광대 종교문제연구소, 2008, p.114.

는 말이 사용되면서 그 영향을 받은 것이라고 주장했다.[19]

또한 그는 조선총독부의 유사종교에 대한 정책이 '회유'에서 '단속'으로 변하게 된 기점을 1919년 3·1운동 이후라는 점에 주목하면서 유사종교에 대한 정책이 법령과 더불어 어떠한 변화를 보이는지 분석하였다.[20] 유사종교가 반드시 민족종교의 '탄압'을 목적으로 만들어진 것은 아니며, 시기적으로 그 의미가 변모하게 된 것이라는 연구가 실증적인 사료분석을 바탕으로 구체화하기 시작한 것이라고 평가할 수 있다.

이러한 아오노의 연구 성과에 대해 국내 일부 학자는 "조선에서의 유사종교 개념을 제대로 이해하기 위해서는 먼저 일본에서의 유사종교 개념의 출현을 고찰하지 않으면 안 된다"[21]라고 하면서 향후 '유사종교' 연구가 동아시아 전반을 시야에 넣은 상태로 새롭게 전개되어야 할 것이라는 방향을 제시하였다는 점에서 주목할 필요가 있다. 다만 이러한 방향 제시가 곧바로 실제 연구로 활성화되지는 못했다.

최근 고병철은 일제강점기에 법령으로서 '유사종교해산령'이라는 것이 실제 존재하지 않았다는 것을 밝힘으로써, 근대 이후 국내에서 행해져 온 신종교 연구의 허점을 지적한 바 있다. 일제강점기 조

---

19 青野正明, 「朝鮮総督府の「心田開発運動」と「類似宗教」弾圧政策」, 『일본학』 31, 동국대 일본학연구소, 2010, pp.161-184.

20 青野正明, 『植民地朝鮮の民族宗教 : 国家神道体制下の「類似宗教」論』, 法藏館, 2018, pp.142-149.

21 박광수·조성환, 「근대 일본의 '종교' 개념과 종교의 도구화」, 『신종교연구』 34, 한국신종교학회, 2016, p.218.

선총독부의 법체계 등 사료에 바탕한 실증적 연구의 필요성을 제기한 점에서 주목된다.[22] 필자는 '유사종교해산령'이라는 실제 법령은 존재하지 않았다는 고병철의 주장을 계승하면서도 조선총독부가 각 지역 경찰에 '유사종교'에 대한 탄압을 지시하였고, 각 지역 경찰이 탄압의 지침을 마련하여 교단을 해체했던 정황에 대해 구체적으로 분석했다.[23] 과거 국내 유사종교 연구가 실증적이지 못했던 것을 비판함과 동시에 사실관계를 명확하게 재검토하면서 연구의 기초를 다시 수립하려는 노력이 최근 들어 본격적으로 이루어지고 있다.

한편 박인규는 1911년『조선총독부시정연보』제31절에서는 '종교유사급상사관계(宗教類似及商事関係)'라는 표현이 있었으며, 더 거슬러 올라가면 1895년『주한일본공사관기록(駐韓日本公使館記錄)』에 동학을 '종교유사의 교(教)'라고 기록한 내용이 확인된다는 점을 들어 조선에서〈포교규칙〉이 선포되기 이전에 이미 '종교유사의' 용어가 존재했다는 것을 확인하였다.[24] '종교유사단체'라는 표현이〈포교규칙〉에서 시작됐다는 기존의 학설이 정설로 굳어지는 상황에서 새로운 사료를 통해 그 시야를 확장했다는 점에 의의가 크다. 특히 용어 성립사의 측면에서 일본 경찰의 자료를 인용하고『조선총독부시정연보』에 주목하는 등 기존의 연구보다 시야를 확대하면서 유사종교 연구의 새로운 방향을 제기하였다.

---

22 고병철,『일제하 종교 법규와 정책, 그리고 대응』, 박문사, 2019, p.390.

23 권동우,「'유사종교해산령'의 실체에 관한 연구 - '무극도' 사례를 중심으로」,『한국학』44-4, 한국학중앙연구원, 2021, pp.42-72. 본 저술의 제7장에서는 해당 논고를 수정 보완하여 수록함.

24 박인규, 앞의 글, pp.6-7.

하지만 대부분의 연구자료가 여전히 국내에서 생성된 것을 주로 사용하면서 '유사종교'에 대한 용어 성립과 이를 둘러싼 인식변화의 측면에서는 여전히 한계를 보인다. 예를 들면 박인규는 〈포교규칙〉이 선포되기 전 일본인들은 조선의 종교(특히 동학)를 '종교'로 인식하였고, 이들을 '미신'으로 규정하는 것은 1930년대 유사종교라는 용어가 구체화한 이후라고 주장했는데, 이미 1890년대 동학을 '미신'으로 인식하는 경향이 강하게 표출되고 있다는 것을 확인할 수 있다.[25] 또한 그는 종교유사단체와 유사종교를 용어의 사용 시기에 따라 구별하면서 이에 의미 부여를 시도했으나, 실제 이 두 용어는 1890년대부터 1940년대까지 혼용되어 왔다는 점에서 여전히 용어의 성립과 변천을 둘러싼 논의의 재검토가 필요하다고 생각했다.

이상과 같이 기존의 연구를 통해 볼 때 유사종교라는 용어는 주로 일제강점기 조선총독부에 의해 민족종교의 탄압을 주된 목적으로 사용되었다는 관점에서 논의되거나, 혹은 용어의 성립사적 측면에서는 종교유사단체에서 유사종교로 변화하는 것을 분석하는 것이 주된 과제였다. 다만 이러한 연구조차도 대부분이 국내에 남겨진 자료에 한정하여 연구를 진행하였다는 점에서 근대 동아시아에 널리 유포되었던 유사종교 개념의 성립과 변화를 분석하는 데에는 분명 한계가 있었다.

다른 한편으로 검토해야 할 점은, 19세기 후반부터 20세기 초까지

---

25 가토 마쓰오(加藤增雄)가 1894년 12월 3일 보고한 「東學徒 鎭壓의 先後策에 관한 具申」(『駐韓日本公使館記錄』)에 보면 동학을 '종교미신자'라고 하여 이들에 대해 이미 '미신'이라고 하였으며, 이러한 인식은 1895년 일본 지식인들 사이에서 일반화되기 시작한다.

형성되는 종교에 관한 언설에서 한국인들에 의한 새로운 논의의 전개를 찾아보는 것은 쉽지 않다는 것이다. 특히 유사종교의 용어가 성립하고 의미가 변화하는 과정을 볼 때, 1920년대 중반에 이각종과 최남선이 일부 논의를 전개하는 것 외에 실질적으로 한국인의 관여는 거의 없었다.

실제로 근대 유사종교 용어 성립과 변화는 일본의 관료나 지식인들의 역할이 대부분이었다. 그러므로 근대 유사종교에 대한 논의가 본격적으로 이루어지기 위해서는 근대 일본에서 생산된 문헌을 세밀히 살필 필요가 있다. 하지만 그동안 역사 연구나 종교 연구 분야가 주로 일국사(一國史) 중심으로 형성되어 오는 가운데 유사종교처럼 동아시아를 통해 형성되고 유통된 용어에 대해 그 형성 과정과 변화까지는 시야를 확대하지 못한 경향이 있다. 이는 비단 한국에만 국한된 것이 아닌 것으로, 일본에서도 근대 유사종교 관련 연구가 극히 적은 것은, 전후 일본 사회에서도 이 용어가 지닌 부정성을 극복하지 못한 결과라고 생각한다.

패전 후 일본에서도 유사종교라는 용어가 갑자기 사라진 것은 아니었다. 불교나 신도에서는 여전히 새롭게 출현하는 종교를 신흥종교 또는 유사종교라고 표현하였다. 이들은 사교와 미신, 혹은 현세이익의 병 치료를 위주로 하는 집단이라고 폄훼하면서 보편종교와 거리를 두려고 했다. 이러한 양상을 잘 보여주는 것이, 1947년 매일신문사에서 발행한 『매일연감』의 다음 내용이다.

【유사종교】종교의 자유확립과 함께 기성종교에 섞여서 쇼와21년

(1946) 초부터 이른바 신흥유사종교의 무리가 머리를 내밀고 있는데, 이에 대해서 총사령부 민간정부교육부 종교과장 W · K · 반스 박사는 21년 10월 4일 다음의 담화를 발표하여 국민의 자각을 촉구했다.

종교의 자유에 대해서 이전의 공인되었던 종교의 그늘에 숨어서 존속해 온 비공인의 종교, 국민의 건강상 요망되지 않는 종교가 나타나기도 하지만, 이를 우려하여 어떤 것이 참 종교인가에 대한 재정권(裁定權)을 정부에 되돌린다는 것은 잘못된 것이다. 형법에는 불건전한 활동을 방지하는 충분한 규정이 있고, 가짜 종교로서가 아니라 국민의 건강에 유해한 행위를 범하는 것으로서 고소할 수 있으며, 이러한 종교를 재정적 권위 아래 두는 것이 아니라 보통의 법 아래서 가늠하게 하는 것이 가장 바람직하다고 생각한다. 따라서 신앙의 분야에 있어서 국민은 홀로 걸어가지 않으면 안 된다.[26]

이는 일본의 패전 후 연합국군최고사령부(GHQ)의 통치 아래서 종교의 자유가 허락된 이래로 과거처럼 국가에 의한 종교의 통제와 탄압은 더 이상 허용되지 않는다는 내용의 담화를 비평하는 기사이다. 〈종교법인령〉의 시행으로 유사종교에 대한 국가의 통제는 사라졌지만, 불교계에서는 여전히 신생 종교를 유사종교라고 칭하면서 부정적 이미지를 부각하고 있다.

사실 1947년 일본에서는 새롭게 탄생한 지우교(璽宇教)라는 종교로 인해 한바탕 소동이 일었다. 당대 최고의 바둑기사였던 오청원(吳

---

26 每日新聞社 編,『每日年鑑 1947』, 每日新聞社, 1947, p.358.

淸源, 우친웬)과 일본 인기 스포츠인 스모(相撲)에서 요코즈나(橫綱)를 지냈던 후타바야마(双葉山) 등이 지우교에 합류하면서 이 교단은 일본 사회의 최대 관심사로 떠올랐다.

지우교에서는 1945년 천황의 '인간선언' 후, 천황의 '신성(神性)'이 지우손(璽宇尊)인 나가오카 요시코(長岡良子)에게 옮겨왔음을 선언하고 연호를 영수(靈壽)라고 하였으며, 쇼와 21년을 새로운 천황 치세의 원년으로 하였다. 이 교단에서는 가까운 시일에 천변지이(天變地異)가 일어나 전 지구의 인구 3분의 2가 죽게 되지만, 지우손의 가호 아래 살아남은 사람 가운데 가츠키 도쿠지로(勝木德次郎)가 수상(首相)이 되고, 오청원이나 후타바야마 등이 내각대신을 조직하여 새로운 이상세계를 만든다고 했다. 이들은 후지산 아래에 황궁을 짓고 황태자를 맞이해서 세계 개조의 다카마노하라(高天原)를 실현한다는 구상 아래 모든 국경과 국민, 언어를 초월해서 '하나의 세계'를 이룰 것이라는 이상향을 제시했다.[27]

이 소동은 패전 후 천황의 '인간선언'을 계기로 그 신성한 힘을 자신들의 교조가 계승했다는 주장이 곳곳에서 속출하는 가운데 나타난 현상 중 하나였다. 다만 인류의 종말 이후 자신들의 교단을 중심으로 새로운 왕국을 건설하고 그곳으로부터 새로운 이상향이 도래한다는 것은, 근대 한국에서 나타난 남조선신앙의 유형과 매우 흡사한 양상을 보인다는 점에서 매우 흥미롭다. 근대 이후의 일본 종교가 한국 신종교와 유사한 말세관과 새로운 이상향 건설을 지향한다고

---

27 「暴かれた璽宇の生態」石川文化懇話会 編, 『文華』14, 北国毎日新聞社, 1947, pp.28-31.

하는 이러한 사상은, 향후 근대 이후의 한국과 일본 신종교의 비교 혹은 교류라는 측면에서 반드시 다루어 보고 싶은 주제이다.

패전 후 일본의 종교적 상황은 상당히 혼란한 상태였으며, 그 가운데 속출하는 종교를 신흥종교 또는 유사종교라고 칭하면서 이들의 범람을 우려하는 목소리가 컸다. 특히 의료계와 전후 공산주의 사상가들을 중심으로 유사종교 비판이 강하게 나타나며, 불교 및 기독교계를 중심으로 한 비판 또한 상당한 기간 끊임없이 제기되었다.

이에 대해 오기노 츠토무(荻野勉)는 1947년 「신흥종교의 발생과 교세」에서 "종교단체가 국가적 혹은 법제적 규정의 영향을 받고 있던 시대, 유사종교로서 부당한 판정을 받고 있던 것들은 당연히 종교단체로서 취급해야 할 것이다"라고 하면서 유사종교를 '신흥종교' 곧 온전한 '종교'로서 다루어야 한다고 주장하였다. 그러면서 오기노는 신흥종교 발생의 직접 계기는 〈종교단체법〉의 폐지와 신사신도(神社神道)에 대한 정부 지원의 폐지 등에 관한 연합국군최고사령부의 지령인 〈신도지령(神道指令)〉이 발포된 것에서 찾고 있다. 곧 일본 정부가 패전 이전 〈종교단체법〉을 제정하여 유사종교를 '종교결사'로 규정하였지만, 포교의 자유가 허락됨에 따라 많은 신생 종교들이 탄생하였고, 그는 이들을 '신흥종교' 또는 '신종교'로 재정의할 수 있게 되었다고 주장한 것이다.[28]

또한 1951년 다나카 후지코(田中富士子)는 전후 니치렌슈기(日蓮主義)

---

28 荻野勉, 「新興宗教の發生と敎勢」, 『宗敎時報』 1-5, 宗敎時報社, 1947, pp.24-32.

의 새로운 방향을 모색하는 『참종교의 문』에서 "기성종교에는 성이 차지 않는 세상 사람들의 관심을 모아서 실로 어마어마한 수의 신흥종교가 유행하고 있는데, 그중에는 단순한 현세이익의 신심이라던가 영혼신앙 정도로 정리되지 않는 이른바 근대적 또는 윤리적인 성격을 지니고 있어서 새로운 종교 도덕을 추구하는 민중들로부터 환영받는 것들이 매우 많다"[29]라고 하면서 '세이쵸노이에(生長の家)'를 그 예로 들었다. 신흥종교의 양상을 현세이익 추구의 단순한 것부터 근대적인 윤리성을 겸비하여 종교적 도덕을 추구하는 것으로 구분하여 신흥종교 안에서도 도덕적 수준의 차이가 있음을 밝힌 것이다.

다만 그는 "외면적으로는 기성종교에 걸쳐 있던 근대성을 의례나 설교의 형식으로 가미하였다고는 하지만 역시 근본의 목표는 이기주의적 원망(願望)의 충족에 있으며, 일본인의 종교적 관심이 순수해질수록 필연적으로 도태되어 가는 미신의 종교라 할 것이다"[30]라고 하여 유사종교가 지닌 근본적인 한계를 지적하기도 했다.

한편 오구치 이이치(小口偉一)는 1953년 『일본종교의 사회적 성격』에서 '신흥종교'에 대해 다음과 같이 말하였다.

「기성종교」와 「신흥종교」를 대비시킬 때, 이와 같은 일상적인 용어에서도 양자의 본질적 차이를 예상하는 경우가 많다. 하지만 이 대비 자체에 어느 정도의 가치비판이 깃들어 있으며, 극단적으로는 「신흥종교」라고 하면 「사교」를 의미하는 것처럼 이해하기도 한다. 하지만

---

29 田中富士子,『真宗教の門』, 真世界社, 1951, p.11.
30 위의 책, p.16.

오늘날 「기성종교」라고 말해지는 집단에서도 그 형성과 발전의 과정을 회고해 보면 모두가 한 차례는 「신흥종교」로서 혹은 환영받기도 하고 혹은 배척받은 경험을 가지고 있다. 결론적으로 말하자면 우리는 「기성종교」와 「신흥종교」의 사이에 본질적인 차이점을 발견할 수 없다. 종교집단의 구조로서는 후자의 교리・형태・기능 등 조직상의 불비(不備)함을 지적하는 것은 가능할지 몰라도 그에 의해 그것을 「의사종교」라던가 「유사종교」라고 부르는 근거로 삼는 것은 불가능하며, 심지어 「사교」로서 배격하는 것도 타당하지 않다. (중략) 「신흥종교」의 형성에 국가의 법률적인 힘의 관계가 큰 역할을 하고 있다는 것을 간과할 수 없는 것이다. 다만 「신흥종교」라고 하는 개념에 「기성종교」로부터의 분파를 포함시키지 않는다면, 그 수도 전전(戰前)의 「유사종교」와 비교해서 현격한 차이가 있다고는 할 수 없다.[31]

오구치는 모든 기성종교가 '신흥종교'의 과정을 거쳤다는 점을 강조하면서 이들 신흥종교가 구조적으로 교리나 조직 등의 면에서 미비한 점이 있다고 할지라도, 그것이 단지 '신흥종교'라는 이유로 비판받아야 할 이유는 아니라고 지적하고 있다.

뒤에서 다시 살펴보겠지만, 이처럼 '신흥종교'에 대한 평가를 기성종교와 대등한 관점에서 파악하려는 시도는 이미 1933년 아네사키 마사하루(姉崎正治, 1873~1949)가 유사종교와 기성종교를 비교하면서 제시한 바가 있으며,[32] 오제키 츠구오(大関紹夫) 또한 이와 유사한

---

31 小口偉一, 『日本宗教の社会的性格』, 東京大学出版会, 1953, pp.72-73.
32 姉崎正治, 『已弁集』, 大東出版社, 1934, pp.459-460.

논지를 전개한 바 있다. 오구치가 아네사키와 오제키의 종교관을 수용한 것이라고 볼 수 있다.

한편 한국에서 근대와 근대 이후를 기점으로 유사종교와 신흥종교를 구분하는 방식은 장병길이 1945년을 기점으로 일제강점기의 유사종교와 해방 후의 신흥종교로 구분하는 시도를 한다는 점이나, 류병덕이 일제강점기를 통해 형성된 종교를 신흥종교, 그 이후에 출현한 것을 유사종교로 분리하여 인식하려던 양상과도 닮아있다.

오구치의 '전전의 유사종교'와 '전후의 신흥종교'라는 분석에서 흥미로운 점은 '전전'에는 극단적인 일본주의(日本主義)를 표방하면서 천황을 중심으로 일본의 세계통일 혹은 우주의 통일까지 주장하던 '유사종교'가 '전후'에는 갑자기 세계의 평화를 주장하는 방향으로 선회하는 변신의 양상을 보인다는 점이다.[33] 이에 대해 그는 "이것들은 전후의 하나의 경향이다. 하지만 강화(講和)가 실현하고 혹시라도 재군비(再軍備)가 행해졌을 때 이들의 교리는 그대로 지속될 것인가. 종래의 변모 과정에서 유추한다면 여기에는 중요한 문제가 가로놓여 있다고 말할 수 있다. 하지만 이는 다른 측면에서 본다면 '신흥종교'에 있어서 교리는 그다지 중요한 것이 아님을 보여주고 있다. 신흥종교의 특질은 마땅히 주술적 행동에 있다고 말하지 않을 수 없다"라고 하면서 일본의 '신흥종교'는 '샤머니즘의 근대적 변모'라고 하면서 그 원시성을 지적하였다.

오구치가 '전전'의 유사종교와 '전후'의 신흥종교를 대비 혹은 엄

---

33 小口偉一, 위의 책, pp.76-79.

격히 분리하면서 일본의 전후 신종교 현상을 설명하려고 했던 시도
는 이후 많은 연구자에 의해 충실히 계승된다. 예를 들면 GHQ의 민
간정보교육국에서 활동하다가 전역한 일본종교 연구자인 윌리엄
파슨스 우더드(William Parsons Woodard)가 1956년 발표한 「신흥종교와
종교법인법」에서는 '전후' 발생한 신흥종교에 대한 일본인의 부정
적 인식 형성을 우려하면서 그러한 인식을 불식하고자 한다.

곧 그는 (1) 쇼와20년(1945) 갑자기 신교의 자유가 확립된 결과, 여
태까지 다른 공인종교의 산하에 있던 것들이 그 산하에서 벗어나서
각 지도자가 독립단체를 만들었는데, 일반인은 이를 신흥종교라고
받아들였다는 점이나 (2) 불교나 신도의 교종파에 대한 정부의 지배
가 갑자기 없어지면서 그동안 교종파 본부의 고압적인 태도에 불만
이 많았던 말사나 지방지도자가 교종파를 탈퇴하여 독립단체를 만
든 것이 세간에서는 새로운 종교로 보았다는 점 등을 거론하면서 신
흥종교와 과거의 유사종교를 엄밀하게 분리하려고 하였다.[34]

또한 그는 "우선 신교의 자유에 대해 전면적인 이해를 가진다면,
또한 그 운용에 대하여 일본적인 형태가 만들어진다면 가령 유사종
교가 속출하더라도 어떤 중대한 문제는 되지 않을 것이라고 나는 예
언하는 바이다"라고 하여, 신흥종교 가운데 마치 부정적 속성을 지닌
유사종교가 있다는 것처럼 표현했다. 이는 전후 일본 사회에서도 유
사종교는 그 자체로 부정적 의미로 각인되어 있었다는 것이 된다.

이와 같이 유사종교라는 표현은 근대의 산물로서, 전후 사회에서

---

34 W・P・ウッダード, 「新興宗敎宗と敎法人法」, 『宗敎公論』 26-5, 宗敎問題硏究
　　所, 1956, pp.4-11.

도 그 자체로 하나의 강한 '부정성'으로 인식되었다. 특히 근대를 통해 형성된 '신흥종교'의 개념이 전후 일본 사회에서도 부정적으로 수용되는 것에 대해 일부 연구자들이 이를 '긍정'의 방향으로 전환하고자 시도하였던 것에 반해, 유사종교라는 용어에는 그러한 시도조차 없이 부정성이 '박제(剝製)'되었다. 달리 말하면 신흥종교는 근대의 '신흥유사종교'에서 유사종교를 '박리(剝離)'해 내는 방식으로 그 부정성을 탈피하려고 시도하였고 마침내 성공했다. 그러므로 전후 '신흥종교'론의 전개는 '유사종교'라는 용어가 지닌 부정의 이미지를 근대라는 공간에 가둔 채 영원히 봉인하는 형태로 진행되었으며, 이후 이 용어는 대중의 뇌리에서 종교에 대한 모든 마이너스(사교, 음사사교, 사기(詐欺)종교 등)를 대표하는 표현으로 박제화되고 말았다는 것이다.

물론 『신종교사전』에서 언급하고 있는 것처럼, 전후 새롭게 탄생하는 종교를 '신흥종교'라고 하면서 이들에게 부정성을 부여한 것도 사실이지만, 이러한 부정성이 근대로부터 기인한다는 점을 간과해서는 안 된다. 특히 『신종교사전』에서는 근대 '신흥종교'라는 표현이 가치중립적 혹은 적극적인 과시로 표현되었다고 했는데,[35] 실상이 '신흥'의 의미는 유사종교와 결합하여 매우 부정적인 것으로 활용된 사례가 더 많다는 점에서 새로운 검토가 필요하다.

결과적으로 전후 일본의 근대종교 연구는 '신흥종교' 혹은 '신종교' 연구의 관점에서 근대종교를 조명하는 방식을 취하거나, 혹은

---

35 井上順孝 外 編, 『新宗敎事典』, p.3.

1958년 무라카미 시게요시에 의해 본격화하는 '민중종교'의 연구방법론이라는 새로운 방향으로 전개된다. 따라서 신흥종교와 민중종교는 유사종교를 '박리'하여 새로운 종교적 가능성을 찾아낸 것에 반해, 미신으로 '박제'된 유사종교의 부정성은 종교 연구의 영역에서 더 이상 서 있을 공간이 없었다.

일본에서 근대 유사종교에 대한 용어나 개념 또는 종교법 제정을 둘러싼 논의 가운데 유사종교에 관한 논의가 등장하기 시작한 것은 모두 2000년대에 이르러서다. 이 가운데 가장 빠른 것으로 2003년 마키노우치 도모(牧之內友)의 「전전기 문부성의 종교정책-「유사종교」가 「종교결사」로 될 때까지」[36]가 있으며, 그 뒤를 이어 2009년 엔도 다카시(遠藤高志)의 「1930년대 중반에 나타난 「유사종교」론-「미신」론과 그 관계에 주목하여」[37], 2010년 아오노 마사아키(靑野正明)의 「식민지기 조선에서의 「유사종교」 개념」[38]과 그 후속 연구인 『식민지 조선의 민족종교 : 국가신도 체제하의 「유사종교」론』[39] 등이 있다.

먼저 마키노의 연구는 일본 문부성(文部省)의 종교정책으로서 〈종교단체법〉이 제정되는 과정과 이 법이 제정되기 전에 만들어진 두 법안을 비교 검토하는 것으로 당시 일본 정부 내부에서 문부성과 내무성, 사법성 등이 유사종교에 대한 대응을 두고 서로 다른 견해와

---

36 牧之內友, 「戰前期における文部省の宗敎政策-「類似宗敎」が「宗敎結社」となるまで」, 『北大史学』 43, 北大史学会, 2003.

37 遠藤高志, 「1930年代中盤に見る「類似宗敎」論 : 「迷信」論との関係に着目して」, 『東北宗敎学』 2, 東北大学大学院文学研究科宗敎学研究室, 2009.

38 靑野正明, 「植民地期朝鮮における「類似宗敎」概念」

39 靑野正明, 앞의 책.

입장이었다는 것을 밝히고 있다. 문부성에서는 〈종교단체법〉 제정을 통해 유사종교를 종교 행정의 내부로 편입하는 것에 의해 이들을 '선도(善導)'하는 방향에서 '단속(取締)' 강화를 지향했던 것에 비해, 사법성에서는 1935년 이후 「치안유지법」의 발동으로 유사종교를 '섬멸(殲滅)'하는 정책 추진을 견지하고 있었다는 것이다. 근대 유사종교에 대한 일본 내 인식의 간극을 잘 보여주는 연구로서 주목할 필요가 있다.

엔도의 연구는 '유사종교'라는 용어의 정의가 역사적으로 어떻게 변화하는지에 대해 주목하면서도 특히 1930년대 중반의 '유사종교'론을 분석하면서 그 용어 변화의 양상에 대해 밝히고 있다.

가장 최근 이루어진 아오노의 연구는 주로 식민지 조선에서 조선총독부에 의한 유사종교 정책이 국가신도의 논리 아래 어떻게 유사종교를 탄압하면서 종교성을 배제해 가는지에 대해 심층적으로 연구한 것이다. 이는 식민지 조선과 일본을 왕환하면서 유사종교에 대한 조선총독부의 실질적 인식의 양상을 연구한 것이라는 점에서 가장 주목된다.

다만 아오노는 유사종교를 민족종교와 동등한 개념으로 사용하면서 국가신도와 민족종교의 이원적 대립을 기본 구도로 논의를 전개하고 있다. 이는 이미 일본에서 민중종교와 국가신도를 이항대립적 관계로 바라보는 연구의 흐름을 계승하는 것이라고 볼 수 있다. 따라서 그가 바라보는 유사종교의 용어 이해는 국가신도에 의한 민족종교의 탄압과 그에 대한 저항, 그리고 탄압과 저항의 대립적 구도를 뒷받침하는 법체계의 구성과 적용(〈경찰범처벌규칙〉, 〈치안유지법〉)

에 있었다. 특히 그는 1915년 〈포교규칙〉에서 규정한 '종교유사단체'라는 표현 속에는 민족종교에 대한 '회유'와 '단속'의 이중적 의도가 깃들어 있다고 보았다.

필자는 아오노의 시각이 식민지 조선의 유사종교에 대한 조선총독부의 대응을 매우 적절하게 파악하였다는 점에서 긍정적으로 수용한다. 다만 본 연구에서는 유사종교라는 용어의 성립과 변천을 중심으로 다룬다는 점에서 아오노의 시각과 조금은 다른 의견을 제시할 것으로 예상된다.

이상과 같이 근대 유사종교라는 용어는 식민지 조선과 일본의 국경을 초월하더라도 그 부정성이 강조된다는 측면에서는 별 차이가 없다. 다만 그 배경에는 근대의 국가 중심적 종교정책, 특히 국가가 종교를 공인하고 통제하는 가운데 형성된 인식이 존재하면서도 다른 한편으로는 식민지 통치라는 상황에서 형성된 인식도 존재한다는 점이다.

다만 기존처럼 유사종교를 국가에 의한 종교탄압의 상징으로만 본다면, 왜 패전 후에도 일본 사회에서는 유사종교의 부정성이 단절되지 않았을까 하는 점에 의문을 품지 않을 수 없다. 그것은 단지 국가에서 이 표현을 주도한 것이 아니라, 사회 전반에서 이 용어를 둘러싼 부정적 인식을 증가시키는 논의가 있었다는 점에서 그 요인을 찾을 수 있다. 곧 정부 관료와 정치인, 또 불교와 기독교, 신도 등 종교계의 인물, 유물론을 기치로 내세운 사회주의자 또는 공산주의자, 주술적 병 치료를 강하게 비판하는 의약업계, 그리고 교육계 인사들이 앞다투어 유사종교의 부정적 인식을 양산하고 확장해 온 것이다.

본 연구는 근대 유사종교에 대한 인식을 새롭게 전환하여 이 용어의 명예를 회복시키려는데 있지 않다. 오히려 유사종교라는 용어가 어떠한 논의 과정을 통해 형성되고 또 그 의미가 어떻게 미신 혹은 음사사교로 판별되면서 근대 동아시아 사회에 부정적 이미지를 고착해 가는지를 분석하는 것에 주된 관심이 있으며, 이러한 의문을 해소하기 위해 본 연구를 시작하고 있음을 밝힌다.

제1장

'유사종교' 개념 탄생의 전야(前夜)

1. 들어가는 말

기존 연구를 통해 볼 때 유사종교라는 용어는 국가권력에 의한 종교 통제와 밀접한 관련 속에서 만들어진 것이라는 확실한 신념 아래 놓여 있었다고 생각된다. 그리고 이러한 인식은 근대 '국가와 종교'가 공인교 체제 아래서 국가 우위의 종속적 관계로 존재했다는 것을 전제로 하며, 비공인종교인 유사종교는 국가의 치안유지와 사상통제, 나아가 자본주의 질서에 방해된다는 측면에서 사회의 암 덩어리처럼 인식되었고, 따라서 박멸되어야 할 대상으로 취급되었다.

유사종교의 '유사'라는 표현이 상징적으로 보여주듯이 여기에는 종교의 '미완성적 형태' 또는 '비정형(非定型)'이라는 의미가 담겨 있다. 또한 그 속에는 '비근대적'이거나 '전근대적'이라는 이미지가 강조되어 온 경향이 있다. 물론 이러한 '미완성적'이라거나 '비근대적'이라는 것은 일본이 지향하는 근대화의 길목에서 반드시 극복해야 할 대상인 미신이나 주술, 음사사교 등이 유사종교에 내재해 있었다는 의미도 된다.

그렇다면 이 유사종교라는 표현은 근대에 구체적으로 누구에 의해 어떻게 탄생하였으며, 또 어떤 방식으로 대중에 유포되면서 그 이미지가 구축되어 온 것일까? 기존의 연구에서는 대체로 1915년 조선총독부에서 〈포교규칙〉을 제정하면서 이 용어가 실질적으로 사용되기 시작했다는 주장이 있었다.[40] 하지만 최근 박인규는 이미 1895년

---

40 윤이흠, 「한국민족종교의 역사적 실체」; 靑野正明, 「植民地期朝鮮における「類似宗教」槪念」 참조.

동학을 '종교유사의 교'라고 표현한 사례가 있었다는 점을 지적하면서 반드시 〈포교규칙〉에서 이 용어가 시작된 것은 아니라고 주장했다.[41]

유사종교의 초기 표현이라고 할 수 있는 '종교유사의 교' 또는 '종교유사단체' 등이 언제 처음 시작되었는지는 중요한 문제다. 하지만 그 논증을 과연 〈포교규칙〉을 중심으로 하는 것이 타당한지에 대해서는 의문을 제기하지 않을 수 없었다.

왜냐하면 필자의 뇌리에서 해소되지 않는 의문은 과연 조선총독부 관료들이 〈포교규칙〉을 제정하는 과정에서 '종교유사단체'라는 표현을 법률 용어로 도입할 수 있었던 근거가 어디에 있었는가 하는 것이었다.

1910년 한국을 강제 병합하고 명칭을 기존의 '한국'에서 '조선'으로 변경한 일제는 통치기관으로 조선총독부를 설치하였다. 그로부터 5년 후인 1915년 조선총독부는 공인종교와 비공인종교를 구분하면서 조선에서 활동하는 모든 종교의 통제를 목적으로 〈포교규칙〉을 제정했다. 그리고 신도·불교·기독교에 포함되지 않는 모든 비공인 신생 종교단체를 일괄적으로 '종교유사단체'로 규정했다.

그렇다면 당시 조선총독부 관료들은 어떤 사례 혹은 근거나 기준에 의해 법률 용어로서 '종교유사단체'라는 표현을 도입할 수 있었던 것일까? 기존의 연구를 통해 볼 때 이 용어는 식민지 조선과 일본 사회에서 일반적으로 통용되던 것도 아닌 것으로 보이며, 또한 학계

---

41 박인규, 앞의 글, pp.6-7.

에 의해 비공인종교를 통칭하는 용어로 사용되어 온 것도 아니었다. 그렇다고 이 용어를 일부 조선총독부 관료들의 즉흥적인 조어(造語)로 보는 것은 더욱 힘들다.

따라서 본 장에서는 1915년 〈포교규칙〉에서 '종교유사단체'라는 용어가 수용되기 이전 단계로 거슬러 올라가서 먼저 근대 일본 사회에서 '종교유사' 혹은 '유사종교'라는 표현이 어떻게 처음 형성되는지 살펴보고자 한다. 그리고 이러한 사실관계의 확인을 기반으로 이후 이 용어가 식민지 조선과 일본에서 어떻게 확대되어 가는지, 또 실제 종교정책 및 법령과 어떻게 연동되어 가는지 등으로 시야를 옮기면서 하나씩 검토해 보고자 한다.

먼저 이 과정에서 주목하고자 하는 것은 근대 일본이 서구 문명을 수용하는 과정에서 비로소 성립하는 '종교' 개념과 '종교유사' 혹은 '종교유사단체'라는 용어 형성의 상관관계다. 곧 필자는 19세기 중반 이후 일본에서 '종교' 개념이 번역어로서 등장하고, 그것이 일본 사회를 통해 수용되는 대중적 확장이 없이는 '종교유사'의 개념도 형성될 수 없다고 보았다. 따라서 이러한 개념 형성의 과정과 더불어 종교에 '유사'라는 표현을 덧붙이는 인식 체계는 반드시 종교진화론과 밀접한 관련을 맺을 것이라는 점을 전제로 이 용어의 형성과 변화 과정을 추적해 보고자 했다.

아울러 이러한 용어 형성과 변화 과정에 과연 누가 어떠한 형태로 개입하는지, 특히 '국가'는 언제 어떠한 방식으로 개입하기 시작하는지 등을 점검함으로써 근대 유사종교 개념의 형성과 변화 과정을 명확히 하고자 한다. 다만 본 장에서는 19세기 말 유사종교라는 개념이 형성되는 초기적 단계에 대해 먼저 살펴볼 것이다.

2. 근대 동아시아 '종교' 개념의 탄생

19세기 한국과 일본, 중국 등 동아시아의 국가들이 처한 현실은 몰려드는 서구 열강의 개항 압박이었으며, 그들이 앞세운 과학기술과 자본주의의 세력은 매우 급하고 강력하게 침투해 들어오기 시작했다. 이로부터 동아시아 국가들의 전통적인 정치체제와 사회·문화적 기반은 급격히 붕괴하기 시작했고, 새로운 정치질서와 서구형 시장경제, 그리고 각종 문화의 수용을 강요당했다.

이러한 가운데 당시 지식인들이나 관료들은 서구적 이념과 질서를 어떠한 방식으로 수용해 갈 것인가, 또는 기존의 전통과 문화를 어떻게 해서 새로운 시대에 부합하도록 변화시킬 것인가의 문제 사이에서 고뇌했다. '근대'라는 칼을 손에 든 서구적 문화와 '전근대'라는 명에, 곧 벗겨내고 혁신해야만 한다는 강박에 내몰린 전통적 문화 사이에서 근대 지식인들은 심한 내적 갈등을 경험할 수밖에 없었으나, 조금씩 서양을 모델로 하는 '근대화' 수용의 노선을 걸어갔다.

동아시아에서 '종교'라는 개념이 형성되고 널리 유포된 것은 근대를 통해서다. '종교'라는 표현은 과거 한역불전(漢譯佛典)에도 있었지만, 당시 이는 불교 내 '종파'라는 의미가 강했다는 점에서, 현재 우리가 일반적으로 사용하는 '종교'라는 표현은 Religion의 번역 과정에서 탄생한 근대화의 산물이라고 할 수 있다. 그러므로 이 '종교' 개념에는 서양으로부터 유입된 '과학'적 보편성을 띤 학지(學知)의 도입과 더불어 당시 일본 사회에서 큰 영향을 끼치고 있던 기독교 특히 프로테스탄트적 '신앙' 개념이 적극 도입되었다.[42]

　프로테스탄트 교단을 중심으로 하는 기독교 세력의 확장은 동아시아의 기존 종교 질서에 큰 도전이었다. 그것은 단지 새로운 종교나 종파 일부가 추가되는 것을 의미하는 것이 아니었다. 이들의 등장과 교세 확장은 전통적으로 유지해 왔던 종교(불교나 신도)의 속성 그 자체를 완전히 바꾸도록 요구하는 대전환의 계기가 된다. 예를 들어 유교를 통치 이념과 사회질서의 근간으로 삼던 조선에서 기독교라는 종교적 신앙과 의례는 기존 질서를 파괴하는 이념으로 인지되면서 박해를 당했으나 그 세력은 위축되지 않았고, 이들의 식지 않는 신앙 활동은 조선의 전통적인 기반을 뒤흔드는 대형 사건으로 이어지면서 오히려 동학의 탄생과 같은 새로운 종교 지형이 창조되는 방향으로 나아간다.

　일본에서도 전통적인 신불습합(神佛習合)에 의해 불교와 신도가 혼효적(混淆的)으로 존재하고 있던 전통적 종교 질서는 메이지 정부의 인위적인 '신도국교화' 정책으로 그 기축이 뒤틀린다. 또한 서구 열강을 등에 업은 기독교의 세력 확장은 일본 종교계에 근대화라는 새로운 과제를 안겼다. 일본불교는 이미 근대적 토대를 마련하고 있었던 기독교에 저항하면서도 이들을 모델로 새로운 근대적 '불교'의 틀을 구축하기 위해 분주하였다. 한편 과거 의례와 주술 등으로만 유

---

42 이소마에 준이치 지음 · 제점숙 옮김, 『근대 일본의 종교 담론과 계보』, 논형, 2016, p.79.

지해 왔던 신도(神道) 또한 각자의 교파를 형성하고 과거에 존재하지 않았던 교리적 체계를 구축하며, 근대적 제도와 조직, 의례 등을 새롭게 구성하는 방식으로 근대화에 매진했다.

그러나 불교와 신도의 근대화 과정에서는 기존의 전통사회에서 유지해 왔던 주술이나 병 치료(禁厭)와 같은 비합리적인 영역(어디까지나 근대 과학 혹은 기독교 기준의 비합리성)을 수용할 것인가 배제할 것인가의 문제가 발생한다. 일본 정부는 주술이나 병 치료를 법적으로 금지하지만, 과거 이러한 종교적 요소를 자신들의 존립 기반으로 삼았던 신도나 일부 불교계 신앙에서는 이를 온전히 배제하지 못한 채 근대로 진입하게 된다. 그들에게는 주술과 병 치료가 자신들의 종교적 정체성과 직결된다는 점에서 존립을 위한 필수 요소였지만, 아직 재해석의 과정을 통해 전근대적인 것을 근대적인 영역으로 끌어들일 만한 역량은 없었다.

이러한 해소되지 않은 문제를 고스란히 간직한 채 일본에서 종교의 근대적 재편은 매우 급하게 추진되며, 결국 남겨진 과제들이 파편처럼 사회 전반에 흩뿌려진 상태로 대형 종파와 교파를 중심으로 하는 불교와 신도의 근대화는 가속된다.

그렇다면 일본에서 불교나 신도가 추구했던 종교의 근대화란 무엇이었을까? 그 기본 모델은 '종교'라는 용어를 기준으로 형성되며, 이 종교 개념의 기본 틀에 큰 영향을 제공한 것이 바로 기독교, 특히 프로테스탄트 기독교였다.

현재 동아시아에서 보편적으로 사용되고 있는 '종교'라는 용어는 근대 서양에서 건너온 'Religion'이라는 용어의 번역에서 비롯된다.

이 영어표기는 초창기 '종지(宗旨)', '종문(宗門)', '교문(敎門)', '법교(法敎)', '종교' 등으로 번역되었으나, 뒤에 관료나 지식인들의 논의를 거치면서 점차 '종교'라는 표현으로 정착된다. 따라서 '종교'라는 용어는 근대 일본이 서구형 '문명'을 기대하면서 그 '문명개화'의 길을 걸어가려는 가운데 만들어지고 정착된 근대적 소산이라고 말할 수 있다.

그렇다면 근대적 '종교' 용어는 어떤 특성을 지니는가? 그것은 모든 종교를 포섭하는 개념으로서 교의적인 면에서 압도적인 우위를 점하면서도, 그 개념이 형성되는 과정에는 윤리 규범이나 일신교적(一神敎的) 인격신 등 '빌리프(belief)'의 성격을 가진 개신교의 영향이 매우 컸다. 특히 근대 '종교' 개념 형성이 가톨릭과 개신교로 나뉘는 기독교 중에서도 '개신교(프로테스탄트)'가 지닌 윤리적 종교의 특징에서 강한 영향을 받았다는 점은 근대종교, 혹은 근대 이후의 종교 개념을 이해함에 매우 중요하게 생각할 바다.

이소마에 준이치의 주장에서 알 수 있는 것처럼 근대 '종교' 개념이 형성되던 초창기에는 '릴리전'이라는 번역어에는 '종지(宗旨)'와 같은 프랙티스(practice)적인 의미−비언어적 습관 행위−를 강하게 내포하는 것과 '교법'처럼 빌리프−개념화된 신념 체계−를 중심으로 하는 계통이 존재했었다.[43]

여기서 말하는 프랙티스적인 종교성이란 비언어적이고 주술적인 것으로서 의례나 치유를 위한 수행 등이 이에 해당한다. 천주교에서

---

43 이소마에 준이치 지음 · 제점숙 옮김, 앞의 책, p.87.

신과 인간의 만남을 통해 '죄사함'을 받는 의례를 강조하는 것이나, 에도시대를 통해 정착되어 온 일본불교의 경우 장례를 중시하고 민간의 주술과 밀접하게 연결되는 등, 교리적인 체계보다 의례적인 행위를 중시하는 것을 프랙티스적인 종교성이라 보았다. 따라서 일본불교에서는 의례 중심, 출가 중심의 과거 불교를 '구(舊) 불교'라 하면서 비근대적인 것으로 비판해 왔다.

이에 대해 빌리프적인 종교성은 프로테스탄트가 성경의 말씀을 중시하면서 그로부터 성경의 번역과 그 번역된 경전의 해석을 통해 하나님 말씀의 본질을 찾아 들어가는 것, 또는 불교의 교학이나 그를 바탕으로 한 수행, 유교의 교의 등 '교법'과 그에 바탕한 신행(信行)을 말하는 것이다. 프랙티스는 '의례'와 '주술'의 성격이 강하고, 빌리프는 '교의'와 '윤리'의 성격이 강하였다.

이렇게 근대의 '종교'라는 용어에는 두 가지 속성의 의미가 대립하고 있었다. 이 가운데 일본에 유입되어 있던 기독교의 주류는 프로테스탄트 곧 개신교 단체들로, 이들은 의례적 요소를 배제한 엄격한 빌리프 중심주의를 택하고 있었다. 따라서 이들이 추구하는 '종교' 개념은 일본이 전통적으로 이어온 프랙티스적인 종지 개념에 부합하지 않았으며, 결과적으로 일본에서 '종교' 개념은 프랙티스적인 것에서 빌리프적인 것으로 이행하면서 정착된다.

최근 나가누마 미카코(長沼美香子)는 『번역된 근대-문부성『백과전서』의 번역학-』에서 'Religion'의 번역어로서 '종교'가 정착해 가는 과정에 대해 세밀하게 분석했다. 곧 그는 메이지 10년 전후 간행되는 사전류나 막말기(幕末期)의 외교문서로부터 구메 구니타케(久米

邦武, 1839~1931) 편저『특명전권대사(特命全權大使) 미구회람실기(米歐回覽實記)』에 이르는 대략 메이지 10년대에 '종교'라는 번역어가 정착해 있었다는 것을 확인하고 있다. 흥미로운 점은 당시 '종교'라는 용어는 그리스도교를 중심으로 이를 대상화하는 경향이 강했으며, 이에 대해 이슬람교나 인도교, 불교 등에 대해서는 같은 'Religion'이라도 '법교(法敎)'로 표현하는 등 차별화하였고, '최종적으로 도출되는 것은 어디까지나 그리스도교를 지고(至高)로 하는 결론'에 이르고 있다는 점을 밝혔다.[44]

또한 그는 '종교' 개념의 번역이 신사비종교론(神社非宗敎論)으로 이어지면서 '국가신도'를 낳은 기형적 상황으로 전개되는 과정도 언급하면서 다음과 같이 말하고 있다.

「종교」라고 하는 용어는 religion의 번역어 가운데 하나에 불과하지만, '비(非)「종교」'의 영역을 출현시키면서 결정적인 정역(定譯)의 지위를 획득했다. 결과적으로 「종교」라고 하는 근대 일본어는 역설적으로 근대 일본의 '비「종교」화'를 수행했다고 말할 수 있다.[45]

'종교'라는 번역어는 'Religion'이라는 단어의 다양한 표현 가운데 하나였지만, 결과적으로 이 번역어는 '종교'라는 개념을 그리스도교적인 특성으로 정형화했으며, 이로부터 벗어나는 것들에 대해서는 '비종교'적인 것으로 취급하기 시작했다는 것이다.

---

44 長沼美香子,『訳された近代—文部省『百科全書』の翻訳学』, 法政大學出版局, 2017.
45 위의 책, pp.182-183.

그런데 나가누마의 주장 이전에도 이와 유사한 주장이 있었는데, 곧 야마구치 테루오미(山口輝臣)의 『메이지국가와 종교』(1999)가 그것이다. 야마구치는 근대 '종교' 개념이 정착하는 가운데 불교계에는 '배야론(排耶論)'과 '야불비교(耶佛比較)'가 동시에 존재했는데, 이노우에 엔료(井上圓了, 1858~1919)의 경우 '야불비교'를 통해 그리스도교는 정감(情感)에 치우쳐 있는 반면, 불교는 성도문(聖道門)의 지력(知力)과 정토문(淨土門)의 정감을 겸비했다는 점에서 불교사상이 그리스도교보다 우월한 '종교'라고 주장했다는 점에 주목한다.[46]

이어서 그는 불교와 그리스도교를 대비시키는 종교 언설이 정착하면 역으로 종교라는 개념이 그리스도교와 불교에 의해서 논해지게 되며, 결과적으로 그리스도교와 불교에서 공통적으로 추출되는 특질이 '종교'로 규정되고, 그 이외의 것은 '비종교'적인 것으로 판명되기 시작하였다. 따라서 유교나 신사(神社) 등은 '비종교적'인 것이 되면서 '국가신도'의 탄생으로 이어졌고, 이에 대해 신도계 내부에서도 종교화의 길을 선택한 이들은 '종교로서의 신도'로서 '교파신도(敎派神道)'를 형성하게 되었다는 것이다.

이러한 '종교' 개념의 형성과 전개에 있어 이소마에 준이치는 2003년 좀 더 세밀하게 이 문제에 대해 조명한다. 그는 초창기에 주로 '불교'를 지칭했던 '종교' 개념이 점차 '불교' 이외의 것들을 지칭하는 방향으로 전개되는 가운데 그리스도교가 서양문명을 체현하는 것으로 받아들여지게 되면서 "다른 모든 종교도 그리스도교에 비

---

46 山口輝臣, 『明治国家と宗教』, 東京大学出版会, 1999, p.43.

해 열등하지 않으며 자기 종교가 얼마나 명확한 교의 체계를 가지면서 문명화에 앞장서는 것인지를 경쟁적으로 주장하게 되었다"고 하였으며, 다른 한편으로는 현세이익을 추구하는 주술적인 프랙티스는 음사사교(淫祀邪敎)로서 억압받게 된다고 하였다.[47]

특히 서구의 과학 문명을 모델로 하는 '문명개화'를 슬로건으로 내세웠던 메이지 정부는 이에 저해된다고 판단되는 세계를 모두 '미신(迷信)'의 영역으로 규정하고 이를 철저히 단속하고 폐지하는데 국가와 지방의 행정기관이 적극적으로 힘을 기울여 나갔다. 주부(呪符)나 복서(卜筮), 마지나이기도(禁厭祈禱) 등이 '근대', 특히 근대의 합리성과 충돌하는 것이라고 보면서 이를 미신이라고 규정해 갔던 것이다. 대표적인 사례로 일본 정부는 1874년(明治7) 법령을 통해 이러한 미신적 종교현상을 '음사사교'로 규정하고 이들의 의례 행위를 적극적으로 억제하는 '마지나이금령(禁厭禁令)'을 발포했다.

마지나이(禁厭) 기도의식은 신도(神道) 모든 종파가 인민(人民)의 청구(請求)에 응해서 종래의 전법(傳法)을 시행하는 것으로 예로부터 고역스러운 일은 아니었을지라도, 최근에는 이것들로 인하여 의료를 방해하고 탕약(湯藥)을 금지하는 경향도 있다는 사실이 알려지고 그 외의 일들도 있는 것으로 보인다. 애초에 교도직(敎導職)이라는 자들이 이들 귀중한 인명(人命)에 관여하고, 중서(衆庶)에 잘못된 방향을 제시하는 바가 되어서는 조정의 지침에 괴리(乖離)되고 정치의 장애가 되므로 매

---

47 이소마에 준이치 지음 · 제점숙 옮김, 앞의 책, pp.40-44.

우 난처한 사정이다. 향후 수칙에 위반되는 자가 없도록 엄중하게 단속하기 위하여 이 금령을 통지하는 바이다.[48]

서구형 근대국가를 지향했던 일본 정부는 서구에서 도입된 개신교적 의미와 더불어 비과학적인 전통 의례를 미신 혹은 음사사교로 규정하면서 철폐하려는 의지를 강하게 드러낸 것이며, 이를 각 개인 혹은 종교단체의 자발적 의지에 맡기는 것이 아니라 정부의 법령에 따라 의도적이고 강제적으로 일률화해 가고자 했던 것이다. 일본이 국가주도형 근대화의 길을 선택한 결과이며, 이로부터 주술적인 것이나 병 치료와 같은 모든 행위는 미신과 음사사교로 규정하는 인식 체계의 기틀이 형성된다.

근대 일본 사회에서 종교라는 단체뿐만 아니라 종교가 지닌 속성(종교성)마저도 국가에 따라 통제되고 억압되는 양태로 존재했다는 것을 알 수 있다. 그리고 이러한 경향은 근대사회를 통해 국가가 종교를 공인하고 이를 정부에서 관리하는 이른바 '공인교 제도'의 형태로 정착되어 국가 주도의 종교계 질서 유지라는 기본 시스템을 형성하는 쪽으로 발전된다.

이처럼 근대 일본 정부는 종교계에 미신성이 강한 의례의 타파를 요구한다. 따라서 과거 불교계에서 전통적으로 행해왔던 넨부츠코(念佛講 : 일본불교에서 재가신자들의 장례나 기일 등에 염불을 행하던 결사를 의미함)나 신불습합의 성격이 강한 이나리코(稲荷講 : 이나리신(稲荷神)에 대한 신앙

---

48 野村瑞城, 『療病と迷信』, 人文書院, 1929, p.90.

을 중심으로 결성된 결사) 등의 결사(結社) 조직이나 히마치(日待 : 마을사람들이 지장보살을 기리는 날 등 특정한 날을 정해 밤을 지낸 뒤 아침 해를 맞이하며 경배한 후 해산하는 행사) 등에 불교계가 개입하지 말라는 명령을 내리며, 각 마을에 세워진 도소진(道祖神 : 마을 경계나 동네 가운데에 있는 갈림길 석비나 석상의 형태로 세워 두고 신앙하는 신)이나 지조보사츠(地蔵菩薩)도 철거하도록 명령한다.

이러한 '미신(superstition)'의 존재는 사실 근대 일본이 국민국가를 형성해 감에 있어서 반드시 해결해야 하는 중요한 문제였다. 곧 메이지 이후 형성된 '종교' 개념의 중핵을 이루는 '신앙'의 반대급부에는 반드시 '미신'이 존재했다. 이 '미신'으로부터 벗어나는 것이야말로 근대적 '종교'에 한층 가까워지는 것이 된다고 보았으며, '미신' 타파는 일본 근대화의 중요한 척도가 되었다.[49]

이는 단지 일본 정부의 의지만을 말하는 것이 아니다. 근대 일본 지식인들의 인식에도 또한 '종교'라는 개념의 대척점에 '미신'이 존재했다. 그리고 '유사종교'라는 표현은 이러한 '미신'과 '종교' 개념의 사이에서 탄생했다고 말할 수 있다. 물론 '종교' 개념이 형성되는 초창기에는 그것이 반드시 명확한 구분점을 가지고 있는 것은 아니었으나, 시간이 흐를수록 '유사종교'는 '미신'과 '종교' 사이의 그 어딘가를 의미하는 것으로 인식되었으며, 이를 대하는 사람들의 시각에 따라 '미신'에 더 가까운 것으로 표현되거나, 또는 '종교'에 좀 더 가까운 것으로 인식하는 양상을 보이기도 한다. 인식의 양상이 다르

---

49 吳佩遥, 「迷信と信仰のはざま : 境野黄洋における「詩的仏教」の構想」, 『宗教研究』 96-1, 日本宗教學會, 2022, p.124.

게 나타나기는 하지만 근대 '종교' 개념이 형성되는 과정에서 '미신'과 '종교'의 경계, 그 어딘가에 존재하는 것으로서 유사종교의 개념은 싹을 틔우기 시작한다.

3. 근대 신도와 '종교유사' 표현의 탄생

그렇다면 먼저 유사종교라는 용어는 근대 일본 사회에서 어떠한 경로를 통해 탄생하게 된 것인지에 대해 먼저 생각해 보자.

'Religion'이라는 용어가 '종지(宗旨)', '종문(宗門)', '교문(教門)', '종교' 등의 번역어로 혼용되어 사용되다가 최종적으로 '종교'라는 용어로 정착되었던 것처럼, 근대 일본에서 유사종교라는 용어도 처음부터 하나의 성어(成語)로 등장한 것은 아니었다. 다만 '종교'라는 개념이 형성된 이후, 이러한 종교에 흡사한 행위 혹은 단체라는 의미에서 '종교유사'라는 용어가 사용되기 시작한다.

지금까지 필자의 조사한 바에 따르면 '종교유사'라는 표현이 근대 일본의 역사 속에서 처음으로 등장하는 것은 1890년(明治23)인 것으로 보인다. 1889년 10월 고텐고쿠쇼(皇典講究所)에서는 일본법률학교(日本法律學校, 일본대학(日本大學)의 전신)라는 사립법률학교를 설립하였다. 이는 동년 2월에 '대일본제국헌법(大日本帝國憲法)'이 공포됨에 따라 당시 고텐고쿠쇼의 소장이면서 사법대신(司法大臣)이었던 야마다 아키요시(山田顯義, 1844~1892)가 일본의 법률 연구와 국운 증진을 목적으로 설립한 것이었다.

이곳에서는 소장이었던 야마다를 중심으로 일본의 국법(國法)에 관한 강의를 실시했는데, 그 내용이 고텐고쿠쇼강의(皇典講究所講義)의 형태로 정리되어 있다. 이 가운데 1890년에 행해진 34번째 강의에서는 다음의 내용을 찾아볼 수 있다.

신사(神社)가 종교조례의 지배를 받는 것은 전혀 맞지 않는 것이라고 생각합니다만, 그보다도 더 탄식할 일은 오히려 신관(神官)들이 종교적 운동을 행하고 있다는 것입니다. 원래 신교(信敎)의 자유는 헌법에서 허락하는 바로서 치안에 방해가 되지 않는 한 어떤 사람도 방해받지 않아야 하지만, 신관이 만약 **종교유사(宗敎類似)의 것**을 만들어서 포교하려고 생각한다면 이는 자기 한 개인의 문제에만 한정해서 생각할 수 있는 일이 아닐 것입니다. 결코 신사에서 신을 제사 지내고 모시면서도 그 신사를 포교하려고 하는 양상이 되어서는 안 될 것입니다. 예를 들자면 구로즈미교(黑住敎)라고 말하면 쿠로즈미 한 개인의 신교(信敎)를 주장하는 것이라는 점에서 방해받지 않겠지만, 진구교(神宮敎)라고 말한다면 어디까지나 신궁의 신(神)을 포교하는 것처럼 보인다는 점에서 매우 무례한 일이 된다고 생각합니다. (중략) 희망하기는 신사에 봉사하는 신관이 스스로 종교유사의 운동을 행하지 않았으면 하는 것입니다. 가령 이 운동을 행하더라도 자기 한 개인에 머물러 신사의 제신을 종교의 조사(祖師)로 받드는 모양은 하지 않았으면 합니다.[50]

---

50 編輯者, 「山田所長演說筆記」, 『皇典講究所講演』 4(34), 皇典講究所, 1890, pp.6-7.

이 연설은 이미 '종교'라는 용어의 개념이 정착된 일본 사회에서 신도를 중심으로 '종교'적인 것과 '비종교'적인 것을 둘러싼 논쟁이 본격화하기 시작했다는 것을 보여주고 있다.

야마다는 신사를 '비종교'의 영역에서 접근해 가야 한다는 '신도 비종교론(神道非宗敎論)'을 전제로 종교적 신도와 비종교적 신도를 구분하고 있다. 곧 그는 구로즈미교의 교조 구로즈미 무네타다(黑住宗忠)의 경우처럼 개인의 종교체험에서 비롯하였으며, 그 교조를 신앙의 주체로 둔 신도 단체의 경우 이를 '종교'로 볼 수 있다는 점에서 문제가 되지 않는다고 보았다. 하지만 그는 이미 국가에서 국가신도(國家神道)를 지향하면서 신사(神社)와 신도 교파(敎派)를 분리한 상태에서 신사는 '비종교적'인 것으로 보았다.

당시 '신도비종교론'을 주장했던 이들은 신사의 '비종교'를 '초종교'적 의미로 이해한 것 같다. 곧 '종교'라는 용어를 둘러싼 논의 과정을 볼 때 교파신도는 불교나 기독교처럼 '종교'적인 것을 지향하며 '문명개화'의 길로 나아가는 것이 당연한 것처럼 생각되나, 신사는 '비종교적'인 것이면서도 모든 종교의 가장 근원적이며 본질적인 '도덕'이라고 규정하면서 초종교적인 것으로서 그 위상을 세우고자 한 것이다.

그런데 '비종교적'인 신사에서 신관이 신도를 포교하는 등 종교적 성향을 보였다는 것이다. 야마다는 이러한 신관을 주된 비판의 대상으로 삼은 것이며, '비종교적'인 신사에서 신관들이 종교적인 활동을 해서는 안 된다는 것과 신궁(神宮)에 관계된 집단이 종교 색깔을 드러내거나 종교적 활동을 전개하는 것 또한 강하게 비판하고 있다.

곧 1882년 이세신궁(伊勢神宮)과 메이지신궁(明治神宮)의 신관(神官)들이 진구교(神宮敎)라는 것을 만들어서 교파신도로 등록하고 포교 활동을 전개하고 있던 것에 대해서도 강하게 반발하는 것이다.

일본은 에도막부 제15대 쇼군 도쿠가와 요시노부(德川慶喜)의 대정봉환(大政奉還)이 이루어짐에 따라 약 250년 동안 유지해 왔던 막번체제(幕藩體制)가 폐지되고, 천황을 정치의 중심에 두는 '왕정복고'를 단행하였다. 이후 천황을 중심으로 신도국교화(神道國敎化)를 통해 천황에 의한 제정교일치(祭政敎一致)국가, 곧 천황이 제사와 정치, 종교에 관한 절대 권력을 가지는 고대적 이상 국가를 구현하고자 한다. 이를 위해 1869년(明治2) 메이지정부는 신기성(神祇省) 안에 선교사(宣敎使)를 설치하고 대교선포(大敎宣布) 운동을 본격적으로 시행하지만, 오랜 역사를 통해 종교적 교의와 포교를 위한 인적 자원을 갖추지 못한 신도의 현실적 한계에 부딪혀 결국 '신도국교화'는 좌절되고 말았다.

1872년 신기성이 폐지되고 새롭게 설치된 교부성(敎部省)에서는 대교원(大敎院)을 설치하고 기존의 선교사 대신에 교도직(敎導職)을 설치한 후, '삼조(三條)의 교헌(敎憲)'을 바탕으로 신도계와 불교계가 공동 교화하는 방침을 세웠다. 그러나 '폐불훼석(廢佛毀釋)' 등 불교계에 대한 신도계의 공격이 격화하면서 불교계가 대교원에서 이탈하였고, 1875년 대교원이 해산하면서 이 정책 또한 실패하고 말았다.

이에 신도계는 1875년 신도사무국(神道事務局)을 설치하여 신도 관련 행정 업무를 담당하였고, 1876년 신도슈세하(神道修成派)와 신도구로즈미하(神道黑住派)를 신도 별파로 독립시켰다. 이는 민간에 전해오던 병 치료 중심의 신앙과 의례, 또는 지역 신사(神社)를 통해 계승되던 주술이나 기도의 전통을 종교적 형태로 조직한 후 '종교신도'로 공인한 것으로, 이로부터 이른바 교파신도(敎派神道)라는 근대적 종교로서의 신도가 창출되기 시작하였다.

그런데 이 교파신도의 탄생은 그 배경에 종교가 아닌 신도, 곧 국가를 중심으로 관리하는 비종교로서의 '신사신도(국가신도)'와 민간을 중심으로 하는 종교로서의 '교파신도'를 분리하는 것에 있었다. 이렇게 함으로써 근대 일본에서는 신사신도를 일본 민족이 고대 이래로 계승해 온 국가의 종사(宗祀)이며, 종교처럼 개인의 의지에 따라 자유롭게 선택할 수 있는 것이 아니라 모든 국민이 마땅히 지켜야 하는 도덕(道德)으로 그 성격을 규정하였다. 곧 근대 일본에서는 신도를 신앙의 영역과 도덕의 영역으로 구분하였으며, 종교적인 신앙의 영역을 교파신도가 담당하고, 비종교적인 도덕의 영역을 국가신도가 담당한다고 하는 이원적(二元的) 신도 시스템을 인위적 구분으로 탄생시킨 것이다.

신도와 신사 분리 정책에 따라 메이지 정부는 1876년에 구로즈미교(黑住敎)와 신도슈세하를 신도 교파로 처음 공인하였고, 1882년에는 이즈모타이샤교(出雲大社敎), 후소교(扶桑敎), 짓코교(實行敎), 다이세이교(大成敎), 신슈교(神習敎), 진구교(神宮敎), 온타케교(御嶽敎)를 공인하였다. 1886년에는 신도혼쿄쿠(神道本局), 1894년에 신리교(神理敎)와 미소기교(禊敎), 1900년에 곤코교(金光敎), 1908년 덴리교(天理敎)를 교파신도로 공인하여 총 14개 교파를 종교적 성격을 가진 신도로 공인하게 된다. 이로부터 신도도 드디어 교파를 가진 근대적 종교로서 형태를 가지게 되었고, 1900년 일본 정부는 신도를 불교·기독교와 더불어 공인된 종교로 인정하면서 종교국에서 이를 관리하도록 하는 '공인교제도' 시스템을 구축했다.

다만 이 가운데 진구교는 1899년(明治33) 스스로 종교가 아님을 선언하고 교파신도를 이탈하여 재단법인 신궁봉재회(神宮奉齋會)라는 조직으로 재편하였다. 진구교가 이탈함으로써 근대를 통해 교파신도는 총 13개가 공인된 교파로 남게 되며, 그 명칭은 주로 신도13파・종파신도・교파신도 등으로 호칭되어 오다가 뒤에 교파신도가 그 대표적 호칭으로 정착되었다.

진구교가 신궁봉재회로 변모하게 된 이유는 국가신도체제의 확립에 따라 자신들의 활동에 제약이 따르게 된 것도 있지만, 국가사업인 이세신궁의 이세대마(伊勢大麻) 반포(頒布)를 하나의 신도 교파에 불과한 진구교에 전적으로 맡기는 것에 대한 사회적 비판이 고조됨에 따라 결국 스스로 종교를 포기하고 재단법인의 형태로 조직을 개조한 것이었다. 신궁봉재회는 러일전쟁 이후 한국이 통감부의 체제에 들어서면 경성에 신궁봉경회(神宮奉敬會)라는 조직을 만들어서 아마테라스 신앙의 체계를 조선이 이식하기 위해 노력하기도 했다.[51]

위에서 야마다의 주장하는 것은 앞서 밝힌 것처럼 신사는 종교가 아닌 국가의 종사(宗祀)며, 종교적 역할은 교파신도를 통해 계승된다는 기본 인식을 토대로 한 것이라고 본다. 곧 그는 비종교적인 신사와 종교적인 신도의 분리 이후 신사는 종교가 아니라는 '신도비종교론(神道非宗敎論)'의 주창자였다. 이는 '대일본제국헌법'에서 규정한 '치

---

51 권동우, 「통감부시기, 신습교의 한국포교 양상 연구」, 『한국학』 45-2, 한국학중앙연구원, 2022, pp.261-267.

안에 방해되지 않는 한 신교의 자유가 보장된다'는 전제 아래, '종교'와 '비종교'의 경계선을 명확히 하는 것으로 '신사'를 종교에서 완전히 분리해야 한다는 의지가 강하게 반영된 것이라 할 수 있다.[52]

그가 진구교를 비판한 것은 진구교 자체가 신궁의 신을 포교하는 것처럼 보인다는 오해의 소지를 낳는 것도 있지만, 다른 한편으로는 신궁에 종사하는 많은 신관이 신사에서 종교적 행위를 하는 것에 대해서도 비판하고 있다.

사실 이러한 현상은 1920년대부터 중반부터 본격화하는 종교법안 논의의 과정에서 불교와 기독교 측이 신사를 공격하는 주된 요인 중 하나였다. 곧 국가에서는 신사를 종교가 아니라고 하였지만, 신사에서는 종교적 의례 행위를 지속하였고 나아가 교파신도와 신사신도가 상호 보완적 역할을 하는 등 실질적으로 종교와 비종교의 영역이 엄밀하게 구분되지 않는 상태가 지속되었다.

하지만 야마다는 종교와 신사의 엄격한 분리를 요구했다. 특히 그는 신사가 종교조례(宗敎條例)의 적용을 받아서는 안 된다고 주장함으로써 신사와 종교의 분리를 법적으로 규정해야 한다는 의지도 드러낸다.

사실 '대일본제국헌법' 반포 이후 일본 사회에서는 야마다를 포함하여 많은 양태의 '신도비종교론'이 나타난다. 일찍부터 의학을 배운 야마자키 다이스케(山崎泰輔, 1840~1898)는 '신도비종교론'에 대해

---

52 다만 1890년을 기점으로 나타나는 '신도비종교론'은 아직 '신사'와 '교파신도'를 명확하게 구분하고 있지 않다. 곧 신도를 포괄하는 관점에서 '비종교'의 논리를 주장하는 것이 대부분이며, 이러한 점에서 '신도비종교론'과 '신사비종교론'은 시기적으로 구분해서 사용할 필요가 있다.

다음과 같이 말하고 있다.

> 근래 세간의 양상을 보면 점차 우리나라의 순정한 신도는 왕도(王道)
> 의 다른 이름으로서 종교의 무리(類)가 아니라는 것을 아는 인사(人士)
> 가 많고, 비종교론도 곳곳에서 일어나고 있다. 특히 종교조례 발포의
> 풍설에 따라 전국 신관 중에 반동자가 있어서 신관과 교사의 분리론도
> 있으며, 또는 신기관부흥론(神祇官復興論)도 일찍부터 모든 현(縣)에서
> 일어나고 있다. 신도비종교론은 이제는 우리와 같은 국외자(局外者)들
> 이 걱정하지 않아도 될 것 같다.[53]

일본에서 신도비종교론이 본격화한 것은 1890년 이후로 볼 수 있
다. 다만 이러한 주장은 이미 1885년 이후 주로 고텐고쿠쇼(皇典講究
所) 인사들을 중심으로 '신도비종교' 또는 '신도비교법(神道非敎法)' 등
의 표현을 반복하면서 이슈화해 온 바가 있다.[54]

또 하나 야마다의 강연을 통해 주목할 것은, 당시 종교조례 제정
에 대한 움직임이 있었다는 점이다. 고텐고쿠쇼에서는 1889년 10월
에 "헌법 제28조에 의거 그 조리에 맞게 종교조례라는 것을 편찬 중
이라는 풍문이 들려오는데, 믿는 것과 의심하는 것은 근본적으로 보
증하기 어렵다"[55]라고 하였으며, 1890년에도 '종교조례 발포의 소

---

53 山崎泰輔, 「上毛支會一周年の總會に臨む情を陳す」, 『明治会叢誌』 24, 明治会,
　　1890, pp.26-27.
54 「敎法家ヲ論スル説ヲ見テ愚見ヲ述フ」, 『会通雑誌』 4, 会通雑誌社, 1885, p.1-3;
　　「誰言神道非敎法」, 『会通雑誌』 13, 会通雑誌社, 1886, pp.12-15; 「神道家諸氏に
　　望む」, 『会通雑誌』 97, 会通雑誌社, 1888, pp.11-13 등.

문'[56]이 제기된다. 이에 대해 야마다와 야마자키는 모두 신사(혹은 신도)를 종교조례의 적용 범위에서 제외해야 한다고 주장하고 있다. 이는 당시 일본 사회에서 신사와 신도를 분리해야 한다는 주장과 더불어 신사의 종교성을 강조하면서 신사종교론을 주장하는 신도가(神道家)들 또한 결코 적지 않았으며, 그만큼의 영향력을 행사하고 있었기 때문임을 알 수 있다. '신도비종교론'은 이처럼 신도의 '종교'와 '비종교'를 둘러싼 신도 내부에서 의견이 첨예하게 충돌하는 가운데 나타난 것이었다.

일본법률학교의 창립은 미야자키 미치사부로(宮崎道三郎)를 총대(總代)로 하며, 히야마 스게유키(樋山資之), 호즈미 야츠카(穗積八束), 혼다 야스나오(本多康直), 시바 준로쿠로(斯波淳六郎) 등 법학자와 더불어 관료들이 중심이 되어 있었다. 또한 사법성은 본 학교의 개교에 맞춰서 금5만원을 교부하는 등[57] 국가에서 주도적으로 설립한 민간 시설이었다.

한편 미야자키는 학교 설립의 취지에 대해 "본교 설립의 취지를 말씀드리자면 별로 많은 말을 필요로 하지 않는 것으로, 이 일본법률학교에서는 우리 일본 인민이 일본 인민으로서 우선 첫 번째로 알지 않으면 안 되는 법률을 가르친다고 하는 취지에 있습니다. 곧 일본 인민이 첫 번째로 알지 않으면 안 되는 언어는 일본의 언어입니다만, 그와 동일하게 일본 인민이 첫 번째로 알지 않으면 안 되는 법률은

---

55 『会通雑誌』 131, 会通雑誌社, 1889, p.8.

56 「宗教条例発布の噂」, 『回瀾滴珠』 10, 直理学会, 1890, p.16.

57 日本大学総務部大学史編纂課 編, 『日本大学史紀要』 1, 日本大学総務部, 1995, pp.12-15.

일본의 법률입니다. 이 일본 법률을 전수(專修)시키는 곳으로써 일본 법률학교를 설립한 것입니다"라고 했다. 일본법률학교는 사법대신이 설립과 운영의 주도적 역할을 하였으며, 일본의 언어와 법률을 동일시하면서 일본 고유의 법체계 구축을 목적으로 내세우고 있다. 그리고 그곳에서 사법대신인 야마다가 '신도비종교론'을 주장한 것은 신사는 종교가 아니라는 것을 법적으로 확고하게 체계화하기 위한 의도가 깃들어 있다고 생각된다.

'신도비종교론'을 주장하는 야마다가 신궁 관련된 단체에서 종교와 유사한 행위를 하는 것을 엄격하게 금해야 한다는 것을 강조하는 가운데 '종교유사'의 표현은 처음으로 등장한다. 곧 그는 일부 신관(神官)들이 행하는 '종교적 운동'을 '종교유사의 것'으로 표현하고 있다. 그리고 그가 말하는 '종교유사의 것'의 대표적인 예시가 바로 진구교였다.

앞서 기술한 바와 같이 진구교는 1882년 신도사무국으로부터 신도 교파로 독립을 인정받는다. 진구교의 모태는 이세신궁(伊勢神宮)의 소궁사(少宮司) 우라타 나가타미(浦田長民)가 1872년(明治5) 진구교회(神宮敎會)의 설립원을 제출하는 것으로부터 시작되었고, 이후 진구교회는 이세신궁을 비롯하여 메이지신궁(明治神宮) 등 일본 내 신궁을 대표하는 교회조직으로 자리매김한다.

이러한 가운데 1889년 '대일본제국헌법'이 반포되고 새로운 종교조례를 발포하려는 시점에 신사를 종교에서 분리하려는 움직임과 신사를 종교로 인정해야 한다는 의견이 백출하는 가운데 신궁과 종교의 경계에서 서 있던 진구교는 야마다의 주된 공격 대상이 된 것이다. 따라서 진구교가 1899년 자신들은 종교가 아니라는 선언을 하면서 재단법인 '신궁봉재회'로 명칭과 성격을 탈바꿈하게 되는 변용의 근간에는 '신도비종교론'과 이에 부응하는 논리들도 적지 않은 영향을 끼쳤다고 생각된다.

그런데 이러한 야마다의 주장은 다른 한편으로 매우 흥미로운 충돌을 유발한다. 구로즈미교와 진구교의 경우 이세신궁(伊勢神宮)의 제신(祭神)이며 천황가의 조상신인 아마테라스오미카미(天照御大神)를 신앙의 중심에 두고 있다. 그러나 그는 구로즈미교의 경우 그 교단의 명칭이 구로즈미 무네타다(黑住宗忠)의 이름에서 비롯된다는 점에서 한 개인에 대한 신앙으로 규정하는 것에 대해, 진구교의 경우 이세신궁의 주신(主神) 아마테라스를 신앙의 대상으로 하는 것으로 비친다는 점에서 천황가의 조상신이며 일본 국가신도의 중심인 아마테라스에 대한 절대적 신성(神聖)이 훼손될 우려가 있다고 보았다.

결과적으로 동일한 신을 섬기는 두 교단에 대해 야마다는 교파신도의 '종교'와 신사신도의 '비종교' 논리를 거론하고 있다는 것이다. 따라서 그가 말하는 '종교'와 '비종교'의 차이를 보면, 동일한 아마테라스를 주신으로 하는 경우라도 구로즈미교의 아마테라스는 구로즈미 개인의 숭경심에서 우러난 개인의 신앙에 부응하는 신이라는 점에서 종교적 신앙이 가능하다. 이에 대해 진구교의 아마테라스는 국가의 공적 기구인 신궁의 주신으로서 개개인의 신앙 대상이 되지 않는다는 점에서 '비종교'라는 것이다. '종교'와 '비종교'의 구분이 '문명'과 '비문명'으로 구분되었던 당시의 인식 체계를 벗어난 근대 이세신궁의 아마테라스는 종교신앙의 대상이 되지 않는 신격으로 완전히 분리된 것이다.

이상과 같이 '신도비종교론'을 주장하는 야마다는 신사에서 종교적 행위를 하거나 혹은 신관이 종교적 운동을 직접 행하는 것을 '종교유사'의 행위라고 하면서 비판하였다. 곧 '종교유사'의 표현은 '종교'와 '비종교'의 구분에 있어서 나타난 것이지만, 그 시발점은 바로 신사를 자발적인 비종교의 영역으로 구분하는 과정에서 처음 등장하고 있다는 것이다.

4. '유사종교' 표현의 등장

야마다의 종교 관념, 특히 신도를 종교와 분리하고자 하는 인식은 사실 함께 '대일본제국헌법'의 초안을 기획했던 이노우에 코와시(井上毅, 1844~1895)와 매우 흡사하다. 예를 들면 야마다는 1888년 12월 이노우에의 연설을 필기한 『야마다백연설필기(山田伯演説筆記) : 부(附)·이노우에코와시연설(井上毅君演説)』을 남겼는데, 여기에는 다음과 같이 기록되어 있다.

국전(國典)은 국가의 정사를 위해 필요하다. 또한 국민의 교육을 위해 필요하다. 하지만 종교를 위해 필요한 것은 아니다. (중략) 왜 종교를 위해 필요한 것이 아닌가 하면, 국전에 실려 있는 것을 부연해서 하나의 종교적 논리를 이루고, 더욱이 언어로써 종교적 간판을 세워서 불법(佛法) 또는 야소종(耶蘇宗)을 공격하기 위해 깃발을 세우기에는 너무 아까운 것이다. 이것은 우라베류(卜部流)의 신도로부터 연원해 오면서 근 백년래 2~3명의 호걸이 세상을 떠들썩하게 한 적이 있으므로, 그러한 것에 의해 세상 사람들이 착각해서 신도를 하나의 종교로 간주하기도 하고, 혹은 선교사들의 일에 견주어 명계(冥界)의 가르침이 적지 않으므로 현계(顯界)와 명계에 통하는 가르침이라고 설하기도 하며, 마침내는 서양 사람들이 신도이즘이라고 말하는 명칭으로 꾸미는 것에 의해 동양의 한 종지(宗旨)의 이름인 것처럼 간주하려는 것에까지 이르기도 한다. 나의 의견으로는 우리나라의 '간나가라미치(惟神道)'의 본의에 위배되는 유감스러운 일이라고 생각한다.[58]

국전(國典)은 국가의 법전(法典), 의식(儀式), 전적(典籍) 등을 포괄하는 표현인데, 연설의 맥락에서 볼 때 여기서 말하는 국전은 『고사기(古事記)』나 『일본서기(日本書紀)』 등 국가에서 주된 역사서로 중시하는 전적을 의미하는 것으로 보인다. 이노우에는 이러한 국전을 신도와 동체적 의미로 사용하면서 일본 고유의 '간나가라미치(惟神道)'와 서구인들이 말하는 신도이즘이라는 종교적 신도가 근본적으로 같은 것이 아님을 주장하고 있다.

이노우에는 야마다에 앞서 '신도비종교론' 주장하였으며, 야마다 또한 비슷한 논리를 펼치고 있다. 다만 야마다는 한 걸음 나아가 그 직접적인 비판의 대상으로 신궁의 입장에 서있으면서도 종교의 길을 표방하고 있던 진구교와 그에 깊이 관여하는 신관들을 비판의 대상으로 특정(特定)한 것이다.

---

58 山田顕義述, 「井上毅君演説筆記」, 『山田伯演説筆記 : 附・井上毅君演説』, 1888, pp.18-19.

다만 야마다는 진구교를 비판하는 과정에서 '종교유사의 것'이라는 표현을 하고 있지만, 여기에서 '종교'적인 것과 '비종교'적인 것의 구분을 명확히 하는 어떤 기준점을 제시한 것은 아니었다. 이노우에의 표현에서 너무 '아까운' 것이라고 표현한 것처럼, 이들의 의식속에서 종교적인 것과 비종교적인 것은 논리적이고 체계적인 구분이 아니라 정서적이고 감정적으로 수용되고 있으며, 매우 추상적인관념으로 신사와 종교의 선을 긋고 싶어 하는 의지를 보이는 수준에그치고 있었다.

한편 1898년 9월 일본에서 발행된 잡지 『대일본(大日本)』에서는 「일본주의와 종교」란 제목 아래 다음과 같은 내용을 기록하고 있다.

> 일본주의란 무엇인가? 그 주장되고 있는 바는 다분히 종교와 같은
> 것으로서, 다른 종교는 모두 이를 배척하고 국민교육의 강령이라고도
> 볼 수 있는 **종교유사주의(宗敎類似主義)**를 취한다. 이것은 메이지카이
> (明治會)의 재현에 다름 아니다.[59]

이 기사는 '일본주의'의 시각에서 '국가주의'에 대한 논의를 전개한 것에 대해 의견을 피력한 『와세다문학』기자의 견해를 전재(轉載)한것으로, 일본주의에 대한 기자의 의문점 가운데 하나이다. 뒤에 이어지는 "일본주의의 종교" 부분에서는 '일체의 종교를 미신(迷信)이라고배척한다'라고 하였으므로, 위의 인용문은 일본주의를 주장하는 사람

---

59 「『日本主義』と宗敎家」, 『大日本』 3(6), 大日本社, 1898, p.417.

들이 일체의 종교를 배척하면서도 오히려 국민교육의 강령을 토대로 종교에 유사한 형태로 변화하고 있다는 점을 비판한 것이다. 곧 일본 주의자들이 종교를 미신이라고 배격하면서도 정작 자신들이 종교유 사의 행태인 미신적 행각을 벌이고 있다는 점을 지적하였다.

기자가 말하는 '종교유사주의'의 '종교'의 의미는 곧 미신과 연동 된다는 것을 알 수 있다. '일본주의자'가 종교를 미신이라고 비판하 면서도 자신들이 종교와 유사한 형태로 나아가고 있다는 의구심은 '종교유사주의'가 미신에 가까운 의미로 해석될 수 있는 여지를 준 다. 짧은 글에 '종교유사주의'라는 표현만 등장한다는 점에서 그만 큼 해석의 여지도 적지만, 적어도 '종교유사주의'라는 표현 또한 종 교와 미신이라는 개념이 정착한 후 이들을 비교하는 입장에서 기자 가 만들어낸 인식의 한 유형이라는 것을 알 수 있다.

한편, 일본에서는 근대를 통해 '종교'와 '비종교'의 개념이 정착하 는 가운데 1890년대에는 처음으로 '유사종교'라는 성어(成語)가 나타 난다. 물론 이 용어가 사회 전반을 통해 왕성하게 사용된 것은 아니 지만, '유사종교'라는 용어가 성립하는 과정을 이해함에 있어서는 중요한 의미를 지닌다.

> 지금까지 화한학(和漢學)은 **유사종교**였다. 그런 까닭에 어쨌든 지금
> 도 학설에 고집(固執)의 폐단이 있어 문명의 발달을 스스로 알절(遏絶)
> 하는 것은 경계해야 할 일이라고 생각한다.[60]

---

60 久米易堂, 「日高見國の批評諸氏に答ふ」, 『史海』20, 經濟雜誌社, 1893.02, p.10.

이 글은 근대 일본의 역사학자였던 구메 구니타케가 작성한 것이다. 구메는 1888년 제국대학(현 도쿄대학) 교수 겸 임시편년사편찬위원으로 취임하여 시게노 야스쓰구(重野安繹), 호시노 히사시(星野恒) 등과 함께 일본의 정사(正史) 편찬 작업에 관여한 인물이었다.

그는 1891년 『사학잡지(史學雜誌)』 10~12월호에 「신도는 제천의 고속(神道ハ祭天ノ古俗)」이라는 논문을 게재하였다. 사실 처음에는 이 글이 별 다른 문제가 되지는 않았는데, 1892년 잡지 『사해(史海)』에 글이 전재(轉載)된 이후 신도가들의 강한 반발을 불러왔다. 그 결과 그는 제국대학과 편년사편찬위원 등 모든 직책을 사직하게 되었고, 『사학잡지』 1891년 10~12월호와 『사해』 1892년 1월 25일호가 발매 및 반포(頒布) 금지 처분을 받았다. 이른바 '구메 구니타케 필화사건(筆禍事件)'이다.

이 사건의 주된 요인으로는 근대 역사학의 실증적 연구가 도입되는 과정에서 일본의 신대사(神代史)를 과학적으로 연구하려는 연구자 그룹과 이러한 과학적 연구가 황실을 모독할 우려가 있다는 오해를 가진 신도가와 국체론자 그룹이 서로 팽팽한 긴장 관계를 형성하고 있다가 충돌한 것으로 본다. 구메의 필화사건은 그 갈등이 폭발하는 촉매의 역할을 한 것이며, 이 사건은 근대 일본 역사 연구에 있어서도 중요한 변곡점이 된다.

위의 글은 구메가 제국대학에서 파면되고 나서 약 1년 후, 그의 한 논문에 대해 '낙후생(落後生)'이라는 필명의 투고자가 잡지 『사해』 20호(1893.02)에 「히타카미노쿠니(日高見國)」라는 글로 비평한 것에 대해, 구메가 같은 호에 반론하는 글을 싣는데, 거기에서 등장한다.

구메가 말하는 화한학(和漢學)이 국체론을 숭상하는 신도가를 말하는 것인지는 확실하지 않지만, 이 표현이 그를 공격하는 측에 서 있는 사람을 지칭하는 것이라는 점에서 신도가들을 가리키는 것으로 추측할 수 있다. 곧 구메가 '유사종교'라고 표현한 것은 그를 공격하는 방식에 대해 '만약 내가 기재적(記載的) 고색적(考索的)으로 거증(擧證)해서 반대설을 제기한다면 당신은 무리하게 반박을 행할 것이며, 자설(自說)에 굴복하도록 시도할 것이다. 이것은 종교적 감정이라고 말할 것이다'[61]라고 말하는 것처럼, 종교적이라는 표현에 '감정적'이라는 의미를 부여함으로써 부정적 인식을 표출하고 있음을 알 수 있다.

따라서 구메의 '종교'라는 표현에는 근대의 과학적인 것에 비해 비과학적인 것을 의미하고, 근대의 실증적이고 합리적인 것에 비해 감정적이고 비합리적인 것이라는 의미가 내포되어 있다. 그러한 점에서 그가 직접 표현한 '유사종교'는 이러한 종교의 부정적인 측면과 연동되어 신도가 비합리적이고 감성적인 종교성을 강하게 내포한 것임을 강조하려는 것으로 이해할 수 있다.

구메의 논문 「신도는 제천의 고속」의 핵심은 '신도는 종교가 아니다'라는 것이었다. 다만 그의 글이 사회적으로 논란을 불러오는 것은 다구치 우키치(田口卯吉)가 발행하는 통속역사잡지 『사해』에 전재될 때, 다구치가 덧붙인 서문에서 신도는 종교의 체(體)를 구비하지 못하였으며, 이러한 것을 가지고 종교라고 주장하는 사람은 파종 시

---

61 위의 글, p.9.

기를 놓친 고추와 같은 사람들이라고 매도했다. 이에 대해 구메의 경우도 사건 발생으로부터 10년이 흐른 뒤에 "제정일치의 신도를 아직도 행하려는 하는 인간들은 치매(痴呆) 환자일 뿐"이라고 하면서 신도가들을 모독했다.

구메는 신도뿐만 아니라 유교, 불교, 기독교 또한 모두 '제천(祭天)'을 기원으로 한다는 점에서는 동일하다고 보았다. 다만 그 가운데 오직 일본의 신도만이 원시의 제천을 유지하고 있고, 그 외의 이른바 '종교'들은 교의를 정비하고 사후의 구제를 설하는 등 발전을 거듭해 왔다고 했다. 이에 비해 고대 일본의 위정자들은 신도 보존의 배려를 잊지 않았다는 점을 강조하고 있다. 곧 그는 "신도의 시대에 정해진 국제(國帝)를 받드는 전통을 감히 고치지 않고, 신도의 고속(古俗)을 잘 지키면서 감히 폐기하지 않으며, 신진대사(新陳代謝)의 활(活)세계를 통과하고 시운에도 뒤떨어지지" 않았다고 하였으며, 이러한 자세를 우리가 본받아서 '시운(時運)에 응하여 순서에 맞춰 진화'해야 하는 것으로 보고 있다. 특히 그는 "석가도 공자도 예수도 제천의 속으로부터 태어났지만 우리 국체(國體)로는 돌아올 수 없으며, 신도에도 돌아올 수 없다"고 하였다. 오직 신도만이 순수한 고대의 원형을 유지하고 있다는 것이었다.

구메의 주장을 통해 볼 때, 그가 근대의 종교진화론과 '원형주의·원전주의' 사이에서 '원형주의'에 더 가까운 관념을 가지고 있는 것을 알 수 있다. 곧 일본의 신도처럼 고대의 원형에 가까운 것이 더 본질적인 것이라고 보는 것이며, 역사를 통해 변화해 온 '종교'는 비본질적인 것으로 보는 것이다. 이렇게 볼 때 구메는 사실상 '신도비종교론'을 주장하는 인문들의 최정점에 서 있는 것처럼 보인다.

구메와 다구치의 주장에 신도가들이 반발한 가장 큰 이유는 구메가 신도의 종교성을 부정했다는 점에 있었다. 당시 신도가 가운데 일부는 신도를 통해 불교나 기독교에 대항하고자 했으며, 따라서 신도야말로 교의를 갖춘 출세교(出世敎)로서의 종교를 목표로 자기 변혁을 시도하고 있었다. 특히 히라타 아츠타네(平田篤胤)의 문인이었던 와타나베 이카리마로(渡邊重石丸)와 그 제자들은 매우 적극적으로 구메 비판에 합류하였다.[62] 결국 이들의 충돌 역시 신도의 '종교'와 '비종교'를 둘러싼 논의의 새로운 국면으로 이해할 수 있을 것이다.

이와 같이 '종교'적인 것과 '비종교적'인 것이 충돌하는 가운데 구메는 종교적인 것을 강조하는 화한학의 무리를 '유사종교'라고 표현하였다. 여기서 그가 말하는 '유사종교'는 과거의 불교나 유교 등이 서로 사상을 혼효(混淆)시키면서 발전해 온 것처럼, 자신을 비판하는 신도가들 역시 순수한 신도의 전통을 이어받은 것이 아니라 다양한 사상이 혼재된 것이라는 점에서 '종교'적이지만, 그는 이를 의도적으로 '유사종교'라고 표현함으로써 비판적인 시각을 노정한 것이 아닌가 생각한다.

다시 말하면 구메가 화한학을 '유사종교'라고 한 표현은 자신이 말해 온 '종교'보다 한층 열등한 것이라는 인식을 의도적으로 표출했다는 것이다. 곧 그에게 있어서 자신을 비판하는 신도가들이나 국체론자들은 이미 유교나 불교의 사상에 영향을 받아 신도의 본질로

---

62 山口道弘, 「久米邦武の思想展開」, 『法政研究』 89-4, 九州大学法政学会, 2023, p.1174.

부터 벗어났다는 의미가 함축되어 있음과 동시에 기존의 보편종교에는 미치지 못하는 수준이라는 의미를 함축적으로 표현한 것이 바로 이 '유사종교'였다는 것이다.

그러므로 신도가와 국체론자들의 자신을 향한 비판은 종교로 인해 변질되었으면서 완성도 되지 않은 사상체계가 서구의 과학적 방법론을 바탕으로 신도가 '제천의 고속'임을 증명하는 자신을 공격한 것이 되며, 그러한 시각에서 그의 '유사종교'는 종교진화론의 관점에서 '종교'의 매우 수준 낮은 단계라는 의미를 함유한 상태에서 표현된 것이라고 볼 수 있다.

그런데 구메의 '유사종교'라는 표현이 사용된 이후, 그와는 또 전혀 다른 맥락에서, 아니 어쩌면 앞에서 살펴본 야마다의 시각과 유사한 관점에서 다시 '유사종교'라는 표현이 등장한다.

지금 저 신도(信徒) 무리가 신사를 종교의 예배당과 동일한 것으로 보는 것은 전혀 근원을 생각하지 못하는 곳으로부터 나온 것이라고 할 것이며, 또한 신사에 봉직하는 신직들이 가장 신성한 신기(神祇)에 봉사하는 몸으로써 그 본분을 망각하고 종교가들이나 행하는 오염된 사자(死者)의 장의(葬儀)를 취급하고(부현사(府縣社) 이하의 교사(敎師)를 겸하는 신직), (중략) 또한 요즘 도쿄의 『암야의 등(闇夜の燈)』기자가 국가신도(國家神道)와 종교신도(宗敎神道)를 구별하고 대대적으로 종교신도 사회의 부패한 내막을 간파하고 그 추악한 태도의 일면을 들어서 병근(病根)에 양약(良劑)을 주사했는데, ○○교의 기관잡지에서는 펄쩍 뛰면서 절대 잘못된 것이라고 반박하였고, 자신들의 종교는 결코 다른 종교와 동일한 것이 아니며, 그런 까닭에 종교가 아니라는 등 제멋대로 해석하면서 신사와 동등한 자격을 유지하려고 한다. (중략) 신직자(神職者)여, 그대들은 신사(神社)와 신교(神教)의 구분을 판명하여 그 사이에서 겸직하는 교사(教師)의 직(職)을 그만두어 **유사종교자**의 헐뜯음을 면하기 위해 노력하며, 황조(皇祖)의 유훈(遺訓)에 근원한 우리 국민으로서 모든 신사를 존경하고 국체의 존엄한 바를 알려야 할 것이다.[63]

위 인용문은 나가노현(長野縣) 고텐고쿠분소(皇典講究分所)에서 발행한『황풍(皇風)』제11권에 실린 논설이다. 여기서는 신도를 국가신도와 종교신도로 구분하면서 국가신도에 봉직하는 신직들이 종교신도에서나 행하는 장의를 행하는 등 종교신도의 교사를 겸직함으로써 신성함을 오염시키고 있다고 비판한다. 또한 종교신도의 교사들은 부패하여 신도의 위신을 더럽히면서도 스스로 신사(국가신도)와 동등하게 대접받으려 하는 행태를 비판하고 있다.

이처럼 신직의 신분에 있으면서 종교신도의 교사를 겸하고 있는 이들에게 교사의 직을 내려놓고 '유사종교자'라는 헐뜯음을 당하지 말라고 설득하고 있다. 여기서 말하는 '유사종교자'는 신사의 신직(神職) 신분과 교파신도의 포교사의 신분을 동시에 유지하면서 국가신도와 종교신도에 양다리를 걸치고 있는 자, 곧 신직의 신분이지만 종교인에 가까운 이들을 지칭한다. '종교'와 '비종교'의 경계 속에서 다시 '유사종교'라는 표현은 등장한 것이다.

---

63 「論說 神職として教師を帶ふる者に一言す」,『皇風』11, 興風館, 1896.08, pp.1-2.

고텐고쿠쇼는 1882년 메이지정부가 신도사무국의 후계단체로서 설립한 신직 양성을 위한 기관이며, 국가신도 체제를 유지하는 중요한 역할을 담당했다. 앞서 언급했던 야마다 아키요시는 고텐고쿠쇼의 소장이었으며, 위의 인용문은 야마다가 주장했던 '신도비종교론'을 토대로 하면서도 국가신도와 종교신도라는 구체적인 표현으로 근대 신도의 이원적 체제를 명확히 제시하고 있다. 하지만 역설적으로 그 시스템이 여전히 정착되지 못하고 있는 양태를 드러내고 있는 것이다.

한편 『황풍』 제7호(1896년 4월호), 제9호(6월호), 제11호(8월호) 등 총 3회에 걸쳐서 '봉산주인(蓬柏主人)'이라는 필명으로 「신도육폐론(神道六弊論)」이 연재된다. 여기서 지적하는 신도는 곧 진구교, 다이샤교, 짓코교, 구로즈미교 등 교파신도이며, 여섯 가지의 폐단은 질투(嫉妬), 무학(無學), 축재(蓄財), 교오(驕傲), 연장(軟腸), 박덕(薄德)이었다. 이 글 또한 국가신도를 가장 본질적이고 순수하며 일본의 정신적 중심이 되는 신도로 규정하면서, 종교(교파)신도를 불교, 기독교와 엮으면서도 이들의 부패와 혼탁을 부각하면서 비판하고 있다.

이상과 같이 '종교유사' 혹은 '유사종교'라는 표현은 1890년대 신도를 신사신도와 교파신도로 구분한 이후, 신사의 종교성과 비종교성을 둘러싼 '신도비종교론'이 본격화하는 가운데 나타난 것이다. 곧 신사와 신도의 분리 이후 '종교'와 '비종교'의 경계를 결정하지 못하는 신도계의 혼란 속에서 '유사종교'라는 용어는 등장한 것이다. 그 연장선에서 야마다 아키요시가 교파신도를 '종교유사의 것'이라고 표현했다면, 잡지 『대일본』에서는 '일본주의' 곧 국체론자들이 종교유사의 형태로 변모하고 있다는 점을 지적하는 가운데 '종교

유사주의'라고 표현하였다. 이에 대해 구메 구니타케의 '유사종교'
는 신도의 종교성을 강조하는 신도가들을 향한 비판적 의미가 강하
게 내포되어 있었으며, 『황풍』에서도 신직들의 종교 겸직을 '유사종
교자'라는 표현으로 비판하였다.

신직과 정치 관료들의 반복적인 신도 비판, 특히 종교신도(교파신도)
비판에서 가장 곤혹스런 입장에 있었던 것은 아마도 진구교였을 것
이다. 야마다의 비판처럼 구로즈미교나 신리교(神理敎) 등 개인의 신
앙에서 비롯된 종교신도는 특정 지역의 코(講)집단을 중심으로 형성
되었다. 예를 들면 후지산 신앙을 중심으로 하는 후지코(富士講)에서
탄생한 후소교(扶桑敎)와 짓코교(實行敎), 온타케산(御嶽山)을 중심으로
하는 온타케코(御嶽講)에서 탄생한 온타케교(御嶽敎) 등 교파신도의 대
부분은 개인의 종교체험을 중심으로 하되 지역의 신앙집단을 결속
하는 양태가 대부분이었다.

이에 대해 진구교는 이세신궁이나 메이지신궁 등 일본제국이 내
세우는 국가신도의 최정점에 있는 '신궁'을 중심으로 형성된 신앙집
단을 결속한 것이라는 점에서 '신도비종교론' 또는 '신사비종교론'
의 가장 큰 걸림돌이 되었다. 이러한 상황 속에서 진구교는 결국
1899년 스스로 '비종교'임을 선언하고 재단법인 신궁봉재회로 그
명칭과 성격을 완전히 변경한 것이다. 이에 대해서 당시 불교계에서
는 진구교의 변신 과정에 대해 다음과 같이 정리하고 있다.

지금 진구교원의 역사를 밝히자면 메이지 5년 신궁사청(神宮司廳)에
서 대교선포(大敎宣布)의 성지(聖旨)로서 진구교원(神宮敎院)을 창립하였

다. 전국에 교구를 두고 본부 교회를 설치하여 강사(講社)를 결성하였고, 사청 직원이 그 일에 종사하였다. 동 15년 진구교직(神宮敎職) 분리에 즈음하여 독립(獨立)하였고, 내무성의 지정에 의해 진구교로 칭하였다. 당시의 궁사(宮司) 다나카 요리츠네(田中賴庸) 등을 비롯하여 사청 직원 유지자(有志者)는 모두 사청을 그만두고 교원(敎院)에 종사하였다. 메이지 17년 교도직 폐지 때 종교 범위에 편입되었다. 그러나 신궁으로써 종교의 귀의하는 신(神)이라고 하는 것은 경우에 맞지 않으므로 이후 동 교원에서는 시기를 봐서 이 조직을 바르게 고쳐 종교 이외의 것으로 독립하고자 하는 희망을 가지고 있어 온지 오래되었으며, 마침내 금회에 그 숙망(宿望)을 이루게 되었다고 한다.[64]

'신도비종교론'을 둘러싼 '종교'와 '비종교'의 논쟁은 결국 하나의 종교가 스스로 '비종교'임을 선언하고 종교성을 포기하게 만드는 데 적지 않은 영향을 끼친 것으로 보인다. 그리고 이러한 논쟁의 사이에서 '종교유사' 또는 '유사종교'의 표현이 파생된 것이다.

이렇게 볼 때 '종교유사' 혹은 '유사종교'라는 용어는 근대에 신도가 국가신도와 교파신도로 분화하는 과정에서 나타난 혼란의 산물이라고 말해도 좋을 것이다. 초창기에는 단순히 '신도비종교론'의 입장에서 신사와 종교적 신도를 분리하려는 의도에서 이 용어가 사용되었다면, 뒤로 가면서 점차 순수한 신사(국가신도)에 비해 타락한 신도(교파신도)라는 대립적 구도를 형성하면서 '신도비종교론'의 당

---

64 「神宮奉齋會」, 『禪宗』 55, 禅定窟, 1899, pp.77-78.

위성을 강조하는 방향으로 논의가 전개되는 것을 볼 수 있다. '유사종교'의 표현은 구메의 주장처럼 신·불·유 사상이 혼재되었다거나 또는 고대의 순수성을 상실한 비본질적인 것으로 변모한 '종교'의 부정적 의미를 더욱 부각하여 강조하는 측면에서 사용되어 온 경향이 있다는 것을 확인할 수 있다.

5. 종교진화론과 유사불교(類似佛敎)

고텐고쿠쇼에서 신도를 중심으로 '신도비종교론'이 논해지면서 '종교유사'의 개념이 등장하고 있던 시점에 불교계를 중심으로도 비슷한 논의가 이루어진다. 당시 불교계에서는 일본 사회를 미혹하게 하는 대표적인 미신으로 기독교를 지목하고 있었다. 그 연장선에서 1890년 『영재신지(潁才新誌)』라는 잡지에는 세누마 유메(瀨沼夢)를 필명으로 「종교계의 일현상(一顯象)」이라는 글이 실린다. 일부 인용하면 다음과 같다.

> 근세 우리나라에서 삼대(三大) 종교는 불교 및 야소교(耶蘇敎)와 유교로서, 유교는 잠시 내려놓고 그 두 언덕을 영웅처럼 세우고 있는 것은 불교와 야소교이다. 불교는 꺾이지 않고 야소교도 굴복하지 않는다. (중략) 나는 이에 야소교도에게 반성을 바라는 것은 빨리 고집스런 신념을 버리고 진정으로 불교를 통관(洞觀)하여 야소교는 곧 불교이며, 불교는 야소교보다도 한층 심원한 종교인 것을 알아야 한다. (중략) 그

러므로 그 설하는 바가 불교에 유사한 것에 이르면 도대체 어떻게 될 것인가. 이와 같이 야소교는 점점 개량하여 **유사불교**가 되고, 마침내 불교에 합일하는데 이르면 불교는 지금 세상의 이학(理學)과 철학(哲學)에 합일하고, 그 설하는 바가 고원(高遠)하게 되어 이른바 맹자의 '말은 간결하게 하되 뜻은 깊어야 한다(言近而旨遠)'는 것이 될 것이다. 아아, 이로부터 불교의 빛을 발하여 우주신교(宇宙神敎)의 출현하더라도 또 한 괴이한 현상은 아닐 것이다.[65]

이 글의 저자는 메이지시대 일본에 존재하는 종교를 불교와 기독교, 유교로 보고 있으며, 이 가운데에도 양대 산맥을 형성하고 있는 것이 바로 불교와 기독교라고 보았다. 하지만 무엇보다도 심원한 사상을 가지고 있는 것은 불교라고 하였으며, 따라서 기독교는 자신들의 어리석은 신념을 버리고 불교에 의지하여 불교에 '유사'하도록 노력해야 할 것이라고 했다. 그렇게 '유사불교'가 되었다가 최종적으로 불교와 합일하게 되면 비로소 '우주신교'의 출현이 가능하게 될 것이라고 주장하였다. 전형적인 불교 중심의 종교진화론을 기반으로 한 사유의 결과라 할 것이다.

특히 저자인 세누마는 불교를 문명종교의 최상위에 두고 기독교가 불교에 '유사'한 형태로 진화하여 결국 불교와 합일을 이르는 것을 최종 목표로 두어야 한다고 하면서 진화의 단계를 설정하는 가운데 '유사불교'라는 표현을 사용하였다.

---

65 瀨沼夢, 「宗敎界の一顯象」, 『穎才新誌』 703, 穎才新誌社, 1891, pp.1-2.

주지하는 바와 같이 진화론은 1859년 다윈의『종의 기원』이 발표되면서 세계적으로 큰 영향을 끼치게 된다. 물론 그 이전에도 소박한 형태의 진화론적 가설은 존재했지만, 다윈에 의해 진화론은 체계화된다. 그런데 다윈의 진화론은 사실 낮은 단계에서 높은 단계로 혹은 단순한 것에서 복잡한 것으로 변화한다는 이른바 직선적 발전을 의미하는 것이 아니었다. 모든 생물은 환경에 따라 적응하고 변화한다는 것이며, 그러한 양상을 과학적으로 증명한 것이 다윈의 진화론이었다.

하지만 유럽에서 진화론의 영향을 받은 종교 연구는 진화의 의미를 저차원에서 고차원으로 발전한다고 하는 직선적 관념으로 수용하였다. 먼저 영국의 문화인류학인 E・B・타일러(Edward Burnett Tylor, 1832~1917)는 종교의 기원을 애니미즘으로 파악하였고, 이로부터 다령교(多靈敎), 다신교(多神敎)로 진화하여 최종적으로 일신교(一神敎)로 발전하는 진화 단계를 거친다고 주장했다.

한편 영국의 사회진화론자 허버트 스펜서(Herbert Spencer, 1820~1903)는 상당히 복층적인 사회진화의 도식을 형성했다. 그는 저서『사회학원리』에서 "진화는 일반적으로는 만물이 고차적인 것으로 변하는 내재적 경향성을 의미한다고 이해하고 있다. 이러한 이해는 진화의 개념을 오해하고 있다. 모든 경우에서 진화는 내적 요인과 외적 요인의 상호작용에 따라 결정된다"고 하면서 진화의 과정은 진보와 해소(解消, dissolution)라는 쌍방의 힘에 의해 구성된다고 주장했다.[66]

---

66 Hervert Spencer, *The Principles of Sociology*, Authorized ed.vol. 1(New York, D. Appleton and Company, 1898), p.95.

특히 스펜서는 다윈의 자연도태설을 수용하면서도 진화의 원동력을 경쟁으로 규정하고, 모든 사회의 구성원이 생존경쟁을 통해 최적자만 살아남는다는 약육강식(survival of the fittest)을 주장했다.[67] 사람이 유아에서 성인으로 성장하듯이 사회도 야만에서 문명으로 직선적으로 진화하는데, 이것은 반드시 단계를 밟아서 진화하는 것이며 단계를 뛰어넘을 수 없다고 보았다. 이러한 사회진화론은 당시 유럽 제국에 의한 약소국가의 식민지 경영을 자연의 섭리라고 정당화하는 이론적 근거가 되었고, 유럽의 백인우월주의를 중심으로 한 자민족중심주의는 인종차별의 정당성을 부여하는 등 강자에 의한 약자의 침탈과 차별을 당연시하는 이론적 근거가 되었다.[68]

그런데 이러한 사회진화론은 사실 다윈의 진화론에서 영향을 받은 것이 아니었다. 오히려 19세기 후반에 유럽을 중심으로 가장 성행했던 사회진화론과 문화진화론의 흐름은 원래 계몽사상기에 발생해서 헤겔을 거치면서 체계화된 진보사관(進步史觀)의 계보에 속한다. 물론 다윈의 진화론에서도 자극을 받았기 때문에 '진화론'의 표현을 사용하고는 있지만, 정작 그 근본은 인문사회과학의 내부에서 전개된 사조(思潮)였던 것이다.[69]

일본에 종교진화론이 언제 소개되었는지는 정확히 알 수 없지만

---

67 신연재, 「스펜서의 사회진화론과 자유주의」, 『국제정치총론』 제34권 1호, 1994, pp.203-204 참조.

68 전복희, 『사회진화론과 국가사상 : 구한말을 중심으로』, 파주 : 도서출판 한울, 1996, pp.29-39 참조

69 諸岡了介, 「R.N.ベラーにおける宗教進化論の展開と現代の宗教研究」, 『論集』 42, 印度学宗教学会, 2015, p.12.

1870년대와 1880년대 스펜서의 인기가 일본 지식인들 사이에서 매우 인기가 높았다는 것을 볼 때, 이미 1870년대에는 일본에서 유행한 것으로 보인다. 당시 약 20여년 동안 번역된 스펜서의 저술은 21권에 달했으며, 마츠시마 츠요시가 『사회평권론(社會平權論)』이라는 제목으로 번역한 저술은 수십만부의 판매량을 기록할 정도였다고 한다. 1878년에는 스펜서의 저술을 일본어로 번역한 어니스트 페놀로사가 도쿄 아사쿠사(淺草)에서 스펜서의 『사회학원리』제1권을 바탕으로 종교진화론의 공개 강의를 행하였다.[70]

이처럼 일본에서 사회진화론에 기반한 종교진화론의 영향은 매우 컸다. 다만 일본에서 이러한 종교진화론의 영향은 다시 각 종교의 입장에서 자의적으로 해석하면서 수용하고 있다는 것을 위의 인용문은 잘 보여주고 있다. 곧 종교 진화의 최상위에 불교가 있다는 신념을 바탕으로 기독교와 불교 사이에 '유사불교'라는 중간적 매개의 과정을 삽입하는 것을 통해 비로소 최상의 종교인 불교에 이를 수 있다는 상상력이다. 종교진화론을 불교 중심적으로 수용하는 시각에서 '유사불교'라는 표현도 만들어진 것이다.

한편 1896년 일본에서 발행된 『관보』에서는 새로운 일본의 식민지가 된 대만(臺灣)에 대한 개황을 기록하고 있는데, 이 가운데 "종교는 재당(齋堂)[불교유사(佛敎類似)의 것], 야소(耶蘇)의 이교(二敎)인데, 재당교가 가장 많은 수를 점하고 있으며, 중등(中等) 이하의 사람이 많다"[71]라고 되어 있어 '불교유사'라는 표현이 『관보』라고 하는 공적

---

70 梶谷素久、J.ランガー 編, 『社会学とヨーロッパ』, おうふう, 1994, pp.63-65.
71 大蔵省印刷局 編, 『官報 1896年 10月 22日』, 日本マイクロ写真, 1896, p.277.

기관에서 발행하는 인쇄물에 처음 사용되기도 한다. 이미 일본 사회에서 '종교'라는 개념이 정착된 가운데, '불교' 개념도 '비불교'를 배척하거나 또는 '유사'의 형태로 규정함으로써 하나의 정형화된 '불교'의 틀을 형성하기 시작했다는 것을 알 수 있다. '유사불교' 또는 '불교유사'의 표현도 '종교' 개념이 정착되는 과정에서 파생되어 나온 것임을 알 수 있다.

앞서 제1장에서는 '종교'개념이 성립하는 과정에서 이노우에 엔료는 '야불비교(耶佛比較)'를 통해 불교가 그리스도교보다 우위에 있다는 주장을 펼쳤다는 야마구치의 주장을 인용한 바 있다. 그것에서 주장된 것처럼 기독교와 불교를 중심으로 전개되어 온 종교 언설은 결과적으로 불교와 기독교를 중심으로 추출되는 특질을 '종교'로 규정하고 그 이외의 것을 '비종교'로 판명하기 시작했다. '유사불교'의 주장은 이러한 논의의 과정에서 파생된 것이라고 볼 수 있겠다.

6. 나가는 말

'신도유사' 또는 '불교유사'라는 표현이 일본에서 자주 등장하는 것은 1920년대 이후이다. 이미 '종교유사단체'라는 표현이 국가에 의해 공공연히 사용되고 또 사회에서 널리 유포된 이후 그 파생적 용어로서 '신도유사·기독교유사·불교유사'라는 표현이 자주 등장한다.

따라서 '유사불교'라는 표현이 1890년대에 등장했다고 하더라도 이는 '종교유사'라는 개념이 형성되는 과정이 '종교'와 '비종교'의 구분에서 파생된 것처럼 '불교'와 '비불교'의 구분에서 파생된 것임을 알 수 있다. 곧 '종교' 개념이 정착되어 가는 과정과 종교진화론의 영향을 받아 종교의 수준을 고차원과 저차원으로 구분하는 가운데 이러한 인식이 표출되었다고 하는 사례로서 찾아볼 수 있는 것이다.

그러한 점에서 본다면 위의 자료를 통해 드러나지는 않고 있지만, 고텐고쿠쇼에서 신사와 종교를 분리하고 '신도비종교론'을 주장하였던 야마다를 비롯한 인물들의 뇌리에는 종교진화론의 논쟁 속에서 신도가 다른 종교와 더불어 그 위상을 논해야 했던 상황을 인지할 수 있다. 곧 신도의 도덕을 만고불변의 절대적 가치로 규정하고자 하는 그들의 입장에서는, 신사가 다양한 종교들의 가치체계와 더불어 상대화(相對化)되는 것을 부정하려는 입장에서 신도의 비종교화를 더 강력하게 외친 것이 라는 생각이 든다.

제2장

동학과 '종교유사', 그리고 미신

1. 들어가는 말

앞 장에서 살펴본 바와 같이 근대 '종교유사' 또는 '유사종교'라는 표현은 근대 일본에서 신도가 국가신도와 교파신도로 분화하는 과정, 특히 '신도비종교론'이 본격적으로 대두하는 시기에 신사와 종교를 엄밀하게 분리하려는 일부 지식인들에 의해 처음 출현했다. 1890년을 전후한 시기에는 '종교'와 '비종교'의 인식이 점점 명확해짐과 동시에 메이지 정부에 의해 신사를 인위적으로 '비종교'로 규정하려는 시도에서 발생한 신도 내의 인식적 간극(間隙)이 서로 충돌하는 과정에서 '종교유사'는 '종교'와 '비종교'의 사이의 어정쩡한 상태를 표시하는 비판적 용어로 등장한 것이다.

이처럼 '종교유사'와 '유사종교'의 표현이 처음 출현하는 배경은 근대를 통해 비로소 '종교'의 길을 접하게 된 '신도'가 다시 '종교'와 '비종교'의 경계에서 자기 정체성 형성의 혼란에서 비롯된 것이다. 특히 '유사종교'로 지목되는 대부분 사례는 '교파신도' 중에서도 신사와 종교의 경계에 있던 진구교였다. 그러한 점에서 초창기 '종교유사'와 '유사종교'라는 표현에는 1900년대에 본격적으로 출현하는 각양각색의 종교단체라는 의미는 아직 포함되지 않았다.

그런데 이처럼 1890년을 전후해서 일본에서 형성된 '종교유사'의 표현이 갑자기 지역의 경계를 넘어 조선으로 건너간다. 따라서 이 '종교유사'라는 표현이 조선에서 어떠한 종교현상에 어떠한 의미로 적용되는지 살펴볼 필요가 있겠다.

기존의 연구에서 윤이흠을 비롯하여 아오노 마사아키 등은 1915년

〈포교규칙〉에서 처음으로 '종교유사단체'라는 표현이 사용되었다고 주장한 바 있다. 물론 '종교유사단체'라는 표현이 공식적인 법률용어로 사용된 최초의 사례로 〈포교규칙〉을 거론하는 것은 타당하지만, 이러한 법률 용어의 성립하기 위해서는 다양한 사회적 논의와 이에 기반한 인식의 공유가 요구된다. 그러한 점에서 1890년대 중반 조선에서 '종교유사'의 표현이 등장하는 점은 뒤에 〈포교규칙〉 성립의 역사와 필연적으로 연계된다는 점에서 의미 있게 검토해 볼 필요가 있다.

2. 청일전쟁 전후의 '동학'

'종교유사'의 표현은 19세기 일본 사회에서 등장하지만, 보편적으로는 사용되었다고는 볼 수 없다. 다만 진구교가 종교와 비종교의 경계에 선 대표적인 교단으로 지탄의 대상이 되면서 특정 교단을 '종교유사'라고 표현하는 사례도 등장한다. 이처럼 종교유사의 표현은 추상적 관념에 그치지 않고, 특정 교단이나 단체의 속성으로 적용되기 시작하면서 구체적으로 개념화하고 실체화된다. 이 개념화와 실체화의 과정에 동참하게 되는 것이 바로 '동학(東學)'이다.

1915년 〈포교규칙〉에서는 공적으로 종교와 비종교의 경계에 종교유사단체라는 것이 존재한다는 것을 공식적으로 표명하였다. 이는 근대 한국의 종교에 대한 구조와 인식을 이해함에 있어 상징적인 의미가 있다. 곧 그것은 근대사회를 통해 새롭게 탄생한 종교단체를 국가가 '종교'와 '비종교'의 경계에 서 있는 종교유사단체로 규정하였고, 또 이를 국가기관에서 정한 조직과 정책 아래서 관리·감독했다는 것이다. 따라서 종교와 비종교, 그리고 종교유사라는 경계적 개념이 모두 국가의 주도로 이루어졌고, 최종적으로 국가의 승인 없는 종교 행위는 철저한 탄압과 해체의 대상으로 존재할 수밖에 없었다.

이에 대해 일본에서 '종교'와 '비종교'에 대한 논의, 특히 유사종교를 둘러싼 논의는 반드시 국가 주도로 이루어진 것은 아니었다. 일본에서는 국가가 유사종교를 법적으로 규제하는 법안이 이루어지지 못한 상황이 벌어졌고, 이것이 오히려 유사종교에 대한 논의를 활발하게 전개하는데 직·간접으로 많은 영향을 끼쳤다고 생각한다. 1926년 종교법안 제정을 앞두고 유사종교를 '결사'로 규정하려는 시도가 있었지만 법안 제정에 실패하였고, 1939년 〈종교단체법〉이 제정되기 이전의 유사종교는 일본 사회에서 계속 그 종교적 정체성을 둘러싼 논의를 반복할 수밖에 없었다. 그에 비해 조선의 경우 〈포교규칙〉의 제정 전후에 어떤 유사종교에 대한 정체성 논의도 찾아볼 수 없었다.

하지만 일본이 조선을 식민지화하기 이전인 1890년대 중반 조선 사회에서도 동학을 중심으로 '종교유사'에 관한 논의가 전개된 사례가 있다. 물론 이 표현이 당시 조선 지식인이나 관료에 의해 수용되거나 활용된 것은 아니지만, 적어도 조선 사회에서 발생한 '동학당 사건'과 이를 계기로 발발한 '청일전쟁'이라는 특정 사건을 중심으로 종교유사의 표현과 이를 둘러싼 인식변화를 엿볼 수 있다. 특히 이들이 사용하는 '종교유사'의 표현을 일본에서 사용되었던 그것과 비교해 보면, 양자 사이에 유의미한 유사성과 차이점을 발견할 수 있을 것이다.

1894년 1월 전봉준을 지도자로 하는 동학농민군은 민생개량(民生改良)을 내세우면서 봉기하였다. 고부 봉기에서 시작된 동학농민운동은 1차 농민전쟁을 통해 전라도 감영군을 대파하고 4월 27일 전주성까지 점령했다. 이에 다급해진 조선 조정에서는 청나라에 군사 파견을 요청했고, 일본 정부는 텐진(天津)조약을 내세워 자국민을 보호한다는 명목으로 조선에 군대를 파견했다. 이처럼 상황이 악화하자 농민군은 조정과 전주화약(全州和約)을 맺고 물러났다.

하지만 청나라와 일본은 농민군이 물러난 이후에도 철군하지 않았으며, 특히 일본군의 조선 압박과 경복궁 점령, 그리고 1894년 7월 일본 군대가 청나라 함대를 기습공격함으로써 두 나라 사이에는 전쟁이 발발하였다. 청일전쟁의 시작이다.

남의 나라 조선 땅에서 청나라와 일본이 전쟁을 벌이고 있던 1894년 10월 9일 동학농민군은 친일 정권 타도와 일본이 주도하는 개화를 배척하는 '척왜척화(斥倭斥化)'를 외치면서 재봉기하였으나, 동년 12월 일본군과 관군 연합에 의해 공주성에서 패퇴하고 말았다.

그리고 1895년 1월 16일 주한일본공사(駐韓日本公使 : 特命全權公使)였던 이노우에 가오루(井上馨, 1836~1915)는 일본 외무대신 무츠 무네미츠(陸奥宗光) 앞으로 한 통의 기밀문서를 보낸다. 그 제목은 「동학당 진정(鎭定) 후 재연(再燃) 예방을 위해 당분간 일본 군대를 각 요지에 분둔(分屯)시키는 일에 대한 상신(上申)」이며, 1894년 12월 21일 작성된 것이었다. 이 문서에서는 다음의 기록을 확인할 수 있다.

지난 가을 9~10월경부터 전라(全羅)·충청(忠淸) 및 황해(黃海) 각 도에서 봉기한 동학당(東學黨)은 그 외형은 농민 봉기와 유사할지라도 그 종류는 각종(各種)이어서 원래 동학도(東學徒)라고 하는 자들 가운데에 **일종의 종교(宗敎)에 유사(類似)한 유도(儒道)와 불법(佛法)을 혼합(混交)한 천도(天道)라는 것**이 있습니다.[72]

이노우에는 당시 '동학당(東學黨)'으로 불리는 무리가 농민들에 의한 봉기처럼 보이지만 실상 그 내막을 들여다보면 각양각색의 사람들이 섞여 있는 것이라고 분석하였다. 그리고 이 동학도라는 무리 가운데에는 '천도(天道)'라고 칭하는 이들이 있는데, 그 특징을 '종교에 유사한 유도와 불법을 혼합한 천도'라고 말하고 있다. 여기서 처음으로 동학에 '종교유사'라는 표현이 사용되었다.

그런데 이노우에가 말한 '종교에 유사'하다는 표현이 '천도'를 지칭하는 것인지, 아니면 바로 뒤에 따라오는 '유도'와 '불법'을 지칭하는 것인지는 명확하지 않다. 다만 필자는 문맥상 '유도와 불법을 혼합한 천도'라는 의미를 총체적으로 '종교에 유사'하다는 의미로 해석할 수 있다고 본다. 따라서 천도를 '종교에 유사한 것'으로 표현하였다고 생각해도 좋을 것이다.

앞 장에서 살펴본 바와 같이 1890년대를 전후하여 일본에서는 신도비종교론을 중심으로 '종교유사'의 표현이 등장했으며, 이는 신도의 '종교'와 '비종교'를 둘러싼 정체성 논의가 중심이었다. 이에 대

---

72 「東學黨鎭定後再燃豫防ノ爲メ當分ㅊ間我兵ヲ各要地ニ分屯ノ義ニ付上申」, 在朝鮮國日本公使館 機密發第5號, 1895.01.16.

해 동학을 '종교유사'라고 한 이노우에의 표현은 이러한 논의와 상관이 없다는 것을 알 수 있다. 그는 조선에서 자생한 동학에 '종교'와 '비종교'의 구분 없이 직접 '종교유사'라는 표현을 사용한 것이다.

이노우에는 1876년 강화도조약 체결의 중심인물이며, 임오군란 당시에는 제물포조약을 체결한 인물이다. 또한 1885년 갑신정변이 발생하여 청나라가 조선에 개입하자 조선에 건너와 한성조약을 체결하는 등 격변하는 조선 말에 일본의 조선 침략을 주도한 대표적 인물이었다.

또한 그는 죠슈번(長州藩) 출신으로 도막운동(倒幕運動)의 중심인물이었는데, 앞장에서 '종교유사'의 표현을 처음 사용한 야마다 아키요시와 동향(同鄕) 출신으로, 이들은 이토 히로부미(伊藤博文)과 함께 번벌(藩閥)정치의 핵심인물이었으며 각각 외무대신과 사법대신으로 활약했었다. 이노우에와 야마다 사이에는 많은 서간이 오가는 등 서로 긴밀한 관계를 유지하고 있었다.

야마다가 앞서 '신도비종교론'을 중심으로 '종교유사'라는 표현을 사용한 것이 직접 이노우에의 인식에 영향을 끼쳤는지는 알 수 없다. 다만 이들이 서로 교유하는 가운데 이노우에가 야마다로부터 어떠한 영향을 받았거나 혹은 두 사람 사이에 '종교'와 '비종교'에 관한 인식을 공유했을 가능성도 열어둔 채 생각할 필요는 있다. 왜냐하면 이노우에가 동학을 '종교' 그 자체로 보는 것이 아니라 의도적으로 '종교유사'라는 표현을 사용하고 있기 때문이다. 곧 그의 인식에서도 '종교'와 '비종교'의 경계는 분명히 존재하고 있었던 것이며, '종교유사'라는 표현 또한 그로부터 표출된 것이라고 본다.

다만 '종교유사'의 성격을 규정함에 있어서 이노우에와 야마다는 반드시 일치하지는 않는다. 오히려 구메 구니타케는 '화한학은 유사종교였다'라고 하면서 유교·불교·신도 등이 혼효된 것을 '유사종교'라고 하였는데, 이노우에도 이와 흡사하게 유도와 불법 등 기성종교의 교리를 혼효하여 '천도'라고 한 동학을 '종교유사'라고 표현하고 있다.

흥미로운 점은 기성종교의 교리를 혼합한 집단을 유사종교라고 지칭하는 사례가 점차 증가한다는 점이다. 그렇다면 이노우에가 동학의 교리적 혼용(混用)을 '종교유사'라고 한 것이 이후 삼교합일(三教合一)이나 이와 유사한 속성을 종교유사단체로 규정한 최초의 사례라고 볼 수 있을까? 반드시 그렇지는 않다. 이노우에 이전인 1893년부터 동학을 '종교'라고 표현하면서 이들이 유·불·선 삼교를 합일한 교리를 가졌다는 기록이 이미 발견되기 때문이다. 이에 대해서는 바로 뒤에서 다시 살펴보겠다.

한편 동년(1895) 9월 2일에 경성에서 근무하던 일본공사관의 1등 영사 우치다 사다츠치(內田定槌, 1865~1942)가 이노우에 공사 앞으로 「동학당사건에 대한 회심전말(會審顚末) 구보(具報)」라는 기밀문서를 보내는데, 여기에서는 앞선 이노우에의 기밀문서보다 더 구체화 된 표현으로서 '종교유사'의 기록이 발견된다.

대저 동학이라는 것은 지금으로부터 약 34~35년 전 경상도 경주인(慶州人) 최제우(崔濟愚)라는 사람이 처음 창시한 **종교유사(宗敎類似)의 교(敎)**로서, 동인(同人)은 『동경대전(東經大全)』이라는 제목의 책을 저술하여 그 교의(敎義)를 조직했다. 이 교(敎)의 본령은 경천(敬天), 수심정기(守心正氣), 솔성(率性)으로 곧 보국안민(輔國安民)의 도(道)라고 한다. 그리고 이 교를 신봉(信奉)하는 사람을 동학당이라 칭하며 이들은 항상 "지기금지원위대강(至氣今至願爲大降) 시천주조화언(侍天主造化言) 영세불망만사지(永世不忘萬事知)"라는 21자의 주문을 외우면서 기도를 한다.[73]

우치다는 1889년 도쿄제국대학 법학과를 졸업하고 외무성 시보가 되었으며, 이듬해 상하이 부영사가 되었다. 1893년 10월부터는 조선경성공사관(朝鮮京城公使館) 2등영사로 발령을 받아 주로 경성의 상업 현황(商況)을 조사하여 보고하는 활동을 담당하였다. 그의 조사는 상당히 세밀했으며, 그 내용을 보고한 것이 모두 대장성(大藏省) 『관보』에 실렸다. 1894년 12월에 1등영사로 승진한 후에는 상업 현황과 더불어 경성 재류 일본인 호구(戶口) 상황, 조선인 복제(服制) 변경, 가옥 매매의 관례, 호열자(虎列刺) 발생 상황, 금리 현황, 수해 현황 등 조선에서 발생하는 주요 사건의 일거수일투족을 모두 일본에 보고하는 업무를 맡고 있었다.

우치다는 동학을 지칭하면서 '종교유사의 교(敎)'라는 표현을 처음으로 사용하였다. 여기서 말하는 '교'는 곧 '종교'를 의미하는 것으로 보아도 좋을 것이다. 왜냐하면 우치다는 최제우가 저술한 『동경대전』을 '교의(敎義)'라고 하였으며, 또한 뒤에서는 '이 교를 신봉

---

73 「東學黨事件ニ付會審ノ顚末具報」, 『駐韓日本公使館記錄』 8권.

하는 사람을 동학당이라 칭'한다고 했다는 점을 통해 알 수 있다. 바꿔 말하자면 우치다는 동학에 대해 교의 체계를 갖추고 있으며 신앙의 형태를 가진 종교집단으로 이해하고 있었던 것으로 볼 수 있다. 그러한 점에서 '종교유사의 교'라는 표현은 1915년 조선총독부가 〈포교규칙〉에서 '종교유사의 단체'라는 표현을 사용하기에 앞서 실질적으로 조선에서 '종교유사'라는 표현이 특정 종교 단체를 지칭하는 표현으로 사용된 대표적 사례로 들 수 있다.

우치다가 동학을 '종교유사의 교'라고 표현한 배경에는 아마도 이 기밀문서의 수신자가 이노우에 가오루였기 때문일 가능성도 생각해 볼 수 있다. 이미 앞서 이노우에는 동학을 '종교에 유사한 것'이라고 표현한 바 있으며, 당시 일본공사관 내에서는 동학에 '종교유사'라는 표현을 사용하는 것이 상호 공유되고 있었을 것으로 보인다.

그렇다면 과연 일본공사관에서 1895년 동학을 '종교유사의 교'라고 표현하기 이전, 곧 동학농민운동이 일어나기 전에 일본 지식인들은 동학을 어떻게 인식하고 또 그 성격을 어떠한 양태로 표현하고 있을까?

동학이 일본 사회에 널리 알려지게 되는 것은 주로 교조신원운동(教祖伸冤運動)이 각종 언론을 통해 보도된 이후다. 1893년 3월 10일 최시형 등 동학 지도부는 합법적인 신원운동을 포기하고 대중적 시위운동으로 방법을 전환하여 보은에서 약 2만여명이 '척왜양창의(斥倭洋倡儀)'의 정치적 기치를 내걸고 집회를 하였다. 이에 조정에서는 양호선무사(兩湖宣撫使) 어윤중(魚允中)을 보은으로 급파하여 이를 위무하는 사건이 있었다.

이러한 동학의 시위에 대해 일본 사회에서는 동학당에 의한 변(變)이나 난(亂)이라는 표현 아래 많은 잡지와 언론에서 '동학당'을 소개하는 글이 게재된다. 그 가운데 1893년 4월 발행된『자유당당보(自由黨黨報)』제35권에서는 동학에 대해 다음과 같이 소개하고 있다.

조선에 동학당이라고 칭하는 종교(宗敎)가 있다. 그 교조 최복술(崔福戌)은 지금으로부터 30년 전 참수형에 처해졌는데, 잔당들이 경상, 전라, 충청의 삼도에 잠복하여 오늘에 이르기까지 조선팔도의 이르는 곳마다 그들을 볼 수 있고, 그 수가 적어도 십만을 넘는다고 한다. 이 동학당이란 지금으로부터 45년 전에 일어난 것으로써 유불선(儒佛仙) 삼도(三道)를 혼성(混成)한 것과 같은 교지(敎旨)를 믿으며, 완미(頑迷)한 양이당(攘夷黨)이다.[74]

메이지 시대 일본에는 두 유형의 자유당이 있었다. 하나는 1881년(明治14) 일본에서 자유민권운동의 요구가 높아지는 가운데 제국의회 진출을 목표로 이타가키 타이스케(板垣退助)를 수반으로 정당을 결성하였으나, 당내 불만분자의 폭발이나 정부의 탄압을 견디지 못하고 1884년(明治17)에 해산한 '구자유당'이 있다. 그 후 '구자유당' 세력을 재결합하기 위한 '대동단결운동'을 거쳐 1890년(明治23) 동일한 명칭의 '자유당'을 재건하였으며, 1891년 10월부터『자유당당보』를

---

74 「朝鮮の不穩」, 『自由黨黨報』 35, 自由党党報局, 1893.04, p.32.

발행하였다.

일본의 정치 집단에서 발행하는 『자유당당보』에서는 1893년 당시 동학당을 엄연한 하나의 '종교'라고 소개하였으며, 이미 이 기사에서는 동학이 유・불・선 삼교를 혼성(混成)한 교지를 가지고 있다는 점을 밝히고 있다. 위에서 이노우에가 유도와 불도를 혼합했다고 했는데, 이러한 정보가 이미 일본에서는 언론 매체를 통해 알려져 있었던 것이다. 당시 위와 같은 인식이 일본 사회에 상당히 널리 유포되었다는 점에서 이노우에 또한 기사를 통해 실제로 접하여 인지하고 있었을 것으로 보인다.

또한 동년 5월 발행되는 『가정잡지(家庭雜誌)』에서도 "4월 하반기는 조선에서 동학당이라고 부르는 일종의 종도(宗徒)가 난을 일으킨다고 하는 소문이 있었는데, 마침내 사건이 없이 끝났다"[75]고 기록하고 있으며, 동년 동월 발행된 『화족동방회보고(華族東方會報告)』에서도 '동학당'에 대해 다음과 같이 기술하고 있다.

● 동학당의 성질 : 동학당은 4~50년래 동국(同國)에 존재한 일종의 교도(敎徒)로서 그 교조를 최복술(崔福戌)이라 부르고, 유・불・도의 삼자(三者)를 혼합한 것과 같은 일종의 기이한 교의(敎義)를 받들고 봄에 행의(行衣)를 입고, 목에는 염주를 걸고, 등에는 행랑주머니를 매고, 기묘한 복장을 하고 있다. 지금 그 신도(信徒)는 전라, 충청, 강원, 경상의 네 지역에 만연(蔓延)하고, 그 수는 대체로 20만명이다. 이 도(道)에 대한 믿음이 매우 깊고, 그 스승에 대한 존경이 매우 두텁다. 따라서 그

---

75 「朝鮮の警報」, 『家庭雜誌』 9, 家庭雜誌社, 1893.05, p.45.

세력은 결코 가볍게 생각할 것이 아니다.[76]

　이와 같이 조선에서 교조신원운동이 일어나던 당시 일본의 각종 잡지를 통해 보도한 내용을 보면 이들은 동학을 명확히 '종교'로 인식하고 있었다는 것을 확인할 수 있다. 1893년 8월 발행된 모리모토 타루이(森本藤吉, 1850~1922)의 『대동합방론(大東合邦論)』에서도 '최근 동학당이 신교(信敎)의 자유를 설한다고 들었다'[77]는 내용이 있다. 일본 지식인이나 관료, 정치인들의 뇌리에서는 동학이 '종교'로 인식되었던 것이다.

　이렇게 볼 때 오히려 청일전쟁 중 발생한 동학농민운동의 봉기를 진압한 후, 일본공사관에서 동학을 '종교유사의 교'라고 표현한 것은, 동학을 '종교'로 바라보는 인식에서 '비종교'에 가까운 '종교유사의 교'로 의미가 축소된 것이라고 말할 수 있다. 곧 이 집단을 과연 일본의 신도나 불교, 기독교와 동등한 '종교'로서 그 위상을 정립할 수 있을 것인가에 대해 이노우에와 우츠다 등 일본공사관의 외교관들은 매우 조심스러운 판단을 하였던 것으로 보인다. 그러한 점에서 동학에 대한 표현은 '종교'가 아니라 '종교유사의 교'로 비밀 보고서에 기록되었던 것이라고 본다.

---

76 「朝鮮の東學黨」, 『華族同方会報告』 41, 同方会事務所, 1893.05, p.27.
77 森本藤吉, 『大東合邦論』, 森本藤吉, 1893.08, p.125.

3. 동학의 변신-'종교'에서 '미신'·'종교유사'로

이와 같이 1893년 동학에 대한 일본 내 지식인들이나 관료는 이를 '종교'로 인지하고 있었다. 하지만 1894년과 1895년, 청일전쟁을 기점으로 일본인들의 동학에 대한 인식은 현저하게 달라지고 있는 것을 볼 수 있다. 그 인식의 동향이 어떻게 변해가는지에 대해 살펴보기에 앞서 먼저 1893년에 나온 다음의 글을 살펴보자.

> ● 동학당의 명칭은 서학에 대항하는 뜻을 표현한 것으로, 서학이란 일반적으로 외교(外敎)를 지칭하는 것이다. 동학당에서 말하는 바에 따르면 "동학은 유불선의 삼도(三道)를 절충해서 그 꽃(華)을 취하고 그 정수(精粹)를 뽑아서 대성(大成)시킨 것으로서, 그 교의의 현묘함은 천지를 움직이고, 귀신을 멸할 정도이며, 대범 세계에 종교와 도학이 많다고는 하지만 우리의 교의는 위와 같은 까닭에 정부(政府)가 행여 우리에 대해 외교배척(外敎排斥)의 책임을 지운다면 장신화둔(藏身火遁) 혹은 구름을 부르고 바람을 일으키는 신술(神術)에 의해 순식간에 그 효력을 보일 것이다. 또한 우리 당의 교조 최복술은 금년 3월에 부활하여 크게 우리 동학을 확장하여 마땅히 외교를 축출할 것이다."라는 등 극히 황당무계한 것이다.[78]

위 인용문은 앞서 살펴본 1893년 『화족동방회보고』 제41권에 실린 내용으로, 일본인 기자가 동학 신자를 인터뷰하여 그 명칭 및 교

---

78 「朝鮮の東學黨」, 『華族同方会報告』 41, p.27.

리의 대강을 소개하고 있는 것이다. 여기서 동학 신자는 우선 동학이 '유·불·도의 삼자를 혼합한 것'을 교의(教義)'로 받든다고 하였다. 이는 『자유당당보』의 내용과 일치하는데, 다만 『화족동방회보고』에서는 동학교도가 주장하는 의견을 수용하여 '동학은 유불선의 삼도(三道)를 절충해서 그 꽃(華)을 취하고 그 정수(精粹)를 뽑아서 대성(大成)시킨 것'이라고 상세한 설명을 하고 있다.

동학의 교리가 유·불·선 삼교의 합일로 이루어졌다는 것은 외부인(일본인)의 동학 교리 이해와 분석을 기반으로 한 시각이 아니라, 당시 동학 내부에서 주장하는 것을 그대로 수용한 것이었다. 물론 위의 동학교도는 전무후무한 교리의 독창성보다는 오히려 삼교합일을 통해 그 속에서 정수를 취하여 대성한 것이야말로 세계의 종교와 도학보다 위대한 종교임을 자부하고 있다.

동학을 종교로 바라보던 일본 지식인의 시각은 1893년부터 약 1년 동안 일본 지식인들 사이에 공유된 것으로 보인다. 예를 들면 1894년 8월 발행된 『일청대전실기(日清韓対戦実記)』에서는 다음과 같이 말한다.

> 동학당이란 어떠한 것인가 말하자면, 그들이 주의(主義)로 삼는 것은 강경한 외교배척에 있다. 곧 서학당이나 서교의 신앙하는 자들에 대해 조선 재래의 종교를 신봉하는 것에서 유래한다. 세상 사람들은 이를 칭해서 동학당이라 부른다. 그 종도(宗徒) 대부분 수만을 넘는다고 하며 전라, 충청, 경상의 3도에 만연하다.[79]

---

79 牛台山人 (鈴木純一郎), 『日清韓対戦実記』, 東生書館, 1894.08, p.2.

동학은 서학(기독교)에 반대되는 입장을 취하고 있으며, 그러한 취지에서 외래사상이 아니라 '조선 재래의 종교'를 신봉하고 계승하는 것으로서 종교적 정체성을 형성했다는 점이 눈에 띈다. 이러한 내용을 앞선 잡지의 내용들과 연동해서 생각해 본다면, 당시 유・불・선 삼교의 합일은 조선 재래의 신앙 형태로서 인식되었다고 볼 수 있다.

하지만 이러한 동학에 대한 소개와 평가는 뒤로 갈수록 점차 부정적 혹은 저열한 신앙체계라는 점이 두드러지게 부각(浮刻)된다. 1894년 12월 발행된 오자와 류타로(大沢竜太郎)의 『대청책(対清策)』에서는 "저 동학당이라고 칭하는 것은 신도가(神道家)와 같은 것이면서도 신도가가 아니며, 불자(佛者)와 같은 것이면서도 불자도 아니며, 유자와 같으면서도 유자도 아니며, 무당(巫)과 같으면서도 무당이 아니다. 세속에서 이른바 고헤이카츠기(御幣擔: 어떠한 일이든 항상 길흉을 점치는 사람)라는 것과 비슷해서 풍수의 설을 과장하고 우민(愚民)을 현혹(煽惑)하는 자들이다"[80]라고 했다.

이는 동학이 마치 종교적인 집단인 것처럼 설명하지만, 정작 그 정체성에 있어서 어떠한 교리적 독창성도 없다는 것이며, 나아가 미신(迷信)에 가까운 행위를 하면서 어리석은 백성들을 현혹하는 집단이라고 노골적으로 폄훼하고 있다. 앞서 동학교도는 삼교합일이야말로 모든 종교의 정수를 뽑아서 대성시킨 최고의 교리인 것처럼 말했지만, 불과 1년 후에는 삼교합일이 오히려 신도와 불교, 유교의 어느 쪽에도 속하지 않는다는 점에서 독창적이지 않다는 비난의 근거

---

80 大沢竜太郎, 『対清策』, 大沢竜太郎, 1894.12, pp.12-13.

로 작용하고 있다.

또한 위의 글과 비슷한 시기인 1894년 12월 3일에 작성된 기밀문서 「동학도 진압의 선후책에 관한 구신(具申)」에서는 동학에 대해 다음과 같이 기록하고 있다.

> 대개 **동학당이라는 자는 유(儒)·불(佛)·선(仙) 3종교를 합한 일종의 종교미신자(宗敎迷信者)로서 그것이 미신인 만큼 만사에 완고·집요한 기풍이 있습니다.** 그리고 교조 최제우가 이 도를 창도한지 어언 40여 년, 풍기가 퇴폐하고 정도(政道)가 효란(淆亂)함에 따라 마음이 이것에 기울어지는 사람이 많아 지금은 조선 남도(南道)에 만연하여 그 당(黨)에 이름이 오른 자가 수만 명을 밑돌지 않는다고 합니다. 이와 같은 형세이므로 다른 야심을 품고 초야에 숨어있는 자 역시 이 무리를 이용하려고 하며 또 이들의 명성이 점차로 요란해지자, 다른 민란 난민도 이 동학도의 명의를 이용하여 지방관들을 위협하게 되었습니다. 여기서 진짜 동학도와 가짜 동학도의 구별이 생겼습니다. 그러나 진짜 동학도도 결코 정사(政事)에 관계없는 것이 아닙니다. 도리어 가짜 동학도보다 무서운 혁명의 씨를 품고 있습니다. 왜냐하면 그들이 부르짖는 바는 항상 "보국안민(輔國安民)"의 네 자로서, 그들은 일반 조선인 중에서 가장 완강한 인민이기 때문입니다.[81]

동학은 '유·불·선 삼교를 합한' 것이라는 점을 말하면서도 그것

---

81 加藤增雄, 「東學徒 鎭壓의 先後策에 관한 具申」, 『駐韓日本公使館記錄』 1894. 12.3.

을 '종교미신자(宗敎迷信者)'라고 표현하였다. 마치 유·불·선을 합한 것이기 때문에 '미신'에 가까운 것이라는 의미로 읽힌다. 이 문서는 앞에서 이노우에가 작성한 『주한일본공사관기록』보다 시기적으로 한 달 앞선 것이다. 따라서 1893년에 주로 '종교'로 인식되었던 동학이, 1894년 동학농민운동 이후, 특히 7월의 청일전쟁 발발과 12월의 2차 농민전쟁 이후 이들에 대해 '미신' 혹은 '종교유사'라는 표현을 사용하면서 사실상 '종교'와 차별화된 의미를 부여하고 있다.

곧 위 보고서 내용처럼 먼저 동학이 '종교미신자'라고 표현된 뒤에 이노우에가 이를 '종교유사'라는 표현했다는 점을 생각해 본다면, 이노우에의 '종교유사'라는 표현에는 사실상 종교라는 의미보다는 미신이라는 부정성이 더 강하게 내포되어 있었다고 보아도 좋을 것이다.

동학에 대한 저열한 평가는 청일전쟁이 끝난 직후인 1895년부터 더욱 본격적으로 나타난다. 당시 동학에 대한 일본 내 평가는 대부분 '인민을 선동하는 일종의 혁명당'이며, 조선에서 '내란'을 일으킨 정치결사, '폭거' 등의 자극적인 단어를 사용하면서 이 단체에 부정적 성격을 강하게 부여하였다.[82] 이에 대해 일본은 이러한 폭도들의 내란을 진압하였고, 또 조선의 위협이 되는 청나라를 물리침으로써 조선 사회에 안녕질서를 가져다주었다는 식의 자화자찬을 봇물처럼 쏟아낸다.

특히 조선 조정이 일본에 요청하여 부득이 자신들이 나서서 조선의 혼란을 바로잡은 것이라고 주장하는 등 청일전쟁에 대한 본격적인 미

---

82 이와 관련해서는 강효숙, 「일제의 종교 탄압−통감부 시기까지의 동학, 천도교를 중심으로−」, 『한국종교』 38, 원광대 종교문제연구소, 2015, p.76 참조.

화가 이루어진다. 동학에 대한 부정적 평가는 일본의 전쟁 당위성의 일환으로 이루어진 것이었다. 다만 이들은 단지 동학을 수준 낮은 '유사종교'라거나 '미신'이라는 종교적 범주 안에서 평가한 것이 아니라, 이 단체를 정치적인 성향이 강한 집단으로 몰아갔다.

주지하는 바와 같이 청일전쟁에서 승리한 일본은 과거 수 세기 동안 동아시아의 패권을 장악하고 있던 중국을 억누르고 패자(霸者)의 자리에 올라섰다. 이는 동아시아 질서의 전체 판도를 가르는 역사적 사건이었다. 따라서 일본의 지식인들이 동학과 청나라를 더 철저하게 악마화하고, 그 대척점에 동아시아 패권국가인 일본을 세우려는 시도는 정해진 수순이었다고도 볼 수 있다.

이러한 가운데 1893년부터 1894년까지 거론되던 동학의 '종교성'은 더 이상 중시되지 않았다. 예를 들면 1890년 일본에서 발생한 '우치무라칸조(内村鑑三) 불경사건(不敬事件)'의 주인공 우치무라는 "동학당이 남조선에서 일어났는데, 곧 괴뢰정부로 간주하여 원병을 중국(支那) 본국에 요청하였다"라고 하면서, 동학군에 의한 전주성 함락 등을 '괴뢰정부'로 평가했다.[83]

또한 일본 역사 교과서에도 "동학당이란, 원래 서교(西敎)를 배척하고 동학을 일으키고자 하는 보수적 학자 단체의 일파(一派)였는데, 모든 정부를 원망하는 자들이 이에 참여하여 세를 크게 불려 창궐하였으므로 진압하지 않으면 안 되었다"[84] 라고 기술하고 있다. 동학의 종교성은 완전히 거세된 채 '보수적 학자 단체의 일파'로 이들의

83 内村鑑三, 『小憤概録 下』, 少年園営業部, 1898, p.217.
84 桑原隲蔵, 『中等東洋史 下巻』, 大日本図書, 1898, p.264.

성격으로 규정하였다.

동학에 대한 부정적이고 왜곡된 인식은 1900년대에 접어들어서
도 계속된다. 특히 1906년 손병희(孫秉熙, 1861~1922)에 의해 동학을 천
도교로 개칭하고 종교성 회복을 위해 노력하지만, 천도교에는 동학
의 잔당이라는 인식이 강하게 뿌리내리고 있었다.

조선에서 지난번에 갑자기 발흥한 천도교라는 것은 전국에서 교도
를 모집하고 있는 모양인데, 그 진상을 판별하자면 혹은 동학 일파의
잔당으로서 국권 회복을 기대하는 이들이 아닐까 생각되는 것으로부
터 영원한 화근이 될 것이다.[85]

동학농민운동의 실패는 시간이 지나도 깊은 부정적 잔상으로 남
아있었고, 무엇보다도 동학의 후예들은 끊임없이 국권 회복을 추구
하고 있다는 점에서 일본인들에게는 조선 통치의 걸림돌이며 '화근'
으로 인식되고 있었다. 동학의 잔당이라는 부정적 인식은 동학농민
운동으로부터 30여 년이 흐른 뒤에도 지속된다.[86]

하지만 이러한 부정적 인식 속에서도 동학을 '종교'로 바라보는
시각은 간헐적이지만 꾸준히 나타난다. 예를 들면『통속메이지통사
(通俗明治歷史)』(1898)에서는 "조선의 동학당이라는 것은 종래 종교상(宗
敎上)의 단결(團結)에 지나지 않은 것"[87]이라 했고, 또『메이지태평기

---

85 「天道敎勃興」,『六大新報』129, 六大新報社, 1906.01, p.15.
86 〈東學黨은……朝鮮革命黨 그럼으로 不穩하다〉,《中外日報》1928.04.07.
87 坪谷善四郎,『通俗明治歷史』, 東京 : 博文館, 1898, p.298.

(明治太平記)』(1913)에서는 "원래 동학당이라고 하는 것은 조선의 종교(宗教) 조합(組合)이었다"[88]라고 했으며, 『메이지문명사(明治文明史)』(1915)에서는 "이 동학당이라고 하는 것은 지금까지는 단지 종교가(宗教家)의 한 단체에 지나지 않았다"[89]라고 하였다. 이처럼 동학에 대한 세간의 주된 평가는 정치단체로서 내란을 일으킨 폭도들이라는 부정적 인식이 계속되는 속에서도 이들을 '종교단체'로 간주하는 인식 경향 또한 계속 나타나고 있었다.

1893년 이후 동학에 대한 이해는 '종교' 혹은 '미신'이나 '종교유사'라는 표현에서부터 폭거, 반란세력, 학자 집단이라는 표현까지 그 속성이 다양하게 인식되어 왔다. 하지만 전체적으로 동학의 근본 속성은 '종교적'이라는 인식이 1893년부터 1915년까지 약 20여 년 동안 지속되어 왔다고 본다. 그것은 1915년 〈포교규칙〉이 제정된 후, 대표적인 종교유사단체로 주목한 것이 바로 천도교와 시천교였다는 점을 통해서도 충분히 이해할 수 있다.

4. '종교유사단체'는 왜 경찰이 관리하게 되었는가?

이상과 같이 한국에서 '유사종교'의 원형적 표현이라고도 할 수 있는 '종교유사의 교'와 유사종교의 속성이라고도 할 수 있는 '유·불·선 혼잡'이나 '종교미신자' 등의 표현은 1890년대 중반 동학을

---

88 北島葭江, 『明治太平記』, 東京 : 修文館, 1913, p.254.
89 小林鶯里, 『明治文明史』, 東京 : 富田文陽堂, 1915, p.773.

통해 그 기본 유형이 드러나고 있음을 확인했다. 곧 한국에서 찾을 수 있는 유사종교의 원형은 바로 동학이었다.

다만 종교·종교유사·미신 등의 표현의 형성에 당시 조선인들은 전혀 관여한 바가 없다. 조선 침탈의 야욕을 노골화하면서 청나라와 패권을 다투는 일본의 외교관, 곧 조선경성공사관의 외교관을 중심으로 이러한 인식은 처음 표출되었다. 또한 동학농민운동을 전후하여 동학에 관한 정보를 일본에 소개하고 그 성격을 규명하고자 한 것도 일본 내 지식인이나 정치인들이었다.

따라서 동학을 '종교'라고 하거나 '유사종교'라고 했을 때, 일본에서 이루어진 '신도비종교론'을 둘러싼 논의처럼 근대적 '종교'와 '비종교'를 근거로 한 논의는 사실상 이루어지지 않았다. 그저 자신들이 가진 지식 기반 위에서 '종교'와 '유사종교', '미신' 등으로 표현했을 뿐, 그것이 어떠한 근거를 통해 그렇게 인식될 수 있는지를 이해할 만한 근거는 찾아볼 수 없다.

오히려 동학에 대한 인식의 변화를 촉구한 것은 동학 자체의 변화에서 기인한 것이 아니라, 동아시아 정세 변화에 따른 일본 지식인들의 인식 변화가 더 큰 요인으로 작용했다. 곧 동학을 '종교'로 바라보다가 '종교유사' 혹은 '종교미신' 등으로 표현을 바꾸게 되는 배경에는 동학농민운동과 청일전쟁이라는 사건이 주된 요인으로 작용했다는 것이다.

이는 '유사종교'의 개념이 해당 종교단체의 교리 체계나 의례, 신앙구조 등의 분석을 통해 '종교'와 '비종교'를 나눈 것이라던가 또는 직선적 발전사관을 근간으로 하는 종교진화론처럼 원시종교에서 유

사종교, 그리고 종교로 진화해 갈 것이라는 양태의 인식이 반영된
것도 아니다. 오히려 종교에서 파생된 미신과 유사종교로 인식이 변
화하는 과정에는 사실상 일본의 동아시아 침략이라는 일방적 사건
이 작용하는 것임을 알 수 있다.

그렇다면 혹시 19세기 말 동학을 통해 형성된 '종교유사'라는 부정
적 이미지는 〈포교규칙〉의 종교유사단체에 그대로 수용되었던 것일
까? 그렇지는 않다고 생각된다. 사실 '종교유사'의 문제는 단지 조선의
동학에만 한정되는 것이 아니었다. 곧 이 '종교유사'에 대한 부정적 인
식은 1910년을 기점으로 일본과 한국 사회에서 동시에 나타난다. 특
히 1900년대 이후 '종교유사'에 대한 표현은 주로 일본 종교계를 중심
으로 문제를 표면화하였고, 따라서 부정적 인식 또한 종교인들을 중심
으로 활성화되면서 유사종교에 대한 비난과 공격이 가중된다.

먼저 1910년 2월에 발행된《정교신보(正敎新報)》700호에는「도덕
과 종교의 요구」라는 제목의 논고가 게재된다. 그리고 이 기사의 요
지 일부가 잡지『성(聲)』3월호에 같은 제목으로 전재(轉載)되는데, 여
기서는 비로소 '종교유사 현상'이라는 표현이 상당히 일반화된 개념
으로 사용되고 있다. 뿐만 아니라 이 글을 통해 볼 때, 이미 일본 정
부(내무성 종교국) 관계자들이 이러한 '종교유사 현상'에 대해 상당히
명확하게 인지하고 있었으며, 나아가 그 대책을 강구해야 하는 상황
에 처해 있었다는 것도 알 수 있다.

　　근년 우리 일본의 일반사회에서 한편으로는 극단적인 망신(妄信)과
　　다른 한편으로는 극단적인 신비주의 사상의 경향이 각종 방면에서 현

출(現出)하고 있음을 인정할 수 있다. 지난날 내무성 종교국 당사자와 담화하는 가운데 일본 사회에는 종교국에서 관계하지 못하는 일종의 **종교유사(宗教類似) 현상**도 적지 않은데, 이들은 경찰 당사자의 취체에 속하는 사건이라는 이야기가 있었다. **종교유사의 현상**으로서 경찰의 취체에 속하는 일이라고 한다면, 이는 말할 것도 없이 종교적 미신을 가리키는 것인데, 근래에 이와 같은 종류의 현상이 많은 방면에서 나타나서 인심을 현혹하고 있다는 사실은 우리의 주의해야 할 사항이다. 또한 저 덴리교의 세력이 일본의 한 종교로 인정받을 정도까지 세력을 얻은 것과 같은 것도 동일하게 우리가 주의해야 할 사항으로, 이와 같은 불건전한 **종교유사의 신앙**이 사회에서 세력을 얻는 까닭은 모두가 인심의 가장 깊숙한 곳에 잠재하는 종교심(宗教心)의 소리가 아님이 없으니, 종교를 갈망하는 인심이 진성(眞誠)의 종교를 얻지 못하는 것에 의해 눈앞에 있는 단순하고도 들어가기 쉬운 일종의 미신에 빠질 수밖에 없는 것이다. 각종 미신의 대상물인 신불(神佛)의 종류는 그 의의가 실로 극히 우매하다고 할지라도, 이 극히 우매한 신불의 종류를 신앙하는 사람들의 마음은 이를 매우 소중하게 여기면서도 존경을 다해야 할 가치가 있다고 하는 현상이다. (중략) 이같이 근년 우리 일본 사회에 있어서 인정되고 있는 덕의상(德義上)의 결함이라는 자각도 미신적 신앙의 유행도, 깊게 그 심리적 내부를 전의(詮議)해 보면 필경은 종교심의 요구를 벗어나지 않는다. 그런데 우리 일본 사회에는 종교를 싫어하게 하는 일종의 망신적 경향이 있고, 종교―기독교의 어떠한 일단(一端)도 조사해 본 일도 없이 일체의 종교는 허탄(虛誕)에 불과하다고 망신하는 사람들이 많은데, 그러한 사람들은 도덕의 요구나 모든 종류의 미신적 신앙의 이면에 잠재하는 종교심을 요구하는 소리를 듣지 못하고 그러한 것들은 어떠한 도덕상의 설교로만 제공하여도 그에 만족을 얻는 사람이라고 상상한다.[90]

《정교신보(正教新報)》는 일본하리스토스정교회(Orthodox Church in Japan)에서 발행한 기관지다. 1880년(明治13) 12월에 1호가 발행되었다는 점에서 일본에서는 가장 빠른 시기에 등장한 종교 기관지라고 보아도 좋을 것이다. 1912년 10월호(765호)까지《정교신보》라는 이름으로 발행되다가, 그 이후부터는《정교시보(正教時報)》로 제명이 바뀌었다.

위의 글에서 특별히 관심을 끄는 부분 중 하나는 바로 "지난날 내무성 종교국 당사자와 담화하는 가운데 일본 사회에는 종교국에서 관계하지 못하는 일종의 종교유사(宗教類似) 현상도 적지 않은데, 이들은 경찰 당사자의 단속(取締)에 속하는 사건이라는 이야기가 있었다"라는 내용이다. 이 내용은 유사종교 연구에 있어서, 특히 유사종교의 용어 성립 및 제도 성립의 측면에 있어서 매우 중요한 의미를 가진다.

첫째, 위 기사는 사실상 일본에서 일어나고 있는 새로운 유형의 종교 출현 현상에 대해 '종교유사 현상'이라는 표현을 사용한 것으로써, 이후에 널리 유포되는 '유사종교' 용어의 가장 원형적인 형태를 보여주고 있다고 생각된다. 곧 앞서 살펴본 근대 일본 사회의 종교유사 또는 유사종교의 표현이나 조선에서 동학을 중심으로 표출

---

90 「道徳と宗教の要求」,《正教新報》700, 愛愛社, 1910.02.01., p.2.

되는 종교유사라는 표현은 주로 신도를 중심으로 하거나 혹은 조선의 특정한 종교단체에 한정하여 적용해 온 것인데 대해, 위의 기사는 '종교유사 현상'이라고 해서 일본 사회 전반에 나타나고 있는 새로운 종교적 현상을 직접적이고 포괄적으로 설명하고 있는 것이다.

특히 여기서 사용하는 '종교유사 현상'은 전적으로 기독교인의 관점에서 바라보는 종교현상이라는 점도 주목할 필요가 있다. 《정교신보》가 기독교 잡지라는 것도 그렇지만, 기독교의 관점에서 볼 때 일본 사회에 다양한 양태로 속출하고 있는 종교현상을 '미신'이라고 규정하는 것이나, 이들이 민심을 현혹한다고 하면서 보편종교인 기독교와 엄격한 차별을 두는 관점에서 종교유사 현상을 설명하고 있다. 곧 종교유사 현상은 종교적 미신에 가까운 것이라는 점에서 매우 강한 부정성을 내포하고 있다. 위의 기사는 기독교와 종교유사의 현상을 엄격하게 '종교'와 '비종교'로 구분하는 것이다.

사실 에도(江戶)시대 기독교는 국가에 의해 금기된 신앙이었다. 하지만 메이지유신을 통해 근대화가 이루어지고 서구열강의 종교 신앙의 자유를 요구하는 목소리가 거세짐에 따라 기독교에 대한 금압(禁壓)도 중지할 수밖에 없었다. 심지어 '종교' 개념이 기독교 특히 프로테스탄트 중심으로 형성되었다는 점에서 종교와 비종교 구분의 기준을 기독교에서 제시하는 경우가 많았다.

따라서 위 기사에서 종교는 오직 기독교라는 관점에서 주장을 전개하고 있으며, 그 외의 신앙은 모두 미신이라는 인식을 드러내고 있다. 그러면서 참된 종교인 기독교를 잘 알지도 못하면서 허탄(虛誕)이라고 주장하는 사람들을 비판하면서, 망신(妄信)으로서의 신불(神

佛)신앙이나 종교유사현상을 진신(眞神)으로서의 기독교와 대비(對比)하고자 했다. 곧 종교유사 현상은 비기독교적인 종교현상을 지칭하고 있는 것이며, 따라서 기독교=종교, 종교유사의 현상=미신(비종교)라는 이분법적 대칭구조를 확실하게 드러내는 것이다.

더욱이 위 인용문에서는 신불(神佛)에 대한 일본인들의 신앙도 기독교 신앙처럼 진성(眞誠)의 종교가 아니라 우매한 미신의 신앙이라고 하였으며, 일본 사회에는 미신에서 파생된 많은 미신적 종교가 유행하고 있다고 하였다. 이와 같은 미신 혹은 미신적 종교의 횡행을 '종교유사의 현상'이라고 한 것이다. 당시 일본 사회에 신불의 미신성을 비판하는 것은 새로 등장하는 종교들의 속성이 대부분 '신도'적인 것이거나 혹은 '불교'적인 것에서 기인하고 있다는 것을 보여준다.

앞 장에서 일부 불교 관계자들이 '유사불교'라는 표현을 사용하면서 기독교가 종교 진화 단계에서 불교의 하위에 있다고 주장한 점을 지적하였던 것을 생각해 본다면, 위의 주장은 그와 반대되는 시각에서 기독교의 우월성과 불교의 열등함을 강조하고 있는 것이다. 이처럼 일본 내 종교진화론의 영향이 개별 종교에 있어서는 서로의 우위를 주장하는 도구로 활용되고 있었으며, 그 가운데 '불교유사'나 '종교유사' 등의 표현이 등장하고 있다.

그런데 여기에서 주장하는 종교와 종교유사 현상의 대비는 비록 기독교적 관점에서 표현된 것이라 하더라도 결코 간과할 수 없는 무게감을 가진다. 이미 일본 사회에서 국가에 의해 종교의 범주(신도·불교·기독교)가 제도적으로 규정된 상태에서도 이를 다시 진성종교(기독교)와 망신(신도·불교)의 구분하고, 이러한 망신에서 파생되는 종교적 현상을 '종교유사의 현상'이라고 규정하고 있기 때문이다.

이는 신도와 불교가 과연 미신성을 극복하고 근대종교로서의 보편성을 확보했는가를 되묻는 기독교 입장의 공격이라 할 수 있으며, 불교와 신도에서 파생된 종교유사 현상을 동일하게 미신으로 취급하는 것은 지극히 당연한 일이었다고 본다. 물론 뒤로 가면 기독교계의 일부 교파가 유사종교로 분류되기도 하지만, 적어도 근대 일본 사회에서는 기독교가 '종교' 개념의 표준이 되고 있었으며, 따라서 위의 글은 일본에서 발생하는 종교유사 현상이라는 용어에 내포된 종교적 속성을 잘 보여주고 있다고 생각한다.

실제로 일본 사회에서 빈출(頻出)하는 종교유사 현상은 신도와 불교를 중심으로 파생하는 것이 대부분이었다. 예를 들어 1926년 일본에서 공적으로 실시한 최초의 유사종교 조사, 곧 재단법인 사회교육협회 조사부에서 실시하여 발간한 『종교유사단체조사(宗敎類似團體調查)』를 보면 신도계가 65개, 불교계가 29개, 기독교계가 4개로 대부분이 신도계와 불교계였다.[91] 그중에서도 신도계가 단연 독보적으로 많은 유사종교를 양산하고 있었다.

근대를 통해 신도는 국가신도와 교파도로 분리되며, 비로소 교파신도라는 종교로서 정체성을 형성해 가야 하는 상황을 맞이하였다. 그런데 교파신도에는 민간에 전승되어 오던 다양한 신앙의 유형이 대거 유입되면서 교단의 정체성이 모호해진 경향이 있었다. 이러한

---

91 社会教育協会調査部, 『宗教類似団体調査』, 財団法人社会教育協会, 1926.

상황 속에서 교파신도에 속하지 않은 채 스스로 신도를 모태로 하는 종교임을 표방하면서 교단을 구성하거나, 또는 촌락을 중심으로 가족이나 친족들이 삼삼오오 모여서 신앙집단을 형성하는 등 국가에서 정한 종교 질서에 반드시 부합하지 않는 소규모 단위의 종교현상들이 출현하기 시작한 것이다.

일본 정부는 종교단체가 신앙 활동을 하기 위해서는 반드시 국가에서 공인한 기성교단에 소속하도록 제도를 구축했지만, 민간에서 전통적으로 이어오던 신앙을 계승한 사람들이 자신들의 행위를 반드시 과연 '종교'로 자각하였을까 하는 점에는 의문이 든다. 곧 일부 지식인들이 '신도비종교론'과 같이 종교와 비종교의 경계를 논하고, 그 가운데 다시 유사종교의 개념이 파생되는 과정은 시작되었지만, 이는 극히 일부 지식인 사이의 논의에 국한된 것이었다. 따라서 실제로 민간에서는 종교라는 개념 자체를 인식하지 못한 채 단지 신앙을 이어가고 있었으며, 마땅히 종교정책의 제도권에 포함되지 않은 채 종교 행위를 펼쳐갔던 것이다. 일본 사회에서 신도계 유사종교가 압도적으로 많게 되는 것은 이러한 이유에서 기인한다고 본다.

둘째, 위의 인용문에서 제시된 내무성 종교국 관계자의 의견을 통해 종교유사 현상에 대한 관리·감독의 주체가 경무국으로 결정되는 상황의 단서가 발견된다. 일본 정부는 1877년 교부성을 폐지하고 내무성에 사사국(社寺局)을 설치하여 신사 및 사원과 각 종교에 관한 행정 업무를 관장하도록 했다. 그러다가 1900년 내무성의 사사국을 신사국과 종교국으로 나누어 신사 및 신관(神官)이나 신직에 관한 업무는 내무성 신사국(神社局)에서 담당하고, 신도(교파신도)·불교·기독교 등 종교에 관한 업무는 종교국(宗敎局)에서 담당하도록 하였다. 그러므로 종교에 관한 모든 업무는 마땅히 종교국에서 담당하는 것이 이미 제도적으로 정착되어 있었다.

이처럼 20세기에 들어서면서 일본 정부는 신도·불교·기독교를 공인하였다. 곧 근대 일본은 국가에 의해 종교를 공인하는 공인교 제도를 채택하고 있었다. 일본의 공인교 제도는 프랑스에서 시작된 콘코르다토(concordato) 제도의 영향을 받았다고 한다. 콘코르다토 제도는 1801년 7월 15일부터 1905년 12월 9일까지 프랑스에서 실시된 종교 제도로, 원래는 프랑스의 나폴레옹 보나파르트와 로마 교황이 맺은 「정교조약(政敎條約 : concordato)」에서 탄생한 것이었다. 이에 따라 특정 종교가 국가의 공인을 받으면 그 종교는 국가의 원조를 받았는데, 프랑스 정부는 공인 종교의 성직자에게 공무원과 동일한 봉급을 지급했다. 대신에 교회는 성직자를 자유롭게 임명하지 못하고 행정당국의 승인을 얻을 의무를 지게 됐다. 한편 공인교로 인정되지 못하는 경우 신교의 자유는 보장되었지만, 지원의 대상은 되지 못하는 구조였다.[92]

‘대일본제국헌법’을 초안했던 이노우에 코와시는 프랑스의 정교 모델을 일본에 소개하면서 이를 근간으로 ‘인가종교(認可宗敎)’ 제도를 일본에 도입하고자 했다. 곧 그는 1884년(明治17) 「교도직폐지의 견안(敎導職廢止意見案)」을 작성하면서 일본에서도 ‘인가종교’를 받아들일 필요성을 제기했다. 이노우에는 프랑스의 공인제도를 일본에

---

92 Bernat Marti-Oroval, 「藤島了穩と仏教公認教運動――フランスの留学期との関係を中心に――」, 『印度學佛教學研究』 71-2, 印度學佛教學研究會, 2023, p.663.

적용하여 '인가종교'와 '비 인가종교'를 분류하고자 했다.[93]

이러한 프랑스식 공인교 제도 도입의 필요성은 당시 불교계에서 활발하게 제기되었다. 특히 일본불교의 공인을 적극 추진했던 이노우에 엔료(井上圓了)는 프랑스식 공인교 제도를 주장하는 『일본정교론(日本政敎論)』을 편찬하여 일본 공인교 운동 전개의 대표적 인물이 된다. 그리스도교를 강하게 배척했던 그는 일본 내 그리스도교 문제를 해결하기 위해 신도와 일본불교만을 공인교로 인정하고 정부의 지원을 받게 하는 한편, 그리스도교는 신교의 자유를 인정해 주면서도 '비공인교'로 규정하여 이들의 확대를 제한하는 방안을 제기하기도 했다.

하지만 1899년(明治32) 제1회 종교법안을 제출하면서 일본 정부는 기독교를 공인교로 편입하려는 의지를 보인다. 1899년 이후 시행된 내지잡거(內地雜居)[94]에 따른 후속조치의 일환이었다. 이에 대해 불교계는 종교법안을 거부하면서 반발하였고, '야소교비공인론(耶蘇敎非公認論)'이 주장되었다. 그 결과 종교법안은 부결되었고, 그 여파로 야마가타 내각(山縣內閣)이 붕괴하기도 했다. 그러나 1900년 기존의 사사국이 신사국과 종교국으로 별립하면서 신사국에서는 신사 관련 업무만 관리하고, 종교국에서는 신도·불교·기독교를 공인된 종교

---

93 ベルナット・マルティ・オロバル,「井上円了の「公認敎」論 ―19世紀フランスのコンコルダート制度との関係を中心に―」,『国際井上円了研究』 10, 国際井上円了学会, 2022, p.206.

94 內地雜居란, 외국인거류지 등 외국인에 대한 거주, 여행, 외출 등을 폐지하는 것으로, 일본 내에서 자유로운 거주와 여행, 영업 등을 허가하는 것을 말한다. 1894년 내지잡거를 인정하는 일영통상항해조약(日英通商航海條約)이 체결되었고 1899년 동 조약이 발효됨으로써 외국인거류지의 폐지와 내지잡거가 실시되었다.

로서 관리·감독하는 행정체계가 구축된다.

이렇게 일본에서는 공인교 제도를 택했지만 프랑스처럼 국가에서 공인된 모든 종교의 성직자에게 급료를 지불하는 구조는 아니었다. 대신 국가에서는 종교로 인정하고 세금을 감면해 주거나 각 교파나 종파의 관장(管長)을 칙임관(勅任官)으로 대우하는 등의 혜택을 제공하면서도, 관장(管長) 선임에 있어서는 정부의 승인을 받도록 하는 관리·감독 방식을 취하였다. 그러한 점에서 닛타 히토시(新田均)는 1884년(明治19) 8월 11일 신불(神佛) 교도직 폐지 후 관장을 중심으로 신도와 불교의 각 종파를 관리하도록 하는 다죠칸(太政官) 포달(布達)을 일본 공인교 제도 채용의 선언이라고 보았다.[95] 물론 이로부터 일본식 공인교 제도의 유형이 시작되지만, 신도·불교·기독교를 중심으로 공인교체제를 구축한 것은 1900년에 이르러서 완성된다.

그런데 국가에서 종교를 공인하고, 그 공인된 종교를 국가에서 관리하는 행정 체제가 갖추어진 가운데, 새로운 유형의 종교단체들이 일본 사회에 대거 출몰하기 시작한 것이다. 일본 정부 입장에서는 종교를 국가에서 관리·감독하는 체제를 구축한 이후 약 10여년 사이에 계속해서 출몰하는 이들 새로운 종교단체 혹은 새로운 종교적 현상을 어떻게 관리할 것인가에 대한 고민이 있었을 것이다. 왜냐하면 종교국에 정식 종교로 등록되어 있는 교·종파 등의 단체들에 대해서는 정해진 체계 안에서 관리가 가능하지만, 종교로 등록하지 않고

---

95 新田均, 「明治十七年の公認教制度の採用に関する一考察—史料の翻刻と分析を中心に」, 『皇學館大學神道研究所紀要』 7, 1991, p.127.

활동하는 단체들에 대해서는 종교국에서 관리할 어떠한 법적 기준이나 권한도 없었기 때문이다.

신생 종교들에 대한 정부의 대책 필요성이 대두하였지만 이미 제도적으로 종교의 범주는 신도와 불교·기독교로 한정이 되어 있었으며, 새로운 종교가 이들 제도권 종교의 소속 교회로 등록하지 않는 경우 그들을 종교로 볼 것인지 아니면 다른 유형의 단체로 규정할 것인지에 대한 근거도 만들어지지 않았다. 이 시기에 활동을 시작한 종교유사 현상에 정치적인 의도가 포함되어 있지는 않았다는 점에서 이들은 비밀결사로 인식되지도 않았다. 결국 제도적으로 종교의 범주에 속하지 않는 종교유사 현상의 출현에 대해 종교국의 고심은 깊어졌을 것으로 생각된다.

이런 상황 속에도 당시 내무성에서는 종교유사 현상에 대해 내무성 소속 경찰행정을 관할(管轄)하는 경보국(警保國)을 통해 단속해 갈 방침을 정한 것으로 보인다. 1910년대 속출하는 유사종교에 대해 경찰이 관리와 단속을 시작한 것은 이와 같은 행정적 이유에서 기인한 것이다.

물론 종교유사 현상에 대한 경찰의 단속과 관리 방침에는 이들에 대한 단속과 통제가 전제되어 있었다고도 볼 수 있다. 그리고 일본 경찰의 종교유사 현상에 대한 단속은 사실 그 이전의 '음사사교'에 대한 단속이 위경죄(違警罪)에 의해 이루어진 것과 밀접한 관련이 있다.

일본 사회의 근대화를 추구했던 메이지정부는 정부 성립 초창기부터 종교적인 활동에 상당히 많은 제약을 두었다. 예를 들면 1869

년(明治2) 7월 27일 공포한 「부현봉직규칙(府縣奉職規則)」에서는 "사종문(邪宗門)은 물론 괴이(怪異)한 교법 일체를 엄금함"이라고 하였다. 또한 1873년(明治6) 1월 15일 교부성달(敎部省達) 제2호에서는 "아즈사미코(梓巫) 이치코(市子) 및 요리기도(憑祈禱) 키츠네사게(狐下) 등의 소업(所業) 금지"를 명하였으며, 그 이듬해 6월 7일에는 교부성달(敎部省達) 제22호로 금염기도(禁厭祈禱)로서 근대적인 의료행위를 대신하는 폐풍을 금지하는 포달(布達)을 내리기도 했다.

특히 유사종교 단속에 관해서는 1880년 제정되어 1882년부터 시행된 〈형법〉 제426조 4항에서 "건강을 보호하기 위해 설치한 규칙 또는 전염병 예방규칙에 위반하는 자"에게는 2일 이상 5일 이하의 구류에 처하거나 또는 15전(錢) 이상 1원 50전 이하의 벌금에 처하도록 규정하였으며, 제427조 12항에서는 망령되이 길흉화복을 설하거나 혹은 기도, 부적이나 주문 등으로 사람을 현혹하여 이익을 도모하는 자 등에 대해서도 '위경죄(違警罪)'로 처벌한다고 규정하였다.

이러한 법령을 토대로 경찰은 음사사교를 비롯하여 각종 주술 행위와 기도, 부적과 주문 등으로 사람을 현혹하고 금품을 수수하는 행위에 대한 단속의 근거를 마련하였는데, 이는 종교적 영험함에 의지해서 근대적 의료행위를 멀리하게 함으로써 인명을 손상하거나 위험하게 하는 행위를 방지하는 것에 주된 목적이 있었다. 하지만 위경죄가 시행됨에도 불구하고 일본 사회에 음사사교로 지칭되는 행위는 반복되었고, 일부 여론은 이들의 단속을 위해 위경죄 이상의 죄과(罪科)로 처벌하면서 한층 단속을 강화해 가야 할 것이라는 요구

가 빈발하였다.[96]

결국 경찰에서 '종교유사 현상'을 단속하게 된 경위는 두 가지로 정리될 수 있을 것이다. 하나는 정부 조직의 체계에서 볼 때 종교국에서는 종교가 아닌 종교유사 현상을 관리·감독할 어떤 법적 기준이나 권한도 없었으므로 그 단속을 경찰에 위임하지 않을 수 없었다는 점이며, 다른 하나는 이미 경찰에서는 '위경죄'에 대하여 경범죄로서 처벌할 수 있는 법적 근거로 '위경죄'의 뒤를 이어 1908년 〈경찰범처벌령(警察犯處罰令)〉이 제정되어 있었다는 점이다. 이 법령 제17조 "망령되게 길흉화복을 설하거나 또는 기도, 부주(符呪) 등을 행하거나 또는 수찰(守札)을 수여하여 사람을 현혹한 자"와 제18조 "함부로 최면술을 실시하는 자" 등을 단속하고 처벌할 수 있었다는 점이다.

1915년 〈포교규칙〉이 만들어질 당시 조선총독부 역시 종교유사 단체에 대해 경찰에서 그 관리와 감독을 담당하도록 했다. 이처럼 경찰이 유사종교를 관리 감독하게 된 것은 이미 1910년을 기점으로 정부에서 단속과 처벌을 기준으로 이들의 관리 방향을 제시하고 있었다는 것을 알 수 있다. 곧 일본 정부는 종교유사 현상에 대해 충분히 인지하고 있었으며, 그 단속 및 관리의 방침도 이미 정해져 있었다. 따라서 조선총독부에서 유사종교에 대한 관리 감독을 경찰에 맡긴 것도 이러한 맥락에서 이해할 수 있다.

다만 일본에서는 이들에 대한 단속을 〈경찰범처벌령〉에 따라 처리하고자 했던 것처럼, 기본적으로 관리는 엄한 단속 혹은 탄압을 전

---

96 「淫祠邪教の取締」, 『禅宗』 58, 禅定窟, 1900.01, pp.81-82.

제로 하고 있었다. 이에 반해 〈포교규칙〉에서는 종교유사단체를 종교에 준하는 법률 적용을 제시했다는 점에서 애초에 유사종교에 대한 관리와 단속의 방침이 일본과 다르게 출발했다고 볼 수 있다.

5. '종교유사 현상'과 미신

위《정교신보》의 기사를 통해 확인할 수 있는 종교유사 현상의 세 번째의 특징은, 바로 종교유사 현상을 '미신'이라고 인식하는 방식이 기존과 다르다는 것이다. 곧《정교신보》기자는 "종교유사의 현상으로서 경찰의 취체에 속하는 일이라고 한다면, 이는 말할 것도 없이 종교적 미신을 가리키는 것"이라고 하여, 경찰에 의한 단속을 전제로 이들을 '종교적 미신'이라고 단정하고 있다. 경찰에 의한 단속이라는 것이 당시 어떠한 의미로 받아들여졌는지에 대해 알 수 있는 상징적 표현일 것이다.

그런데 위에서도 말했지만 망령되게 길흉화복을 설하거나 혹은 기도, 부적이나 주문 등으로 사람을 현혹한 자나 함부로 최면술을 행한 자들에 대해 〈경찰범처벌령〉을 적용하여 처벌할 수 있다고 했다. 결과적으로 이들의 위법행위가 드러났을 때 경찰이 그에 상응하는 제재를 가한다는 것이었다. 이에 대해 위의 기사는 실질적인 경찰의 단속 대상이 되는 것이 아니라, 단지 경찰에서 종교유사 현상에 대해 관리를 맡게 되었다는 것만으로 이들을 '미신적 종교'라고 단정하고 있다.

과거 '종교미신자'라는 표현은 조선의 동학을 지칭하는 것이었다. 이 당시의 '미신'이라는 표현은 청일전쟁과 제2차 농민전쟁 이후, 동학농민군이 일본군에 의해 완전히 제압된 후에 이들에 대한 부정성을 강조한 측면이 강했다. 이에 대해 일본에서 1910년대에 종교유사 현상을 미신으로 규정하는 것은 이들이 경찰의 관리를 받기 때문이라는 인식에서 기인한 것이었다. 곧 양국 모두 유사종교를 미신으로 인식하는 것이, 그 '종교성'을 직접 거론하거나 분석하는 것이 아니라, 외부적인 요인으로 판단하고 있었다는 것이다.

《정교신보》를 통해 볼 때, 일본에서는 1910년을 전후해서 종교유사 현상을 미신과 동격으로 받아들이는 인식이 만들어지고 있었다는 것을 알 수 있다. 물론 이러한 인식이 기독교 측에 의한 일방적인 것이며, 이들이 불교나 신도를 모두 종교유사 현상과 동일한 미신적 종교라고 보고 있다는 것을 감안하더라도 종교유사 현상을 미신으로 바라보는 인식이 이로부터 본격적으로 나타나는 것은 분명한 것 같다.

1910년을 기점으로 종교유사 행위에 대한 부정적 인식, 특히 종교적 행위를 미신으로 인식하는 인식 경향은 단지 일본에만 국한된 것이 아니었다. 일본에 의해 조선이 식민지로 강제 병합을 당한 직후인 1910년 10월 일본에서 간행된 『일한합방(日韓合邦)과 니치렌쇼닌(日蓮聖人)』의 「교계시보(敎界時報) 2」에 실린 「조선의 귀신교(鬼神敎)」라는 항목에서는 조선의 종교에 대해 다음과 같이 기술하고 있다.

조선에는 원래부터 유교, 불교, 가깝게는 야소교 등으로부터 천도교, 경천교(敬天敎), 단군교, 대극교(大極敎) 등 신고(新古) 다양한 **종교유**

사(宗敎類似)의 것들이 있었는데, 아주 오래 전부터 행해져 와서 지금까지도 전국 도처에서 각종 잡다한 미신의 바탕을 이루고 있는 것으로 이른바 귀신교(鬼神敎)라는 것이다."[97]

조선의 유사종교는 천도교, 경천교, 단군교, 대극교[98] 등이 있다는 것이며, 이들은 모두 미신 신앙을 바탕으로 하는 귀신교라는 것이다. 아마도 근대 동아시아에서 특정 종교 교단을 지목하면서 이들을 총체적으로 '종교유사'라는 용어로 포괄한 사례는 이것이 처음이 아닐까 생각된다.

또한 위 저술에는 「조선종교조사(朝鮮宗敎調査)」의 항목이 있는데, 여기서는 "조선에 있어서 종교단체의 현상에 대해서는 목하(目下) 그 계통에 대해 상세 조사 중인데, 현재 종교의 종별은 천도교(天道敎), 시천교(侍天敎), 대극교(大極敎), 대동교(大同敎), 공자교(孔子敎), 대성종교(大成宗敎), 신정봉경회(神定奉敬敎)[99], 원종종무회(圓宗宗務會)[불교] 및 귀신교(鬼神敎)의 10종으로서, 그 가운데 천도, 시천의 두 교단이 가장 우세하다고 한다"[100]라고 하였다. 이는 통감부 시기부터 조선의 종교 가운데 천도교와 시천교 등의 유사종교에 대한 실질적 조사가 이루어졌다는 것을 알 수 있다.

---

97 「朝鮮の鬼神敎」, 淸水梁山 述, 『日韓合邦と日蓮聖人』, 唯一佛敎団, 1910, p.24.
98 태극교의 오자로 판단됨. 뒤에도 반복적으로 대극교라는 표현이 등장하는데, 이는 태극교를 지칭하는 것이다.
99 일본 신궁봉재회에서 조선에 설치한 신궁봉경회(神宮奉敬會)의 오자(誤字)로 판단됨.
100 「朝鮮宗敎調査」, 위의 글, pp.23-24.

그 실질적인 조사의 사례라고 볼 수 있는 것이 바로 당시 한국에 주둔해 있던 헌병대 사령부에서 한국의 전반적인 상황을 소개하기 위해 발행한 『한국사회약설(韓國社會略說)』이다. 이 문헌의 제5장 '신교(信敎)'에서는 한국에서 신앙되는 종교에 대해 "한국에는 고래(古來)로 일종의 종교가 행해졌는데, 구주(歐州) 사람들은 이를 귀신교라고 칭하였으며, 지금은 더욱 전국의 이르는 곳마다 귀신을 제사 지내는 것이 매우 많다(미신의 조 참조)"[101]라고 하여 한국의 종교는 기본적으로 미신에 기반한 것임을 강조하고 있다. 특히 한국의 종교에 대해서는 유교, 불교, 선교(仙敎), 야소교, 천주교, 천도교 · 시천교, 경천교, 단군교, 대극교, 공자교 등을 제시하고 있으며, 그 뒤에 미신의 항목을 두어 한국인의 신앙이 근본적으로 미신에 근간을 두고 있다고 설명하고 있다.[102]

통감부 시기 헌병대는 헌병경찰로서 치안유지를 병행했다는 점에서 이들의 종교 조사는 치안 관련 업무로서 실시한 것으로 생각된다. 일본에서 유사종교를 경찰이 관리하였던 것처럼, 뚜렷한 단속의 방침이 식민지 조선에도 전해진 것으로 보인다. 따라서 헌병경찰을 중심으로 조선의 유사종교 현황 파악을 한 것이 아닌가 생각된다. 조선총독부의 헌병경찰은 한국에서 행해지는 종교와 신앙의 양태에 대한 전반적인 조사를 행한 것으로 보이며, 여기서는 아직 종교유사 등의 표현이 등장하지는 않지만, 한국 자생의 종교들을 구체적으로 거론하고 있는 것이다.

---

101 韓国駐箚憲兵隊司令部 編, 『韓國社會略說』, 韓国駐箚憲兵隊司令部, 1910, p.26.
102 위의 책, pp.27-34 참조.

대체로 1910년을 기점으로 한국과 일본에서 자생한 종교들을 종교 혹은 '종교유사'로 바라보는 인식이 상당히 일반화되기 시작했다고 생각된다. 특히 기성종교인 불교·유교·야소교와 대비되는 신생 종교단체라는 의미를 포함한 종교유사라는 표현과 인식이 점차 정착되고 있었던 것이다. 특히 조선의 유사종교를 설명하는 위의 인용문은 명확하게 종교와 종교유사를 대비하면서도 후자를 미신에 가까운 집단으로 인식하고 있다. 이는 같은 시기 일본에서 나타나는 유사종교에 대한 인식과 거의 동일하다는 점에서 조선이 일본의 식민지로 전환되는 시기에 조선과 일본의 신생 종교를 유사종교로 바라보려는 시각이 공유되었는지도 향후 검토해 볼 필요가 있겠다.

한편 위의 책에서는 「신교(信敎)자유의 유고(諭告)」라는 제목 아래 초대 조선 총독으로 부임한 데라우치 마사타케(寺內正毅)의 조선 내 종교정책에 대한 개인적 의견을 밝힌 내용이 실려 있다.

데라우치(寺內) 통감이 지난달(去月) 29일 병합 당일에 조선인 일반에 발포한 유고 가운데, 신교 자유에 관한 한 항목에 대해 말하기를 "신교의 자유는 문명열국(文明列國)이 모두 균일하게 인정하는 바이다. 각 사람이 그들의 숭배하는 교지(敎旨)에 의지해서 안심입명의 땅을 구하는 것은 예로부터 그와 같았던 바라고 할지라도, 종파의 동이(同異)에 따라 분쟁을 시도하고 또는 이름은 신교의 적(籍)을 가지면서도 명백하게 정사(政事)를 시도하거나, 또는 종교와 다른 시도를 기획하는 것들에 대해서는 곧 양속(良俗)에 해독을 끼치고 안녕을 방해하는 것들에 대해서는 마땅히 법에 의해 처단하지 않으면 안 된다. 그렇지만 유교와 불교의 제 종교와 기독교를 따지지 않고 그 본지(本旨)가 필경 인심세태의 개선에 있는 까닭에 예전부터 시정(施政)의 목적과 배치되지 않을 뿐만 아니라 오히려 이를 도와줄 수 있을 것임을 의심하지 않는다. 이로써 각종의 종교를 맞이함에 호리(毫釐)도 친소(親疏)의 좁은 생각에 빠지지 않는 것은 물론이요 그 포교와 전도에 대해서는 적당한 보호와 편의를 아낌없이 제공할 것이다" 운운했다.[103]

일본의 새로운 식민지가 되는 조선에서 전개될 종교정책에 대한 총독 데라우치의 소견이다. 여기서는 유사종교와 관련된 표현은 등장하지 않지만, '신교의 자유는 문명열국이 모두 균일하게 인정'하는 것이라는 점에서 데라우치는 조선에서도 모든 종교의 전도를 위해 보호와 편의를 아낌없이 제공하겠다는 취지를 밝히고 있다.

하지만 그 전제는 어디까지나 "종파의 동이(同異)에 따라 분쟁을 시도하고 또는 이름은 신교의 적(籍)을 가지면서도 명백하게 정사(政事)를 시도하거나, 또는 종교와 다른 시도를 기획하는 것들에 대해서는 곧 양속(良俗)에 해독을 끼치고 안녕을 방해하는 것"이 아님을 전제로 하고 있다. 곧 데라우치는 ① 종파 내 분쟁의 금지, ② 종교의 정치활동 금지, ③ 미풍양속에 해독을 끼치는 행위 금지의 조건을 내세워 조선 내 종교에 포교의 자유를 주겠다고 했다.

데라우치의 종교 자유에 대한 조건은 사실 제국 헌법에서 ① 안녕

103　清水梁山 述, 『日韓合邦と日蓮聖人』, 東京 : 唯一佛教団, 1910, pp.25-26.

질서를 방해하지 않고, ② 신민으로서 의무에 위배되지 않는다는 조건으로 종교의 자유를 보장한다는 내용을 식민지 상황에 맞게 답습한 것으로 볼 수 있다. 그리고 이 세 가지 조건은 이후 조선총독부가 조선 내 종교활동을 통제하는 기본 척도를 제시한 것이 되며, 특히 ②와 ③은 일제강점기를 통해 유사종교 통제의 주된 기준으로 작용하게 된다.

한편 1911년 야마지 죠이치(山道襄一, 1882~1941)가 저술한 『조선반도(朝鮮半島)』에서는 조선 민족의 신앙과 불교에 대해 다루고 있는데, 이 가운데 그는 '부언(附言)'으로 다음의 글을 첨부했다.

조선 고유의 종교라고도 칭할 수 있는 것은 단군교라 할 수 있는데, 유교도 하나의 종파로서 인정되어 메이지 41년 유생 여영조(呂永祚)가 창시한 대극교 및 메이지 40년 고(故) 신기선(申箕善), 남정철(南廷哲) 등이 이토공(伊藤公)의 보조금을 받아서 개교한 공자교(孔子敎)와 같은 것은 모두 유교의 부식(扶植)을 목적으로 하는 종파이다. 또 천도교라는 것은 배천주의(拜天主義)의 학당(學黨)으로서 유도(儒道)와 불계(佛戒)를 경(經)으로 하고 선술(仙術)을 위(緯)로 하는 것이라 말할 수 있는데, 시세(時勢)의 요구에 응해서 나타난 것이다. 개조(開祖)는 경상도 경주에서 태어난 최제우라고 칭하는 사람으로 전라도 운봉(雲峯)에서 수년간 수업했으며, 메이지 27년 동학당의 난을 일으킴에 이르러서는 전체 신도가 100만에 이른다고 했는데, 이 난에 의해 많은 두목이 참수되었다. 러일전쟁 이후 이들 신도들은 일진회(一進會)를 조직했는데, 정치적 관계로부터 분리해서 시천교(侍天敎)라는 일파를 만들어 이용구가 그 수

장이 되고 일진회원이 교도가 되었다. 천도교파는 손병희를 교주로 해서 구(舊) 동학당의 잔당을 모은 것인데, 충청도 일부 지역에서 소수의 신도를 거느리고 있다. 경천교(敬天敎)도 이 파에서 분리된 것이다. 요컨대 반도 특유의 종교라고 하는 것은 모두가 정치와 혼동하고 있으며 학파와 밀접하게 관계를 가진다는 점에서 순연한 종교로서 볼 수 없는 일종의 변체(變體)다.[104]

야마지는 1906년 와세다대학 정치경제과를 졸업하고 돗토리신문사(鳥取新聞社)에서 근무하다가 한국에 건너와 『대한일보(大韓日報)』의 주필이 되었으며, 1908부터 1910년 6월 30일까지 통감부의 한국풍속관행조사사무촉탁(韓國風俗慣行調査事務囑託)으로 활동하였다. 일제강점기의 시작과 더불어 『대한일보』가 폐간되자 잡지 『신반도(新半島)』를 창간하여 경영하였고, 또한 1910년 7월 1일부터 12월 31일까지 조선총독부의 구관사무취조촉탁(舊慣事務取調囑託)으로서 한국의 습속 조사를 담당했다.[105] 1912년에는 일본 중의원(국회의원) 보궐선거에서 당선되어 10선을 한 정치인이기도 하다.

야마지 글은 기본적으로 『한국사회약설』을 기본으로 하면서도 조사를 통해 세부적인 내용을 추가한 것으로 보인다. 그는 단군교를 비롯한 조선 자생의 신앙을 '반도 고유의 종교'라고 정의하면서도 '반도 특유의 종교라고 하는 것은 모두가 정치와 혼동하고 있으며

---

104 山道襄一, 『朝鮮半島』, 日韓書房, 1911, p.94.
105 「故山道襄一位階追陞ノ件」, 『叙位裁可書・昭和十六年・叙位巻三十二』(國立公文書館デジタルアーカイブ, https://www.digital.archives.go.jp/img.pdf/3087463)

학파와 밀접한 관계를 보인다는 점에서 순연한 종교로서 볼 수 없는 일종의 변체'라고 하여 사실상 이들 신생 종교들이 정치적 결사의 특징을 가지거나 유학처럼 학문적 특성을 지닌 결합체 정도에 불과한 것이라고 결론내리고 있다. 1910년대 조선총독부의 유사종교에 대한 기본 인식 성향이 이와 같았다고 보아도 좋을 것이다.

야마지는 위 저술에서 자신이 구관조사를 통해 얻은 자료를 정리하여 첨부하고 있는데, 제10장에서는 조선의 '미신'에 대해 다루고 있다. 다만 그가 정리한 미신에는 종교 혹은 유사종교와 연계되는 사항은 보이지 않는다. 과거 동학을 '미신'이라고 비판했던 것에 대해 아직 조선의 유사종교를 미신으로 일반화하는 인식의 추이는 나타나지 않은 상태였다고 보아도 좋을 것이다.

6. 나가는 말

종교유사 또는 종교유사 현상이라는 표현과 개념은 1910년을 전후해서 식민지 조선과 일본 사회에서 점차 구체화하기 시작한다. 물론 이 시기에 '종교유사'라는 용어가 일본 사회에서 얼마나 보편화된 개념으로 사용되었는지까지 구체적으로 알기는 어렵다.

하지만 앞선 두 가지 사례를 통해 볼 수 있듯이, 종교계를 중심으로 활동하던 포교자들이나 정부 관료들 사이에서 종교유사라는 개념은 상당히 구체적으로 그 의미가 인지되고 있었던 것으로 생각해도 좋을 것 같다. 특히 앞선 인용문에서도 드러나듯이 종교유사라는 표현은 이미 종교와 대별되는 개념으로 사용되고 있었으며, 그에 대한 인식이 종교계와 내무성 관료들 사이에서도 충분히 인지되고 있었다는 것도 알 수 있다.

더불어 일본 지식인들은 종교유사 현상이나 직접적인 종교유사의 것을 대상으로 이들의 성격이 '미신'에 가깝다는 것을 강조하고 있었다는 것도 드러나고 있다. 다만 이들이 말하는 미신은, 동학의 경우 동학농민운동 진압 후 이들의 부정성을 강조하는 과정에서 등장하는 것이며, 또한 일본의 경우 유사종교 현상에 대한 행정적 관리의 주체가 경찰에 있다는 점에서 이들을 미신으로 취급하면서도 정작 그들의 속성이 왜 미신인지에 대해서는 별 관심을 두고 있지 않았다는 것도 확인할 수 있었다.

결론적으로 말하자면 종교유사라는 용어가 1915년 조선총독부령 제83호로 제정된 〈포교규칙〉 제15조에 법률 용어로 채용된 배경에는 이러한 역사적 과정과 인식체계의 변화 과정이 있었다는 것을 확인할 수 있었다. 특히 《정교신보》에서 언급된 것처럼 일본 내무성에서 종교유사 현상이라는 인식이 공유되지 않았다면, 조선에서 〈포교규칙〉이 만들어지는 과정에서 종교유사단체라는 용어가 결코 법률 용어로 수용될 수 없었을 것이다. 동시에 조선에서도 1910년을 전후하여 실시하는 종교 관련 조사를 통해 천도교와 시천교 등 토착적 자생 종교를 종교유사라고 표현하면서 이들의 성격 규정을 해 갔던 것이 〈포교규칙〉의 법률 용어 성립에 영향을 끼친 것 또한 분명한 사실이라고 본다.

제3장

'종교유사단체'에서 '유사종교'로

1. 들어가는 말

20세기에 접어들면서 일본은 러일전쟁의 승리를 계기로 한국 침탈을 본격화한다. 을사보호조약(을사늑약)의 체결로 대한제국의 외교권과 군사권을 장악하고 통감부를 설치하여 한국에 대한 실질적 통치를 시작하였다.

일제는 1906년 11월 〈종교 선포에 관한 규칙〉(통감부령 제45호)을 공포하여 한국에서 포교를 희망하는 일본종교들을 대상으로 하는 규칙을 마련하였다. 하지만 아직 명확히 개념화되지 않은 한국 자생의 종교단체에 대해서는 따로 규칙을 제정할 수 없었을 것으로 보이며, 따라서 이들 신생 종교단체에 대해서는 1907년 경무총감 부령으로 공포한 〈보안법〉과 1910년 공포한 〈집회 단속에 관한 건〉 등으로 이들을 단속해 갔다.

이로부터 10년이 지난 1915년 〈포교규칙〉이 제정되고, 여기서 종교유사단체라는 표현이 법령으로 등장하는 것으로 볼 때, 천도교를 비롯하여 적지 않은 신생 종교단체가 20세기 초에 발생하여 왕성하게 활동하였다는 것을 알 수 있다. 결국 조선총독부의 관료들은 이들을 법령으로써 관리하고 규제해 갈 필요성을 자각했을 것이다.

한편 일본에서도 20세기에 접어들어 새로운 종교의 탄생이 본격적으로 이루어진다. 특히 제1차 세계대전을 계기로 일본은 급격한 경제발전을 경험하게 되는데, 그 주된 요인은 노동자의 급증과 고물가에 따른 것이었다. 그러나 1920년대 접어들어 세계공황으로 이어지면서 자본주의의 한계가 드러나게 되었고, 이를 계기로 사회주의

사상이 급격한 확산을 보이게 된다. 이로부터 자본가와 노동자, 지주와 소작농 등 계급 간의 대립이 첨예화하면서 노동쟁의와 소작쟁의 등 대중운동이 전국에서 활발하게 전개되었고, 이들의 활동은 주로 비밀결사의 형태로 이루어졌다.

1918년에는 쌀 파동이 발생하여 데라우치 내각이 총사퇴하는 등, 일본 사회는 큰 변혁의 시기를 맞이하여 혼란 속에 있었다. 이러한 시기에 일본에서는 오모토교를 비롯하여 많은 종교단체가 출현하여 급격히 교세를 확장하면서 사회의 전면에 등장하게 된다.

이렇게 대내외적 혼란 상황에서 탄생한 신생 종교단체들은 매우 왕성하고 활발한 종교활동을 전개하였다. 그러나 새로운 교단이 등장하고 또 활동을 본격적으로 전개하자 정치 지도부와 사회 지식인들은 사상적 통일을 주장하며 이들을 대상으로 한 강한 규제 혹은 단속을 요구하기 시작한다. 식민지 조선에서도 〈포교규칙〉 제정 이후 많은 종교유사단체가 출현한다. 그렇다면 식민지 조선과 일본에서 유사종교가 본격적으로 등장하는 1920년 전후의 상황은 어떠한 형태로 전개되는가? 이제부터는 이에 대해 살펴보기로 하자.

2. 〈포교규칙〉 '종교유사단체'는 허상인가?

조선총독부에서는 1915년 8월 16일자 『관보』에서 조선총독부령 제83호 〈포교규칙〉을 선포한다. 근대 한국 사회에서 일제에 의한 종교정책은 통감부 시기인 1906년 선포된 〈종교 선포에 관한 규칙〉을 비롯하여, 일제강점기 이후인 1911년에는 〈사찰령〉, 1915년에는 〈신사사원규칙〉과 더불어 〈포교규칙〉이 제정된 바가 있다.

이외에도 1906년 4월 제정된 〈보안규칙〉(통감부령 제10호), 1907년 7월 제정된 〈보안법〉(법률 제2호), 1908년 10월 제정된 〈경찰범처벌령〉(통감부령 제44호), 1910년 8월 제정된 〈정치에 관한 옥외 대중 집회를 금하는 건〉(통감부 정무총감부령 제3호), 1912년 3월 제정된 〈조선태형령〉(제령 제13호)과 〈경찰범처벌규칙〉(부령 제40호), 1925년 4월 제정된 〈치안유지법〉(법률 제46호), 1941년 2월 제정된 〈조선사상범예방구금령〉(제령 제8호) 등이 당시 종교에 적용된 법규로 받아들여지고 있다.[106]

여러 방면에서 법규가 제정되어 있어 종교단체가 그 적용을 받고 있었다고는 하더라도, 실제로 종교에 관해 직접적으로 관리하고 규제하는 법령은 〈포교규칙〉이었다. 종교 관련 법령은 식민지 조선이 일본에 훨씬 앞서 제정·선포되었다. 곧 일본에서는 조선보다 24년 늦은 1939년에 이르러서야 비로소 〈종교단체법〉이 제정되어 실질적인 법체제 아래서 종교와 유사종교의 관리 통제를 시작한다. 일본 종교법안의 경우 불교와 기독교 등의 거센 반발로 연거푸 폐기되는 좌절을 겪었지만, 조선의 경우 조선총독부의 일방적인 통제 아래 〈포교규칙〉이 통과되었던 것이 아닐까 생각한다.

〈포교규칙〉의 제정에 있어서 당시 조선총독부는 식민지 조선의 통치에 제국헌법(帝國憲法)을 적용하지 않는 방향을 정했다. 데라우치 총독은 "그 문화도 또한 용이하게 내국인과 동일한 정도에 도달하도

---

106 고병철, 앞의 책, p.57.

록 하기 위해 제국 내지의 일체 법률과 규칙은 합병과 동시에 이를 적용하지 않을 것임은 물론이며, 동 반도에 대해서는 그 민정(民情), 풍속 및 관섭 등에 비추고 문화의 정도에 응하여 주민의 행복을 증진하고 그 지식을 개발하여 점차 내지(內地) 인민으로 동화시키는데 적절한 제도를 반포하며, 내지와 동화하는데 이르기까지는 제군 내지와는 특수한 통치를 행할 필요가 있다"라고 했다.

이 내용을 통해 볼 때 왜 일제가 일본에서 종교법안이 법제화되지 못하고 있었음에도 식민지 조선에서는 〈포교규칙〉을 선포했는지 그 이유를 알 수 있는 것이다. 물론 이들이 일본의 종교 관련 법규를 완전히 배제한 채 〈포교규칙〉을 제정한 것은 아니다. 비록 법안 제정에는 실패하였지만 1899년부터 종교법안을 제출한 바가 있고, 또 동년 7월 27일에는 내무성령(內務省令) 제41호로 〈종교의 선포에 관한 취체 규정〉을 만들어 시행해 왔다. 그리고 이 내용이 1906년 통감부의 〈종교 선포에 관한 규칙〉에 영향을 주었으며, 이 규칙은 뒤에 〈포교규칙〉을 제정함에 있어 참고로 삼았기 때문이다. 다만 조선총독부는 일본과 완전히 분리된 상태에서 조선에 대한 지배권을 강화하고자 했고, 이를 위해 원활한 종교 통제를 목적으로 〈포교규칙〉을 제정한 것으로 생각된다.

〈포교규칙〉은 전문 19조로 되어 있으며, 1915년 10월 1일부터 시행되었다. 이 법령이 제정되면서 1906년 11월부터 시행되어 오던 〈종교 선포에 관한 규칙〉은 폐지된다. 물론 〈종교 선포에 관한 규칙〉이 일본인만을 대상으로 한 법령이었다는 점에서 이 둘의 관계를 직접적으로 연결하는 것은 어려움이 있겠지만, 일제에 의해 제정된 종교법령이라는 점에서 그 관계성을 찾아볼 수는 있다. 다만 조선총독부에서는 〈포교규칙〉의 모법으로 오히려 1899년 발포된 내무성령 제41호 〈종교의 선포에 관한 취체 규정〉에서 찾는다.[107]

어쨌거나 〈포교규칙〉은 일제가 식민지 조선에서 신도·불교·기독교만을 종교로 인정하고, 이에 종사하는 조선인과 일본인, 외국인의 구분 없이 동등하게 적용할 법규의 기본 틀을 만든 것이라고 할 수 있다. 그리고 이 〈포교규칙〉의 제15조에서는 '종교유사단체'에 대해 다음과 같이 규정하고 있다.

제15조 조선총독은 필요한 경우에 종교유사(宗教類似)의 단체라고 인정할 만한 것에 본 법령(本令)을 준용(準用)할 수 있다.

전항(前項)에 의해 본 법령을 준용할 단체는 이를 고시(告示)한다.

〈포교규칙〉 제1조에서는 "본 법령에 있어서 종교로 칭하는 것은 신도(神道), 불도(佛道), 기독교(基督教)를 말한다"라고 하여, 식민지 조선에서도 종교의 범위를 교파신도(教派神道)와 불교, 기독교로 한정하였다. 곧 조선총독부는 신도·불교·기독교만을 종교로 공인했던 일본 정부의 방침을 온전히 수용하였다. 그리고 제15조에서는 종교의 영역에 포함되지 않는 단체에 대해 총독이 필요하다고 인정하는 경우에 한정하여 이를 '종교유사단체'로 인정한다고 하였으며, 또한 이들 단체에 대해 〈포교규칙〉을 '준용'할 수 있다고 했다. 종교유사

---

107 「神社寺院規則及布教規則要旨」, 『朝鮮彙報』 11, 조선총독부, 1916.01, p.56.

단체가 종교 관련 법령에 의해 처음으로 거론되었을 뿐만 아니라, 종교에 준하는 단체로서 인정받은 것이다.

조선총독부는 〈포교규칙〉을 제정함으로써 기존처럼 단지 종교와 미신을 구분하는 양태가 아니라, 종교를 공식적으로 '공인종교'와 '비공인종교'를 구분하였다. 종교유사단체를 '비공인종교'에 배속하면서도 이러한 '비공인종교'에도 〈포교규칙〉을 '준용'할 수 있다고 하였다. 종교유사단체가 공인된 종교가 아님에도 불구하고 종교와 동일한 법의 적용을 받을 수 있도록 했다는 것은, 사실상 '비공인종교'에 대한 특별 대우(待遇)를 의미하는 것이었다. 일부 연구자들은 이를 조선총독부가 식민지 통치를 원활히 하기 위해 종교유사단체를 '회유(懷柔)'하기 위한 것이었다고 주장하기도 했다. 곧 일제강점기 초기 조선총독부는 '비공인종교'인 종교유사단체를 대상으로는 '회유'를 했고, 반대로 정치적 '비밀결사'에 대해서는 엄중한 '단속(取締)'의 방식으로 대응했다는 것이다.[108] 필자 또한 조선총독부가 종교유사단체들에 대해 순종(順從)을 요구하는 '회유'의 방침에서 이 법령을 제정한 것이라는 기존의 견해에 동의한다. 왜냐하면 사실상 그러한 목적 외에 이들이 신생 종교단체에 호의를 베풀어야 할 이유를 찾기 힘들기 때문이다.

다만 여기서 주목할 부분은 '전항(前項)에 의해 본 법령을 준용할 단체는 이를 고시(告示)한다'는 내용이다. 조선총독부는 법령으로 종교유사단체를 규정하였고, 만일 실제로 조선 총독이 종교유사단체

---

108 靑野正明, 『植民地朝鮮の民族宗教』, pp.9-10.

로 공인을 할 경우, 반드시 이를 '고시(告示)'해야 한다고 명시한 것이다.

그런데 일제강점기를 통해 『관보』 혹은 다른 어떠한 방식으로든 종교유사단체로 인가되어 고시된 사례는 단 한 건도 찾아볼 수 없다. 곧 〈포교규칙〉의 제15조는 법 조항으로서는 존재했지만, 이 법에 따라 인가된 유사종교단체는 사례는 사실상 단 한 교단도 없었다는 것이다. 〈포교규칙〉 제15조가 실제 적용에 있어서는 유명무실했던 것처럼 보이는 까닭이 여기에 있다. 다만 이에 대해서는 이론(異論)의 여지가 있다는 점에서 뒤에서 좀 더 상세히 살펴보기로 하자.

〈포교규칙〉이 제정된 이후의 조선 사회에서는 종교유사단체라는 용어가 보편적으로 사용되기 시작하였고, 이에 해당하는 교단으로 동학계, 단군계, 증산계 등 수많은 종교단체를 실제 종교유사단체 규정하고 있다. 근대 동아시아 전체를 통해 〈포교규칙〉의 제정이 종교유사단체라는 용어를 완벽하게 정착시키는 계기가 되었다는 것은 분명한 사실이다.

한편 〈포교규칙〉이 선포된 이후 《매일신보》 사설에서는 이 법령의 시행 방향에 대해 다음과 같은 사설을 남기고 있다. 원문이 조금 길지만 참고를 위해 전체 문장을 인용해 본다.

증자(曾者) 총독부에서 심의 중이던 조선포교규칙은 총독부령 제83호로써 발포ᄒᆞ야 10월 1일브터 시행케 ᄒᆞ얏ᄂᆞᆫ대 전문이 19개조로 성(成)ᄒᆞᆫ 극히 간단ᄒᆞᆫ 자(者)니 범(凡) 신도, 불교 급(及) 기독교 포교에 관ᄒᆞ야 내지인 조선인 급 조선에 재(在)ᄒᆞᆫ 외국인을 불문ᄒᆞ고 일체 적용

홀 자로다.

유래(由來) 조선에셔는 구(舊)통감부의 발포에 계(係)흔 「종교의 선포에 관한 규칙」이 유(有)ᄒ야 단(單)히 내지인만 차(此)를 적용ᄒ고 조선인 급 외국인의 포교에 관ᄒ야는 하등 규정이 무(無)ᄒ얏스나 병합 후의 금일에는 차(此)를 취급흠에 내지인 조선인 급 외국인을 구별홀 이유가 무(無)흔 고로 금회에 본령을 발포흠에 지(至)흔 소이(所以)로다.

유(惟)컨대 ⓐ 원래 신교(信敎)의 자유는 제국헌법의 적정(的定)흔 바임으로 조선에셔는 차(此) 원칙을 종(從)ᄒ야 신교는 각기 자유에 임(任)ᄒ고 정부에서 하등 간여가 무(無)ᄒ다흠은 병합 당시에 조선총독이 기(旣)히 선언흔 바이어니와 본 규칙도 물론 신교 기인(其人)에 대ᄒ야는 하등의 제한이 무(無)ᄒ며 우(又) 신앙상에도 하등의 영향이 무ᄒ나 단(但) 유래에 법규의 적용을 불수(不受)ᄒ던 조선인 급 외국인이 본 규칙의 발포로 인ᄒ야 내지인 동양(同樣)으로 다소의 수속을 요흠에 지(至)ᄒ얏스니 조선인 급 외국인의 포교자는 다소 번루(煩累)를 감(感)흠과 여(如)ᄒ나 장래 ⓑ 본 규칙에 의준(依遵)ᄒ야 포교자 된 본분을 실(失)치 안이ᄒ면 포교상에 관흔 국가의 보호 즉 교회당 설교소 등 종교용에 공(供)ᄒ는 건물 기지(基址)의 면세 등 혜택을 피(被)ᄒ야 기(其) 편익을 득흠이 불소(不少)홀지오

우(又) 종교의 선포에 종사코져 ᄒ는 자는 유래는 총독의 인가를 수(受)ᄒ얏스나 본령에는 단(單)히 계출(屆出)만 ᄒ면 족ᄒ니 차점(此點)은 대(大)히 간편ᄒ게 되얏스되 그 계출(屆出)에는 일정흔 사항을 구비흠이 필요ᄒ며 차(此) 계출사항에 변경이 유(有)흔 시(時)도 역동(亦同)흔지라 차(此)는 일개인(一個人)으로셔 종교선포에 종사코져 ᄒ는 경우에 관

흔 자어니와 내지의 신도 각 교파 우(又)는 불교 각종파가 포교에 종사코져 흐는 시(時)는 기(其) 교종파의 관장이 포교관리자를 정흐야 조선총독의 인가를 수(受)케 흠은 종래와 동양(同樣)이라. 연(然)이느 본령의 정신은 조선 내에 거주흐는 포교관리자에 한흐얏고 비록 내지의 신도 급 불교에 속하난 자가 안이라도 조선총독이 필요흠으로 인흐는 포교관리자를 치(置)흐는 사(事) - 유(有)흘지오 우(又) 기독교에 속흔 교파라도 관리자를 치(置)흠이 편흔자 - 유(有)흐다흠이라. 연이(然而) 유래로 종교선포에 종사흐던 자와 본령의 관계를 견(見)흐건대 종전에 포교의 인가를 수(受)흔 자는 단(單)히 2~3의 사항을 구(具)흐야 본령 시행일브터 삼월 이내에 조선총독에게 계출케 흐얏고 우(又) 신(新)히 포교에 종사코져 흐는 자도 역동(亦同)흐며 포교소 즉 교회당 설교소 우(又)는 강의소 등을 설립코져흐는 시(時)는 일정흔 사항을 구(具)흐야 조선총독 허가를 수(受)흐고 (전 통감부 발포 규칙에 의흐야 허가를 득흔 자는 본령 시일(施日)브터 삼월 이내에 계출만 흐면 가흠)

포교소에는 포교담임자를 치(置)흐야 차(此)를 계출흐며 조선인 우(又)는 외국인이 유래에 임의로 설립흔 자는 본령 시행일브터 삼월 이내에 설립허가 신청의 경우와 여(如)히 동일흔 사항을 구(具)흐야 조선총독에게 계출흐는 시(時)는 본령에 의흐야 허가를 신득(新得)흔 자와 동일히 간주흐되 약(若) 삼월 이내에 차(此)를 계출치 안은 시(時)는 신(新)히 설립허가를 수(受)흐기 전에는 포교소로 사용흠을 부득(不得)흐는 것은 반다시 주의흘 바라.

최종에 본 포교규칙은 신도, 불도 급 기독교에만 적용될 것이라 흐나 ⓒ **약(若) 조선총독이 필요흠으로 인흐는 시(時)는 종교유사의 단체**

<u>에도 차(此)를 준용(遵用)ᄒ고 여사(如斯)ᄒ 경우에 기(其) 단체의 명칭을</u>
<u>고시ᄒ다</u> ᄒ얏스니 신교의 자유ᄂᆫ 다언(多言)을 불수(不須)ᄒ 자(者)어
니와 조선인 급 외국인도 포교자 됨을 공인홈에 지(至)ᄒᄂᆫ 명문(明文)
이 출(出)홈은 각 종교당사자의 편의와 안전을 도(圖)홈이 지대ᄒ다 ᄒ
리로다.[109]

@에서 밝히고 있는 것처럼 조선총독부는 식민지 조선에서도〈대
일본제국헌법〉에서 규정한 '신교의 자유'라는 원칙을 그대로 수용
하고 있음을 밝히고 있다. 그런데 원래 식민지 통치하의 조선인들은
대일본제국헌법의 적용을 받지 않았다. 단지 이념적으로 천황에 의
해 '일본신민(日本臣民)'이 될 뿐이며, 천황에 직속하는 조선총독의 지
배를 받도록 되어 있었다.

따라서 식민지 조선뿐만 아니라 조선인(또는 한국인)은 역사를 통해
단 한 번도 일본 헌법의 적용을 받아본 적이 없다.[110] 그런데 위의 기
사에서는 조선에서 일본의 헌법을 운운하면서 마치 조선에서 일본
의 헌법에 준하는 법령이 제정된 것처럼 사실을 호도하는 발언을 하
고 있다.

설령 이들이 말하는 것과 같이〈대일본제국헌법〉에 근간한다 하
더라도, 여기에서 규정한 신교의 자유는 어디까지나 ① 안녕질서를
방해하지 않고, ② 신민으로서 의무에 위배되지 않는다는 두 가지 조
건을 전제로 하는 것이며, 이러한 기조는 1945년 일제가 패망할 때

---

109 「社說 : 布敎規則發布」,《매일신보》1915.08.19.
110 尹健次, 『「在日」を生きるとは』, 岩波書店, 1992, p.208.

까지 일관된다. 따라서 일본의 식민지로 전락한 조선에서 〈포교규칙〉이 〈대일본제국헌법〉에 기반하고 있다는 것을 공공연히 표현했다는 것은, 이 법령이 조선인을 제국의 영토와 신민으로서 길들여가는 과정에서 종교에 대한 통제를 염두에 두고 만든 것이라는 의도를 드러내는 것이라고 볼 수 있다.

ⓑ는 〈포교규칙〉의 어디에도 등장하지 않는 내용으로서, 만일 〈포교규칙〉에 순응하여 이를 잘 준용할 경우에는 국가의 보호 및 종교용 건물이나 부지의 면세 혜택을 제공할 것임을 밝히고 있다. 이는 단지 기자의 시각이 아니라 당시 조선총독부에서 〈포교규칙〉을 제정하고 시행하여 정착시키기 위해 제시한 방침이다. 왜냐하면 1916년 1월에 간행된 『조선휘보(朝鮮彙報)』 11호에서는 이와 동일한 내용이 일본어로 게재된 것을 확인할 수 있기 때문이다.[111]

종교에 대한 면세는 1899년 일본에서 종교법안을 제안했을 때 나온 것임을 알 수 있다. 그런데 위의 글에서는 이러한 종교에 대한 '면세'의 제안이 단지 종교에만 해당하는 것이 아니라 종교유사단체에도 동일하게 적용될 수 있다는 것이다. 곧 어떤 단체라도 조선 총독의 필요에 따라 종교유사단체로 인가된다면, 종교에 준하는 보호와 세제의 혜택을 받을 수 있다는 것이 된다. 이 또한 '비공인종교'를 '회유'하기 위한 수단으로 제시된 것으로 볼 수 있다는 점에서 아오노 마사아키가 내세운 '회유'의 주장을 잘 보완해 주는 부분이라고 할 것이다.

---

111 「神社寺院規則及布敎規則要旨」, 앞의 글, p.56.

한편 〈포교규칙〉에서 종교유사단체에 대해 규정하였던 바와 같이, 위의 기사에서는 "만약 조선총독이 필요함으로 인하는 때에는 종교유사의 단체에도 이를 준용하고 이와 같은 경우에는 그 단체의 명칭을 고시(告示)한다"라고 했다. 여기서 말하는 '준용'과 '고시'는 곧 '공인'을 의미한다. 물론 종교 그 자체로 인정받는 것은 아닐지라도 '준종교'로 인정을 받는 것이며, 따라서 〈포교규칙〉의 적용을 받아 포교의 정당성을 부여받음과 동시에 국가의 관리와 통제를 받아야 한다는 것이 언론을 통해 대대적으로 보도된 것이다.

이러한 내용을 통해 볼 때 조선총독부에서 종교유사단체로 인가한다는 것은 사실상 '준종교'의 수준이 아니라 종교적 제도와 교리, 의례 등을 기성종교에 준하는 조건을 완비하였다는 것을 의미하며, 따라서 종교에 매우 근접한 상태라고 말할 수 있다. 따라서 식민지 조선에서 종교유사단체가 된다는 것은 굉장한 영광이며, 모든 신생 종교단체가 가장 이루고 싶은 열망이었다고 생각한다.

그러나 앞서 밝힌 바와 같이 일제강점기를 통해 조선에서 가장 유력한 종교유사단체의 '후보'였던 천도교와 시천교, 보천교 등 어떠한 교단도 실제로 조선 총독의 필요에 따라 종교유사단체로 인가받아 교단의 명칭을 '고시'한 사례는 단 한 건도 찾아볼 수 없었다. 사실상 식민지 조선 사회에서 '준종교'로 공인받은 종교유사단체가 있었는지 의문을 남기는 부분이다.

천도교를 비롯하여 보천교 등은 근대적 종교의 조직 체계를 구성하고 교리 및 의례의 구조를 구축하면서 조선총독부의 종교 기준에 부합하기 위해 노력하였고, 보천교의 경우 '시국대동단(時局大同團)'

이라는 조직을 구성하여 노골적인 친일행각에 나섰으나 결말은 오히려 경찰력에 의한 '교단 해체'라는 비극으로 끝나고 말았다.

그럼에도 일제강점기를 통해 이들 신생 종교단체에 대한 호칭은 종교유사단체 혹은 유사종교였다. 이는 마치 과거에 급제하지 못한 자에게 미래에 급제할지도 모르니까 미리 '생원'의 호칭을 붙이는 것과 같았다. 더욱 심한 문제는 형식적으로는 종교유사단체나 유사종교라고 부르면서도, 정작 이들을 미신에 가까운 것으로 취급했다는 점일 것이다. 곧 공식 종교유사단체가 아니라는 점에서 〈포교규칙〉의 기준에 따라 받아야 할 혜택은 받을 수 없었지만, 형식상 종교유사단체로 불린다는 점에서 지속적인 경찰의 단속과 탄압을 감수해야만 했다.

이와 같이 일제는 〈포교규칙〉에 종교유사단체 관련 조항을 만들어 놓고도 인가와 고시는 하지 않은 것처럼 보인다. 그런데 정작 당시 종교유사단체 관련 업무를 담당하던 당국에서는 실제 종교유사단체에 대한 인가를 행하고 있었던 것처럼 말하고 있다. 1930년 12월에 발행된 『일본경찰신문(日本警察新聞)』842호에서는 다음과 같이 조선총독부가 종교유사단체의 인가를 하는 듯한 발언을 하고 있다.

미명(美名)을 선전하는 종교유사단체의 취체

최근 경무국 보안과의 조사에 따르면 조선 내에서 천도교, 보천교 등과 그 외 종교유사단체는 약 50종 이상이며, 이들은 모두 신앙적 교의를 표면에 내세우는 집단인데, 혹자는 사상적 결사이고 혹은 무언가를 위한 기금모집의 단체가 큰 비중을 차지하고 있다.

하지만 표면적으로는 어디까지나 종교단체로 되어 있기 때문에, **또 당국(當局)은 이들에 대해 인가하지 않을 권한을 가지고 있지 않기 때문에 매년 이러한 종류의 단체는 수 개씩 증가하고 있는 상태다**. 현재 이들에 대한 취체는 단체 가운데에서 발생한 범죄사실의 내용에 따라 해체를 명하는 등의 단속을 하고 있지만, 그러한 것으로는 장래의 치안유지도 우려되고 있다. 머지않아 취체 규칙이 제정될 것이다.[112]

1915년 〈포교규칙〉이 제정된 이후, 유사종교에 대한 실질적인 관리는 경찰에서 담당하였다. 곧 종교 관련 업무는 학무국에서 담당하였지만, 유사종교 관련 업무는 통감부 시기 도경무부(道警務部)로부터 조선총독부 경무국으로 이어진다. 이는 일본에서도 유사종교를 경찰에서 관리하도록 했던 방침과 일치하는 것이다. 다만 일본의 경우 1926년 종교법안에서 유사종교를 '종교결사'로 규정하고 이들에 대한 단속을 명문화하고자 시도했으나, 종교법안 자체가 폐안되면서 무산된 바 있다. 곧 일본에서 유사종교의 관리가 경찰에서 이루어진 경위는 어디까지나 법적인 제재를 가할 근거가 〈경찰범처벌령〉 위반 여부에 있었기 때문이다.

그런데 〈포교규칙〉 제15조는 내용적으로 유사종교에 대한 제재보다는 준종교로서 혜택을 부여하는 것에 주안점을 두고 있다. 그럼에도 이들에 대한 관리를 경찰에서 담당하도록 한 것은 형식적으로 준종교의 위상을 확보해 준 것처럼 보이더라도, 실상은 경찰에 의한

---

112 「美名を衒ふ宗教類似団体の取締」, 『日本警察新聞』842, 日本警察新聞社, 1930.12, p.9.

단속과 탄압을 유사종교 관리의 기본 기조로 삼고 있었다는 것을 알
수 있다.

위의 인용문에서 주목되는 것은 바로 '당국은 이들에 대해 인가하
지 않을 권한을 가지고 있지 않'다고 한 부분이다. 마치 실제로 당국
에 의한 인가가 이루어지고 있었던 것처럼 말하고 있는 것이다. 그
렇다면 과연 인가는 실제 이루어진 것일까?

이와 관련하여 하나의 자료를 확인해 볼 필요가 있다. 그것은
1931년 8월 29일에 개정된 〈조선부동산등기령시행규칙(朝鮮不動産登
記令施行規則)〉이다. 이 규칙의 제42조의 2는 다음과 같은 내용으로 되
어 있다.

> 제42조의 2 조선부동산등기령 제2조의 4에 규정한 사단(社團) 또는
> 재단(財團)은 다음과 같다.
> 1. 종중(宗中) 및 문중(門中)
> 2. 종교단체 또는 포교규칙 제15조 제1항의 규정에 의해 동 규칙을
>   준용하는 종교유사단체[113]

〈조선부동산등기령〉 제2조의 4는 "종중, 문중 기타 법인이 아닌
사단 또는 재단으로서 조선 총독의 정한 것에 속하는 부동산의 등기
에 대해서는 그 사단 또는 재단으로써 등기권리자 또는 등기의무자
로 간주한다. 전항의 등기는 그 사단 또는 재단의 이름으로써 그 대

---

113 「朝鮮總督府令第百六號」, 大藏省印刷局 編, 『官報』 1931년 10월 28일.

표자 또는 관리인으로부터 이를 신청해야 한다"는 내용이다. 곧 사단법인이나 재단법인으로 등록하지 못하는 종중, 문중이나 종교유사단체의 경우에도 사단이나 재단의 명의로 부동산 등기를 할 수 있도록 허용한 규칙이다.

이를 통해 본다면 일제강점기 유사종교에 대한 인가와 고시의 실제 사례를 찾아보는 것이 현재 상태에서는 매우 어렵더라도, 그러한 절차가 전혀 이루어지지 않았다고 단언하기도 어렵다는 것이다. 왜냐하면 적어도 부동산 등기를 위해 사단 혹은 재단의 형태를 가지기 위해서는 우선 종교유사단체로 인가를 받아야 할 것이며, 그 이후에 비로소 위 규칙의 적용 대상이 되기 때문이다. 조선총독부의 수많은 법령과 규칙 가운데 유사종교를 대상으로 하는 극히 일부의 내용이기는 하지만, 적어도 〈포교규칙〉 제15조에 준하여 유사종교를 관리하고 있었다는 점을 확인할 수 있다.

따라서 앞의 인용문에서 말한 바와 같이 '당국'에서는 종교유사단체에 대한 인가를 하고 있었던 것으로 보인다. 여기서 말하는 '당국'이 과연 경무국인지 아니면 학무국인지는 정확히 알 수 없으나, 필자는 경무국 보안과에서 이 업무를 담당했을 것으로 생각한다. 왜냐하면 당시 실제로 유사종교 관련 관리와 단속을 경찰이 담당하고 있었으며, 위의 글에서 말한 것처럼 경무국 보안과의 조사를 통해 유사종교 관련 동향을 파악할 수 있다는 점에서 실제 인가 업무 또한 경무국의 소관으로 이루어진 것이라고 본다. 물론 이러한 인가의 내용이 〈포교규칙〉의 정한 바에 따라 '고시'되지는 않았다는 점에서 〈포교규칙〉이 완전하게는 작동하고 있지 않았다고 생각된다.

당초에 제정된 〈포교규칙〉에서 다루고 있는 내용은 주로 공인된 종교단체가 조선에서 포교하고자 할 경우 갖춰야 하는 행정적 절차와 이를 통한 인가의 규정이 대부분이었다. 또한 종교유사단체는 종교에 준하여 이 법규를 적용한다고 했다는 점에서 만일 종교유사단체가 종교단체와 동일한 방식으로 서류를 제출하고 그 서류의 기준이 원칙에 벗어나지 않을 경우, 이를 대체로 인가해 주었던 것이 아닌가 생각된다. 따라서 식민지 조선에서 '종교유사단체'는 인가되지 않은 것이 아니라, 인가 후 법령의 정한 바에 따라 '고시'가 되지 않았던 것은 아닌가 하는 의문이 드는 부분이다. 다만 이에 대해서는 향후 실질적인 자료를 통해 증명하기 전까지는 과제로 남겨둘 수밖에 없을 것 같다.

3. 종교유사단체 신청 인가의 유형

이상과 같이 〈포교규칙〉 제정 이후 종교유사단체에 대해 실제로 인가가 이루어졌는지는 아직 확인할 수 없다. 다만 언론을 통해 실제로 인가 작업이 이루어졌다고 하는 부분을 그냥 무시하고 지나치기도 쉽지 않다는 점도 밝혔다.

그런데 한편으로 만약 실제 인가가 이루어졌다고 한다면, 그 방식은 어떻게 전개되었을까 하는 부분으로 의문이 옮겨간다. 물론 유사종교에 대한 인가의 절차 및 방식, 또는 인가의 기준 등에 대해서도 실제 사례를 찾을 수 없다는 점에서 확인할 길은 없다.

이처럼 종교유사단체의 인가 사례는 찾기 힘들지만, 적어도 조선 총독부의 인가를 받기 위해 서류를 제출했던 사실은 확인된다. 물론 이러한 서류의 일부가 종교유사단체 인가 근거가 되는 것은 아니지만, 실제 인가를 받기 위해 일부 교조가 절차를 밟았다는 사실을 확인하는 것만으로도 향후 연구에서 인식 전환의 중요한 계기가 될 것으로 기대한다.

1927년 일본의『군사경찰잡지(軍事警察雜誌)』1월호와 2월호에서는 야마구치 시카타로(山口鹿太郎)가「무인과 신앙」이라는 글을 통해 조선의 유사종교에 대해 다루고 있다. 그는 일본이 조선을 식민지로 지배하고 있는 가운데 조선인을 빠르게 동화시키기 위해서는 무엇보다도 조선인의 종교적 성향을 잘 파악해야 한다는 점에서 지식인들, 특히 위정자들의 종교에 대한 연구의 필요성을 주장하면서 조선의 유사종교에 깊은 관심을 보였다.

야마구치는 조선의 유사종교 가운데 천도교, 시천교, 단군교, 대종교, 태을교, 통천교, 청림교, 구세교, 태극교, 무극교 등에 대해 소개하고 있다. 이 가운데 기존에 잘 알려지지 않았던 통천교를 비롯하여 구세교, 무극교 등에 대해서도 소개하고 있다. 이 가운데 통천교의 내용은 다음과 같다.

5. 통천교(統天敎)

천도교, 시천교, 청림교, 태을교, 제세교, 경천교의 6개 교단을 통일해서 진정한 일대종교를 창립하고, 천도교, 기독교의 세력을 구축(驅逐)하는 것을 목적으로 하고 있다. 박영효가 경영하고 있던 동아일보

간부였으나 다이쇼 9년 퇴사한 양기탁(梁起鐸)이 주창한 것이다. 다이쇼 9년 5월 경성 가회동(嘉會洞)에 본부를 두고 전 조선뿐만 아니라 전 세계에 널리 전할 계획이라는 과도한 포부를 내세웠으나 보천교의 다른 이름에 불과하다는 말도 있다. 그 교리는

1. 대도를 귀일(歸一)시키는 것은 통천교의 주체임.
2. 천리(天理)를 지키고 인도(人道)를 바르게 하는 것, 이것이 종지(宗旨)임.
3. 육대주에 포교하고 가르침을 만세에 펼치는 것, 이것이 자유임
4. 각 교를 연합해서 일대종교(一大宗敎)를 창립하는 것, 이것이 성시(誠視)임.
5. 각 교를 회동해서 강연하고 연구하는 것, 이것이 공로(功用)임.

이라는 것인데, 천도를 존중하고 평화를 지향하며 전 세계를 천령국(天靈國)으로 만들고자 하는 사상, 정치적 냄새가 강한 기괴한 종교다. 조선 내에 200만의 신도가 있다고 하지만 그 10% 정도라고 보는 것이 좋을 것이다.[114]

통천교를 창립했다고 하는 우강(雩崗) 양기탁(梁起鐸, 1871~1938)은 근대 한국의 대표적인 독립운동가 중 한 사람이었다. 그는 1871년 평안남도 강서군에서 출생하였으며 20대에 미국과 일본에서 3년간 유학을 하였다. 귀국 후 1902년부터 이상재·민영환·이준·이상설 등과 대한제국의 대혁신을 위해 개혁당을 조직하였다고 체포되었

---

114 山口鹿太郎, 「武人と信仰(承前)」, 『軍事警察雜誌』 21-2, 軍警會, 1927.02, pp.35-36.

고, 또 1904년부터는 대한제국 황실의 외교 담당부서인 궁내부에서 영어통역관으로 근무하기도 했다.

1905년 한국인의 민족 의지를 세계만방에 알리기 위해 조선 황실의 내탕금(內帑金)과 이용익·민영환 등의 자금지원을 받아 영국인 베델과 함께《대한매일신보》를 창간했다. 1907년 1월 대구에서 시작한 국채보상운동이 전국으로 확대되자 신문사 안에 국채보상지원금 총합소를 개설하고 보상금을 모집하였으나, 국채보상금을 횡령했다는 죄목으로 구속되어 2개월 구금되기도 했다. 동년 4월에는 안창호와 함께 구국운동을 위한 신민회를 창립하였다.

그는 1911년 일제에 의해 날조된 '데라우치 마사타케 총독 암살음모사건'(일명 105인 사건)으로 투옥되어 징역 10년을 선고받았다가 1915년 12월 석방되어 평남 강서군 신경리에 유배되었다. 그러나 그는 1916년 탈출하여 만주로 건너가 신흥무관학교와 광복회에서 활동하였으며, 1918년 12월 다시 일본 경찰에 체포되어 전남 거금도에서 2년간 유배되었다. 1919년 12월에 유배가 풀려 상경하였으며, 1920년 4월《동아일보》가 창간되자 유근과 함께 고문으로 추대되었다.

1920년 8월 미국 의원 일행이 서울에 왔을 때 독립공고서(獨立控告書)를 제출하고 독립만세운동을 추진하려다가 다시 경찰에 붙잡혀 투옥되었으며, 이 소식에 충격을 받아 어머니가 사망하자 장례를 치르기 위해 일시 방면된 기회를 이용하여 다시 만주로 탈출하였다.

1922년에는 오동진·김동삼 등과 광복군총영과 군정서 등을 통합하여 통의부를 창설하는데 기여하였다. 1934년 1월에는 중국 진강에서 실시한 임시정부 의정원회의에서 국무위원에 선임되었고, 제10회 국무회의에서 국무령으로 선출되어 1935년 10월까지 임시정부의 활성화와 민족대동단결을 위해 노력했다. 1935년 5월 한국독립당 이사장, 1937년 4월 조선혁명당 중앙위원 등을 역임했다.[115]

야마구치는 양기탁이 1919년 12월 유배가 풀린 후, 1920년 일시적으로 《동아일보》 창간에 관여했다가 곧바로 통천교(統天敎)라는 종교유사단체를 조직했다고 기술하였다.

그런데 여기서 야마구치가 기술한 통천교 관련 내용은 이미 1920년 5월 29일 조선총독부 경무국 고등경찰과에서 조사하여 보고한 내용 가운데 일부를 발췌·정리한 것이었다. 경무국에서 조사한 통천교 관련 기록은 다음과 같다.

◎ 통천교 설립계획에 관한 건

본적 평안남도 강서군 쌍용면 신경리

주소 경성부 낙원동 193번지

양기탁

우자(右者) 금회 천도교, 시천교, 청림교, 태을교, 제세교, 경천교를 통일해서 진정한 종교기관으로서 통천교를 설립함으로써 천도교 및 야소교의 세력을 감살(減殺)하기 위해 목하(目下) 여러 가지 계획 중이라는데, 본인의 기초(起草)한 설명서 및 취지서는 좌기(左記)와 같다.

---

115 「[이달의 순국선열] 건국훈장 대통령장 양기탁 선생」, 『월간순국』 399, 대한민국 순국선열유족회, 2024.04, pp.62-67.

기(記)

역문(譯文)

교섭(交涉)에 관하여 설명하는 의사(意思)

一. 현재의 시국에 비추어 각 종교의 설립을 허락하는 것은 민중의
과격한 마음을 선량하게 순화함에 유리한 방침이라 하더라도 지금 각
방면에 이미 설치된 교파의 내용을 두루 살펴보면 그 선도자(先道者)는
대중의 마음에서 신임받지 못하는 자들에 지나지 않는다. 그 진취상으
로도 또한 전망이 없을 뿐만 아니라 감상을 야기시켜 입교시킨 사람들
도 발길을 돌리고 있다. 동학 각파 중에서는 천도교, 사회 각파 중에서
는 야소교에 모두 돌아가고 있는 민심을 만회하여 선량함으로 돌아가
도록 하는 것에는 계책도 없고 기한조차도 없다.

一. 이에 즈음하여 공정(公正)하게 심리수양(心理修養)과 선선학(禪仙
學)에 뜻이 있는 사람에 한(限)하여 진정한 종교기관을 허락해 주기에
시의적절하다.

一. 하지만 허가 후의 진행에 있어서 혹 의심과 걱정이 없지 않을 것
이지만, 이는 두 가지 방면에서 그러지 않아도 된다. 하나는 의심과 걱
정을 타파하고자 하면 암암리에 누군가를 보내서 공공연한 사업에 활
동하고 있는지 그 주위를 감시하는 것이 상책이며, 둘은 위의 사람들
은 원래 종교의 취미가 풍부하여 현재의 시세(時勢)에 낙심(落心)함과
동시에 한편으로 각자의 방면에서 허다한 번뇌와 허다한 꾀임을 탄식
하면서 자기를 찾지 못하고 종교에 귀의하고자 하는 것이며, 다른 한
편으로 각 종교계 동지 다수가 회합하여 연합적 종교를 설립하는 것에
찬동한 결과 이를 제출하는 것이다. 이 사람들의 염원과 각 종교인의

지원(志願)을 이용하여 선정을 베풂과 동시에 천도교와 야소교의 세력
을 감소시키는 것 또한 상책이라 할 것이다.

통천교취지

태초(太元)의 한 기운(一氣)은 홍몽(鴻濛) 미개한 때에 이미 그 진리를
포함하고 있으니 생각건대 신령한 유일자이다. 이것이 상하로 가득 차
서(充塞) 앞(先)도 없고 뒤(後)도 없다. 그리하여 음양의 조판으로부터
천지가 이루어지고 사람이 태어나며, 천지는 만물의 으뜸(宗)이 되고
사람은 만물의 신령함(靈)이 되었다. 신령함에 있어 하늘과 사람은 간
격이 없고, 사람과 만물은 나눔(分)이 있다. 사람의 마음이 물건에 옮겨
가면 어리석어지게 되어 범부(凡)가 된다. 도심(道心)이 하늘과 합하면
성인(聖人)이 되고 철인(哲人)이 된다. 성인과 범부의 나눔은 이에 이르
러 드러나게 되는 것이다. 상고(上古)의 성인은 신(神)의 진리에 밝아서
정도(正道)에 도달했고, 신령함의 원천을 깨달음으로써 천교(天敎)를 세
워 백성을 인도했다. 속됨(俗)을 변화시켜 천하의 어짊(仁)에 돌아가게
하니 사량(思量)할 것이 무엇인가. 중고(中古) 이래로 세상이 쇠미해지
고 도가 희미해져 도의 근원이 분열해서 종파가 삼라만상으로 나뉘고,
각 종파의 깃발을 내걸고 각자의 문호(門戶)를 세워 공격의 글을 곳곳
에 일으켜 경쟁의 설(說)을 사람들이 서로 전하게 했다. 이는 다름 아니
라 아직 도의 대원(大原)에 통달하지 못한 것에서 기인하는 것이니 하
늘의 절대적 진리에서 벗어난 것이다. 우리 동방을 생각건대 상고의
성인은 신(神)의 탄강 이래로 도덕숭상을 다하고, 교화에 온 정성을 다
하였다. 중고에 이르러 나라에 선교(仙敎)라는 것이 있어서 국교(國敎)

가 되었다. 넓고 넓어 치우침이 없어 외래의 각 종교를 통일하였고, 이것들을 계승하고 가르쳐서 각 종교를 통일하는 것은 우리나라에서 비롯된 것이며, 그때 행해진 것이다. 고려시대에 불교를 숭상하고 조선시대에 유교를 숭상하는 것으로부터 종교의 기운이 가야금 줄처럼 나뉘었고, 날로 새로운 것이 일어난 것이다. 성인 시대의 통일된 아름다움을 들어 이로부터 뒤섞임의 두려움을 감당할 것인가. 아마도 종교의 심오하고 미묘한 취지(微旨)는 하늘의 도를 밝히는 것에 있고, 하늘의 도는 인심의 신령함에 있다. 신령한 사람은 유일하게 이 심령으로서 항상 경(敬)을 자각하고 매(昧)하지 아니하여 스스로 이를 밝히는 것이다. 선(仙)은 영묘(靈妙)함을 깨닫는 것이고, 불(佛)은 신령스러운 빛(靈光)을 깨닫는 것이고, 유(儒)는 영명(靈明)함을 깨달은 사람들이 천지와 일체가 되어 대도에 함께 돌아가자는 것이다. 곧 모름지기 땅에 머무르면서 만물을 기르는 것이 본능이고, 이산이해(移山履海)하는 것이 본능이며, 천억화신(千億化身)이 본능이고, 기(氣)를 단련(煉)하고 날것을 먹는 것이 본능인 까닭에 대도는 성인이 범부를 도야(冶陶)하는 큰 화로가 된다. 죽음에 임박하여 두렵지 않은 부적이 되고, 수명을 늘리는 약석(藥石)이며, 고통을 구제하고 재액(厄)을 구제하는 복음(福音)이고, 영혼을 널리 구제하는 자비의 배(船)이다. 한 차례 이 도를 알게 된 사람은 빛을 회복(光復)하는 것이니 어찌 나뉨을 근심할 것이며, 어찌 합해지는 것을 근심하리오. 그러나 청하여 묻건대 오늘날 종교계에 그 미묘함을 잘 발견하고 그 미묘함을 얻어서 올바름(正)을 깨달은 자가 몇이나 되는가. 없지 않다고 말하기가 참 어렵다. 나는 이를 시찰하고 이를 개탄하여 일대종(一大宗)을 창립하고 전성통일(前聖統一)의 유서(遺

緒)를 공경하고 현세 각 종파로 나뉜 종교들을 연합하여 이를 통천교(統天敎)라고 이름하고자 한다. 이 교문(敎門)의 대체는 대도를 바르게 하는 것이다. 대도가 바르게 되면 곧 천하의 사람이 이를 행하지 않는 자가 없게 될 것이다. 저 패도(覇道)와 왕도(王道) 같은 것이나 군국주의 같은 것처럼 권위를 떨칠 것이며, 도덕주의처럼 회통유원(懷通柔遠)할 것이다. 또한 현재 만국종교연합회(萬國宗敎聯合會)에서 제창하는 것처럼 이미 시기에 있다. 지금은 종교통일의 기약이 없으니, 이것을 행한다면 정치가 도에 돌아갈 것이다. 정치가 도에 돌아가면 전쟁이 멈출 것이요, 전쟁이 멈추면 나라가 태평하게 될 것이다. 나라가 태평하게 되면 통천교의 도가 크게 행할 것이니, 통천교의 도가 크게 행해지면 사람들이 스스로 밝아지게 될 것이다. 사람들이 스스로 밝아지게 되면 종교에 다툼이 없고, 정치에 다툼이 없고, 만방(萬邦)이 두루 평안해지고 민족이 스스로 서로 좋아할 것이며, 피아(彼我)의 장애나 폐단이 없어질 것이다. 그러므로 세계 통일의 도, 대동태강(大同太康)의 법이 또한 이에서 벗어나지 않을 것이다. 그러므로 나는 진리로써 종지를 세우고, 일신(一神)으로써 도를 세우며, 전후의 성현으로써 교주로 삼고, 더욱이 도주(道主)의 칭호를 두목(頭目)의 위에 두지 않고 크게 이룰 것이다. 중(中)에 이르고 정(正)에 이르는 신성(神聖)은 가까운 시대에 출현하여 본교의 종지를 발휘하고 동방에서 비롯하여 멀리 타방에 미칠 것이다. 천수만종(千數萬宗)이 모두 하나의 근원(一原)에 돌아감으로써 세계적 대종교를 성립할 것이며, 지구 전체로서 하나의 큰 신령스런 나라를 만들 것이니 어찌 원만하다고 하지 않을 것인가. 이것이 본교를 창설하고자 하는 까닭이고, 진실로 경축해야 하는 까닭이며, 서둘러 믿어야 하는 까닭이다. 16억 대중 가운데 누가 이 지공(至公)의 대도에 수긍하지 않을 것인가. 대도는 함이 없는 것(無爲)이며, 함이 없는 까닭에 다툼이 없는 것이다.

총요(總要)

1. 대도를 귀일(歸一)시키는 것은 통천교의 주체임.
2. 천리(天理)를 지키고 인도(人道)를 바르게 하는 것, 이것이 종지(宗旨) 임.
3. 각 교를 연합해서 일대종교(一大宗敎)를 창립하는 것, 이것이 성시(誠視)임.
4. 각 교를 회동해서 강연하고 연구하는 것, 이것이 공로(功用)임.[116]

양기탁은 국내에서 독립운동을 전개하던 중간에 갑자기 통천교라는 종교집단을 조직하고 조선총독부에 인가를 받기 위해 위의 취지서를 쓴 것이다. 그가 어떠한 이유에서 갑자기 종교단체를 조직했는지는 알기 어려우나, 앞서 야마구치가 통천교를 '보천교'의 별칭으로 소개하고 있는 것을 통해 1920년대 초 보천교의 비밀결사 조직이 독립자금 모금을 활발하게 전개했던 것과 어떠한 관련성이 있는 것은 아닌지 추측해 본다.[117] 하지만 그가 이 종교단체를 조직하는 것에 의해 실제 어떠한 활동을 계획하고 추진했는지는 알기 어렵다.

양기탁은 종교유사단체로 인정받기 위한 취지서를 작성했고, 이

---

116 「統天敎設立計劃ニ関スル件」, 『大正8年乃至同10年 朝鮮騷擾事件關係書類』 共7冊 其6, 朝鮮總督府 警務局 高等警察課, 1920.05.29.

117 성주현, 「1920년대 초 태을교인의 민족운동」, 『한국민족운동사연구』 29, 한국민족운동사학회, 2001, pp.208-211.

를 조선총독부 혹은 유사종교 인가를 담당하는 부서에 제출한 것으로 보인다. 〈포교규칙〉에서 정하고 있는 종교의 포교 인가의 범위를 보면 크게 ① 교의와 포교 방법, ② 포교관리자 인가, ③ 포교소 인가로 볼 수 있는데, 그 가운데 통천교 설립에 관한 내용은 주로 ①에 해당하는 것이다. 위 내용이 통천교 설립 인가 서류 가운데 일부를 발췌한 것인지 또한 알 수 없으나, 적어도 실제 유사종교로 인가받기 위해 서류를 제출하는 절차가 존재했고 그것을 실제 제출한 사례가 있다는 것은 확인할 수 있었다.

결과적으로 양기탁의 통천교가 최종 인가를 받았는지 또한 알 수 없다. 왜냐하면 통천교에 대한 명칭의 '고시'가 없었기 때문이다. 그러나 1927년 야마구치가 『군사경찰잡지』에서 통천교를 종교유사단체로 다루고 있는 것이나, 1933년 『고등경찰용어사전(高等警察用語辭典)』에서 통천교를 양기탁이 창립한 종교로 기록하는 것 등을 보면, 양기탁이 제출한 이 단체의 설립 취지가 담당 부서를 통해 인가되었을 가능성이 높다.

4. '종교유사단체=미신'의 출발

〈포교규칙〉 제15조는 종교유사단체에 '준종교'의 성격을 부여했다. 종교는 아니더라도 그에 준하는 대우를 하겠다는 것이 규칙 제정의 취지에서 드러난다. 그런데 1920년대 이후 유사종교의 대부분 '사교' 혹은 '미신'의 굴레를 크게 벗어나지 못한다. 그렇다면 〈포교규칙〉를 통해 준종교의 위상을 확보할 수 있었던 유사종교는 어떠한 사건이나 인식변화를 통해 미신에 가까운 '비공인종교'로 변모하게 되는 것일까?

1915년 8월 16일 〈포교규칙〉이 조선총독부령 제83호로 선포되자, 동월 20일 일본 대장성(大藏省)에서 발행하는 『관보』 제916호에서는 〈신사사원규칙〉과 〈포교규칙〉의 전문을 게재하였다. 이후 일본의 많은 종교 관련 잡지에서는 이 규칙을 소개하고 있다.[118] 〈포교규칙〉은 제정된 직후부터 일본에서도 널리 알려졌고, 이것이 곧 조선의 종교에 관한 공식 법규로 인지되었다.

그런데 〈포교규칙〉의 선포 이후 종교유사단체와 관련된 표현이 언론 등을 통해 다시 확인되는 것은 그 사례가 별로 많지 않다. 그 가운데 빠른 것이 1917년 9월 7일자 《매일신보》의 기사 정도로 파악된다. 여기서는 「종교유사단체」라는 제목 아래 다음과 같은 내용의 기사가 실려 있다.

평남(平南) 도내(道內) 7월 말의 현재에 의흔 종교유사단체 조사를 문(聞)ᄒ면 본도(本道)에는 천도교 시천교 존신교(尊神敎)의 삼단체(三團體)가 유(有)홀뿐이오 대종교 단군교와 여(如)흔 단체는 전무흔지라. 천도교는 일정흔 집회소가 192에 신도가 21,996인, 시천교는 34의 집회소

---

118 일본 최고(最古)의 종교신문으로 진언종 전등회(傳燈會)의 기관지인 『육대신보(六大新報)』에서는 1915년 9월호(623호)에 〈포교규칙〉 전문을 게재하였고, 下間空敎 編 『현행종교법령(現行宗敎法令)』 仏敎連合会, 1916, 宮本隆範 編, 『신의진언종지산파종규류찬(新義眞言宗智山派宗規類纂)』, 智嶺新報社, 1916 등에서 그 내용을 소개하고 있다.

에 신도자 4,776인 존신교 신도는 95인이며, 연이(然而) 평양 천도교구(天道敎區) 관내의 신도는 20,019인 평양 시천교 종무(宗務) 지부(支部) 관내 신도 1,510인이오 우(右) 각 단체의 교세는 일(日)로 쇠패(衰敗)의 경향을 시(示)흔다더라.[119]

평안남도에 공식적으로 존재하는 종교유사단체로 천도교, 시천교, 존신교(尊神敎), 대종교, 단군교 등 다섯 교단을 거론하고 있다. 〈포교규칙〉에 의해 종교유사단체로 '고시'된 바가 없는 상태에서 이미 이 다섯 단체는 공식적인 종교유사단체로 분류되고 있었다는 것을 알 수 있다. 이는 조선총독부에서 각 지역에 산재한 유사종교의 실상을 파악하기 위해 조사를 실시했었다는 것으로 이해할 수 있다.

신문에서는 평안남도에만 천도교가 21,966명, 시천교가 4,776명, 존신교가 95명 등 27,000여명에 달하는 신자가 있음에도 불구하고 교세가 날로 쇠약해지고 있다고 평가하고 있다. 1917년 12월 기준 평안남도에는 교파신도 포교소가 8곳, 불교가 20곳, 기독교가 7곳으로 총 35곳이었으며, 전국적으로도 신도가 58개, 불교 195개, 기독교 47개로 총 300여 개의 포교소 또는 교회가 분포되어 있었던 것에 비해 평안남도에서는 천도교와 시천교를 합한 것만으로도 226곳이었다.

또한 신자 수의 측면에서도 평안남도 지역에서 신도 2,232명, 불교 7,589명, 기독교 667명이며, 전국적으로도 신도 35,945명, 불교

---

119 「平壤 宗敎類似團體」, 《매일신보》 1917.09.07.

150,888명, 기독교 7,043명으로 집계되고 있다. 이에 대해 평안남도에서는 천도교의 신자 수만으로도 신도와 불교, 기독교의 신자를 합한 것보다 많았으며, 전국적으로도 그 수효가 대단한 위세를 보이고 있었다는 것을 알 수 있다.[120] 만일 기사의 내용처럼 이마저도 교세가 쇠약해진 것이라면, 그 이전에 유사종교의 위세가 전국적으로 얼마나 대단했는지를 예측할 수 있을 것이다.

그런데 1919년 3·1운동이 전국적으로 크게 일어나자 일제의 종교에 대한 탄압 또한 본격화한다. 이러한 일제의 종교탄압을 비판하는 내용이《독립신문》에 실려 있다.

> 「종교의 압박」 일인(日人)은 정치의 멸망을 여(與)하며 인물에 타격을 여(與)한 후에는 기(其) 독수(毒手)를 종교에 연(延)하야 대외의 세력이 다(多)한 야소교에 대하야 일본조합교회를 수입하야 교권(敎權)을 제탈(制奪)하고 포교규칙을 공포하야 포교에 제재를 가하고 **천도교는 대내(對內)의 세력을 다(多)하나 아즉 세계적이 되지 못함으로 일인(日人)의 감위(敢爲)의 멸망을 여(如)할 자(者)라. 그럼으로 종교는 고사(姑舍) 물론이요 유사단체(類社團體)로도 불인(不忍)하야 하시(何時)라도 해산을 명하게 하고** 기타 불교 대종교(大宗敎)의 멸망 정책은 일일히 진술할 수 업스나 심령(心靈)의 양식을 절(絶)하며 인생의 위안을 방해하야 최후의 악마굴(惡魔窟)로 타락케 하도다.[121]

---

120 朝鮮総督府 編, 『朝鮮総督府統計年報 大正4年度』, 朝鮮総督府, 1917, p.787.
121 「日本虐政史」,《독립신문》1919.08.29.

이 기사에서는 일본의 학정(虐政)으로 ① 박멸정책과 ② 동화정책을 제기하였으며, 박멸정책으로는 교육과 경제, 종교의 세 분야에 대해 거론하고 있다. 위의 인용문은 종교에 관한 박멸정책의 내용이다.

요약하면 일제가 정치적으로 조선의 모든 권리를 박탈하고 또한 조선의 인물들에게 타격을 준 뒤에 이제는 슬슬 종교로 세력을 확장하고 있다는 경고의 메시지다. 특히 조선총독부가 〈포교규칙〉을 공포한 것을 두고 이것이 곧 조선의 종교에 제재를 가하기 위한 것이라고 보았으며, 천도교는 국내에서 상당한 세력을 형성하고 있으나 세계적인 종교, 곧 보편종교가 되지 못하였기 때문에 종교로 공인받지 못한 채 일본인들에 의해 멸망의 길을 걷게 될 것이라는 우려를 표하고 있다.

나아가 모든 종교가 고사되는 것은 물론이며 '유사단체(類社團體)'[122]도 차마 견디지 못하고 언제라도 해산당할 수 있다는 상황을 예견하고 있다. 이미 3 · 1운동을 기점으로 조선 사회에서는 유사종교에 대한 탄압과 해산을 명약관화한 일로 보고 있었다. 여기서도 유사단체의 표현이 나오는 것은, 〈포교규칙〉 이후 종교유사단체라는 표현이 조선인들 사이에서도 공공연하게 사용되기 시작하였다는 것을 보여준다.

이에 비해 일본에서 공식 문서에 '종교유사'라는 표현이 사용되는 것은 〈포교규칙〉보다 한참 늦은 1919년(大正8) 3월 3일이다. 문부성

---

122 '類社團體'로 통상은 사용하지 않는 '社'가 사용된 것은 '類似團體'의 오자(誤字)라고 생각된다.

종교국에서는 일본 경시청(警視廳), 도청(道廳), 부현(府縣) 앞으로 발행한 「종교 및 이에 유사한 행위를 하는 자의 행동 통보 방법의 건」(宗敎局通牒發宗11號)에서 다음과 같은 내용을 전하고 있다.

신·불·도·기독교 등의 제 종파에 속하지 않으면서 종교유사(宗敎類似)의 행위를 하는 자 또는 신·불·도·기독교에 속하는 종교 교사(敎師)의 행동으로서 공안(公安) 기타 풍속 등에 관해서는 특히 주의를 요하는 자가 있는 경우에는 조사를 실시할 것이며, 그때마다 통보될 수 있도록 할 것을 명(命)에 따라 통첩(通牒)함.[123]

〈포교규칙〉에서는 '종교유사단체'에 해당하는 특정 교단이 존재한다는 식으로 법규를 제정하는 것에 비해, 일본의 경우 '종교유사의 행위'라는 표현으로 특정 교단이나 단체를 지정한 것이 아니라 '행위' 자체를 문제로 삼는 차원에서 공문을 발송하고 있다. 기존의 연구에서는 이 '종교유사 행위'가 〈포교규칙〉의 영향을 받은 것처럼 논하는 경우가 많았지만, 반드시 그렇지는 않다고 본다. 이미 앞장에서 거론한 바와 같이 일본 사회에서도 1910년을 전후해서 '종교유사 현상'이라는 표현이 사용된 바 있으며, 종교국에서도 신생 종교의 등장을 충분히 인지하면서 단속의 대책을 강구하고 있었다는 것을 본다면 반드시 '종교유사'라는 표현이 〈포교규칙〉을 통해서 일본에 전해진 것이라고 보기는 힘들기 때문이다.

---

123 宗敎行政硏究會編, 『宗敎法令類纂』, 宗敎行政硏究會, 1924, p.247.

다만 〈포교규칙〉이 조선에서 먼저 선포되었고, 그 전문이 일본의 『관보』에도 게재되었다는 것을 볼 때, 법령으로서 '종교유사단체'의 표현이 사용된 것을 계기로 일본의 공문서에 '종교유사 현상'이라는 표현을 사용하는데 위화감을 없애는 계기가 되었을 수는 있었다고 본다.

일본에서 〈포교규칙〉과 동일한 '종교유사단체'라는 표현이 처음 등장하는 것은 1919년 10월 제국의회 중의원(衆議院)에서다. 당시 의회에서는 3·1운동 이후의 경과에 대한 질의응답이 이뤄지는데, 그 내용은 다음과 같다.

> 8년 3월 8일 가와사키 가츠(川崎克)군은 오른쪽 질문주의서(質問主意書)를 제출하였고, 이에 대해 하라(原) 국무대신(國務大臣)은 동월 14일 서면으로써 다음과 같이 답변함
>
> 一. 금회의 소요는 이른바 민족자결의 표어를 걸고 일부의 무리가 시위 운동을 일으킨 것에 원인하는 것으로서 일반 인민은 이에 관여하지 않았습니다. 정부에 있어서는 조선 내에 있어서 이러한 일부의 인물들에 대해 항상 깊은 주의를 기울일 필요가 있습니다.
>
> 一. 금회의 폭동은 민족자결에 대한 조선인의 오해에서 나온 것임과 동시에 **미신이 깊은 종교유사단체가 이에 개입하여 일어난 것**으로써 정부는 그 선동자나 주모자에 대해 엄중한 처분을 하는 동시에 조선인의 오해를 풀 방도를 강구하고 있습니다.[124]

---

124 「朝鮮事變關質問」(衆議院事務局 編,『帝國議會衆議院議事摘要』, 衆議院事務局, 1919, pp.1379-1380.

일본제국의회 의원인 가와사키의 질문에 당시 총리대신이었던 하라 다카시(原敬)가 서면으로 답변한 내용이다. 그는 3·1운동의 주요 원인으로 조선의 '종교유사단체'가 적극 개입한 사건에 불과하다고 해명하고 있다. 하라의 답변이라고는 하지만 실제로는 조선총독부의 의견이 하라를 통해 전달된 것이라고 볼 수 있다. 따라서 사실 '종교유사단체'라는 표현이 일본에서 공적으로 사용되는 배경에는 조선총독부가 개입하고 있다는 것을 알 수 있다.

3·1운동을 계기로 천도교는 조선과 일본을 통틀어 공식적으로 종교유사단체로 인정받은 최초의 단체가 된다. 물론 이러한 인정이 오히려 교단의 역사를 고난으로 이끄는 계기가 되지만, 이로부터 종교유사단체라는 표현이 한일 양국에서 공통으로 사용되는 계기가 되었다는 점도 분명하다.

또한 하라는 3·1운동에 일반 민중은 참여한 바가 없으며 단지 민족자결을 주장하는 일부 과격한 민족주의자들이나 '미신적 종교유사단체'에 의해 일어난 소요에 불과하다는 것을 정부의 공식 입장으로 채택하였다. 여기서 말하는 '미신이 깊은 종교유사단체'란 천도교를 지칭하는 것인데, 조선의 유사종교가 미신적인 집단이라는 것을 공식 선언한 것도 아마 이 문서가 처음일 것이다.

이와 같이 3·1운동 이후 유사종교에 나타나는 가장 큰 변화는 역시 미신이라는 속성이 강조되기 시작했다는 점이다. 물론 하라의 표현에서는 종교유사단체 가운데 미신적인 것이 소요를 주도했다는 식으로 말했다는 점에서 유사종교 전체를 미신으로 규정한 것은 아니었다. 하지만 〈포교규칙〉이 제정된 후 약 4년 만에 유사종교는 '준종교'에서 '미신적'인 것으로서 그 인식이 급변했다는 것만은 분명하다. 곧 종교로 발전해 갈 가능성을 함유하고 있는가? 아니면 미신으로 전락할 위험성을 내포하고 있는가? 라는 양의적(兩儀的) 해석의 여지가 있던 유사종교에 조선총독부와 일본 제국의회는 '미신'의 방향에 가까운 것으로 방점을 찍은 것이라고 생각해도 좋다.

미신적 성향을 가진 '종교유사단체'라는 하라의 인식은 앞장에서 살펴본 1910년《정교신보》의 내용과 흡사한 측면이 있다. 다만 그것이 민간인이 아닌 조선총독부와 제국의회 등 공적 기관을 통해 공식적으로 검토되었고, 또 많은 정관계의 인물들이 이러한 인식을 공유했다는 점에서 큰 차이가 있다. 비록 그 적용 대상이 조선의 특정 교단에 한정된 것처럼 표현했다 할지라도, 이미 '종교유사단체'에 공적으로 '미신성'을 제기했다는 점은 이후 식민지 조선과 일본에서 유사종교에 대한 인식변화에 적지 않은 영향을 주었을 것으로 판단된다.

5. 종교법안의 제출과 '유사종교'

그런데 비슷한 시기 공공의 영역과 더불어 민간의 영역에서도 '종교유사단체'라는 용어는 일반적으로 사용되기 시작한다. 1919년 『교육학술계(教育學術界)』라는 잡지에 실린 「현대일본불교계비판(現代日本佛教界批判)」이라는 논고에서는 '이 외에도 다이레이도(大靈道)・신생교단(神生教團) 등과 같은 신종교나 오카다식정좌법(岡田式静座法) 등과 같은 종교유사단체가 날로 증가하고 있다'[125]라고 하였다.

여기서 말하는 다이레이도(大靈道)는 다나카 모리헤이(田中守平, 1884~1929)에 의해 1916년(大正5) 창립된 다이레이도(太靈道)를 지칭하는 것으로, 다나카는 메이지 말년부터 다이쇼 시기를 통해 정신요법운동(精神療法運動)을 펼친 대표적 인물 가운데 한 사람이다. 다나카가 활동하던 시기는 최면술계가 정신요법 혹은 영술(靈術)로 변모하면서 세력이 확대되고 있었다. 그 배경에는 두 가지의 요인이 제시되고 있는데, 첫째는 당시 〈경찰범처벌령(警察犯處罰令)〉에 의해 최면술을 금지하는 단속이 일어나자 그 명칭을 정신요법으로 변경한 것이라는 측면이며, 둘째는 최면술에는 포함되지 않는 기합술(氣合術), 복식호흡, 염력 등의 초자연적 치료법이 출현하였기 때문이라는 것이었다.[126] 다이레이도가 본격적으로 종교의 길을 걷게 되는 것은 1920년(大正9) 7월, 본궁을 다나카 자신의 고향인 기후현(岐阜県) 다케나미무라(武並村)로 옮겨 교파신도인 온타케코(御嶽講)을 모방하기 시작하면서부터였다.[127] 이러한 다이레이도를 당시 일본 사회에서는 종교유사단체라고 규정한 것이다.

이와 더불어 다이쇼시대에는 건강 또는 심신수양을 위해 복식호흡을 행하는 수양법이 크게 유행하였는데, 이 가운데 오카다 도라지로(岡田虎二郎)에 의해 탄생한 '오카다식정좌법'이 사회적으로 크게

---

125 「現代日本佛教界批判」, 大日本學術協會 編, 『教育學術界』 38-4, モナス, 1919, pp. 62-72.

126 吉永進一, 「太靈と國家―太靈道における國家觀の意味」, 『人體科學』 17-1, 人體科學會, 2008, p.41.

127 위의 글, p.43.

유행하였다. 당시 도쿄에서만도 백수십 곳에 이르는 정좌회(靜坐會)가 설치되었고, 정식 등록 회원만도 2만명이 넘었다고 한다. 사실 오카다식정좌법이 1920년대에 종교적 색채를 띠었거나 혹은 종교행위를 했는가에 대해서는 명확하지 않은 측면이 있었는데, 적어도 위의 기사에서는 오카다식정좌법을 '종교유사단체'로 규정하고 있다.

한편 앞서 언급하였듯이 일본에서 '종교유사단체'와 관련된 용어가 공적(公的)으로 사용된 것은 1919년 3월 3일 문부성 종교국이 경시청, 도청(道廳), 부현(府縣)에 발송한 「종교 및 이에 유사한 행위를 행하는 자의 행동 통첩 방법에 관한 건」이 최초였다. 이러한 정부의 공식 표현이 사용된 이후 '종교유사'라는 표현은 문부성에서도 공공연하게 등장하기 시작한다. 1920년 문부성 종교국장이었던 시바타 고마사부로(柴田駒三郎, 1871~1945)는 정우회(政友會) 사상문제특별위원회(思想問題特別委員會)에 출석하여 오모토교에 대해 다음과 같이 발언하고 있다.

> 메이지 초년에 신직 기타 교도직은 국가가 임명해서 지방민의 계발을 시도하도록 했는데, 그 후 메이지 17년 다죠칸(太政官) 포고 제9호로써 앞의 제도를 개폐(改廢)하고, 국가가 공인한 종교를 감독하는 것으로 한 결과, 종교 내부의 일은 일체를 들어 종교단체의 자치에 일임하는 것으로 되었을 뿐만 아니라, 그 후 헌법 발포와 동시에 신앙의 자유도 인정하는 것에 이르렀다. 그러므로 국가의 종교상에 있어서 사상 방면의 시설 여하라고 하는 것에 대해서는 현재 종교국으로서는 어떤 면에서도 적극적으로 펼치고 있는 시책은 없다. 다만 기회가 있다면

금후의 종교가들의 희망을 진술하고 싶은데, 이러한 기회가 없으므로 지금 이대로인 상태이다. 오모토교와 같은 **종교유사의 것**에 대해서는 종교국은 원래 국가의 공인한 종교를 감독하는 책무를 가지고 있는 까닭에 이러한 사항에 대해서는 내무성 경찰국에서 감독하고 있다.[128]

일본에서 공인교 제도는 1885년에 시작되었다는 것, 그리고 1888년 제국 헌법의 선포와 동시에 신앙의 자유도 인정되었다는 것이다. 이에 대해 최근 오모토교와 같은 종교유사의 것들이 출현하고 있는데, 종교국은 원래 국가에서 공인한 종교에 대해서만 감독하는 책무를 가지고 있으므로, 종교유사단체에 대해서는 내무성 경찰국에서 감독하게 되었다는 것이다.

시바타 종교국장은 오모토교를 '종교유사의 것'이라고 표현하였다. 또한 앞에서 《정교신보》의 기사를 통해 확인한 바와 같이 '종교유사의 것'에 대한 관리 감독이 내무성 경찰국에 옮겨가게 된 경위에 대해 재차 자세히 거론하고 있는 것을 확인할 수 있다. 곧 1910년에 제기되었던 '종교유사 현상'에 대한 일본 정부의 관리 방침이 그 뒤에 확정되어 있었다는 것을 시바타 종교국장의 발언을 통해 확인할 수 있는 것이다. 그리고 시바타의 이러한 발언에 대해 기자는 다음과 같은 추가 의견을 제시하고 있다.

요미우리신문은 14일 사설에서 이러한 시바타 종교국장의 설명을

---

128 宮崎忍海, 「思想問題と宗敎」, 『六大新報』 885, 六大新報社, 1920.10, p.2.

평하여 "오모토교와 같은 공인되지 않은 종교유사의 것은 오히려 경보국(警保局)의 경찰행정의 관할에 속하는 것으로, 종교국이 관계할 바는 아니라고 말하고 있다. 이 설명을 사상 문제까지 부연하면, 유사적 종교(類似的宗敎)에는 어쨌든 위험분자가 있다. 경보국의 관할 감시를 요할 정도의 위험분자가 있다. 따라서 이러한 유사종교(類似宗敎)의 존재가 국민의 사상을 악화하는데 일조할 위험이 없다는 것은 보장하기 어렵다는 정도의 의견이 포함되어 있다고 보는 것이 지당할 것이다. 하지만 오모토교와 같은 것을 종교국장의 의견대로 가령 유사종교로서 보고, 더욱이 위험분자가 있는 것으로 추정하는 지점에서는 그것이 국민의 사상을 악화하거나 위험사상화 할 정도의 세력 있는 것이라고는 도저히 생각되지 않는다. 만약 정부나 관료나 학자들이 함께 우려를 표하고 있는 것처럼 우리 국민의 사상이 현재 악화하고 위험화 할 정도라면, 그것은 유사종교의 발호라든가 중등교육 상(上) 수신(修身) 교육의 부족이나 결함 등이 그 원인을 이루고 있는 것은 결코 아닐 것이다"라고 했다. 이것은 지극히 가볍게 보고 있는 것이다. 요미우리 기자는 국민사상의 악화는 유사종교의 발호 등이 그 원인이 되는 것은 결코 아니라고 말하고 있다. 결코 아니라고 말할 수 있을까 어떨까는 의문이지만, 오모토교의 세력이 없다는 것이나 오모토교와 같은 천박한 미신교(迷信敎)를 어쨌거나 연구한다거나 논의한다는 것만으로도 국민의 치욕인데, 우리나라 일부의 정신생활이 극히 빈약한 식자들 사이에서의 문제가 되고 있다는 사실에 대해서 종교국으로서 상당의 견해와 시설을 가지고 있어야 하는 것은 말할 필요도 없다. 그런데 종교유사의 오모토교와 같은 것을 경보국의 일이라고 책임회피를 하는 것은 별로 납득할 수 없다.

　사상 문제가 종교상의 시설 행정에만 의지해서 해결될 것이 아니라
는 것은 말할 것도 없지만, 적어도 사상 문제와 종교와는 중대한 관계
가 존재한다는 것은 부인할 수 없는 것이다. 우리나라의 식자 계급 사
이에서 종교 경시의 경향이 있는 것은 (요미우리 기자와 같이) 유감이
다. 정우회의 제군은 종교국장의 설명에 어느 정도 납득이 가는지 알
수 없지만 사상 문제와 종교의 관계를 조사한 것은 주목해야 할 현상이
다.[129]

　《요미우리신문》이나 『육대신보(六大新報)』에서는 유사종교라는 표
현을 확고하게 '미신'이라는 개념으로 사용하고 있었다. 곧 1920년
의 시점에 이미 종교유사의 것 또는 유사종교라는 표현이 신문이나
잡지를 통해 일반에 널리 유통되고 있었다는 것을 확인할 수 있는 것
이다. 다만 위의 인용문을 통해 알 수 있듯이 유사종교와 종교유사의
표현이 혼재되어 사용되고 있었다는 점에서 이 두 표현에 통일성을
요구하는 인위적인 작업도 이루어지지는 않은 것으로 보인다.

　1920년대 초반 일본 사회에서 대표적인 유사종교로 지목되면서
사회에 부정적 여론을 형성하는 중심에 서 있던 교단이 바로 '오모
토교'였다. 1892년 데구치 나오(出口なお, 1837~1918)에 의해 시작한 오
모토교는 1898년 사위 데구치 오니사부로(出口王仁郎, 1871~1948)가 양
자로 편입된 이후 오니사부로를 중심으로 교단 조직을 재편하였다.

129　위의 글, p.2.

특히 나오가 사망한 이후, 오니사부로는 종말주의적 교리를 주장하면서 포교에 주력하게 되었고, 이에 러일전쟁에서 활약했던 아키야마 마사유키(秋山眞之) 등 해군 장교를 위시한 일본 지식인들이 대거 입교하면서 오모토교의 교세가 급격히 증가하게 된다.

이러한 교세 증가의 현상을 바라보는《요미우리신문》같은 언론에서는 오모토교의 활동을 일본 내 사상 분열 문제와 연계하여 우려를 표명한 것이며,『육대신보』에서는 한 걸음 더 나아가 철저한 관리감독을 요구한 것이다. 그리고 언론의 요구가 제기된 이듬해, 경찰은 불경죄 및 신문지법 위반으로 오모토교 교주 오니사부로를 포함한 3인을 기소하는 제1차 오모토교 사건을 일으킨다.

오모토교에 대한 국가의 탄압은 1920년 8월 내무성이 오모토교의 교전(敎典)『오모토신유(大本神諭)』를 불경죄와 과격사상의 이유로 발매 금지 처분을 내리며 시작된다. 사실 오니사부로는 오모토교에서 발행하는 기관지『신령계(神靈界)』에 1917년「다이쇼이신(大正維新)에 대하여」와 1918년「국교(國敎) 수립에 대하여」등을 발표하였는데, 여기서는 오모토교야말로 국교의 자격이 있으며, 이상적 천황을 축(軸)으로 하는 국가유신(國家維新)이 필요하다고 했다. 따라서 조세제도를 폐지하고 사유재산을 천황에 봉환(奉還)하며, 토지를 본위로 하는 경제입국(經濟立國)을 도모해야 한다는 등 다소 과격한 종교적 국가사회주의를 주장했다.[130]

일본 정부 입장에서는 이러한 오모토교의 주장을 급진적인 변혁

---

130 廣瀬浩二郎,「宗教に顕れる日本民衆の福祉意識に関する歴史的研究」, 京都大學 博士論文, 2000, p.37.

사상으로 보았다. 특히 기묘한 영적 현상을 강조하거나 혹은 세계 멸망과 같은 불온한 예언을 무기로 대중을 현혹한다는 점에서 오모토교는 경찰의 감시 대상이 되어 왔으며, 결국 제1차 오모토교 사건이라는 탄압을 피하지 못하였다.

제1차 오모토교 사건은 일본 내에서 세력을 확장하던 종교단체에 국가의 공권력이 개입하여 탄압을 가한 최초의 사건이었다. 그러한 점에서 일본 사회에 던져진 파장은 매우 컸다. 이 사건은 사실 특정 종교의 교리적 내용을 국가가 단속의 대상으로 삼았다는 점이 매우 주목되는 부분이다. 곧 〈헌법〉 제28조에서 정한 바와 같이 신교의 자유를 허용하되 그것이 천황의 신성불가침에 위배되지 않는 것을 전제로 한다고 되어 있었는데, 오모토교의 교리적인 위배를 경찰은 헌법 위반과 연계하여 매우 엄중하게 바라보았다.

1920년 9월에는 오모토교 교조 나오의 무덤이 천황릉과 닮았다는 이유로 경찰에서는 〈묘지취체규칙위반(墓地取締規則違反)〉의 법을 적용하여 벌금과 개수(改修)를 명하기도 하였다. 위의 인용문은 오모토교에 대한 일련의 사건이 발생한 직후인 1920년 10월에 나온 것으로, 언론에서는 '국민사상의 악화'를 빌미로 오모토교와 같은 종교를 '천박한 미신교'라는 극단적인 표현을 추가해 가면서 정부의 적극적인 단속을 요구하였다.

사실 근대 식민지 조선과 일본에서 유사종교가 그 교리적 내용과 사회적 파급을 이유로 '미신'으로 규정된 것은 오모토교가 처음이라고 볼 수 있다. 앞서 1890년대 중반 동학을 미신적이라고 비난하였던 기록은 있지만, 그것이 이들의 교리사상을 기반으로 한 것은 아니었다. 또한《정교신보》에서도 종교유사단체를 미신적이라고 하였지만, 이는 경찰의 단속 아래 있다는 이유로 그렇게 표현한 것일 뿐이었다. 오모토교의 경우 천황제 이데올로기를 중심으로 사상적 단결을 외치는 일본 사회에서 사상적 불일치를 이유로 종교단체를 '미신'이라고 표현하면서 강력한 단속을 강행한 것이다.

당시 일본에는 〈포교규칙〉처럼 명문화된 종교 관련 법규가 없었으며, 더불어 유사종교를 '준종교'로 대우한다는 식의 인식도 존재하지 않았다. 따라서 오모토교의 탄압을 기점으로 유사종교는 종교보다 미신에 더 가까운 것이라는 인식이 먼저 자리를 잡았으며, 이후 이러한 부정적 인식이 점점 확고해진다. 그러한 점에서 식민지 조선과 일본의 유사종교에 대한 인식 경향은 처음부터 달랐으며, 또한 이들을 미신으로 취급하게 되는 사건의 성격에도 엄연한 차이가 있었다.

한편 1899년 폐기되었다가 1920년대 중반에 다시 추진되는 '제2차 종교법안(宗敎法案)'에서는 종교유사단체에 관한 내용이 추가되면서 종교유사단체와 유사종교라는 표현이 문부성 고위 관료에 의해 본격적으로 사용되기 시작한다.

일본에서 종교법안은 1899년, 1927년, 1929년, 1935년 등 네 차례에 걸쳐 제출되었으나 모두 폐안(廢案)되었으며, 최종적으로 1939년에 〈종교단체법〉이 통과되면서 일본에서 최초의 종교 관련 법안이 완성된다.

1899년(明治32) 제출된 종교법안은 선거법 개정안과 더불어 당시 의회의 가장 중요한 법안 가운데 하나로 간주되었다. 이는 1898년 시행된 〈민법〉 제34조에 "제사, 종교, 자선, 학술, 기예 기타 공익에 관한 사단 또는 재단으로서 영리를 목적으로 하지 않는 것은 주무관청의 허가를 얻어서 이를 법인으로 할 수 있다"고 규정했음에도 불구하고 〈민법시행법〉 제28조에 "당분간 신사(神社), 사원 및 불도(佛道)에는 이를 적용하지 않는다"라고 하여 다른 법인과 성질을 달리하는 종교법인을 대상으로 하는 별도의 법 정비가 필요했다.[131]

따라서 당시 총리대신이었던 야마가타 아리토모(山縣有朋)는 법안의 의의에 대해 설명하면서 헌법이 보장하는 신교의 자유를 인정하면서도, 시설·집회·종제(宗制) 등 '외부에 나타나는 일체의 행위'에 대해서는 국가가 감독·제한하고, 다른 한편으로는 종교인들의 병역 면제나 사원의 조세감면 등 은전(恩典)을 부여한다면서 종교법안이 종교단체의 활동을 감독하고 보호한다고 연설했다.[132]

당시 종교법안을 제정하고자 했던 가장 큰 이유 가운데 하나는 바로 '내지잡거(內地雜居)'가 현실화하는 것에 있었다. 1899년은 1894년(明治27)에 일본이 과거 외국과 맺어 온 불평등조약을 개정하여 체결한 통상항해조약(通商航海條約)이 발효되는 시기였다. 일본은 기존의 영사재판권 철폐 대신에 그동안 외국인을 대상으로 이들이 특정 지역 밖으로 나가는 것을 엄격히 제한해 왔던 '외국인 거류지'를 폐지하지 않으면 안 되었다.

외국인이 일본에서 자유롭게 활동하는 '내지잡거'가 현실화함에

---

131 町 泉寿郎, 「第一次宗教法案と東本願寺 : 唐津高徳寺資料の紹介」, 『東アジア学術総合研究所集刊』 43, 二松学舎大学東アジア学術総合研究所, 2013, pp.71-72.
132 貴族院事務局 編, 『貴族院議事速記録 第14回』, 貴族院事務局, 1899, p.92.

따라 기독교 선교사들의 자유롭고 활발한 포교 활동이 예상되는 가운데 이를 우려하면서 내지잡거를 반대하는 의견이 속출하였다. 이에 메이지정부는 동년 이미 공립학교 및 법령이 규정하는 학교에서 종교교육이나 종교의식을 금지하는 법률을 먼저 제정했다.[133]

그런데 귀족원에 제출한 종교법안은 불교의 종파제도(종파자치제)를 근본적으로 약화시키는 의도가 포함되어 있었으며, 이에 당시 불교계 세력에 의한 전국적인 반대운동에 부딪혀 최종 폐안되고 말았다.[134] 종교법안이 초안될 당시 불교계는 오직 불교만 '공인교'로 인정받는 특별한 보호를 기대했지만 실상 법안의 내용은 불교와 그리스도교를 동등한 자격으로 취급한다는 점에서 불교계의 저항이 컸다.

불교계는 신슈(眞宗) 양 혼간지파(本願寺派)를 비롯하여 덴다이슈(天台宗), 신곤슈(眞言宗), 린자이슈(臨濟宗), 소토슈(曹洞宗), 니치렌슈(日蓮宗) 등 7개 종파의 관장(管長)이 집결하여 의견을 모았으며, 그 결과 "종파자치제, 종파의 공법인화, 관장 및 교사의 대우법, 국가는 불교에 대한 유서(由緒)와 역사에 따라 특별보호를 해야 한다. 국가는 신종교(新宗敎)에 대해서는 충분한 제한(制限)을 두어야 한다"는 내용을 결의하였다.[135] 여기서 말하는 신종교란 반드시 새롭게 탄생하는 종교 곧 유사종교를 말하는 것은 아니며, 오히려 그리스도교와 교파신도가

---

133 文部省訓令제12호, 「一般ノ敎育ヲシテ宗敎外ニ特立セシムル件」(鳥取縣敎育委員会事務局, 『敎育法令集 鳥取縣編』, 第一法規出版, 1949), p.1641.

134 佐伯友弘, 「宗敎法案の敎育史的意義について」, 『キリスト敎社会問題研究』 37, 同志社大学人文科学研究所キリスト敎社会問題研究会, 1989, p.213.

135 《東京日日新聞》, 明治32.12.17.

주된 대상이었다.

한편 1899년 7월 내무성에서는 내무성령 제41호「신불도 이외의 종교의 선포자 및 당우 설교소 강의소의 설립, 이전, 폐지 등에 관한 계출(屆出) 규정」을 제정하여 신도, 불교 이외의 종교활동 가능성을 열어주었다. 이 규정은 기본적으로 기독교에 포교의 길을 열어주기 위한 것이었는데, 결과적으로 이 규정은 일본 사회에서 새로운 종교들이 자유로운 종교활동을 전개할 수 있는 직접적인 활로가 되었다. 뒤에 유사종교라고 취급하는 새로운 종교들이 대거 출현하는 것은 바로 제1차 종교법안 추진 과정에서 그 씨앗이 발아한 것이었다.

이에 대해 2차 종교법안의 제정 요구는 20세기에 들어서서 일본 사회에 급부상한 사회주의 사상가들의 결사 활동과 오모토교처럼 정부에 껄끄러운 유사종교가 등장하면서 이들에 대한 사상적 통제의 필요성이 강하게 제기되는 가운데 다시 구상된다. 당시 문부성 종교국장이었던 시모무라 쥬이치(下村壽一, 1884~1965)는 1926년 종교법안 제정에 관한 강연에서 다음과 같이 말하고 있다.

> 또한 세간에 많이 있는 바 유사종교(類似宗敎)라고 할까, 몽롱종교(朦朧宗敎)라고 할까, 그러한 것에 대한 규정은 어떻게 되는가에 대해 간단히 말씀드릴까 합니다. 대체적으로 이러한 종교단체는 모두 본 법의 취체를 받게 되어 있습니다. (중략) 그러므로 이러한 양태의 것이 발호한다고 하는 것은 건전한 종교의 발전을 저해할 뿐만 아니라, 또한 그로 인해 세상 사람들에게 매우 큰 미혹(迷惑)을 입게 하며, 그 결과 사회에 끼치는 영향도 상당히 크게 되는 것입니다. (중략) 그러므로 이는

뒤에 다시 말씀드릴 것이지만, 제26조의 결사, 이 결사라고 하는 규정을 특별히 마련했습니다. 종교적인 것을 선포하거나 또는 의식을 집행한다고 하는 것은 결사의 설치 허가를 얻지 않으면 안 됩니다. 지금까지 함부로 행해 왔던 것처럼은 되지 않습니다. 반드시 설치의 허가를 얻지 않으면 안 된다는 것으로서, 대범 이러한 것이 점점 있을 것이므로 지금까지는 형법이라던가 경찰범처벌령 등의 저촉을 받지 않으면 이러한 것들의 취체가 불가능했습니다만, 이제는 삼단 사단으로 마련해 두었으므로 불량한 몽롱종교는 대체적으로 이에 걸리게 될 것이라고 생각합니다. 이에 대해서는 이론(異論)도 있어서 종교유사단체 혹은 종교교사유사(宗敎敎師類似)의 사람에 대한 취체가 매우 엄격하여서 기성종교에 대한 보호가 너무 강하지 않을까, 이렇게 해 버리면 금후 새로운 종교의 발흥을 예상해서 그것이 적당한 것이면 지정할 것이라고 말하면서 손도 발도 나오지 못하게 할 우려가 있는 것은 아닌가 하는 이론도 있습니다.[136]

위의 인용문은 제2차 종교법안이 추진되던 1926년 시모무라가 불교계를 대상으로 종교법안의 당위성을 설명하기 위해 실시한 강연 내용을 정리하여 인쇄한 것이었다. 시모무라의 발언을 통해 알 수 있듯이 1926년 종교법안 준비 과정에서 유사종교의 동의어로 사용된 것은 바로 '몽롱종교(朦朧宗敎)'였다. 아마도 마르크스주의자들이 종교를 공격할 때 종교는 곧 아편이라고 한 것처럼, 시모무라는

---

136 下村壽一 述, 『宗敎法案に就て』, 佛敎聯合會, 1926, pp.14-15.

유사종교가 사람을 취하게 하여 중독에 빠지게 한다는 의미의 '몽롱종교'라는 표현을 의도적으로 사용한 것으로 보인다. 이 표현을 통해 알 수 있는 것은 문부성 관료의 인식 체계 속에서 이미 유사종교는 건전한 종교의 발전을 저해하는 것이고, 사회 구성원의 정신을 미혹시키는 등 사회에 부정적인 영향을 끼치는 해악(害惡)한 존재로 각인되어 있었다는 점이다.

문제는 이렇게 사회의 혼란을 부추기는 유사종교에 대한 관리 감독과 단속의 권한이 종교국에 있는 것이 아니라 경찰에 있으며, 이들에 대한 처벌의 법 규정도 〈형법〉이나 〈경찰범처벌령〉 등에 의해서만 가능하다는 점을 지적하고 있다. 그러므로 일본 정부에서는 종교법안을 제정하여 이들에 대한 단속을 철저히 해야 한다고 주장하였다.

무엇보다도 문부성 종교국에서는 종교법안을 통해 유사종교를 '결사'로 분류하면서 이들이 실제 종교활동을 하기 위해서는 반드시 설치의 허가를 받지 않으면 안 된다는 조항을 삽입하는 것이 제2차 종교법안 제출의 주된 목적 가운데 하나라는 점을 밝히고 있다. 곧 오모토사건을 계기로 유사종교에 대한 단속과 관리의 문제가 일본 사회에서 결코 간과할 수 없는 매우 중요한 과제가 되어 온 것이다. 제2차 종교법안 제출 당시에 유사종교 단속을 위해 삽입된 조항 제26조와 제27조의 내용은 다음과 같다.[137]

---

137 宗教時報社 編, 『今般新に發表された宗教法案』, 宗教時報社, 1926, pp.4-5.

제26조 제1조의 지정을 받지 않은 종교 교의의 선포 또는 의식의 집행을 목적으로 하는 결사를 설치하고자 할 때에는 대표자를 정하여 교의, 의식, 명칭, 사무소, 조직 및 유지의 방법을 정한 규약을 완비하여 지방 장관의 허가를 받아야 하며, 허가를 받았다는 사항을 변경하고자 할 때에도 또한 동일함.

전항 결사의 대표자 및 교의의 선포 또는 의식을 집행하는 자에 대해서는 제18조의 규정을 준용함.

제27조 다음에 해당하는 경우 지방 장관은 전조(前條)의 결사 설치 허가를 취소할 수 있음.

(1) 1년 이상 결사의 목적 사업을 행하지 않는 경우

(2) 설치 허가의 조건에 위배될 경우

앞서 밝힌 바와 같이 제1차 종교법안은 결국 법안으로 통과되지 못한 채 1899년에 폐기되었고, 제2차 종교법안은 1926년부터 1927년에 걸쳐 추진되지만, 이 또한 결국 귀족원의 문턱을 넘지 못하고 폐기되고 말았다.

이 가운데 1899년 종교법안에는 없었지만 1926년에 새롭게 등장한 것이 바로 제26조와 제27조의 '결사(結社)'에 관한 부분이며, 여기서 말하는 '결사'가 바로 유사종교를 가리키는 것이었다.

문부성에서 제출한 종교법안 제1조에서는 "본 법 그 외 종교에 관한 법령은 별도의 규정이 있는 경우를 제외하면 문부대신의 지정한 종교에 관하여 이를 적용함"이라고 되어 있다. 따라서 제26조는 문부대신에 의해 '종교'로 지정되지 않은 단체를 '결사(結社)'로 규정하

고 이들이 종교 행위를 하고자 할 경우에는 교의, 의식, 명칭, 사무소, 조직, 유지 방법 등을 정한 규약을 완비하여 지방 장관의 허가를 받도록 하였다.

이는 유사종교 곧 종교와 유사한 행위를 하는 '결사'에 대해 정부의 '허가'를 받지 않으면 그 행위를 할 수 없도록 하겠다는 문부성의 강한 의지가 반영되어 있다. 물론 이처럼 법령에서 정한 '결사'의 내용이 강력한 단속을 전제로 하는 이유는 시모무라의 '몽롱종교'라는 표현에서 알 수 있듯이 유사종교가 강한 미신성을 가지고 있다고 보고 있었기 때문이다.

따라서 새롭게 수립되는 종교법안에서는 정부 혹은 지방 장관이 '결사'의 종교성과 미신성을 판단하고 결정하도록 하였다. 곧 지방 장관의 판단에 따라 '결사'의 종교 행위 가능 여부가 결정된다는 것이므로, '결사'의 종교성을 국가 또는 지방장관이 결정하도록 한 것이다. 외적으로는 제국 헌법을 내세워 개개인의 '종교의 자유'를 보장한다고 주장하면서도, 정작 내적으로는 개개인의 신앙 선택의 권리를 국가가 '건전'과 '비건전'의 양태로 나누어 규정하고 그에 대한 허가 유무를 통해 단속하고 관리해 가고자 했다. 국가에서 정한 법의 테두리 안에서 지방 장관의 판단에 의한 허가를 받지 않으면 개인의 신앙이 종교 행위가 될 수 없다고 하는 것은 종교의 자유를 멱살로 잡은 공공연한 국가폭력의 표출이었다.

제2차 종교법안에서는 '결사'에 대한 국가의 감독을 엄격히 하는 것을 강조했는데, 이는 사실 유사종교에만 국한된 것이 아니었다. 오노 세이이치로(小野清一郎)가 지적한 바와 같이 제2차 종교법안은 보호보다는 감독의 엄중함만 너무 강조되었다는 점에서 균형을 잃었다는 평가를 받는다. 특히 문부대신이 종교에 대해 필요한 처분을 할 수 있다고 규정한 부분이 지나친 간접주의라는 비난을 받았다.[138] 이에 대해 '결사'의 경우 지방 장관에 모든 결정권을 부여한다는 점에서 역시 단속을 위주로 하는 법안이 구성되어 있었다는 것을 알 수 있다.

또 하나 주목할 점은, 문부성에서 제2차 종교법안을 추진하는 과정에서는 〈포교규칙〉처럼 종교유사단체 혹은 유사종교라는 용어를 법령에 포함하지 않으며, 단지 이들을 '결사'라고만 표현하고 있다는 점이다. 곧 시모무라의 강연에서도 나타나듯이 세간에 이미 유사종교나 몽롱종교라고 지칭되는 단체들이 횡행하고 있지만, 문부성에서는 이들을 유사종교나 종교유사단체라는 표현 대신 '결사'라는 용어로 포괄하였다. 이는 사실 〈포교규칙〉에서 종교유사단체라는 표현을 통해 담았던 법령의 의도와는 완전히 다른 방향성을 보인다.

제2차 종교법안에서는 공인교로서 '종교'와 비공인교로서 '결사'를 명백하게 대비하고 있다. 이 가운데 유사종교 혹은 몽롱종교는 비공인교인 '결사'의 한 유형으로서 존재한다. 곧 사회불안을 야기하는 미신성을 강하게 함유한 '결사'라는 의미인 것이다. 그러한 점에서 이 종교법안에서는 '결사'에 대해 어떠한 '회유'의 가능성도 보여주지 않는다. 오직 '결사'가 되기 위한 까다로운 조건과 그 조건을 위반했을 때의 해산 방침만 명시되어 있다. 종교법안에서 사용하는

---

138 小野清一郎, 「宗教法案の法理的批評」, 『中央公論』 41-9, 中央公論新社, 1926, pp.122-142.

'결사'에는 〈포교규칙〉에서 제시했던 '준종교'와 같은 '회유' 의미
는 사실상 포함되지 않으며, 오직 단속의 의도만 강조된 것이다.

시모무라는 종교법안에서 명시하는 '결사'가 오직 유사종교에만
한정되는 것이라고 주장했다. 곧 그는 "이 종교상의 결사에도 여러
가지가 있습니다만, 여기에 쓰여 있는 것이 아닌 경우, 예를 들면 저
강사(講社)와 같은 것, 혹은 무슨 무슨 청년회라던가 부인회라던가 하
는 것이 있는데, 그것 자체가 종교유사의 행위를 하는 것이 아니라면
물론 그것은 자유입니다"[139]라고 하였다. 하지만 실제 법령에 이러
한 내용이 반영된 것은 아니었다.

또한 그는 "이 규정은 한편으로는 몽롱종교를 취체한다고 하는 수
단이기도 합니다만, 다른 한편으로는 참으로 순수한 종교의 싹을 잘
라버리지 않고 그것을 잘 키우려고 하는, 그러한 길을 열어가는 두
가지 길의 작용을 가지고 있다고 생각해도 좋을 것입니다"[140]라고
하면서 참다운 종교의 길을 지향하는 '결사'는 '종교'의 길로 나아갈
수 있도록 도와 줄 것이며, 그 반대로 미신적이고 단속의 대상이 되
는 '유사종교'나 '몽롱종교'에 대해서는 단속을 하겠다는 방침을 밝
히고 있다. 마치 〈포교규칙〉에 담겨 있는 '준종교'의 의미를 종교법
안에도 담겠다는 의지로 보인다.

하지만 실제 종교법안에 이러한 의도가 내용으로 정리되어 포함
되지는 않았다. 앞서 〈포교규칙〉을 제정함에 있어서도 마치 종교유
사단체에 면세와 같은 혜택을 줄 것처럼 포장하고 실제로 그러한 실

139　宗教時報社 編, 『今般新に発表された宗教法案』, p.21.
140　위의 글, p.23.

행이 없었던 것처럼, 시모무라의 강연도 그저 말로만 그쳤을 뿐 실제 내용과는 크게 달랐다는 것을 알 수 있다.

이와 같이 제2차 종교법안에서는 '종교'와 '결사'를 구분하고 '결사' 속에 다시 유사종교·몽롱종교와 순수한 종교를 구별하였다. 다만 이들이 종교 행위를 하고자 할 경우에는 반드시 교의와 의식, 명칭, 사무소, 조직, 유지 방법 등을 정하고 지방 장관의 '허가'를 받도록 규정했다. 겉으로는 종교법안이 '몽롱종교의 취체'와 '건전 종교의 육성'이라는 두 가지 방향을 제시하고 있지만, 결국 국가가 정한 기준에 미달하는 모든 유사종교에 대해서는 허가를 주지 않음으로써 철저하게 단속하겠다는 의지를 보여주는 것이다.

1926년 종교법안이 제출될 당시, 적어도 일본 사회에서 유사종교라는 표현은 미신성과 사회적 불안을 야기하고 대중을 미혹시키는 부정적 의미를 확고하게 지니고 있었다는 것이 분명하다. 종교법안의 제출 과정에서 나온 시모무라의 강연은 그러한 사회의 인식을 선명하게 드러내고 있다.

6. 나가는 말

1927년에는 종교법안에 대한 다양한 해석이 출판되는데, 그 가운데 다음과 같이 종교법안 제27조에 대해 해석하고 있는 것을 볼 수 있다.[141]

제27조

제1조에 규정하는 지정을 받지 않은 종교의 교의의 선포 또는
의식의 집행을 행하는 결사를 설치하고자 할 때에는 그 대표자로
부터 교의, 의식, 명칭, 사무소, 조직 및 유지 방법을 정한 규약 및
대표자의 주소, 이름을 갖춰서 지방장관의 허가를 받을 것. 허가
를 받은 사항을 변경하고자 할 경우에도 또한 동일함.

제16조의 규정은 전 항의 결사의 대표자 및 교의의 선포 또는
의식의 집행에 종사하는 자에 대해 이를 준용함.

본 조는 상당히 활용이 광범위한 규정으로 지금 문부성이 공(公)
의 종교단체로서 취급하지 않는 종교 행위를 하는 것들을 규율하기
위한 것이다. 이 조문의 대상인 종교 행위, 이른바 몽롱종교(朦朧宗
敎), 유사종교(類似宗敎)가 요즘 다수 존재한다. 대강 조사한 것만도
100개도 넘는다. 구체적으로 조사한다면 수백을 넘을 것이다. 이들
을 모두 결사로서 수속을 밟도록 하려는 것이다. 본문 중 '결사'라고
하는 문자는 몇 사람의 사람이 회합해서 이를 계속해 가는 단체를 이
름하는 것으로, 예를 들면 많은 사람이 회합해도 그것이 일시적일 경
우에는 결사라고 말하지 않는다. 이런 일시적인 회합은 치안경찰법
등에 맡겨서 종교법에서는 규정하지 않지만, 결사 조직이 된다면 본
법의 대상이 되므로 모두 본 법에 정하는 바의 규정에 의해 대표자를
정해서 교의, 의식, 명칭, 사무소, 조직 및 유지 방법을 정한 규약을
갖추어 지방 장관의 허가를 받지 않으면 안 된다. (중략) 지정종교 이
외의 종교단체를 상당 규약의 위에 질서를 세우려고 하는 것은 오히

---

141 花田凌雲, 『宗敎法案釋義』, 文化時報社, 1927, pp.39-40.

> 려 그 발달 진보를 돕기 위한 까닭이라는 것이 입안자의 의사이다.
> 결사가 상당히 조직적이고 통일적이 되고 구성원이 많아진다면 정
> 부는 이를 지정종교의 범위에 포함시키는 것이 가능하다는 것이다.

위 저술의 저자 하나다 료운은 불교학자이면서 정토진종 내 행정가의 역할을 맡고 있었던 인물이다. 그는 시모무라가 강연에서 사용한 몽롱종교, 유사종교의 표현을 온전하게 수용하면서 이들에 대해 문부성이 '결사'로 등록하게 하는 것은 유사종교를 '규율'하기 위한 것임을 분명히 인지하고 있다. 또한 다른 한편으로는 건전한 '결사'에 대한 '발달, 진보'를 도와서 이들로 하여금 '지정종교'의 범위에 포함시키기 위함이라고도 하였다.

시모무라가 '건전 종교의 육성'이라고 했던 것에서 한 걸음 더 나아가 정책적으로 이들을 '종교'로 인정하기 위해 종교법안에 '결사'를 포함시켰다는 것이다. 상당히 '회유'적인 관점에서 종교법안의 호의적인 방향을 다루고 있는 것 같지만, 실상 국가는 포교의 '허가'를 강제하고 있으면서도, 제2차 종교법안의 '결사'는 유사종교에 대한 강한 규제를 복적으로 한 것이었다. 이러한 규제의 배경에는 유사종교가 곧 미신이라는 인식이 사회 전반에 공유되고 있었던 것에서 기인한다고 본다.

제4장

실체화하는 '유사종교'

1. 들어가는 말

근대 유사종교 용어 성립의 역사를 간략히 설명하자면, 먼저 종교유사라는 개념이 어떻게 추상화되고, 이후 이 추상화된 개념이 실제 교단을 대상으로 적용되면서 어떻게 실체화하는지를 보여주는 과정이라고 이해해도 좋을 것이다.

19세기 후반 일본에서 시작된 종교유사의 표현은 신도의 '종교'와 '비종교'를 둘러싼 '신도비종교론'이 전개되는 과정에서 진구교를 중심으로 종교 행위를 일삼는 신관들을 비판하면서 시작된 것이었다. 또한 유사한 시기 조선에서 이 표현은 동학이 지닌 종교적 속성을 설명하는 과정에서 등장한다는 것도 확인하였다.

하지만 초기 유사종교를 둘러싼 표현은 아직 개념이 정립되지 않은 원인도 있겠지만 전체적으로 어떠한 집단을 종교유사 혹은 유사종교로 바라볼 것인가에 대한 기준 자체가 없었다. 따라서 신도나 불교 등 기성종교의 범주에 포함되지 않은 상태에서 종교적 행위를 하거나 또는 그와 유사한 성향을 보이는 종교 현상에 대해 종교유사라는 표현은 사용되었고, 그 속성으로 미신성을 자극하는 방향에서 사용되어 온 경향이 컸다.

물론 〈포교규칙〉의 제정은 이러한 미신성에서 '준종교'로 유사종교의 위상을 한 순간에 역전시킨 대 사건이었다. 그러나 식민지 조선에서는 3·1운동, 일본에서는 오모토사건을 계기로 유사종교의 속성은 '미신'적인 것으로 급격히 기울기 시작한다. 1921년의 제1차 오모토교사건과 그 후폭풍으로 시작된 1926년 종교법안의 제출은 유사종교에 대한 일본 사회의 인식에 큰 전환이 이루는 사건이었다. 그리하여 제2차 종교법안에는 오모토교라는 특정 교단을 중심으로 일본 내 유사종교의 미신성을 통제하기 위한 내용이 담기며, 이러한 과정 속에서 유사종교라는 표현에는 미신성을 함유하는 부정적 인식이 좀 더 뚜렷하게 대중에 각인되었다.

더불어 1926년에는 유사종교를 실체화하는 또 하나의 사건이 일어나는데, 그것이 바로 재단법인 사회교육협회 조사부에서 편찬한 『종교유사단체조사』라고 할 것이다. 이 조사는 제2차 종교법안 제출을 앞두고 실시된 것으로써, 일본 사회교육협회에서 학술적 방법론을 통해 유사종교를 유형화하고 실체화했다. 이는 일본 정부에서 공식적으로 실시한 관민 합동의 포괄적 유사종교 조사임과 동시에 일본의 유사종교에 대한 실체화 작업이었다.

사실 일본에서 유사종교가 실체화한다고 할 때, 이미 식민지 조선의 경우 통감부 시기부터 이미 천도교와 단군교 등 새롭게 출현하는 종교단체에 대해 파악하고 있었고, 〈포교규칙〉 제정 이후 전국적인 조사를 통해 유사종교에 대한 실태를 파악하고 있었다는 것도 알 수 있다. 그러한 점에서 유사종교의 실체화라는 것은 사실 조선에서 먼저 이루어지고 있었다. 이에 대해서는 제6장에서 그 실체화의 과정을 탐색해 보기로 하며, 여기서는 1926년 시행되는 유사종교단체 조사를 중심으로 일본에서 이루어지는 유사종교 실체화의 과정을 중심으로 논의를 전개해 가고자 한다.

2. 종교법안과 종교유사단체의 조사

앞 장에서는 근대 일본에서 유사종교라는 표현이 1926년 종교법안을 추진하는 과정에서 '미신성'을 강하게 내포한 단체로 더욱 명확히 인식되기 시작했다는 점을 밝혔다. 이러한 부정적인 인식 형성을 주도한 것은 바로 종교 관련 부처 관료였으며, 이들이 강연 등을 통해 그 부정성을 드러냈다. 하지만 이러한 부정적 인식은 이들이 주도하였을 지언정 그들에게만 국한되어 표출된 것은 아니었다. 불교와 기독교 등 제 종교에서도 유사종교는 미신성이 강하다고 하면서 강력한 단속을 실시할 것을 요구하는 목소리가 커진다.

다만 이러한 요구가 거세지는 것은 대부분 종교법안이 제정되는 시기와 맞물려 있다. 그러므로 문부성이 유사종교에 대한 법적 통제를 골자로 하는 '결사'를 종교법안에 삽입한 것은 오모토교에 대한 강한 통제의 요구도 있었지만, 한편으로는 종교법안 통과에 반대하는 종교계에서도 신생 종교들에 대한 단속과 통제를 요구해 왔다는 점에서 이들의 환심을 사기 위한 회유의 방편적 의미도 있었을 것이다.

1920년 12월 27일 개회한 제44 제국의회는 제42 제국의회 이래로 가장 뜨거운 이슈였던 보통선거법안을 둘러싼 논쟁이 지속되었다. 그러나 한편으로 '오모토교 문제'는 정부를 공격하기 매우 좋은 소재로 등장하고 있었다. 이듬해인 1921년 3월 22일, 정토진종 승적을 가지고 있으면서도 중의원 의원으로 활동하고 있던 안도 마사즈미(安藤正純)는 「분세이(文政) 및 오모토교 문제」라는 제목의 질문 연설을 하였으며, 또 그는 제45 제국의회에서 「종교법제정건의안(宗敎法制定建議案)」을 제출하였다. 더불어 안도는 오모토교가 '세도인심에 해를 끼치는 경향이 있고 특히 일본 국가의 기초를 동요시키는 의혹'이 있음에도 이들에 대한 탄압을 철저히 하지 않는 정부를 공격하였다. 이는 동년 1월 10일 검찰에 의해 오모토교의 교주 데구치 오니사부로와 지도부 인사들이 기소되는 탄압의 형태가 불만족스러웠다는 항의의 의미였다.[142]

이처럼 국가기관에 의한 오모토교 탄압은 1920년대 일본 사회의 가장 뜨거운 이슈 가운데 하나였으며, 이 사건 이후에 진행된 제2차 종교법안은 오모토교를 필두로 하는 유사종교에 대한 대책이 중요한 과제로 떠오를 수밖에 없었다.

문부성안의 종교법 요항이 앞서 신문에 의해 발표되었는데, 이에 대한 비판은 각 방면에서 일어나고 있으며, 또한 당국은 해당 요항은 문부성 안이 아니라고 부정하는 등 매우 소란스러운데, 더욱이 28일에 제6장 제125개조로 된 성문(成文)의 법안을 발표함에 이르렀다.

성문의 법안은 대체로 앞의 요항을 조문화한 것에 지나지 않지만, 또한 다소 상이한 점도 있다. 하지만 각 종파의 현재 시행하고 있는 종규(宗規)의 범위를 벗어나지 않으며, 격식을 갖춘 종교법이라고 말할 정도는 아니라는 느낌이다. 곧 보호주의(保護主義)인지 자유주의(自由主義)인지에 대한 종교에 대한 문부성의 태도가 그다지 명료하지 않다.

---

142 奧平康弘・齊藤小百合, 「宗教の自由の系譜—宗教団体法制定への動き(上)」, 『時の法令』 1536호, 雅粒社, 1996, p.63.

따라서 사원(寺院)의 재산 보호 외에 종파의 생명 그 자체에 대해서는 일체 다루고 있지 않다. 그러한 까닭에 오모토교(大本教)나 간지자이슈(觀自在宗), 다이레이도(大靈道)와 같이 한편으로는 불교처럼 보이기도 하고 또 한편으로는 신도처럼 보이기도 하며, 혹은 단지 수양단체라고 생각되어지는 종교유사의 단체가 속출하고, 종교조직에 버금가는 조직 아래서 활발하게 미신을 유포하며, 신앙 지식을 맹목적으로 하면서 문화에 역행하고 있지만, 하나의 경보국(警保局) 감독 아래에 둔 채로 종교와 교섭을 고려하지 않고 있다. 만일 보호주의라면 종교의 정의를 규정함으로써 사교(邪教)를 일소(一掃)하는 길을 강구해야 할 것이다. 그 외 신사와 종교의 구별, 교단이나 종파의 구성에 관한 기초 조건 등, 중요 문제의 많은 부분이 망각되어 있다.

만일 자유주의라면, 이러한 재산 감독상의 번쇄한 조건은 불필요한 것으로, 효과도 없이 도리어 죄인만 만들 뿐이다. 또한 중정주의(中正主義)라면 주지(住職) 보호의 방침이 강구되어야 할 것이다. 이러한 제반 사항으로부터 보더라도 매우 철저하지 못하다. 그러므로 우선 조사위원은 정부의 종교에 대한 태도를 선명히 하는 것이 선결문제가 될 것이다.[143]

이는 당시 종교법안에 반대하였던 불교계 주장의 한 사례이다. 불교계에서는 종교법안이 '보호주의' 또는 '자유주의' 가운데 무엇을 지향하는 것인지 그 방향을 선명히 할 것을 요구하였다. 그러면서 보호주의를 지향한다면 반드시 '종교의 정의'를 규정하여 오모토교

---

143 「成文となれる宗教法案」, 『六大新報』 1169, 六大新報社, 1926.06, p.1.

나 간지자이슈(觀自在宗)처럼 미신을 유포하는 종교유사단체를 일소해야 할 것임을 강조하고 있다. 이에 대해 만약 정부가 종교의 자유를 완전히 보장하는 '자유주의'를 표방한다면 종교의 재산에 관해서도 완전한 자유를 보장하라는 취지의 주장을 펴고 있다. 문부성 종교국에서 유사종교에 대한 단속의 방안을 모색하면서 삽입한 제26조와 제27조의 '결사'가 오히려 종교계에 의한 문부성 공격의 빌미로 되돌아 오고 있는 것이다.

나아가 불교계는 신사와 종교의 구별 등으로 시야를 확대하면서 본격화되지 않은 '신사비종교론'을 다시 쟁점으로 부각하면서 종교법안에 반대를 표한다. '신사비종교론'은 이후 불교계와 기독교계에서 종교법안에 반대하는 최대의 이슈가 된다는 점에서 유사종교를 종교법안에 끌어들인 문부성의 시도가 오히려 종교법안에 반대하는 이들에게 중요한 반론의 명분을 제공한 꼴이 된다. 왜냐하면 메이지 이후 정부에서는 일관되게 '신사비종교론'을 주장해 왔지만, 오히려 불교계나 기독교계에서는 여전히 신사에서는 신부호찰(神符護札)을 제공하는 행위나, 또 음사(淫祠)에 의사(擬似)한 신을 제사 지내는 행위 등을 종교행위로 보고 이를 철폐할 것을 재차 공식적으로 요구하기 시작했기 때문이다.

1929년 일본 정부는 칙령 제347호로「신사제도조사회관제(神社制度調査會官制)」를 발령(發令)하여 신사제도조사회를 출범시켰다. 이는 오직 신도를 중심으로 일본제국의 정신적 지주로 삼아 그 역할을 충실하게 하기 위한 작업이었으며, 일본 내에 산재한 각종 모순과 불명확성을 불식시키려는 의도에서 시작된 것이었다.[144] 그리고 이 위원회의 제2차 위원총회에서는 '신사와 종교법의 관계는 어떠한가?'라는 질문이 제기되었고, 이에 대해 제3차 위원총회에서 아다치 겐조(安達謙藏) 내무대신(內務大臣)은 '종래 제도상 신사를 완전히 종교와 구별해서 취급해 왔다는 점은 지당한 것이라고 생각하며, 장래도 이 방침으로 나아가야 할 것이라고 생각합니다'라고 했다. 신사와 종교를 완전히 분리하는 것이 정부의 공식 방침임을 재차 확인한 것이다.

이에 대해 신슈각파협화회(眞宗各派協和會)에서는 ① 정신(正神)에는 참배하고 사신(邪神)에는 참배하지 말 것, ② 국민도덕적 의의에서 숭배하고 종교적 의의로는 숭배하지 말 것, ③ 신사를 향해 길흉화복을 기념(祈念)하지 말 것, ④ 이러한 의의를 포함하여 신찰호찰(神札護札)을 배부하지 말 것 등을 조건으로 하는 "신사비종교"에 대한 불교계의 견해를 발표했다.

그러자 이에 대해 신사측에서는 도쿄부(東京府) 신직총대(神職總代)의 명의로 「신사제도조사에 관한 비견(卑見)」을 발표하여 신사는 종교행사를 하면서도 정작 종교는 아니라는 취지의 주장을 하였다. 이러한 불교계와 신사 사이의 충돌이 제2차 종교법안 이후 중요한 쟁점으로 떠오르는데, 유사종교에 대한 정부의 통제를 골자로 하는 '결사'가 종교법안에 새롭게 편입된 것이 오히려 오랫동안 쌓여왔던 신사에 대한 불교계와 기독교계의 불만을 촉발시키는 계기가 되었다.

---

144 中濃敎篤,「宗敎的民族主義の系譜-仏敎とくに日蓮系諸集團を中心として」(《日本宗敎史講座 第4卷》),『現代の宗敎問題』, 三一書房, 1959, p.239.

3. 『종교유사단체조사』의 발행

1926년을 전후로 종교유사단체라는 표현은 각종 『연감(年鑑)』이나 『목록(目錄)』 등에서도 등장하기 시작한다. 예를 들면 1926년 9월 10일 보지신문사(報知新聞社)에서 발행한 『보지연감(報知年鑑) 다이쇼16년』에서는 「개인과 단체-종교유사단체」라는 항목을 두고 각종 종교단체의 명칭과 소재지를 기록하고 있다.

여기에는 종교유사단체의 항목이 있고 이를 다시 "신도유사단체, 불교유사단체, 그리스도교유사단체"의 세 가지 범주로 구분하고 있다. 일본 내 유사종교에 대해 기성종교를 기준으로 그 계통을 분류하여 정리하는 유형의 시도가 이 시기에 이루어진 것이다. 신도유사단체는 다이쿄쿠도(太極道)와 덴테이교(天帝敎)를 포함하여 총 62개 교파, 불교유사단체는 잇토엔(一燈園)과 고쿠츄카이(國柱會) 등을 포함하여 총 28개 종파, 그리스도교유사단체는 도카이(道會)를 포함하여 총 6개 교회로 소개되고 있다.[145]

동년 11월 아사히(朝日)신문사에서 발행한 『아사히연감(朝日年鑑)』에서도 종교유사단체에 대해 소개하고 있다. 『아사히연감』의 경우 교단 명칭, 수창자(首唱者), 소재지를 기록하는 방식으로 종교유사단체를 정리하고 있어 『보지연감』에는 빠진 '교조' 또는 '창교자'를 제시하고 있는데, 분류에 있어서는 『보지연감』과 동일하게 '신도유사단체·불교유사단체·기독교유사단체'의 방식을 취하고 있다. 숫자

---

145 報知新聞社 編, 『報知年鑑 大正16年』, 報知新聞社, 1926, pp.899-900.

에 있어서는 신도유사단체 66개 교파·불교유사단체 26개 종단·기독교유사단체 5개 교단으로 기록하고 있다.[146]

그런데 이 두 자료에서 제공하고 있는 종교유사단체에 대한 출처는 동년 재단법인 사회교육협회 조사부에서 편찬한 『종교유사단체조사』임을 알 수 있다. 이 보고서는 문부성에서 종교법안 심의를 위한 기초자료로서 지방청에 속해 있던 자료를 기초로 신도, 불교, 기독교 유사단체 98개를 골라서 그 명칭, 소재, 주창자, 경력, 주장 및 행사, 회원과 신자 수 등을 정리한 것이다.[147] 또한 범례에서는 신도유사단체 65개, 불교유사단체 29개, 기독교유사단체 4개로 총 98단체를 조사했다고 기록하고 있는데, 내용을 확인해 보면 신도유사단체가 69개 기록되어 있어 실제 숫자는 102개의 단체에 이르고 있다. 조사된 교단의 명칭을 목차에 준하여 소개하면 〈표 1〉과 같다.

〈표 1〉 社會敎育協會調査部, 『宗敎類似団体調査』, 財団法人社會敎育協會, 1926.

번호	신도유사	불교유사	기독교유사
1	大本敎	一燈園	道會
2	誠光敎	福田海	新敎會
3	神祇養德會	仏敎倶樂部	크리스챤사이언스
4	大日本神祇會	統一敎	프리메이슨
5	大日本神祇崇敬會	釋迦敎	
6	神國敎	大日本佛敎救世軍	
7	神誠敎	觀自在宗	
8	神髓道會	國柱會	

---

146 大阪朝日新聞社 編, 『朝日年鑑 大正16年』, 朝日新聞社, 1926, pp.341-346.
147 社会敎育協会調査部, 『宗敎類似団体調査』, 財団法人社会敎育協会, 1926.

9	國教眞理教	大日本國佛法本化妙教壇	
10	御國教	本化妙宗信行共進會	
11	神習教	妙宗會	
12	報本教	日蓮主義	
13	祖先教	妙見宮	
14	**祖先教**	名稱不明	
15	神道神籬教	弘法大師御伺	
16	神道天然教	十六樣	
17	**神道**	佛道一心大師	
18	**日本心理研究所**	弘法樣	
19	皇道教會	安樂院	
20	心教	不動尊	
21	眞心教	陰陽道	
22	神道大日本眞心教	名稱不明	
23	御陰心新教會	薫的樣	
24	天善教	辨財天	
25	天教本部	辨財天感應法院	
26	天帝教	地藏經	
27	大日本世界教	觀音樣	
28	天理教研究所	佛道	
29	**天理神宮**	名稱不明	
30	**大靈道**		
31	大靈教會		
32	太極道		
33	聖道神靈教		
34	潔靈教		
35	帝國神靈會		
36	心源術		
37	心靈會		
38	心靈講社		
39	**太陽教覺世軍崇祖團**		

40	太陽教		
41	本道宣布會		
42	皇國朝日教壇		
43	明照教		
44	高木稲荷		
45	箭弓稲荷一心會		
46	奥山稲荷		
47	高安稲荷		
48	玉岩稲荷		
49	善野稲荷		
50	正一位稲荷大明神		
51	正一位稲荷大明神		
52	刈穂稲荷		
53	稲荷講社眞德講		
54	稲荷大明神		
55	鎭魂禁厭祈禱執行所		
56	名稱不明		
57	御白粉地藏尊		
58	實行團		
59	岩義教會		
60	森田魚葬院		
61	帝國大道教		
62	白菊辨天講社		
63	宮地嶽講社結集所		
64	名稱不明		
65	名稱不明		
66	金毘羅神樣		
67	金毘羅坐禪		
68	水天宮		
69	靈知學		

1926년 5월 12일, 일본 정부는 종교법안 제정을 위해 '종교제도조사회관제(宗教制度調査會官制)'(칙령 제126호)에 의해 종교법안의 자문기관인 '종교제도조사회'를 문부성 내에 설치하였다. 그리고 이 조사회에서는 종교법안 심의의 기초자료로 삼기 위해 지방청에 유사종교의 조사 자료를 의뢰하였다. 이 자료를 기초로 사회교육협회조사부에서는 일부 추가조사를 실시한 후 신도와 불교, 기독교계 유사단체를 계통별로 분류하여 정리한 것이다.

　　이와 같이 문부성의 주도로 일본에서는 최초로 유사종교에 대한 전체적인 조사를 실시하였으며, 이 조사를 통해 일본의 유사종교는 신도계, 불교계, 기독교계 등의 계통으로 구분하는 방식이 처음으로 도입된다. 당시에는 이미 불교나 신도계통 등을 논하는 연구가 상당히 진행되었다는 점에서 유사종교의 탄생이나 성격도 기성종교에서 계통을 찾는 것이 자연스러운 현상이었다고 생각된다.

　　그런데 일본과 달리 1922년 조선총독부에서 발행한 『조선총독부시정연보(朝鮮總督府施政年報)』에서는 유사종교를 동학계, 단군계, 유교계, 기타 계통불명 등으로 구분하였다. 유교계 외에는 기성종교와 관계없이 신종교가 자생했다는 관점에서 계통을 분류하는 특징을 보인다. 곧 일본의 지식인들은 유사종교가 기성종교에서 파생된 것이라고 보는 데 반해, 조선의 경우는 유사종교가 기성종교를 부정하거나 혹은 삼교합일처럼 기성종교의 교리를 기존과 전혀 다른 관점에서 재해석하여 탄생한 것으로 본다는 점에서 기본적으로 인식의 차이를 드러내고 있다.

　　위의 조사 결과를 통해 선명히 드러나는 것은, 유사종교의 대부분을 차지하는 것은 신도계통이었다는 점이다. 신도계는 전체 102개의 유사종교 가운데 67.6%, 곧 2/3에 해당하는 비중을 보였다. 근대를 통해 종교 개념이 형성되고 국가신도와 교파신도가 분리된 이후, 일본 사회에서는 전통적인 신도 신앙을 바탕으로 새로운 종교성을 추구하는 이들이 대거 등장했다는 것이 조사에 의해 명확해졌다. 다만 이 가운데에는 교세가 극히 미미하거나 혹은 신도계 유사종교로 분류되기는 했으나 전통적인 병 치료술이나 점서(占筮)를 행하면서도 불교와 습합된 성향을 보이는 등 성격적으로 반드시 신도라고 규정하기 애매한 것들도 일부 포함되어 있다는 것을 알 수 있다.

그럼에도 이들이 유사종교를 신도계, 불교계, 기독교계라는 세 범주로 분류할 수밖에 없었던 이유를 생각해 보면, 당시 일본에서 공인하고 있는 종교는 신도, 불교, 기독교 셋밖에 없었으며, 이미 공인된 종교의 범주 안에서 유사성을 분류할 수밖에 없었을 것이라고 본다. 왜냐하면 이미 시작 단계에서부터 '종교유사단체'라는 명칭으로 조사를 시행했다는 점에서 기존의 종교와 유사성을 가지면서도 기성종교에 포함되지 않은 것이 조사의 대상이 된다는 판단의 준거가 있었을 것이기 때문이다. 따라서 필연적으로 불교나 기독교에 속하지 않으면서 애매한 정체성을 가진 단체들을 모두 신도계 유사단체로 분류했을 가능성이 크다.

이러한 성향은 일본의 종교정책과 깊은 관련이 있다. 교파신도가 독립된 교단을 형성할 당시 일본 사회에는 기존의 코(講)나 온묘지(陰陽師), 슈겐도(修驗道), 이자나기류, 미코(巫) 등 과거 전통적으로 이어왔던 민간신앙 또는 전승을 행하는 집단들이 전국 곳곳에서 활동하

고 있었다. 그런데 메이지정부에서 이들이 활동을 계속하기 위해서
는 종교의 범주에 들어갈 것을 의무화했다.

따라서 일부 슈겐도의 집단들이 불교 교단에 소속되어 활동하기
도 하였으나, 그 외 대부분의 집단은 13개 교파신도에 소속되는 경
우가 많았다. 곧 덴리교나 곤코교 등 일부 교단을 제외하고는 비록
교파신도와 자신들의 종교성이 일치하지 않는다고 할지라도 종교
활동을 위해 특정 교파에 소속을 두었을 뿐이며, 또한 이들을 수용
한 교파신도 측에서도 교리적으로나 의례의 형식 등에 대한 엄격한
관리나 통제는 하지 않았다. 그 이유는 당시 공인 받는 교파신도 교
단이 갑자기 급증하면서 신도 내부에서도 교파신도의 교세 확장을
위한 경쟁이 치열했기 때문이다.[148]

그러므로 근대 교파신도 교단의 경우 다양한 성격을 가진 단체들
이 대거 가입하게 되면서 중앙에서 형성하는 교의 체계나 의례 등과
전혀 별개의 성격을 지닌 소속 교회가 동거(同居)하는 독특한 구조를
형성하였다. 물론 덴리교나 곤코교, 구로즈미교 등 일부 교파신도
교단은 중앙에서 지부까지 일관된 구조를 형성하기도 했지만, 그 외
대부분의 교파신도 교단은 그 자체로 아직 성격이 명확하지 않은 경
향이 컸다. 이러한 근대 교파신도의 특징에 대해 이노우에 노부타카
(井上順孝)는 수목형(樹木型)과 고배형(高坏型)으로 구분하여 설명하기도
했다.[149]

---

148 권동우, 「신도의 조선 유입에 관한 재검토 – 교파신도의 조선포교를 중심으로」,
    『원불교사상과 종교문화』 76, 원광대 원불교사상연구원, 2018, pp.423-428.
149 井上順孝, 『敎派神道の形成』, 弘文堂, 1991, pp.124-126.

여기서 주목할 것은 일본에서는 1926년을 기점으로 '종교유사단체'라는 용어는 더 이상 추상적인 개념이 아니라 실체화되기 시작했다는 점이다. 과거의 유사종교는 오모토교로 대표되었지만, 그 인식의 영역이 확장하여 다수의 교단들이 유사종교로 지목되었고, 이들의 교의·의례·신자 수 등이 구체적으로 밝혀지면서 국가에서 바라보는 유사종교의 실체가 가시화(可視化)되었다는 것이다. 이로부터 유사종교는 실체를 가진 특정 교단들을 지칭하는 용어로 자리잡게 된다.

이러한 조사 이후 문부성에서는 새롭게 등장하는 유사종교에 대해 조사를 정례화하며, 그 과정을 통해 유사종교에 속하는 단체를 지속적으로 공개하였다. 식민지 조선에서는 〈포교규칙〉 제15조에 의거하여 '종교유사단체'로 인가받은 교단의 명칭을 '고시'하도록 했지만 실제로는 이행되지 않았던 반면, 일본에서는 법령이 없음에도 불구하고 주기적으로 유사종교를 조사하여 이들의 명칭과 교조, 교리, 조직 등을 공개한 것이다.

아마도 1926년에 이루어진 이 조사보고서야말로 동아시아 전체를 통해 종교유사단체에 대한 국가 차원의 조사를 종합적으로 정리하여 발표한 최초의 사례라고 본다. 식민지 조선에서도 유사종교에 대한 조사는 지속적으로 이루어졌지만, 해당 내용을 '종교유사단체 조사'라는 형식으로 정리하여 공개한 사례는 없었다는 점에서 이 보고서는 동아시아 유사종교 연구에 있어 중요한 기점이 된다고 본다.

국가가 유사종교를 조사하여 이를 실체화한 이유는 이들에 대한 단속과 통제를 원활히 하기 위한 것이었다. 그리고 이러한 단속의 근거를 마련하기 위해 제2차 종교법안에 '종교결사'를 삽입하여 추진하였으나, 이 법안은 종교계에 대한 지나친 관리와 규제의 강화가 빌미가 되었고, 결국 불교계와 기독교계의 반대를 극복하지 못한 채 폐기되고 말았다. 그렇지만 1926년 이후 〈종교단체법〉이 제정될 때까지 유사종교는 종교법안 제정의 중요한 이유 및 과제 가운데 하나로 반복하여 등장한다.

4. 오모토교와 '종교유사단체'의 '미신(迷信)'화

『종교유사단체조사』에서 신도유사단체의 첫 번째로 등장하는 것이 오모토교였다. 오모토교는 1910년대 말 그 존재가 일본 사회에 알려질 당시만 해도 신종교로서 '덴리교(天理教)에 유사(類似)한 교파'[150]로 그 성격이 규정되곤 했다. 여기서 덴리교와 유사하다는 의미는 이 교단의 성립 과정이나 교리적 유사성 등도 검토되긴 하였지만, 그보다 근본적으로 당시 존재하는 교파신도 가운데 어느 한 유형과 유사한 케이스에 해당하는 것이어야 한다는 조건이 인식적으로 통용되었을 가능성도 생각해 볼 수 있다. 곧 오모토교는 교파신도로 공인된 덴리교에 '유사한 신도'로 이해되었던 것이다.

이에 대해 당시 오모토교에서는 오히려 정부가 정한 교파신도에 속

---

150 藤田香陽, 『神道各教派の表裏』, 下村書房, 1919, 325; 「大本教と岸博士の天眼」, 『醫海時報』 1288, 醫海時報社, 1919, p.393.

하지 않은 독립된 단체라고 주장했다. 곧 자신들의 정체성을 국가에서 정한 종교라는 틀로 규정하지 않고, 인간 수양의 가르침이라고 주장하였다. 그러나 이들은 다른 종교들을 자신들의 선구자에 해당한다고 하면서 종교 자체를 부정하지는 않는 이중적 태도를 취했다.[151]

오모토교와 동 시기에 출현한 다나카 모리헤이의 다이레이도(太靈道)의 경우, 과거에는 기성불교나 기독교와 같은 권위 있는 종교가 인류를 지배해왔지만, 현세대에는 이러한 종교로서 인류를 향도하는 것은 불가능하다고 했다. 또한 기존의 철학, 도덕, 과학도 모두가 권위를 상실했으며, 오직 다이레이도만이 종교와 철학, 과학을 초월해서 우주의 태령(太靈)을 본존으로 하는 종교적 본질을 가지고 있다고 주장하였다.[152] 두 교단 모두 기존의 종교 질서를 초월하여 존재한다고 하면서 자신들 교단의 우월성을 강조한 것이다.

그런데 정작 일본에서 대중들이 오모토교나 다이레이도를 인식함에 있어서는 신도교파와의 '유사성'보다 '미신성'이 더 강조되었다. 특히 주목할 서적으로 1920년 8월 나카무라 고쿄(中村古峽)가 펴낸 『오모토교의 해부(大本教の解剖) : 학리적엄정비판(學理的嚴正批判)』은 오모토교의 초기 인식 형성에 아주 큰 영향을 준다. 이 서적은 당시 일본 의학계에서 발행된 것으로, 오모토교를 일본의 대표적인 '미신'이라고 규정하고 비판했는데,[153] 그 서문에는 의학자를 비롯하여 철학자, 신도가, 불교학자 등 일본을 대표하는 각 분야의 전문가 20명

---

151 「大本教の將來」, 『六大新報』 830, 六大新報社, 1919, pp.13-14.
152 「太靈道及び皇道大本教」, 伊藤円定, 『世界十大宗教早わかり : 比較対照』, 日本禅書刊行会, 1920, p.832.
153 中村古峽, 『大本教の解剖 : 學理的嚴正批判』, 日本精神医学会, 1920, p.1.

이 참여했다.

　서문에 이름을 남긴 사람은 의학자 후지카와 유(富士川游)나 가타야마 구니요시(片山國嘉)를 비롯하여 철학자 이노우에 데츠지로(井上哲次郎), 신도가 가케이 가쓰히코(筧克彦), 정치가 가와이 데이이치(川合貞一), 불교학자 다카시마 베이호우(高島米峰)나 다카쿠스 쥰지로(高楠順次郎), 사카이노 사토루(境野黃洋), 그리고 사카이 도시히코(堺利彦)나 가와카미 하지매(河上肇) 등의 공산주의자와 기독교계의 마츠무라 가이세키(松村介石) 등이다. 이렇게 사회의 저명인사들이 대거 참여했다는 점은, 당시 오모토교에 대한 사회적 관심과 경계심이 얼마나 대단했는지를 단적으로 보여주는 것이다.

　의학자였던 후지카와는 오모토교를 '일종의 병적 정신현상'이라고 하였고, 불교학자 다카시마는 이를 '음사사교(淫祠邪敎)'라고 하면서 오모토교와 같은 교단을 신앙하는 것을 '미신'이라고 했으며, 사카이노는 오모토교가 사회의 해독이 되는 '일종의 미신적이고 병적인 종교'라고 했다.

　메이지시대 도쿄대학 철학 교수로서 동서양 철학의 거두이면서 사상계의 대표적 인물이었던 이노우에의 경우 "오모토교는 일종의 좌도(左道)로서 해독을 사회에 흘려보내는 것이 홍수나 맹수보다도 심각하다고 말할 수 있을 것이다. 어쨌거나 오모토교는 현대 우리나라의 괴물이다"[154]라고 하여 오모토교가 사술이나 요사스러운 사상을 유포하는 일본 사회의 '괴물'이라고 강하게 비판하였고, 다카쿠

---

154 위의 책, p.18.

스 준지로는 "지금처럼 사상이 험악한 때에 용수(龍樹)대사가 나와서 사견(邪見)을 파하지 못하고, 운마(雲馬)보살이 와서 요무(妖霧)를 불식시키지 못함을 개탄한다. 나카무라 코쿄가 홀로 일어나 저 미망(迷妄)을 불식시키고자 하니 또한 구세(救世)의 한 거동이다"[155]라고 하여 오모토교를 미신, 미망(迷妄), 사견(邪見)으로 규정하였다.

이들의 서문을 통해 볼 수 있는 공통된 관점은 문명과 비문명 곧 근대성과 비근대성의 대칭적 구도 속에서 문명과 근대성을 의미하는 '종교'와 비문명 및 비근대성을 상징하는 '미신'을 대비시키고 있다는 것이다. 특히 이노우에는 글의 제목을 '진보적 문명교의 두 요소'라고 하였고, 가케이 가즈히코는 '종교의 진(眞)생명'을 제목으로 하는 등 이들은 대중이 미신을 벗어나 참된 종교의 길로 나아가야 할 것을 주장하였다. '탈(脫)미신'을 통해 참된 '종교'로 나아가야 한다는 사유를 바탕으로 오모토교를 종교와 괴리된 미신의 영역에 가두었다.

그런데 위 서문의 어디서도 유사종교 혹은 종교유사단체와 같은 용어를 찾아볼 수 없다. 그 이유로는 1920년의 시점에는 아직 유사종교나 종교유사단체라는 표현이 일반화되지 않았을 수도 있다는 점을 고려할 수 있다. 하지만 앞서 요미우리신문이나 문부성 시바타 종교국장의 표현 등을 통해 이미 일본 사회에서도 유사종교에 대한 인식은 어느 정도 공유되고 있었을 것으로 생각된다. 그럼에도 이들이 오모토교를 유사종교라포 표현하지 않으면서 오히려 '미신' 혹은

---

155 위의 책, pp.25-26.

'음사사교' 등으로 일관하는 것은, 이 교단을 종교와 철저하게 분리하고 미신적 성향을 강조하려는 의지가 반영되어 있었던 것이 아닐까 생각해 본다.

한편 위 저술과 같은 달에 간행된 『육대신보(六大新報)』에서도 오모토교를 종교보다는 미신에 가까운 양상으로 설명하고 있다.

> 오모토교가 종교학상으로도 철학상으로도 또한 과학적 견지로부터도 종교로서의 가치를 인정받을 수 없다는 것은 말할 것도 없다. (중략) 오모토교의 중핵이 되는 사상은 간나가라노미치(惟神道)와 진혼(鎭魂) 두 가지다. 곧 오모토교의 교의는 신도 일반의 사상에서 발생, 분파한 평범한 것이지만, 그 선전 수단을 위해 많은 개주(改鑄)를 더하여 사회주의적, 공산주의적 가장(假裝)을 했기 때문에 크게 세상의 주목을 끌게 되었다고 생각한다. (중략) 더욱이 오모토교가 이와 같이 아무런 창조적 발견이 없이 원시적 종교유사의 것임에도 불구하고 세상에 위세를 떨치게 된 까닭은 현대의 지식계급이 영적 교양과 고상한 종교적 소양이 없는 우민(愚民)이기 때문이다.[156]

오모토교는 종교학, 철학, 과학의 어떤 관점에서도 결코 종교로 인정받을 수 없다는 것이다. 그러면서 이를 '원시적 종교유사의 것'이라고 표현했다. 이는 종교와 미신 사이에 유사종교가 존재한다는 종교 발전의 단계로 인식한 것이며, 오모토교는 종교보다는 원시적

---

156 「再び大本敎と迷信に就て」, 『六大新報』 875, 六大新報社, 1920.08, p.2.

미신에 가까운 유사종교라고 본 것이다.

『오모토교의 해부』 출판 이후, 일본 사회에서 오모토교를 '미신'으로 규정하는 풍토는 급속히 확산된다. 특히 이 저술에서는 오모토교의 중요한 실천 행위인 '진콘키신호(鎭魂歸神法)'에 대해 언급하면서도, 정작 이들이 세상의 주목을 끌게 된 것은 그들의 사상이 '공산주의'를 가장했기 때문이라고 보았다. 곧 오모토교에서는 천황지상화(天皇至上化) 중심의 신정복고(神政復古)를 지향하는 '다이쇼이신(大正維新)'을 강조하였으며, 이를 위해 기존의 조세제도 폐지와 사유재산을 천황에 봉환(奉還)하는 등 과격한 종교적 국가사회주의를 주장했다는 점에서 이들 사상이 공산주의와 사상적으로 유사하다는 점을 지적한 것이다.

이에 대해서는 이듬해인 1921년 3월 안도 마사즈미(安藤正純)가 "오모토교는 생각건대 '진콘키신'처럼 법률이 그 난행을 경계하고 있는 최면술의 변태인 것이 명백하고, 심하게 세도인심을 준독(蠢毒)시키고 있다. (중략) 요컨대 오모토교는 위험사상을 포함한 공산주의를 외치고 있고, 매우 염려스럽게도 황실을 넘보는 것이 아닌가 하고 의심하는 정부는 과연 동교(同敎)를 절대로 금지할 방침은 없는가"[157] 라고 하면서 정부의 오모토교에 대한 강력한 탄압을 요구했다.

위의 두 내용을 통해 알 수 있는 것은 먼저 오모토교는 공산주의 사상을 기반으로 활동하는 집단으로 인식되고 있었다는 점이며, 또한 이 단체는 '진콘키신호'라는 최면술적인 것 외에는 '아무런 창조

---

157 安藤正純, 「大本敎取締方針質問」, 『六大新報』 906, 六大新報社, 1921.03, p.11.

적 발견 없는 원시적 종교유사의 것'으로 인식되고 있다는 점이다. 이처럼 오모토교는 종교적 독자성과 창조성을 확보하지 못했다는 점에서 '성립종교'로는 볼 수 없다고 했다. 오히려 사상적으로 공산주의를 기반으로 한다는 점에서 종교보다는 정치적 결사에 가까운 곳으로 보고 있다.

문부성이 제2차 종교법안에서 종교유사단체 혹은 유사종교라는 용어가 아닌 '결사'라는 표현을 사용하여 사상통제를 시도하면서 그 속에 유사종교를 포함시키는 법 규정을 구상한 것은, 오모토교에 대한 이러한 평가에서 영향을 받은 것으로 보인다. 곧 유사종교가 정치적·사상적 결사와 연계하거나 혹은 그 자체적으로 정치적 성향을 가진 종교결사로 활동하면서 사회 분열을 조장할 것이라는, 문부성 나름의 위험성을 염두에 둔 대책이었을 것이다.

더불어 안도의 '창조성이 없는 종교유사'라는 표현은 오모토교가 '미신'적 성향에서 '종교'로 발전하지 못한 채 여전히 원시적인 종교 유사단체의 수준에 머물고 있다는 의미로 해석할 수 있다. 이는 위의 『육대신보』에서 말한 '원시적 종교유사의 것'과 같은 맥락에 서 있는 것으로 볼 수 있다.

위와 같은 일련의 주장들은 오모토교의 정체성이 종교적 교리의 독창성을 갖추지 못한 '미신'에 불과하며, 또한 공산주의 사상을 근간으로 조직된 비밀결사 조직으로 규정함으로써, 이들에 대한 단속을 종교탄압과 분리하려는 의도가 잠재되어 있었다고 생각된다. 곧 오모토교를 미신이나 정치결사로 몰아가는 것은, 이들이 절대 종교가 아니라는 것을 공표하는 것이며, 따라서 정부에 강력한 단속과 탄압을 요구하려는 의도가 반영되어 있었다는 것이다.

제1차 오모토사건을 계기로 촉발된 유사종교=미신이라는 성격 규정은 이러한 유형의 유사종교들을 사회적으로 타파해야 한다는 요구로 이어졌다. 당시의 상황을 표현한 다음의 글은 공인교와 비공인교의 기준을 어떻게 구분하고 있는지를 보여준다는 점에서 주목된다.

> 작금 오모토교가 불경사건을 폭로하면서 갑작스럽게 '미신타파'의 외침으로 떠들썩하게 되었다. (중략) 기성 공인 신도 13파(신도, 구로즈미교, 슈세하, 다이샤교, 후소교, 다이세이교, 짓코교, 신슈교, 온타케교, 미소기교, 신리교, 곤코교, 덴리교), 동 불교 13파(덴타이슈, 신곤슈, 릿슈(律宗), 죠도슈(淨土宗), 린자이슈, 소토슈, 오바쿠슈(黃檗宗), 신슈, 니치렌슈, 유주넨부츠슈(融通念佛宗), 지슈(時宗), 홋소슈(法相宗), 게곤슈(華嚴宗)) 등을 정교(正敎)로 하고 따로 용훼(容喙)하지 않는 관헌 당국의 태도는 당연하다 할 것이며, 비공인의 유사종교(오모토교와 같은)를 비롯하여 변태심리학자들이 매도하는 '미신적 영계(靈界)'에 둥지를 틀고 있는 모든 것들에 적극적으로 취체를 가하려고 하는 당국의 태도는 '미신가(迷信家)가 아니'라고 믿는 사람들의 눈으로 본다면 매우 기이할 것이다.[158]

이 기사에서는 일본 사회에서 미신타파를 외치는 목소리가 갑자기 증가하게 된 직접적인 원인이 오모토교의 '불경사건'에 있다고

---

158 鳥山汀果, 「生神樣の種類頭數」, 『新公論』 36-8, 新公論社, 1921.08, pp.32-33.

보고 있다. 그리고 신도 13파와 불교 13파 등을 명확하게 '공인종교'라고 하였고, 이에 대해 오모토교와 같은 유사종교를 '비공인'이라고 하면서 이러한 비공인교 가운데 오모토교를 비롯하여 '미신적 영계'에 둥지를 틀고 있는 것들에 대한 정부의 적극적 단속과 탄압을 옹호하고 있다.

식민지 조선의 경우 조선총독부에서 〈포교규칙〉을 제정하여 공인교와 비공인교에 대한 법적 근거를 마련하였다는 것을 확인한 바 있다. 물론 이 법령이 얼마나 철저하게 적용되었는가에 대해서는 여전히 의문이 남지만 적어도 공인교와 비공인교의 구분은 명확하였다.[159]

이에 대해 일본에서는 1920년 이전까지는 유사종교를 중심으로 하는 공인교와 비공인교라는 인식이 명확하게 드러나지는 않았다. 앞서 기술한 바와 같이 이노우에 엔료가 구미(歐美)를 여행한 후 공인교와 비공인교에 대해 논한 바가 있고,[160] 또 1890년대 후반에는 정부에 의한 공인교제도의 시행을 앞두고 불교측 인사들을 중심으로 불교를 공인교, 그리스도교를 비공인교로 구분하였던 사례는 수를 셀 수 없을 정도로 많다. 하지만 유사종교를 직접 대상으로 거론하면서 공인교와 비공인교를 구분하기 시작한 것은 1921년 오모토교 사건 이후부터였다고 볼 수 있다.

한편 1920년 9월 발행된 『동아의 빛(東亞の光)』에서는 "근래 종교계에서 가장 널리 사회의 호기심을 야기하는 문제는 오모토교의 종교

---

159 예를 들면 조선총독부 촉탁이었던 와타나베 아키라(渡邊彰)는 「조선의 종교」에서 조선은 공인종교와 비공인종교로 명확하게 구분되어 있다는 점을 강조하였다.(渡邊彰, 「朝鮮に於ける宗教」, 『朝鮮彙報』 60, 朝鮮総督府, 1920.01, p.113.)
160 井上円了, 『欧米各国政教日記』, 哲学書院, 1889, p.65.

적 참가치가 무엇인가에 있다. (중략) 오모토교는 제2의 덴리교이다. 덴리교가 이미 종파신도로서 인가된 이상 오모토교도 또한 언젠가는 종파신도로써 인가될 것이다. 그렇지만 심대한 예지와 숭고한 도덕이 결여된 미신적 종교는 신시대에 맞지 않는다.”[161]라고 비판하였다. 유사종교라는 표현이 병행되지 않은 상태에서 오모토교는 곧 미신이라는 것이 일반화되고 있다.

특히 여기서는 이미 교파신도로 공인된 덴리교를 오모토교 탄생의 원흉으로 보고 있다. 덴리교가 일본에서 종교로 공인된 사례를 만들었던 것처럼 오모토교도 그 뒤를 이어서 공인될 우려가 크다는 것을 표명하면서도 '심대한 예지와 숭고한 도덕이 결여된 미신적 종교'가 절대 공인된 종교가 되어서는 안 된다고 주장했다. 이는 공인 종교와 비공인종교의 기준을 '심대한 예지와 숭고한 도덕'으로 제시하고 있다는 것이며, 이러한 속성이 결여된 것을 미신에 가까운 것으로 바라보는 판단이다. 앞서 많은 사람이 오모토교의 미신성을 주장하였지만, 아마도 이렇게 공인종교의 기준을 '심대한 예지'와 '숭고한 도덕'이라고 명확하게 제시한 사례는 없었다. 다만 오모토교를 제2의 덴리교라고 표현하고 있는데, 덴리교 또한 종교로 공인되었다고는 할지언정 그 속에 '심대한 예지'와 '숭고한 도덕'이 완비된 것은 아니라는 것을 우회적으로 비판하고 있다.

다이쇼 시기에 다카쿠스 쥰지로와 함께 『대정신수대장경(大正新脩大藏經)』 편찬 사업에 참여했던 와타나베 카이쿄쿠(渡辺海旭, 1872~1933)

---

161 「敎界春秋」, 『東亜の光』 15-9, 東亜協会, 1920.09.

는 오모토교와 유사종교에 대해 다음과 같이 말하고 있다.

　　현대와 같이 한편으로 종교적 요구가 강한 때에는 다른 한편으로 시
대 인심의 추이를 이용하려는 유사종교의 속출을 피할 수 없다. 이들
의 대부분은 그 출발점이 이미 물질적 보수를 조건으로 하고 있다. 곧
토리이(鳥居)나 쵸칭(提燈)을 봉납하여야 복이 온다거나 큰돈을 벌 수
있다는 등의 종류다. 이들 곧 뇌물(賄略)종교인 덴리교나 오모토교와
같은 것은 이러한 신자를 거느린 대집단으로, 사람들로 하여금 왕왕
종교로 오인되기도 한다. 참다운 종교는 대령(大靈)을 향하여 진실로
자기를 해방하고 정신적 구제를 갈구하는 순진한 마음의 요구에서 발
하지 않으면 안 된다. 우리는 국한적이면서도 개인주의적인 미신(迷信)
과 보편적 구제의 요구에 바탕한 정신(正信)을 변별해야만 한다.[162]

　와타나베는 유사종교를 '뇌물종교'로 규정하고 이러한 단체가 종
교로 오인되기도 하나 이는 어디까지나 미신에 불과하다고 했다. 유
사종교를 미신으로 보는 시각은 동일하나 여기서는 교리적인 내용
이나 사상을 문제 삼는 것이 아니라, '뇌물종교'라고 해서 실제 이들
이 신자를 대상으로 금품을 편취하는 행위를 미신의 기준으로 삼고
있다. 반면 유사종교에 대해 이른바 '참다운 종교'는 '진실로 자기를
해방하고 정신적 구제를 갈구하는 순진한 마음에서 요구'하는 '정신
(正信)'으로서 '미신'과 구별되어야 한다고 했다. '유사종교=미신(뇌물

---

162 渡邊海旭,「祈禱を要せざる宗敎」,『無礙光』18-2, 無礙光社, 1922.02, p.5.

종교)’, ‘참다운 종교=정신’의 구분은 종교와 비종교의 특징을 물질의 편취와 정신적 구제의 대립적 구도로 파악하는 점에서 기존의 관점과 다른 양상을 보인다.

와타나베의 ‘유사종교’에 대한 기준은 과거처럼 단순히 국가에 의한 ‘공인’과 ‘비공인’이라는 형식적 틀로 종교와 비종교를 구분하려는 것이 아니라, 개인의 기복에 치우친 것인지 혹은 보편적 구제원리를 가지고 있는지에 대한 방향성을 기준으로 제시함으로써 ‘미신’과 ‘정신’을 구분하였다. 곧 기존과 다른 관점에서 유사종교 개념을 재정의하는 것이다. 특히 와타나베는 이러한 자신의 기준을 토대로 이미 기성종교로 ‘공인’된 텐리교에까지 오모토교와 동일 선상에 올려둔 상태로 그 ‘종교성’을 의심하고 있는 점이 주목된다.

5. ‘착취(搾取)’와 ‘사기(詐欺)’의 ‘유사종교’

1922년 일본 근대를 대표하는 이론사회학자이면서 경제학자였던 다카다 야스마(高田保馬, 1883~1972)는 그의 대표적 저서 가운데 하나인 『사회학개론(社會學槪論)』에서 유사종교를 비롯한 각종 유사현상에 대해 다음과 같이 말하고 있다.

사회의 유대(紐帶)는 점차 분산한다. 따라서 사회도 또한 이에 따라 분산한다. 이것을 사회 분산의 법칙이라고 부른다. (중략) 그렇다면 이러한 도식으로써 보여지는 바의 분산을 일으키는 심리적 동력은 무엇일까? 이른바 그 첫째는 동질(同質) 요구의 경향이며, 두 번째는 협동(協働)의 경향이다. 파생(派生)사회를 동류(同類)사회와 목적(目的)사회로 나눌 경우, 전자는 주로 동질 요구의 경향에 의해, 후자는 주로 협동의 경향에 의해 분산을 계속한다. 우리들 내면에 존재하는 집단생활의 욕망은 유사(類似)의 친화를 촉진하고, 유사의 친화는 한편으로는 결합하는 상대로 하여금 가급적 유사의 큰 부분을 선택하게 하며, 다른 한편으로는 유사함이 있는 곳에서는 용이하게 결사(結社)를 발생시킨다. 오락의 유사, 취미의 유사, 종교의 유사, 언어의 유사 등 한 방면의 유사에 의한 결사가 계속해서 형성되는 것도, 기존의 종교단체나 정치단체 등이 분화해서 다수의 신사회를 만드는 것도 모두가 이러한 도행(道行)에 의한다.[163]

다카다의 주장은 근대를 통해 유사종교를 사회학의 원리라는 관점에서 학술적으로 정의한 최초의 사례라고 평가할 수 있다. 물론 그의 연구가 유사종교를 주된 대상으로 한 것은 아니지만, 그의 연구이론인 '기초사회'와 '파생사회'에서 '종교의 유사'가 파생사회에 속한다고 규정하면서 학술적 대상으로 삼았다는 자체만으로도 의의가 크다 할 것이다.

기초사회와 파생사회라는 용어는 다카다가 『사회학원리(社會學原理)』(1919)에서 처음 정의한 사회유형(社會類型) 개념으로, 그의 사상체계의 근간을 형성하는 것은 사회진화론(社會進化論)이었다.[164] 그는 기

---

163 高田保馬,『社會學槪論』, 岩波書店, 1922, p.447-449.
164 高田保馬,『社會學原理』, 岩波書店, 1919, p.937.

초사회로부터 최초로 파생하는 것은 동류사회이며, '인종'과 '민족 및 문화권'이 바로 이 동류사회라고 했다. 동류사회는 구성원의 유사성으로 이루어지며, '유사에 의한 친화는 자연의 경향'이라고 보았다.[165] 이러한 다카다의 이론에 따르면 유사종교의 출현은 자연스러운 사회분화의 과정에서 나타나는 현상이라 할 것이다.

한편 다카다의 사회유형 이론에서는 기초사회에 해당하는 것으로 혈연 및 지연에 따라 밀접하게 결합하고, 자연적으로 생성된 사회를 말하면서 "가족·씨족·부족·지역사회·국가"를 들었으며, 이에 대해 파생사회는 인간의 특별한 노력으로 구성된 사회로서 자연사회 이외의 기업이나 각종 직업단체·조직·종교단체 등을 제시하고 있다. 이렇게만 본다면 유사종교의 출현은 파생사회의 전형적인 특징으로 볼 수 있을 것이다. 그런데 왜 일본 사회에서는 유독 유사종교의 출현을 강하게 비판하는 어조가 사회 전반에 확대되었던 것일까?

사실 다카다의 이론은 독일의 사회학자 페르디난트 퇴니스(Ferdinand Tönnies)의 주장과 매우 유사하면서도 차이점을 보인다. 다카다의 기초사회는 퇴니스의 게마인샤프트(Gemeinschaft), 파생사회는 게젤샤프트(Gesellschaft)와 매우 흡사하다는 것을 알 수 있다. 다만 퇴니스는 국가를 게젤샤프트에 포함시켰는데, 다카다는 국가를 기초사회에 포함시켰다는 점에서 차이를 보인다. 다카다의 이러한 인식에 대해 "1919년 일본은 역사적으로 볼 때 청일전쟁, 러일전쟁, 제1차 세계

---

165 위의 책, pp.219-223 참조.

대전으로 10년마다 전쟁을 하는 시대였다는 점에서 외적(外國)과 대치한다는 의미에서 '국가'로서의 결속이 특히 강조되었다고 하는 배경도 있었던 것이 아닐까"라고 평가하기도 한다.[166]

다카다의 인식 체계 안에서는 '애착적 요소'가 매우 강하고 자연스러운 형태로 결합하는 기초사회가 기저를 형성하고, 그 위에서 이익적 요소가 강한 파생사회가 형성되어야 한다고 보았다. 곧 그는 사회학 이론을 통해서 파생사회가 기초사회의 근간을 흔들어서는 안 된다는 의지를 강하게 표출하였다.

다카다의 기초사회와 파생사회의 논리는 근대 일본 사회에 매우 큰 영향을 끼쳐 갔다. 예를 들면 "가정이나 국가는 단순한 문화(文化)의 지지(支持) 기관이 아니다. 그 가운데에는 유일 불가분한 국민적 개성의 생명이 끊임없이 심혈로써 순환하고 유동하고 있다"[167]거나 "일본의 국가는 일본의 사회 가운데 다양한 단체 곧 사회단체를 자신의 팔다리로 여기는 것은 아닙니다. 자신의 도구와 같은 뜻으로까지 사용할 수는 없는 것입니다. 덴리교의 본부는 각 지부를 팔다리와 같이 여기는 것이 가능합니다. 그것은 동일하게 하나의 단체이기 때문입니다."[168] 등 정치와 경제, 철학, 종교, 문화 등 각 방면에서 기초사회와 파생사회의 이론은 확대 재생산 되어 갔다.

---

166 広田ともよ, 「派生社会化する社会―高田保馬の社会類型概念からの一考察―」, 『広島修大論集』 55-2, 広島修道大学ひろしま未来協創センター, 2015, pp.216-217.

167 中島義一, 『自由教育の諸問題 : 自由教育批評論判』, 東京宝文館, 1924, p.178.

168 永井亨, 『日本の国民に関する考察・日本の国体に関する観念』, 天理教道友社, 1927, p.11.

다카다의 이론에서 볼 때 종교단체는 파생사회에 포함되는 것이며, 유사종교는 이러한 파생사회에서 재차 파생된 단체라고 볼 수 있다.[169] 그런데 이처럼 '재파생'된 유사종교가 모든 것의 근간이 되는 국가(기초사회)와, 국가의 근간을 이루는 민족(혈족)의 기저를 뒤흔드는 사상적 문란함의 양상을 보인다면 어떻게 해야 할까? 일본의 지식인이나 정부 관료들이 유사종교에 어떠한 대응을 해 가야 할 것인지 다카다의 이론은 그 방향을 학술적으로 명확히 제시하고 있다고 본다.

한편 1930년대에 접어들면서 '유사종교'라는 용어는 일본 사회에서 상당히 일반적으로 통용되며, 다양한 개념화가 이루어진다. 이러한 경향은 1926년 '종교법안'을 둘러싼 '종교유사단체'에 대한 실질적인 조사가 이루어진 이후에 나타나는 현상이라고 볼 수 있다. 특히 이 시기부터는 표현의 측면에서도 '종교유사단체'보다는 '유사종교'가 더 자주 사용되는데, 대중의 인식에서도 '유사종교'라는 용어가 정착하기 시작한 것으로 생각된다.

더불어 내무성을 중심으로 종교단체에 대한 조사가 이루어지면서 아울러 유사종교 단체를 실체화하는 작업도 지속된다. 1927년 간행된 『사회정책대계』 10권에는 정토종 승려이면서 종교학자였던 시모츠마 구쿄(下間空敎)의 「종교법개설」이 실리는데, 그 제1장 종교단체, 제2절 분류에서는 "내무성 소관의 종교단체, 이른바 유사종교단체, 비지정종교단체가 이에 속함"이라는 내용과 함께 신도유사단체

---

169 高田保馬, 『社會學概論』, p.427.

62개, 불교유사단체 26개, 기독교유사단체 4개 등 총 92개를 소개하고 있다. 이는 앞서 사회교육협회조사부에서 행한 『종교유사단체조사』의 내용을 근간으로 일부 수정을 가한 것임을 알 수 있다.

이에 대해 1930년 10월 『일본경찰신문』에서는 「유사종교에 뜸질(類似宗敎にお灸)」이라는 기사가 실린다. 경찰에서도 공식적으로 '유사종교'라는 표현을 사용하면서 이들에 대한 단속의 방침을 기록으로 남기고 있다.

> 격랑의 불황이 노도(怒濤)처럼 세차게 닥침에 따라 고통스러운 시기를 신(神)께 의지하려는 새로운 얼굴(新顔)의 신자들이 급증하였다. 오사카부의 사사과(社寺課) 통계에 의하면 쇼와 3년도 말 신·불도 교회(신사, 사원, 그리스도교회를 제외함) 전체 수는 신고 서류를 제출한 것만 신도 1,095, 불교 167, 신도 수 873,047명으로 되어 있는데, 이는 명칭을 가지고 있는 것들에 한하며, 이름도 없는 포말(泡沫)교회에 이르면 전혀 조사도 할 수 없고 신자의 수도 헤아릴 수 없는 모양이다. 요즘 한 줄기 지푸라기에라도 매달려 빠져 죽지 않으려는 나약함에서 신앙과 미신을 잘못 택하여 음사사교로 달려가는 이들이 많게 되었으며, 종교법이 없는 것을 노려 사기꾼들이 급증했다. 오사카부에서는 미혹한 양(羊)의 무리를 악마외도(惡魔外道)로부터 구하기 위해 규칙을 개정하여 지금 문부성과 교섭 중이다. 그 주된 점은
>
> 一. 일반 주택과의 식별이 곤란한 교회소는 허가하지 않음
>
> 一. 동일 종파에 속하는 교회소와 교회소의 장소는 일정한 거리를 제한할 것

一. 개축 증축 변경 등의 경우는 반드시 사사과에 신고 서류로 허가를 받을 것

一. 설립자 교사(教師)의 사망 등 결원을 신고하지 않고 방임하는 것을 정리할 것

등이 개정의 요지(眼目)인데, 사기꾼을 퇴치하는 것이 주안(主眼)이므로 그 활용은 세간으로부터 기대를 모으고 있다. 이것은 오사카부만이 아니라 전국에서 동시에 행했으면 하는 사항이다.[170]

'격랑의 불황이 노도처럼 세차게 닥침'이라는 것은 곧 세계공황의 파급을 의미한다. 제1차 세계대전의 승전국으로 참여한 일본은 대내적으로 1920년대 초 경제적 호황을 맞이하였고, 대외적으로는 새롭게 창립된 국제연맹에 가입하면서 평화군축과 국제협조를 강조하는 목소리가 힘을 얻는다. 또한 일본에서는 민본주의가 강조되면서 1927년 입헌정우회(立憲政友會)와 입헌민정당(立憲民政黨)에 의한 정권교체가 이뤄지는 등 일본에서도 비로소 민주적인 "정당정치"가 개화하였다.

그러나 1924년 관동대지진이 발생한 후 일본 사회는 큰 충격에 빠졌고, 이를 극복하기 위해 노력하던 가운데 엎친 데 덮친 격으로 1929년 미국 월스트리트에서 주가가 폭락하면서 세계공황의 늪에 빠진다. 일본은 당시 금본위제(金本位制)를 도입하여 더 심각한 불경기를 초래했다. 이로부터 세계 각 지역은 자급자족의 경제권을 구상

---

170 「類似宗教にお灸」, 『日本警察新聞』 834, 日本警察新聞社, 1930.10, p.9.

하였는데, 일본은 1931년 만주사변을 일으켜 식민지 조선과 대만, 그리고 만주를 연결하는 동아시아 세력권 구축을 시도했다.

만주사변을 계기로 일본은 국제연맹에서 탈퇴하였으나, 기대했던 동아시아 세력권 구축은 경제적으로 큰 효과를 보지 못한다. 이처럼 불안한 국내외의 정세에 정계가 원활하게 대응하지 못하자 정당정치에 대한 불만의 목소리가 커졌고, 1932년 해군 청년 장교 야마기시 히로시(山岸宏), 미카미 다쿠(三上卓), 구로이와 이사무(黑岩勇) 등이 주도하여 당시 총리였던 이누카이 츠요시(犬養毅)를 암살하는 5·15 사건이 발생한다. 이 사건을 계기로 일본에서는 정당내각과 정당정치가 막을 내린다. 또한 1936년에는 황도파(皇道派) 육군 청년 장교들이 궐기하여 다카하시 고레키요(高橋是淸) 오쿠라대신(大藏大臣)을 비롯한 정부의 요인을 암살하는 2·26 사건이 발생한다. 이 두 사건은 모두 천황을 정치의 중심에 두려는 극우파가 테러를 통해 정치를 찬탈하려는 쿠데타 시도였다. 이듬해 7월에는 중화민국 북평시(北平市) 노구교(盧溝橋)에서 일본군과 중화민국혁명군이 충돌하였고, 이로부터 중일전쟁일 발발하게 된다.

만주사변이나 5·15 사건, 2·26 사건 등을 겪으면서 일본 국내에서는 '비상시국'이라는 인식이 팽배하였으며, 중일전쟁을 계기로 '국민정신총동원운동(國民精神總動員運動)'이 추진되면서 '총력전(總力戰)'을 외치는 가운데 전시체제를 강화해 갔다. 이러한 정책은 주변 식민지에도 그대로 전달되고 시행되면서 일본의 군국주의는 아시아·태평양전쟁으로 확대되며 폭주한다.

1929년 세계공황은 이처럼 일본이 패망으로 달려가는 역사의 단초가 된 사건이었다. 그리고 이 시기에 일본 사상계는 사회주의 사상을 모태로 노동쟁의와 소작쟁의 등으로 도탄에 빠진 민중의 권익을 주장하는 극좌(極左) 세력과, 정당정치를 끝내고 천황의 친정을 추구하면서 일본정신(日本精神)이나 일본주의(日本主義)를 필두로 황국사관(皇國史觀)을 내세우는 극단적 민족주의 세력이 서로 충돌하는 등 사상적 혼돈의 시대였다.

이러한 혼돈의 시기에 종교계에서도 유사종교가 급격히 증가하는 현상이 나타난다. 1926년 조사에서 98개 단체였던 '종교유사단체'는 1930년 조사에서 416개로 네 배 이상 증가하였다. 또한 1933년에는 800여개로 증가하며, 1935년에는 1,219개로 증가한다. 약 10여 년 동안 유사종교는 12배 증가한 것이다. 일본이 경제적으로나 정신적으로 혼란한 시기에도 기성종교는 국가권력에 영합하느라 바빴고, 정부는 국민정신의 앙양(昂揚)을 슬로건으로 내걸고 '종교부흥'을 외쳤음에도 실효를 보지 못하면서 새로운 종교의 증가는 더욱 현저해졌다.[171] 기성종교에서 구제의 희망을 찾지 못하는 대중의 심리가 새로운 종교 현상에 의지할 수밖에 없는 상황으로 내몰린 것이라고 생각한다.

위의 기사는 세계공황이 일본에 악영향을 끼쳐 가던 1930년 오사카부라는 지역에 한정한 내용을 다룬 것인데, 당시 경찰에서는 유사종교를 '악마외도' 또는 '사기꾼'으로 인식하는 경향을 보인다. 1920년대 초 오모토교에 대해서는 유사종교·뇌물종교 혹은 미신

---

171 池田昭, 『御木徳近 : PL教団』, 新人物往来社, 1971, p.220.

으로 인식하였고, 주로 교리적으로나 사상적으로 문제가 된다고 지적하던 것에서 이제는 유사종교가 대중을 현혹하여 그들의 재산을 착취하는 '악마' 집단이 되고 있다고 지적하는 것이다. 국가적 단위의 경제적 혼란이 오모토교를 비롯한 유사종교를 대하는 자세에도 영향을 주고 있다는 것을 알 수 있다.

또한 이는 세계공황 이후 유사종교를 대하는 경찰의 단속 방침과 직결된다는 점에서 이후 1930년대를 통해 심화하는 유사종교 탄압이 어떠한 인식 체계를 기반으로 형성되었는지를 엿볼 수 있는 소중한 자료라 할 것이다. 특히 세계공황을 기점으로 유사종교가 일반 민중을 대상으로 금전의 착취 혹은 편취를 일삼는 '사기' 집단이라는 시각이 사회에 확산하면서 이들에 대한 부정성은 미신이라는 신앙의 내적 측면을 넘어 사회적 범죄 집단이라는 외적 측면으로 그 악영향이 확대된다.

다만 이러한 혼란의 시기에 유사종교에 대해 매우 강한 어조로 비판을 가한 인물들 가운데에는 정부 관계자나 정치인, 종교 관계자들도 있었지만, 그보다 이목을 끄는 것은 바로 사회주의 사상가들이었다.

인간이 그 비참한 현실로부터 탈출할 수 있는 과학적 방법−사회주의−을 발견할 수 없을 때, 그곳으로부터 종교가 발생한다. 자본주의가 길을 잃고, 따라서 자본주의 그것의 영원성이라고 하는 관념은 누구의 마음으로부터도 소멸하고, 생활불안, 사회불안이 증대하면 사회주의로 달려가지 않는 한 많은 사람은 동요할 수밖에 없다. 그러한 때에 기성 교단인 본원사(本願寺)나 증상사(增上寺), 히에산(叡山)이나 고야산(高野山)에서는 별다른 효능을 보여주지 못하고, 사람들은 다른 종교를 구해서 달려간다. 괴교(怪敎), 사교(邪敎), 요교(妖敎)의 속출은 세계적 현상으로, 이것은 단지 일본에 국한된 것이 아니다. 혁명 전의 러시아나 현재의 미국은 그 점에서 특별히 유명하다.

일본에서도 이러한 유사종교의 폐해는 극점에 달하고, 경찰 당국에 고소하는 피해만도 어마어마하게 많다. 근래 기시 가즈다(岸一太) 박사의 메이도교(明道敎), 다케우치(竹內)의 덴신교(天津敎) 등이 검거되었는데, 이러한 종류의 유사종교는 도쿄 내외에서만도 200여개가 있고, 그것들은 많게는 2천명, 적게는 150~160명의 신자, 또는 회원을 자랑하고 있다. 이들 괴교주(怪敎主), 괴행자(怪行者), 신령술사, 신점술사에 미혹된 자의 전체 수는 십만명으로 추정되고 있다. 물론 도쿄 이외의 지역에서도 매우 성행하고 있다.

이들 가운데 당연히 단체의 생존경쟁과 자연도태가 행해져 2~3의 유사종교는 무리에서 벗어나 발전해 간다. 예를 들면 구로즈미교, 덴리교, 곤코교, 잇토엔, 오모토교와 같은 것이 그러한 것이며, 그것들보다 먼저 발달하고 완성한 것은 본서에서도 다룬 바 있는 것으로, 지금은 이미 본격적인 기성교단이다.[172]

위 인용문의 저자 다카츠 마사미치(高津正道)는 신슈 혼간지파의 승려였으나 승직을 버리고 사회주의 운동을 하다가 정치가로 변모한

---

172 高津正道, 『搾取に耽る人々』, 大鳳閣書房, 1931, pp.295-296.

인물이다. 다카츠는 사회주의에 입각해서 종교무용론을 주장하였으며, 1931년 '일본전투적무신론자동맹(日本戰鬪的無神論者同盟)' 및 '전일본반종교동맹(全日本反宗敎同盟)'을 결성하였다. 그는 "인류는 지금 반종교시대, 무종교시대의 맹아기에 생존하고 있다. 무산계급은 이 반종교운동에서 민첩하게 그 사명을 다하고 있다"라고 하면서 현대 사회에서 종교는 그 자체로 폐해라고 주장했다.[173]

이처럼 강한 반종교주의자인 다카츠는 유사종교를 종교에 미치지 못하는 '괴교·사교·요교'라고 표현했다. 그는 자본주의의 한계에서 파생된 불안을 벗어나기 위한 사람들의 동요가 종교에 대한 의지로 이어지는데, 기성종교가 제대로 역할하지 못하는 가운데 새로운 '괴교·사교·요교'가 발생하여 이들의 욕구에 부응하고자 하는 것이며, 따라서 그 폐해가 극에 달하고 있다고 했다. 그가 말하는 종교의 폐해는 다름 아닌 대중을 향한 경제적 '착취'였다. 따라서 그는 과학적 방법(사회주의)을 통해 '괴교·사교·요교'에서 벗어나야 한다고 주장하였다.

다만 다카츠가 주목한 대표적인 유사종교는 기시 가즈타(岸一太)의 '메이도카이(明道會)'나 다케우치 기요마로(竹內巨麿)의 '덴신교(天津敎)' 등이었다. 이비인후과 의사였던 기시는 1928년부터 조선인 무당 고대업(高大業)을 데려와서 '메이도카이'를 조직하였다. 그는 고대업의 복화술을 활용하여 신의 음성을 신자들에게 전달하는 방식으로 예언을 하면서도, 이를 과학적으로 증명한다고 하면서 일본 사회에 큰

_____
173 위의 책, p.1.

파장을 일으키다가 1930년 11월 사기죄로 기소되었다.

또 다케우치의 경우도 1930년 12월 사기죄로 경찰의 취조를 받게 되어 신자들이 사분오열하고 교세가 크게 위축되는 사건이 발생했다. 이 두 단체가 모두 금전의 편취라고 하는 경제적 사건, 곧 사기 사건으로 기소됨으로써 종교에 의한 '착취'의 문제가 사회 전반에 중요 이슈로 급부상하였으며, 다카츠는 이러한 이유에서 두 교단을 '괴교·사교·요교'로 규정하면서 이들 유사종교를 필두로 반종교운동에 힘을 싣고 있다.

특히 그는 '괴교·사교·요교'의 유사종교가 생존경쟁과 자연도태의 과정을 거치면서 기성종교로 발전한다고 하면서 그 사례로 구로즈미교·덴리교·곤코교·잇토엔과 오모토교 등을 들고 있다. 그의 사유에서 종교는 기본적으로 '괴교·사교·요교'의 연장선에 있다는 것이며, 결과적으로 기성화한 종교라 할지라도 결국 대중을 현혹하는 점에서는 차이가 없다고 하면서 궁극적으로 사회주의에서 그 대안을 찾아야만 한다고 강조하였다.

일본 사회에 반종교운동의 소식이 전해진 것은 1920년대 초반으로, 중국 북경에서 기독교청년회만국대회에 대항하여 일어난 반종교동맹의 반종교운동이었다. 이는 중국에서 사회주의운동이 급격히 증가하는 가운데 나타난 현상 중 하나였다. 그러나 이것이 바로 일본 내 마르크스주의자들의 반종교운동으로 이어진 것은 아니었다. 오히려 1929년 세계공황 이후 일본에서 마르크스주의자들에 의한 반종교운동은 본격화한다.

대표적으로 일본의 극작가이면서 사회주의운동가였던 아키타 우

쟈쿠(秋田雨雀)는 1930년 『소비에트 러시아의 종교 문제』를 간행했는데, 이 책의 소개에는 다음과 같은 글이 올라와 있다.

> 대공황으로 몰락을 앞에 둔 부르조아와 그 앞잡이들은 모든 것을 물고 늘어지면서 모든 것을 이용하려 한다. 그 목적을 위해 가장 음험한 수단의 하나로 그들은 종교를 집어들었다. 소비에트 러시아의 반종교운동에 대한 그들의 선동가도 그 가운데 하나다. 본서는 소비에트 동맹에 있어서 종교문제의 실제를 보도하고, 얼마나 바른 이론과 뛰어난 인식을 가지고 이 성가신 문제를 해결하고 있는지를 풍부한 자료와 견문을 종횡으로 구사해서 다루었다. 독자는 이에 의해 마르크스주의와 종교가 어떠한 관계에 있으며, 어떻게 다루어야 할 것인지 구체적으로 적확(的確)하게 알 수 있을 것이다.[174]

다카츠는 "최근에는 발흥하는 무산자계급을 방지하는 하나의 방패로서 종교는 특권계급과 그 정치가로부터 종래보다 한 층 더 존경받고 이용되고 있다"거나 "투쟁적 무신론자동맹은 또한 사회주의사회 건설에 방해가 되는 하나의 세력인 종교, 반동세력인 종교와 투쟁하는 것을 사업으로 하는 것이다"라고 하는 등 반종교운동의 가장 선봉에 선 인물이었다.

앞서 1920년대 초반 일본의 지식인들은 오모토교가 공산주의에 기반한 미신이라는 관점에서 이들을 공격했는데, 1930년대에 접어

---

174 ソヴエート科學硏究會 譯編, 『マルクス主義の旗の下に 1』, プロレタリア科學硏究所, 1930.

들면 오히려 사회주의자들에 의해 유사종교는 자본주의적 착취를 일삼는 집단이라고 비난받고 있다. 유사종교에 대한 사회적 비난은 종교계, 의료계를 넘어 사회주의 사상가와 정치계의 인사들까지 대거 참여하였다. 마치 유사종교를 일본 사회가 내포한 부정성의 총체로 규정하는 것과 같으며, 또한 사상적으로나 경제적으로 혼돈 상태의 일본인들이 자신들의 왜곡되고 억눌린 감정을 폭발시킬 공격의 대상으로 유사종교를 지목하고 있는 것처럼 보인다.

1931년 발행된 『쇼와 5년사(昭和五年史)』 제9편 「사회세상(社會世相)」 제7장 '현대미신' 편에서는 현대인의 '초조'와 '불안'이 향하는 곳은 자살, 테러, 미신이라고 진단하면서 미신의 종류를 세 가지 종류를 구분하였다.[175] 그 첫 번째 종류로 유사종교인 메이도카이, 레이겐교(靈元敎), 심교(心敎) 등을 들고 있으며, 두 번째로 신점술, 심령술(신과 이야기하거나 길흉화복을 점치거나, 투시(透視)하거나 하는 부류), 세 번째로 정신요법(기합술(氣合術), 심령술, 이혼술(離魂術) 등 병든 사람을 치료하는 부류)이라고 했다. 첫 번째 부류는 종교사사계(宗敎社寺系), 두 번째 부류는 보안부(保安部) 안녕계(安寧系), 세 번째 부류는 위생부 위생과에서 각각 단속을 담당하고 있지만 그 분류가 확실하지 않은 상태에서 과학적 현대에 당당하게 '영혼진(靈魂陣)'을 치고 있다고 하였다.[176]

여기서도 '괴교(怪敎)'로 지목된 것은 바로 메이도카이와 덴신교였다. 이 두 사건을 계기로 당시 경시청에서는 유사종교에 해당하는

---

175 이러한 분류는 당시 경시청에서 분류한 것이라고 한다.(中原賢次, 「YMCA歷程 ―靑年會は何處へ行く」, 『開拓者』 27-6, 日本基督敎靑年会同盟, 1932.06, p.47)
176 年史刊行會編輯部, 『昭和五年史』, 年史刊行會, 1931, pp.492-493.

인물 200여명, 신점술과 심령술에 해당하는 인물 70여명을 소환하여 취조를 행했으며, 이 가운데 20여명은 사기죄 등의 명목으로 검사국에 넘겨졌다.[177] 경찰에서 유사종교를 단속하는 이유는 종교적 명목으로 개개인의 재산을 탈취하는 것을 경계하는 것이 가장 주된 것이었다.

이와 같이 유사종교가 급증하는 가운데 일본 정부는 이들에 대한 엄격한 단속의 방침을 세운다. 1932년 9월 6일~8일에 걸쳐 전국 학무부장 회의가 개최되는데, 8일 문부성회의실에서 개최된 문부성소할학무부장회의(文部省所轄學務部長會議)에서는 하토야마 이치로(鳩山一郎) 문부대신의 지시 사항으로 「유사종교행위자에 관한 건」이 하달된다.

그 내용을 보면 "근래 세상의 변천과 인심 동요의 간극을 노리고 이름을 종교로 내세우면서 민심을 광혹시키고 혹은 부정한 이득을 도모하는 유사종교행위자가 빈번하게 출현하여 사회를 음독(荼毒)시키는 경향이 현저하다. 이러한 악의적 행위자에 대해서는 관계 당국과 협력해서 철저한 단속을 기하여 피해 확대 방지에 힘쓸 것이다"[178]라고 했다.

문부대신이 제시한 유사종교 단속의 필요성은 크게 두 가지다. 하나는 민심을 광혹시키는 것이며 다른 하나는 부정한 이득을 도모하는 것이었다. 1930년대 초반 유사종교에 대한 부정적 인식은 대체로 이 두 가지 곧 국민의 사상 분열과 재산 편취로 집중되며, 당국에 의

---

177 위의 책, p.493.
178 「全國學務部長會議に於ける文相訓示·指示事項·協議事項」, 『帝国教育』 610, 帝国教育会, 1932.09, p.89.

한 단속 또한 그 연장선에서 이루어진다.

그런데 앞서 살펴본 바와 같이 유사종교의 단속 기관은 내무성이었으며, 실제 이들에 대한 단속은 경시청과 검사국을 중심으로 이루어졌다. 따라서 문부성 종교국에서는 종교법안을 제정하여 유사종교를 '종교결사'로서 단속하는 방침을 마련하고자 했으나 연속적으로 법안이 폐기됨에 따라 그 관할 권한을 가지지 못한 상태였다. 제3장에서도 거론한 바와 같이 1919년 3월 3일 경시청, 도청, 부현 앞으로 발행한 문부성 종교국통첩발종(宗敎局通牒發宗) 11호에서 처음으로 '종교유사행위를 하는 자'들에 대해 거론하면서 이들에 대한 동정에 주의를 요한다는 것을 표한 적은 있지만, 여전히 유사종교에 대한 단속은 경찰, 특히 고등경찰에 의해 이루어졌다.

따라서 문부대신이 유사종교에 대한 단속의 철저를 요구한 것은 1919년의 통첩에 준하는 수준에서 이루어졌을 것으로 생각되지만, 실제 이 지시 사항은 경찰과 검사에 의해 상당히 높은 강도의 단속으로 집행된 것으로 보인다.

1933년 12월에 발행된 『불교연감』쇼와9년판 「교계시사(敎界示唆)」에는 "유사종교단체 관장 6명 기소"라는 제하의 글이 실린다. 내용을 보면 "아이치현(愛知縣) 형사과에서는 오카자키(岡崎) 검사의 지휘 아래 유사종교 단체에 대해 거의 전국적인 대소탕을 실행한 가운데, 다음과 같은 6명은 5월 8일 오카자키지소재판소(岡崎支所裁判所) 노무라(野村) 예심판사의 영장으로 기소, 오카자키 소년형무소 미결감으로 수용했다고 한다"라고 하면서 다음의 인물 6명을 거론하고 있다.[179]

△ 惟神陰陽道管長, 高野山大師敎管長, 浦野耕平

△ 惟陰陽道副管長, 貴船大神敎管長, 貴船直太郎

△ 高野山大師敎中本山公海院管長 薄出然道

△ 木曾御嶽山大洞大祠廳管長 坂田藤太郎

△ 眞道大靑敎管長 佐藤元空(佐藤三郎)

△ 陰陽道本廳管長, 同管長總司家 杉田要人

당시 경찰과 검사에 의해 얼마나 많은 유사종교 관련 인물이 단속을 통해 검거되고 또 기소되었는지 정확히 파악하지는 못하였다. 또한 왜 아이치현 형사과에서 유사종교에 대한 전국적인 단속을 주도했는지 그 내막까지는 알지 못한다. 다만 1930년대 초반 문부성에서는 문부대신의 지시 사항으로 유사종교에 대한 단속을 요청했고, 그 지시사항에 부응하여 경찰과 검사 측에서는 전국의 유사종교에 대한 대대적인 소탕 작전을 펼친 것으로 보인다.

그렇다면 위에서 기소된 6명은 어떠한 이유로 경찰의 단속을 피할 수 없었던 것일까? 그 내용을 정확히는 알 수 없으나, 적어도 기소된 인물 가운데 우라노 고헤이(浦野耕平)와 관련한 내용을 찾아볼 수 있다. 우라노는 1929년 아이치현 니시카모군(西加茂郡)에 간나가라온묘도아베츠카사케하루코(合資會社惟神陰陽道安部司家晴弘)라는 합자회사(合資會社)를 설립하였다. 그 설립 목적은 다음과 같다.

179 吉田龍英 編, 『佛敎年鑑 昭和9年版』, 佛敎年鑑社, 1933.12, pp.260-261.

1. 신유불상(神儒佛像) 불구(佛具) 제작 판매, 신불화상(神佛畫像), 오미쿠지(札守護), 도서 저서의 편찬, 인쇄 반포(頒布), 동식물성 자양품 및 약초 제작 판매.

2. 유교(儒敎)・성교(聖敎)・불교・간나가라온묘도아베츠카사케하루코(合資會社惟神陰陽道安部司家晴弘)의 상승(相承)의 유법(遺法)을 집행하기 위해 규정한 요금을 징수하는 것을 목적으로 함. 그 외 이에 부대하는 일체의 사업.

3. 신유도(神儒道) 교사(敎師)・포교사・선교사・가지기도자(加持祈禱者)・영술자(靈術者) 등의 수업의 심천(深淺)을 시험(試驗)하고 아울러 총관장(總管長)의 인정(認定)에 따라 규정된 등급의 사령(辭令) 또는 면허증・인가증을 규정된 요금으로써 부과(下付)하고 연도(年度) 의무금을 징수하여 본회의 사업을 시행하는 것을 목적으로 함.

4. 장제(葬祭)・영제(靈祭)・혼인식 및 신불제(神佛祭) 기념 공양을 집행하며 또는 신불찰(神佛札) 및 수호부(守護符)를 규정된 요금으로써 청부(請負) 반포(頒布)하는 것을 목적으로 함. 기타 이에 부대하는 일체의 사업[180]

이 당시의 유사종교 가운데에는 합자회사를 설립하여 운영하는 형태가 상당수 발견된다. 일본에서 합자회사를 설립하여 영리를 목적으로 종교활동을 전개하는 것이 언제부터 이루어졌는지는 확실히 알 수 없으나, 지금까지 확인된 바로는 아마도 위의 회사가 1929년

180　大藏省印刷局 編, 『官報』 1932.08.02.

설립되는 것으로 공식 기록이 나타나고 있다는 점에서 1920년대 후반부터 본격적으로 나타난 현상이 아닌가 생각된다.[181] 특히 아이치현 경찰의 단속이 이루어진 이후, 유사종교가 합자회사를 설립하여 종교활동을 행하는 것에 대한 비판이 나오기 시작하는 것을 보면 위의 사례는 거의 초창기에 해당할 것이라고 본다.[182]

1933년 아이치현 회사의 상황을 담은 기록을 보면 앞에서 기소된 여섯 명은 대부분 종교에 관한 영리 업무를 목적으로 하는 합자회사를 설립해서 운영하고 있던 것으로 나온다.[183] 다만 이들은 대부분이 "간나가라온묘도아베츠카사케하루코"에 무한 혹은 유한의 책임을 지는 출자자로 이름을 올리고 있다는 점에서 서로 긴밀한 관계를 형성하고 있었다는 것도 알 수 있다. 이들은 합자회사를 설립하고 공동으로 종교 목적의 사업을 진행하며, 또한 그 가운데 자신들의 종교 행위와 의례, 부적 등을 판매하는 것과 포교사나 영술자에게 면허나 자격을 부여하는 것, 종교적 의례 행위를 하면서 그 댓가로 일정 금액을 받는 방법으로 영리를 취하고 있었다.

이들이 어떠한 계기로 종교적 행위를 영리의 수단으로 전환했는지는 명확히 알 수 없으나, 적어도 이들과 유사한 시기에 발생했던

---

181 大蔵省印刷局 編,『官報』1929.10.21. 다만 설립 당시의 목적에서는 "神儒佛像 제작 및 도서와 저서의 편찬 인쇄, 동물성 자양품, 약초 제작 판매, 儒教・聖教・惟神陰陽道安部司家 相承의 遺法을 집행하고 規定된 요금을 징수할 것을 목적으로 함. 기타 부대사업의 일체"로 되어 있었다.

182 児玉九一・有光次郎,『神社行政 宗教行政』(自治行政叢書 第1巻), 常磐書房, 1934, p.224; 戸坂潤,『日本イデオロギー論 : 現代日本に於ける日本主義・フアッシズム・自由主義・思想の批判』, 白揚社, 1935, p.6.

183 愛知興信所 編,『愛知県会社要録』, 愛知興信所, 1933, pp.5-6. 杉田要人는 杉山要人으로 기록되어 있다.

기시 가즈다의 메이도카이 등이 심령사진이나 최면술 등을 통해 대중의 관심을 끌고 그 대가로 일정한 요금을 받아왔던 사례 등을 통해 회사를 통해 영리를 추구할 목적으로 종교를 활용하는 방안이 고안되었을 가능성도 충분히 추측할 수 있다.

예를 들면 아베 신노스케(阿部真之助)는 『현대세상독본(現代世相讀本)』에서 「사교와 여인군(女人群)」이라는 제목의 글을 쓰고 있는데 글의 말미에 "어떤 사람은 어느 정도 이지적이고 실제적인 교토 인근의 사람(上方人)이 어째서 그와 같은 비약(飛躍)을 일으킬까 하고 의심하지만, 비약은 빙의(憑依) 현상을 일으키는 순간으로 동국(東國)의 사람들이 빙의를 빙의라고만 보는 것에 대해 실제적인 간사이(關西) 사람들은 이 불가사의한 현상을 취해서 기업화하는 것을 잊지 않는다. 그들은 신(神)이 기업으로서 훌륭하게 성립된다는 것을 알고 있다. 그리고 신자 측에서 말하자면 그들의 신앙은 유익한 상거래라고도 말할 수 있다. 현재 도쿄에서 행해지고 있는 입장권이나 안내장에 프리미엄이 붙었다고 하는 유형의 신형 상업은 대체로 오사카 사람들이 발명하고 오사카에서 실행되었던 것을 도쿄에서 모방하고 있는 것이다. 종교의 기업화가 오사카 방면을 주로 해서 행해지는 것은 우연이 아니다"[184]라고 했다. 오사카라는 지역이 종교의 기업화를 만드는 소굴이라고 하면서 종교의 영적인 서비스를 영리 추구 목적으로 판매하는 기업화의 사례가 이미 활성화되고 있었다는 것을 알 수 있다.

다른 한편으로는 경찰에 의한 유사종교의 단속이 강화하는 가운

---

184 阿部真之助, 『現代世相読本』, 東京日日新聞発行所, 1937, pp.571-572.

데 이들이 그 단속을 피할 목적으로 합자회사를 설립했을 가능성에 대해서도 검토해 볼 수 있을 것이다. 그러나 오히려 합자회사를 등록하는 것에 의해 자신들의 행위가 양성화하였고, 그를 계기로 위와 같은 단속을 받고 기소를 당하게 되었다는 점에서 단속 회피가 본래의 목적은 아니었을 것으로 보인다.

경찰에서 이들을 단속한 직접 이유는 적어도 위의 설립 목적을 통해 볼 때, 자신들의 종교 행위나 의례를 실행하기 위한 목적으로 징수하는 요금이 경찰 조사에서 문제가 된 것으로 판단된다.

이처럼 1930년대 초반의 유사종교에 대한 단속은 주로 경제적인 부분에서 대중으로부터 자금을 편취하는 사기 사건의 일환으로 이루어진다. 일본이 처한 현실적 고난, 곧 경제적 혼란 상태가 유사종교 단속과 탄압의 방향을 바꾸었다고도 볼 수 있다. 결국 합자회사를 조직하여 영리를 추구하는 유사종교가 출현하는 등 사회 환경의 변화가 유사종교의 정체성 형성에도 큰 영향을 끼친 것이라고 볼 수 있다.

6. '유사종교' 개념의 재구성

1934년 2월 내무성 관료였던 고다마 규이치(児玉九一)와 문부성 관료로서 종교국 과장이었던 아리미츠 지로(有光次郎)가 공동으로 편찬한 『신사행정(神社行政) 종교행정(宗教行政)』이 간행된다. 고다마가 신사행정에 관한 내용을 정리하였고, 아리미츠가 종교행정 내용을 정리했다. 이 가운데 종교행정에서는 '종교학상 의의로서의 종교'라고 하면서 문부성 종교국의 종교에 대한 인식을 다음과 같이 정리하고 있다.[185]

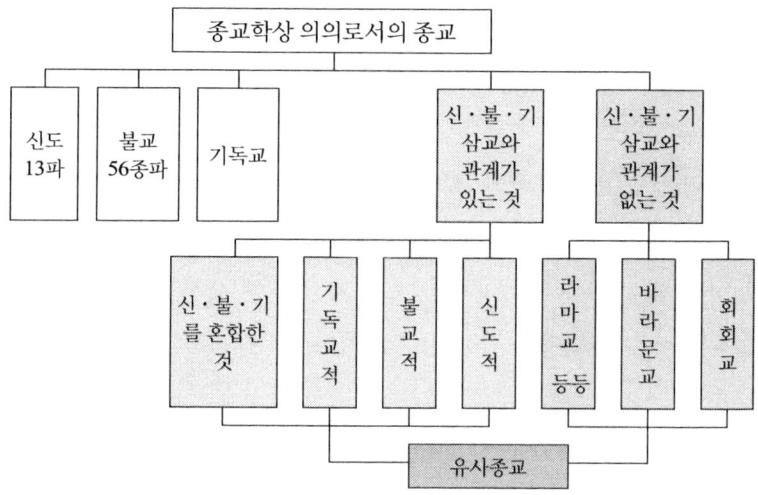

이는 정부가 종교를 공인종교와 비공인종교로서 유사종교로 나누는 것이며, 유사종교도 신도·불교·기독교와 관계가 있는 것과 없는 것을 구분하고 있다. 신도·불교·기독교와 관계가 없는 것으로는 회회교(回回敎 : 이슬람교)와 바라문교(힌두교), 라마교 등 외국에서 유입되어 일본에서 신앙되거나 포교 활동을 하고 있지만 공인종교의 영역에는 포함되지 않는 것이다. 신도·불교·기독교와 관계가 있는 것은 신도적인 것, 불교적인 것, 기독교적인 것과 신·불·기를 혼합한 것 등 네 종류로 구분하고 있다.

---

185 有光次郎 著, 『宗敎行政』, 常磐書房, 1934, p.7.

이처럼 일본에서는 유사종교 개념이 새롭게 정리되고 있다는 것을 알 수 있는데, 그 기준은 국가 행정을 중심으로 공인종교와 비공인종교의 두 관점으로 명확하게 나뉜다는 것이다. 여기서 유사종교는 비공인종교를 총칭하는 용어로 사용되고 있다는 것이며, 그 속성 또한 단순한 미신을 넘어서 해외에서 유입된 각종 비공인종교를 포괄하는 것으로 나타난다.

한편 동년 6월, 오제키 츠구오(小關紹夫)는 일본종교학회에서 발간하는 학술지 『종교연구』 제11권 6호에 「유사종교단체의 현세와 그 분석」이라는 논문을 게재하였다. 여기서 그는 유사종교의 개념 및 그 취급에 대해 다음과 같이 말하고 있다.

> 이하 서술하고자 하는 유사종교란, 비공인으로서 종교행정상의 대상이 되지 않는 종교를 말하는 것이며, 유사종교행위자는 그들의 종교행위에 종사하는 자를 말하는 것이다. 비공인이란, 형식적으로는 각의(閣議) 및 칙재(勅裁)에 의한 주무대신(主務(文部)大臣)의 허가를 얻지 못한 것이다. 그 의미에 있어서 엄격하게 공인종교로서 존립하고 있는 것은 신도 13파, 불교 56파이다. 기독교는 위와 같은 형식상의 수속을 밟지 않으며, 따라서 이상과 같은 의미에 있어서 공인종교는 아니지만 대체로 종교 행정상의 대상으로 인정되고 있다. 따라서 이들은 문부성 종교국에 있어서 종교 행정상의 대상이 되며, 각종 보호 감독 아래 있다. (중략) 그리하여 삼교만이 종교로서 취급되며, 가령 신도적, 불교적인 것 일지라도 공인교 종파 이외는 행정상 벗어나며, 또한 신·불·기의 삼교와 무관한 것, 예를 들면 회교(回敎), 유태교(猶太敎), 라마교(喇

嘸敎) 등도 유사종교 가운데에 포함되는 것이다. 따라서 유사종교란, 본질적 구별에 의한 것이 아니라 행정적 구별이며, 헌법 제28조 앞에서는 차별 없이 모든 종교는 평등의 지위를 가진다. 하지만 여기서는 일반 유사종교를 취급함에 있어서 외래의 종교는 다루지 않을 것이다.

> * 유사종교의 명칭에 대해서 말하자면, 처음에는 종교유사단체 혹은 종교유사행위자라고 부르는 명칭을 사용했는데, 주로 단체 혹은 행위자를 지칭하는 것이었으므로, 포괄적으로 행정상 이외의 종교 전체를 지칭하는 점에서 불편하며, 또한 종교유사라고 하는 것을 말할 수 있는 것인가, 종교학상의 관점에서는 (종교와) 같은 양태가 아닌가 하는 등의 의견이 있었으므로, 이렇게 행정상 종교 이외의 것을 유사종교라고 칭하고, 유사종교행위자, 유사종교단체라고 부르기로 했다. 그런 까닭에 유사종교를 모두 이른바 사기종교(インチキ宗敎)라고 보는 것은 잘못된 것이다. 그 가운데에는 상당히 존중할만한 신념의 가치를 가진 것이 있고, 또 오모토교(大本敎)와 같이 만몽(滿蒙)에까지 세력을 뻗치고 있는 것도 있지만, 한편으로는 신자가 마누라 한 사람이라고 할 정도의 것도 없는 것은 아니다.[186]

이는 앞서 아리미츠의 이름으로 간행된 종교 행정상 공인종교와 비공인종교의 분류를 근간으로 새로운 유사종교론을 전개하고 있다는 것을 알 수 있다. 오제키는 유사종교라는 용어가 사실상 종교

---

186 小關紹夫, 「類似宗敎團體の現勢とその分析」, 『宗敎硏究』 11-6, 1934, pp.126-127.

학상의 관점을 반영하지 않은 채, 오직 행정적 구분으로만 사용하고 있다고 비판하고 있으며, 해당 논고는 유사종교에 대한 실제 현황 조사를 중심으로 서술한 것임을 밝히고 있다. 그러나 그는 머리말에서 "유사종교는 기성종교의 습지에 발호하는 버섯이다. 사회적으로도 행정적으로도 태양이 없는 그늘에서 살아가는 잡초적 존재다"[187]라는 부정적 인식에서 출발하고 있음을 알 수 있다.

물론 그는 국가에서 정한 유사종교 관련 구분, 곧 종교 행정상 형식적으로 주무관청의 허가를 얻지 못한 단체라는 분류의 방식을 그대로 수용한다. 그러므로 유사종교에는 일본에서 자생한 신도계나 불교계 등의 유사종교만이 아니라, 이슬람교나 유대교, 라마교 등도 이에 포함되며, 이들을 성격에 따라 분류하거나 종교적 가치를 논하지는 않았다고 주장했다.

이러한 관점에서 본다면 유사종교 전체를 '사기종교(インチキ宗敎)'로 바라보는 것 또한 바람직하지 않다고 했다. 곧 유사종교라는 표현이 어떻게 파생되었고 어떠한 성격으로 분류할 것인지에 대한 고민보다는 행정적으로 비공인종교를 유사종교라고 통칭하였기 때문에 이 용어에 포함된 모든 종교를 미신 혹은 사기종교라고 단정해서는 안 된다는 것이다.

오제키의 이러한 주장은 근대 일본의 종교에 대한 인식을 더욱 세부적으로 구체화하고 있다고 평가할 수 있다. 이미 국가에 의해 공인교와 비공인교를 행정적으로 구분하였다면, 그는 이러한 비공인교

---

187 위의 글, p.126.

속에서도 '사기종교'와 그렇지 않은 것들 특히 외래종교 등이 혼재되어 있다고 하면서 이들의 성격을 재차 구분해야 한다고 한 것이다.

　실제로 오제키와 같은 관점에서 유사종교 조사를 행하고 그 내용을 정리한 것으로, 시이오 벤쿄(椎尾辨匡)·나가이 마코토(長井眞琴)·가토 도츠도(加藤咄堂) 등 불교학자들이 감수한『종합포교신사전(綜合布敎新辭典)』를 들 수 있다. 여기서는「유사종교단체」항목을 다루고 있다.

　이 사전에서는「유사종교단체」로 오모토교(大本敎), 바하이교, 히토노미치교단(ひとのみち敎團), 크리스찬사이언스, 신지교(神智敎 : 接神敎), 슈쿄테키진혼슈기(宗敎的人本主義), 덴도신코교(天道神光敎), 다이이치죠교(大一乘敎), 간지자이슈(觀自在宗), 코야네교(兒屋根敎 : 高天原敎), 신신교(神心敎 : 靈敎), 쇼붓쿄(正佛敎), 덴신교(天眞敎), 다이신교(太神敎), 잇손베츠메이(一尊別名), 샤카교(釋伽敎), 도이치교(統一敎), 진기요토쿠카이(神祇養德會), 다이니혼진키카이(大日本神祇會), 다이니혼진기스케이카이(大日本神祇崇敬會), 소센교1(祖先敎), 소센교2(祖先敎), 신교(心敎), 신신교(眞心敎), 신도다이니혼신신카이(神道大日本眞心會), 다이니혼고쿠민노교교카이(大日本國民農業協會), 쇼보지코쿠카이(正法持國會), 후도레이겐교(不動靈源敎), 신도신코쿠교(神道神國敎), 신코쿠교(神國敎), 덴쇼교(天照敎), 덴소교(天祖敎), 다이요교(太陽敎), 다이요가쿠세군스우소단(太陽敎覺世軍崇祖團), 히노다이카비교(日の大火美敎), 레이겐교(靈元敎), 고우텐교(皇天敎), 메이지교(明治敎), 신교(神敎) 등 39개의 교단을 소개하고 있다.[188]

188　椎尾辨匡·長井眞琴·加藤咄堂 監修,『綜合布敎大辭典』, 大東出版社, 1934, pp.64-73.

1926년 종교유사단체 조사에서 등장했던 교단 외에도 바하이교, 슈쿄테키진혼슈기, 다이니혼고쿠민노교쿄카이 등 새로운 교단을 추가하고 있는데, 외래계 종교인 바하이교를 '유사종교'로 소개되고 있다는 점이 눈에 띈다. 이는 오제키가 제시한 바와 같이 일본에서 공인교로 인정되지 못한 모든 교단을 유사종교로 분류하고 있다는 특징이 사전에 반영되고 있는 것이다.

한편 오제키의 논문이 발표된 것보다 한 해 앞선 1933년 4월 일본 근대를 대표하는 종교학자 아네사키 마사하루는 《도쿄아사히신문(東京朝日新聞)》에서 종교 및 유사종교에 대해 다음과 같이 적고 있다.

'위대한 과학자는 아는 것에 따라서 미지의 수평선을 확장해 가는 사람이다' 이에 반하여 통속의 과학 신자는 주어진 연구의 결과로 모든 것이 충분하다고 생각한다. 물리의 현상은 전자의 만사를 다하고, 생리(生理)의 사실은 탄산화합물로 모두 분명해진다고 안심하고, 또 교만한다. 그런데 생명의 사실뿐만 아니라 그 의의는 과학의 측정이나 실험으로 다 알아지는 것이 아니며, 그 결착(決着)은 인간 스스로의 문제, 인간의 모든 능력, 지(知)와 정(情)과 의지(意志)라고 하는 감정적 분발, 이상(理想)과 신앙(信仰)을 총동원해서 생명의 문제로서 해석해야 할 문제이며, 그것이 곧 고대로부터 철학이나 종교로서 인간을 움직여 온 힘이다. 그 힘이 금후 어떠한 형태로 세상을 움직일 것인가에 대한 문제는 따로 논의할 필요가 있으나, 이 문제가 인생의 숙제로서 어느 세상에서도 각각의 감화를 주며, 또 인간이 그 해석을 구하는 동경은 결코 소멸하는 것이 아니다. 종교의 생명은 여기에 있으며, 그러므로 현대문화의 비종교적인 공기 가운데에도 그것이 종종의 형태로 모든 방면에서 나타난다.

그 증표인 모든 신흥종교, 또는 유사종교들도 일일이 여기서 거론할 수는 없으나, 또한 그 가운데에는 사기종교도 매우 많지만, 한편으로 확실하게 깊은 뿌리에서 나온 강한 세력을 가진 것도 있다. 그들 가운데에는 전래의 종교와 형태를 다르게 하고 있으므로 세상 사람들은 종교라고 생각하지 않는 것이라도 그 실지는 종교운동이다. 그리스도교도 그 시작은 로마인들로부터 전래의 종교와 다르다는 이유로 무신종(無神宗)이라고 불리지 않았는가. 그리고 여기에 흡사한 것들이 현재의 사회운동 가운데에도 있다. 과학 그것은 종교와 길을 달리하며, 기계문화는 비종교적 기풍을 기르지만, 그럼에도 종교를 구축(驅逐)할 수 있는 것은 아니며, 과학과 산업만으로 인생의 문제를 해결할 수 없다는 점에 현대의 고뇌가 있다.[189]

아네사키는 아마도 근대 전체를 통해 유사종교에 대해 새로운 종교적 가능성을 보여주고자 했던 최초의 인물이라고 생각된다. 그는 유사종교를 반드시 '사기종교'로만 보는 것이 아니라 이들이 가진 종교적 가능성과 가치를 재평가해야 한다는 시각을 보인다는 점에서 오제키도 아네사키의 영향을 받은 것이라고 본다.

특히 아네사키가 주목하는 것은 새로운 종교의 등장을 단지 과학적 시각에서 바라보는 것만으로는 충분하지 않다는 것이었다. 인간

---

189 姉崎正治, 『已弁集』, 大東出版社, 1934, pp.459-460.

의 생명에 관한 문제는 단지 과학과 산업으로만은 해결할 수 없으며, 이는 인류가 고대부터 지금까지 해결하지 못한 문제일 뿐만 아니라, 인간을 움직여 온 힘이라고도 했다. 곧 과학이 아무리 발달해도 인간의 생명에 관한 문제, 그리고 이 문제를 해결하고자 하는 인간의 욕망은 결국 종교를 통해 표출될 수밖에 없다고 보고 있는 것이다.

그러므로 아네사키는 유사종교의 출현을 이러한 인간의 생명에 대한 근본적인 문제와 연계해서 생각한다. 물론 그는 유사종교 가운데 '사기종교'가 있다는 것을 부정하지는 않지만, 유사종교의 출현 자체를 하나의 '종교운동'이라고 평가했다. 과거 그리스도교가 로마인들로부터 '무신종(無神宗)'으로 배척을 받았던 것처럼, 새로운 시대를 맞이하여 등장하는 유사종교의 출현은 자연스러운 현상이라고 보았다. 따라서 과학과 산업에서 이러한 새로운 종교의 출현을 단지 '비과학적'이라는 관점에서 배척할 수 있는 것이 아니며, 종교적인 관점에서 인생의 문제 해결을 향한 고뇌를 이해할 필요가 있다고 주장하였다.

아네사키의 이러한 주장은 당시 의학계를 중심으로 유사종교의 마지나이(禁厭)기도나 점술 등 비과학적, 비합리적인 측면을 철저하게 배제하면서 이들을 모두 미신 혹은 사기종교로 치부하고 있던 분위기에서 나온 것이라는 점에서 매우 의미가 깊다. 특히 일본의 종교계와 사상계에 상당한 영향을 끼쳐 왔던 아네사키가 유사종교를 하나의 새로운 '종교운동'으로서 재평가한 부분은, 1939년 〈종교단체법〉이 제정되는 단계에서 유사종교가 종교적인 것으로 발전할 가능성이 있는 것과 미신으로서 단속할 것을 구분하는데 영향을 끼쳤을 것이라고 생각한다.

사실 아네사키는 메이지 초기부터 계몽주의자들에 의해 일본의 민간신앙이 미신으로 일괄되어 비판되는 것에 대해, 그러한 인식의 타파를 주장해 왔다. 곧 "정통의 조직종교에서 본다면 혹 미신이라고 폄훼해버릴 수 있는 것들도 그들 가운데에는 태고의 순박한 신화적 신앙이 보존된 것들도 있고, 또는 그 가운데에는 합리적 관습을 가진 것도 있으며, 학술적으로 사회학 및 종교사의 관점에서 보더라도 막연히 미신이라는 말로써 이들을 통칭하는 것은 결코 상식적인 견해라 할 수 없다"라고 하였다.[190]

이처럼 아네사키는 메이지 초기의 계몽주의자를 비롯하여 1930년대 과학주의자나 사회주의자 등이 유사종교를 미신이나 사기종교로 비난되는 것에 대해 일관되게 그들이 지닌 종교적 가치를 주장해 왔다. 아주 적극적인 긍정까지는 아니더라도 기존에 부정적으로만 점철되어 왔던 유사종교의 부정성이 그에 의해 전환의 계기를 얻을 수 있었다고 말해도 좋을 것이다.

7. 나가는 말

1920년대 유사종교의 대명사가 오모토교였다면, 1930년대 초반의 대표적인 유사종교는 바로 메이도카이와 덴신교였다. 그리고 그 부정성의 유형도 1920년대에는 주로 미신이나 음사사교를 유사종

---

190 林達夫, 『歷史の暮方』, 筑摩書房, 1946, pp.80-81.

교의 주된 성격으로 내세웠다면, 1930년대에는 이들이 사회에 직접적으로 영향을 미쳐가는 측면, 특히 단속을 염두에 둔 법 적용의 범위를 중심으로 그 부정성이 현실화한다. 곧 유사종교는 개인의 재산을 편취하는 사기집단이라는 관점에서 그 부정성이 강화된다.

그러나 역설적으로 사회적인 부정성이 강화하는 가운데에도 유사종교의 수는 해를 거듭할수록 증가하는 것을 볼 수 있다. 사회에 혼재하는 이념의 충돌과 그로부터 파생된 정치적 충돌, 경제적 불황으로 인한 대중의 현실적 고충 등이 겹치면서 1926년 98개 단체였던 유사종교는 10년 후인 1935년에는 1,219개로 그 수효가 급증하는 것이다.

이렇게 유사종교가 급격하게 늘어나는 것에 대해 정부와 지식인들은 위화감을 가졌을 것이다. 또한 이들에 의해 사회의 불안이 가속할 것이라는 인식에서 더욱 철저한 단속과 탄압을 강조하였다. 하지만 단속과 탄압을 가하는 가운데 오히려 주술이나 영술 등 인간의 불가사의한 영적 현상이나 종교의례 등을 통해 영리를 추구하면서 합자회사를 설립하는 유형으로 유사종교의 현상은 다양화하는 것을 볼 수 있다.

이처럼 1930년대 일본의 유사종교는 종교가 시대의 변화에 따라 어떠한 유형으로 변화해 갈 수 있는지를 보여주는 흥미로운 모델이 된다는 점에서, 향후 신종교 관련 연구의 시야를 넓혀줄 것으로 기대된다.

제5장

유사종교 의미의 다변화

1. 들어가는 말

유사종교라는 용어는 1930년대 중반을 통해 인식의 변화뿐만 아니라, 그 존재 양태에 있어서도 큰 변화를 겪게 된다. 앞서 밝힌 것처럼 미신이라는 개념에서 실질적으로 대중의 삶에 부정적 영향을 주는 사기종교로 폄훼되기도 한다. 그에 비해 행정적으로 공인종교와 비공인종교를 구분하는 관점에서 비공인종교의 영역에 외래계 종교도 포괄한다는 점에서 유사종교에 대한 성격의 애매함을 비판하는 시각도 나타나며, 한편으로는 종교학적 관점에서 이들을 신종교의 전형적인 유형으로 파악하면서 그 속에서 종교성을 찾아가려는 시도도 보인다. 또한 유사종교가 영리를 목적으로 하는 기업의 형태로 출현하기도 한다.

이러한 유사종교를 둘러싼 인식의 변화는 여기에 그치지 않는다. 근대 종교학자, 특히 아네사키 마사하루 등에 의해 제기된 유사종교의 신생 종교로서의 가능성 탐구는 분명히 유사종교의 종교적 가능성을 보여주었다. 하지만 이렇게 새로운 종교라는 의미를 담은 '신흥'의 표현은 오히려 원시적이라는 의미와 결합된 '미신'과 동일한 의미로 인식되면서 기존의 유사종교가 지녀 왔던 부정성을 더 강화하는 방향으로 전개되기도 한다.

그렇다면 제4장의 논의에 이어 본 장에서는 1935년을 전후한 일본 사회에서는 어떠한 역사적 사건을 계기로 유사종교의 의미가 다시 변화의 양상을 겪게 되는지, 아울러 이러한 변화의 중심에는 어떠한 사상 혹은 인물들이 서 있는지 등에 대해 살펴보기로 하자.

2. 유사종교와 '신흥종교'의 결합

아네사키 마사하루가 유사종교를 하나의 '종교운동'으로 평가를 했다 하더라도, 정작 일본 사회 전반을 통해 확산되는 유사종교에 대한 사기종교 혹은 미신에 대한 인식은 갈수록 심화되었다. 그리고 이들에 대한 공권력의 강력한 단속을 요구하는 목소리 또한 더욱 커진다.

특히 유사종교에 대한 일본 지식인들의 인식이 강한 비판과 탄압의 요구로 이어지는 것은 1935년 이후 본격화된다. 이는 과거처럼 각종 잡지에 논설이나 혹은 기사, 비평의 형태로 유사종교를 비판하는 수준에 그치는 것이 아니었다. 논설이나 기사는 기본이며 세부적인 내용을 다룬 저술의 형태로 유사종교의 실상을 공개하고 그 가운데 나타나는 미신 혹은 사교적인 측면을 부각하기 시작한다.

유사종교에 대한 비판적 저술 가운데 주목할 만한 것으로는 1935년 1월에 발간된 『현대종교비판강화(現代宗敎批判講話)』를 들 수 있다. 당시의 젊은 서양철학 연구자로서 마르크스주의의 입장을 중시하였던 아키자와 슈지(秋澤修二)와 야마다 히로시(永田廣志)가 공동으로 간행한 이 저술에서는 제4장 「'종교부흥' 현상과 그 본질」의 제3절에서 「유사종교의 범람(類似宗敎の氾濫)」을 주제로 일본의 유사종교 현상에 대해 다음과 같이 기술하고 있다.

「종교부흥」의 제2의 기본적 현상인 유사종교의 홍수적 범람 현상은 최근에 볼 때 현저하게 눈에 띄고 있다. 「유사종교」란, 질병·빈곤·재해 등의 화악(禍惡)을 무술적(巫術的)으로 발제(拔除)하려고 하는 「음사사교(淫祠邪敎)」의 종류로, 국가에서 공인하고 있는 이른바 「공인종교」에 대해 「유사종교」라고 부르는 것이다.

이 유사종교는 최근 현저하게 수적 발전을 보이고 있는데, 문부성 종교국에 제출되는 신종교(新宗敎) 계출(屆出)은 많은 날에는 하루에 2~3개도 있으며, 평균 1주일에 하나 정도는 있다고 한다. 「히토노미치」 교단과 같은 것은 불과 10년 사이에 한 사람의 교조에서 60만의 신도를 가질 정도로 대단한 발전을 보이고 있다. 이 유사종교는 단지 현저한 극적 증대를 보여주고 있는 것만이 아니라, 또한 많은 경우 민중이 타성적(惰性的)이고 인습적(因習的)인 연중행사에 의해 그에 연계되어 있다고 하는, 불교 등과는 다르게 직접적으로 신자의 일상적 생활 의식을 강하게 지배하고, 그 종교적 기능에 있어서 압도적인 힘을 가지고 있다는 점에 있어서 그 역할은 결코 경시할 수 없다. 특히 이들의 홍수와 같이 범람하는 유사종교, 이른바 '사기(インチキ) 제 종교'는 많든지 적든지 국수주의적(國粹主義的) 경향을 가지며 일정한 정치적 색채를 띠고 있다는 점에서 그러하다.

다이쇼 15년(1925) 6월 현재 사회교육국 조사 통계에 의하면 유사종교단체 총수는 98개로, 그 가운데 신도에 유사한 것이 65단체, 불교에 유사한 것이 29단체, 그리스도교에 유사한 것이 4단체였다. 그런데 그로부터 5년 후인 쇼와 5년(1930)에는 그 총수는 416단체로 증가했고, 이를 부현(府縣)별로 나누면,

東京	75	和歌山	27	靜岡	14	茨城	10
北海道	70	京都	18	岡山	12	山形	7
鳥取	28	大阪	16	宮城	11	埼玉	7

로 되어 있다. 최근은 아마도 단체 총수가 쇼와 5년의 10배에 달해 있을 것이다.[191]

위 문헌의 저자는 일본에서 일고 있는 종교부흥 현상에 대해, 첫째 일본 정부에 의한 정신작흥운동(精神作興運動)의 통일전선에 적극적으로 동원하는 과정에서 나타나는 기성종교의 통일과 국수주의화 또는 일본주의화, 둘째 유사종교의 홍수적 범람 현상, 셋째 도모마츠 엔타이(友松圓諦) 등에 의해 제기된 이른바 '불교부흥' 현상이 그 실체라고 보았다. 그리고 이러한 현상이 서로 관계하는 가운데 종교부흥은 구성된 것이며, 그 본질은 일본주의화와 국수주의화 현상이라고 하였다.[192]

이 가운데 유사종교에 대해서는 세계공황으로 1930년 이후 일본 사회에는 새로운 종교가 봇물 터진 것처럼 쏟아져 나왔고, 이 시기에 출현한 대부분 종교를 공인종교와 차별화되는 유사종교라고 하였다. 물론 여기서도 유사종교에 대한 평가는 사기종교나 음사사교라는 기존의 인식을 고스란히 계승하고 있다.

다만 유사종교에 대한 비판 가운데 기존의 시각과 다른 점이 하나

---

191 秋澤修二・永田廣志, 『現代宗敎批判講話』, 白揚社, 1935, pp.251-252.
192 위의 책, pp.237-239.

있는데, 그것은 바로 유사종교를 '국수주의(國粹主義)'적 정치 집단으로 규정하고 있다는 점일 것이다. 자국우월주의(自國優越主義)를 기본으로 하는 국수주의는 국가주의의 한 유형이라고도 할 수 있는데, 유사종교의 국수주의적 성향이 1930년대 초반부터 지적되고 있었다는 점은 매우 흥미롭다.

또한 이들은 "마츠무라 가이세키(松村介石)의 그리스도교주의적인 '도카이(道會)'를 포함하여 이들 유사종교 단체는 모두가 신도(神道)이데올로기의 제 요소를 다분히 포함하고, 극단적인 일본주의 경향을 가지고 있는 것이 많다"라고 하여 유사종교가 일본주의와 국수주의 이데올로기에 편향된 종교라는 점에서 순수한 형태의 종교가 아니라 사기종교라고 비판하였다.

마츠무라 가이세키는 일본조합교회 목사였다가 자유주의신학의 영향을 받으며, 1905년에는 그리스도교와 신도, 유교, 노장사상, 불교를 포함하는 혼효(混淆)종교인 일심회(一心會, 뒤에 '일본교회'를 거쳐 '도회'로 개칭)를 창립한 인물이다.[193] 메이지 시기 그리스도교청년회관 강사로 활동할 당시에는 우치무라 간조(內村鑑三), 우에무라 마사히사(植村正久), 다무라 나오오미(田村直臣) 등과 더불어 메이지 그리스도교계 사촌(四村) 중 한 사람으로 불렸다. 그는 신을 아버지로 하고 인류를 동포라고 하는 '사해동포주의'의 관점에서 모든 종교를 통합하여 재구성하는 종교적 보편성을 추구하였다. 그러나 정작 그의 이러한 모습이 사회주의자의 안목에서는 '신도이데올로기'를 포함하는 '극

193　松村介石, 『道会の主張』, 天心社, 1912, pp.6-7.

단적 일본주의'로 평가되어 비판받았다.

한편 1930년대 초반부터 우후죽순처럼 출현하였던 유사종교에 대해 가장 강하고도 단호한 비판을 해 갔던 단체 중 하나가 바로 '일본의사협회'였다. 이 협회의 회원들은 유사종교가 국민의 위생을 방해하는 주된 요인이라고 주장하는 기사를 반복적으로 게재하였다. 곧 유사종교는 일본 사회의 대표적인 미신이며 전근대적인 폐단이라고 하면서 이들에 대한 박멸을 주장하였다. 과거부터 음사사교라고 비난받았던 미신행위, 곧 위생에 어긋나는 '치병(治病)' 행위를 유사종교 단체들이 고스란히 물려받아 실행하는 것에 대한 비판이었다.[194] 근대 초기부터 국가에서 금지했던 각종 치료와 주술 행위가 다양하게 옷을 갈아입으면서 여전히 사회 전반에서 성행하고 있었는데, 의사들은 이 행위 자체를 유사종교라고 하면서 비난하였다.

더불어 앞서 살펴본 바와 같이 사회주의(공산주의) 운동가, 불교와 기독교 등 기성 종교계의 인물들과 사상계 전반의 지식인들에 의해 유사종교에 대한 전방위적인 비판과 이들에 대한 단속 또는 박멸을 주장하는 목소리가 거세진다. 그 대표적인 사례로 1935년 6월 일본 가톨릭교회의 신부 다구치 요시고로(田口芳五郎)의 비판을 들 수 있다.

어떤 종교가 참된 종교인가? 곧 실제적으로 어떤 종교가 과연 우리가 찾고 있는 참된 종교인가를 연구하지 않으면 안 된다. 불교 집안에 태어난 사람은 조상대대로의 종교니까 불교가 참된 종교, 기독교도의

---

194 「卷頭 國民衛生を蠹毒する類似宗敎の邪療行爲」, 『日本醫師新報』 659, 1935.04, p.1.

자녀는 그리스도교가 진짜 종교라고 말할지도 모른다. (중략) 우리나라에서는 종종 신종교나 유사종교가 우후죽순처럼 자라나서 문부성 종교국에서는 일주일에 평균 2~3개의 신종교 성립 신청서가 접수된다고 한다. 하지만 참된 종교가 새로운 종교 가운데에 있을 것이라고는 도저히 생각되지 않는다.[195]

앞의 『현대종교비판강화』에서 거론한 것과 유사하게 문부성 종교국에 많은 '신종교' 신청서가 접수되고 있다는 것을 말하고 있는데, 여기서는 신종교와 유사종교라는 표현을 동시에 사용하고 있다.

일본 사회에서 신흥종교라는 표현은 이미 메이지 시기부터 사용된 바가 있는데, 그 대부분은 곤코교나 덴리교, 구로즈미교 등 근대를 통해 새롭게 형성된 교파신도를 지칭하는 것이었으며,[196] 기성종교와 대립적인 의미로 사용되는 경우가 많았다.[197]

그러한 점에서 곤코교나 덴리교에서 사용하는 신흥종교는 기성종교의 한계성을 타파하고 새로운 종교적 가능성을 역설하는 의미가 투영되어 있다는 것을 알 수 있다.[198] 곧 기성종교가 타락하였을

---

195 田口芳五郎, 『カトリック敎の勉强へ』, カトリック中央出版部, 1935, pp.8-9.

196 飛鳥生, 「金城女學校不敬事件」, 『新光』 28, 金光敎靑年会, 1908.07, p.17; 「新興宗敎徒の佛敎觀」, 『六大新報』 334, 六大新報社, 1910.02, p.13; 安藤枯山, 「十萬の癩患者をどふするか」, 『新公論』 30-7, 新公論社, 1915.07, p.21 등.

197 신흥종교에 대한 표현의 경우 다른 한편으로는 가마쿠라시대(鎌倉時代)에 새롭게 일어난 불교운동 가운데 정토종이나 일련종 등을 신흥종교 혹은 신종교라고 하였으며, 이 또한 기성불교에 대한 새로운 불교라는 의미로서 신흥종교의 의미는 사용되었다.

198 奧谷文智, 「新興宗敎論(一)」, 『新公論』 30-10, 新公論社, 1915.10, pp.51-55; 和泉乙三, 「新興宗敎論(二)」, 『新公論』 31-2, 新公論社, 1916.02, pp.20-24.

경우 새롭게 대두되는 것으로 신흥종교의 의미를 부여하고 있었다.

그런데 1926년 종교법안 제정을 추진하는 과정에서 '신흥종교에 대한 박해'라는 문제가 제기되었다. 종교법안이 제정되고 종교성(宗敎省)이 설립될 경우, 신흥종교에 대한 헤아릴 수 없는 박해가 이루어질 것이라는 우려였다.[199] 이후 신흥종교 또는 신종교는 '상매적(商賣敵)'이라거나 '발흥(勃興)'하는 것으로서 종교법안을 통해 억제 또는 통제되어야 할 것으로 지목되면서[200] 유사종교와 동격으로 취급되었다.

특히 오모토교 사건이 세상의 이목을 끌면서 신흥종교가 일본 사회를 혼란스럽게 한다는 인식도 형성되기 시작하며,[201] 신흥종교를 음사사교로 규정하는 시각도 점차 늘어나게 된다.[202] 이로부터 덴리교와 곤코교 등 이미 교파신도로서 공인교에 포함된 종교도 신흥종교라는 점에서 '저급한 종교'로 비평하는 것이 당연한 분위기가 형성된다.[203]

이와 같이 신흥종교라는 표현에도 이미 미신 혹은 음사사교와 같은 부정적인 의미가 이식되었다. 그러다가 1935년에 이르면 신흥종교와 유사종교가 결합하여 '신흥유사종교'로 통합하여 사용하기 시작한다. 따라서 신흥유사종교는 미신·괴교·음사사교·유사종교

---

199 北峯順修, 「宗敎省設立の議」, 『日本及日本人』103, 政敎社, 1926.07, p.19.
200 及川智雄, 「宗敎法案に對する素人觀」, 『東亞の光』21-8, 東亞協会, 1926.08, p.38; 峯川辰五郎, 「宗敎法案に就いて」, 『法曹公論』31-4, 日本弁護士協会, 1927.04, p.40.
201 東方書院 編, 『日本宗敎大講座』第二, 東方書院, 1927, p.67.
202 鈴木惠照, 「社會事業と寺院(二)」, 『六大新報』1213, 六大新報社, 1927.04, p.5
203 「化粧せる病婦」, 『六大新報』1226, 六大新報社, 1927.07, p.2.

·신흥종교 등 근대를 통해 표현되어 온 종교에 관한 부정성의 총체처럼 등장했다. 마치 변신 로봇이 서로 합체를 통해 더 강력한 힘을 발휘하듯이 신흥종교와 유사종교 또한 합체에 의해 그 부정성을 정점으로 끌어 올린 것이다.

신흥종교와 유사종교를 결합하여 표현하는 것이 단지 일본에만 국한된 현상은 아니었다. 같은 시기 조선에서도 유사종교 앞에 신흥이라는 표현을 붙이는 것이 일반화하는데, 이는 1935년 무라야마 지준이 『조선의 유사종교』에서 이 표현을 공식 사용한 것에서 비롯된다.[204] 이로부터 '최근에 탄생한 미신·음사사교'처럼 유사종교에는 전통적인 종교와 차별화하는 시간적 제약이 붙기 시작했다. 곧 유사종교가 아직 교리나 의례, 제도 등의 측면에서 기성종교에 비견할만한 보편성을 확보하지 못했다는 것을 '신흥'이라는 표현으로 구체화한 것이다.

또한 신흥유사종교라는 표현 속에는 원시적이고 주술적인 종교라는 인식이 깊이 내재해 있다는 점에서 종교적 진화의 미성숙 단계에 머물고 있다는 의미도 깊이 투영된다.

1930년대 초반부터 방송 설교로 '불교부흥'의 아이콘이 된 도모마츠 엔타이(友松円諦)는 1934년 『종교독본(宗敎讀本)』에서 다음과 같이 말하고 있다.

나는 특히 이들 모든 종교의 유사종교가 지닌 최근의 대단한 발전

---

204 村山智順, 『朝鮮の類似宗教』, 朝鮮総督府, 1935.

양상에 경이로운 눈으로 지켜보고 있다. 이들 신종교운동의 오늘의 대단한 정세는 실로 오늘날까지 대표적이었다고 생각되어 왔던 종교가 제도적으로는 매우 당당한 것처럼 보이지만 살아있는 종교로서의 역할을 완전히 현대사회에서 상실했기 때문에 나타나는 것이다. 확실히 이들 신종교, 신종파는 노대종교가 낮잠을 자는 사이에 점점 사회의 한 부분을 무너뜨렸고, 형태만 남고 어떠한 생명력도 없는 종지에 연(緣)을 맺고 있는 가족들에게 개인으로서의 종교적 만족을 주고자 했던 것이다. 그러한 공적에 대해서는 노대종교는 오히려 그러한 대리 역할에 감사해야 할 것이다. 그렇다고는 하나 이들 신흥종교운동은 현재의 형태에 있어서 단지 그 전체적 장래를 비평하는 것을 보류하고자 하는데, 혹시 나의 관찰이 잘못된 것이 아니라면, 그들은 종교사상 그 자체로서는 거의 옛날 그대로이며 대부분이 근대인의 마음가짐에 영향을 줄 만한 현대적 색조를 가지고 있지 못하다. (중략) 현대에 가장 가깝다고 하는 의미로서 신흥종교운동이라고 말할 수 있을 것이지만, 그 사실에 있어서 나는 감히 그 '신(新)'이라는 형용사를 제거해야 할 것이라고 생각한다. 특히 이들 신흥종교운동이라고 불리는 것들을 다시 음미해 보면 이기적 요소가 너무나 많다는 점에 놀라게 된다. 자, 이 독본(讀本)의 과제가 진행됨에 따라 독자들은 친근하게 이해하고 있을 것이라 생각하지만, 종교라고 하는 것은 인간의 이기적 감정이 가벼워질수록 그 종교로서의 순수성과 위대성과 장년성(長年性)을 발휘할 수 있다. 그런데 오늘날 일본 사회의 비교적 교양의 수준이 높지 않은 계급을 지배하고 있는 이들 신종교운동이라는 것은 그에 입신(入信)한 대다수가 항상 병 치료 혹은 이익을 노리는 이기적 소망, 또는 성적(性的) 만족

내지는 일본만을 중심으로 하면서 전혀 다른 나라의 입장을 생각하지 않는 국가적 이기주의에 뿌리를 내리고 있는 것들이다.[205]

도모마츠는 '신흥유사종교'라는 표현을 직접 사용하지는 않았지만, 유사종교 현상을 신종교 운동으로 본다는 점에서 이를 동격으로 사용하고 있다. 그는 신흥종교 현상의 원인으로 노대종교(老大宗敎)가 본연의 역할을 하지 못하는 것에 기인한다고 비판하면서도, 정작 신종교는 교리적으로 새로운 것이 없고 오직 병 치료와 같은 현세 이익이나 성적(性的) 만족을 추구하며, 일본 민족에만 국한하는 국가적 이기주의에서 벗어나 세계 인류를 향한 보편성으로 나아가지 못한다고 비판하고 있다.

앞서 다구치가 참된 종교로서의 가톨릭과 참되지 않은 종교로서 유사종교·미신사교·사기종교 등을 대별했던 것처럼 도모마츠 또한 신흥종교와 유사종교를 동격으로 사용하면서도 이들 신흥종교의 참된 종교성 여부에 대해 지적하고 있다.

위 저술에서 도모마츠는 우선 일본 사회의 종교를 대하는 태도에 대해 분석하였는데, 첫째는 봉건시대의 종지를 유지하려는 보수적 농민들과 일부 서민에 의한 신흥종교운동의 참가, 둘째는 좌익의 종교이론 및 과학주의에 기반한 반종교운동 특히 사회진화론에 의한 종교의 미신성과 비과학성의 비판에서 오는 반종교적 태도와 무관심의 태도 등이 만연해 있다고 지적하였다. 따라서 이러한 시대에

205　友松円諦, 『宗教読本』, 日本評論社, 1934, pp.24-26.

신흥종교운동에 의해 구종교가 배척되어야 할 것이 아니라, 기성종교(특히 불교)가 새로운 시대에 부합하여 과학과 모순되지 않는 종교가 됨으로써 사람들이 신흥종교운동에 흘러가지 않도록 해야 한다는 '불교부흥'의 방향성을 제기하고 있다.[206]

도모마츠는 또한 신흥종교운동이 새로운 시대에 부합하는 듯이 일어나고 있지만 실상은 이들이 과거의 유폐(遺弊)를 고스란히 계승할 뿐이라는 점에서 '신흥'의 의미를 상실하고 있다고 비판한다. 그는 '신흥'이라는 표현에는 종교의 이기적인 속성을 벗어나서 순수한 종교성을 유지하는 것이라는 의미가 담겨 있는데, 현재 일본의 신흥종교는 이기적인 속성이 강하다는 점에서 결코 '신흥'이라고는 할 수 없다고 하면서 비판하였다. 신흥종교가 되기 위해서는 오히려 이러한 이기성을 극복하고 기성종교의 한계를 지적하면서 새로운 종교적 방향성을 제시하는 것에 의의가 있다고 보는 것이다.

사실 도모마츠는 기성종교가 자신들의 역할을 방임하는 것에 대해 그 대안적 역할을 신흥종교가 담당하고 있다는 점에는 수긍한다. 기성종교가 세계공황으로 촉발된 불안정의 시대를 살아가는 대중의 구제적 요구에 제대로 부응하지 못하고 있다는 점이나, 그 구제의 대안으로 신흥종교운동이 일어났다는 점은 인정하는 것이다. 다만 그 구제의 방식이 전통사회에서 행해오던 가지기도(加持祈禱)나 마지나이(禁厭)·호흡법·최면술 등 대부분이 병 치료나 현세이익을 추구하는 방법을 고스란히 계승하고 있다는 점에서 '신흥'의 의미를

---

206 위의 책, pp.28-32.

비판하였다. 가지기도나 마지나이, 호흡법 등이 근대 일본 사회에서 미신으로 비판되었다는 점에서 도마마츠의 '이기성'은 곧 '미신성'과 연계되어 있다고 생각해도 좋을 것이다.

따라서 『종교독본』을 통해 주장하는 도모마츠의 '불교부흥'은 곧 '신흥불교'라는 관점에서 전개되었다는 것으로 평가되었다.[207] 물론 그 자신도 불교가 전통적 체계에 사로잡히지 않고 새로운 시대에 부합하는 불교로 거듭날 것을 주장한다는 점에서 '신흥'의 의미를 불교의 혁신과 그에 따른 '불교부흥'의 동력으로 삼고자 했다.

도모마츠가 주장한 신흥불교는 사실 가마쿠라 불교를 '신종교'라고 표현하면서 구불교에 대한 혁신의 의미로 해석해 갔던 근대 일본 불교학의 기본 인식을 계승한 것이라고 본다. 그러한 점에서 '신흥불교'라는 발상 자체를 새로운 것이라고는 할 수 없으나, 이를 근대적 상황에 맞게 새로운 운동으로 발전시키고자 했다는 점에서 의의를 찾을 수 있다.

이상과 같이 일부에서 '신흥'의 의미가 다르게 수용되는 경향도 있었으나, 이 시기 신흥종교와 유사종교의 의미가 결합된 신흥유사종교의 표현은 음사사교 또는 사기종교와 미신 등의 의미가 종합되어 있었으며, 또한 덴리교나 곤코교 등 공인종교도 '신흥'이라는 이유로 유사종교의 범주에 포함하여 음사사교 또는 미신으로 비판하는 풍토가 성행하였다.

한편 1930년대 중반에는 신흥종교와 유사종교를 결합해서 사용

---

207 西脇勝, 『庭の落葉』, 西脇勝, 1936, p.34.

하는 이들과 다르게 이를 분리해서 사용하려는 경향도 나타난다. 이 둘을 분리하는 것은 결합하는 것과 또 전혀 다르게 유사종교를 이해하는 관점이 된다는 점에서 이 또한 유사종교 의미 다변화 가운데 하나라고 볼 수 있다.

3. '유사종교'와 국수주의(國粹主義)

위에서 언급한 것처럼 1930년대에 접어들면서 일본 사회는 내외적으로 충격과 혼란 속에서 좀처럼 헤어나지 못하였다. 외적으로는 세계공황의 충격으로 인한 경제불황이 지속되었고, 내적으로는 사회주의 사상의 유입과 이들을 중심으로 한 비밀결사는 노동쟁의와 소작쟁의를 주도하였으며, 다른 한편으로 국수주의·일본주의 등으로 무장한 극우집단의 테러 등이 사회의 불안을 더욱 가중했다. 여기서 주목하는 것은 국수주의 또는 일본주의와 유사종교의 관련성이다.

일본에서 유사종교와 국수주의의 관계에 대해 처음으로 언급한 것은 아마도 1934년 아키자와 슈지(秋澤修二, 1910~1991)라고 볼 수 있다. 그는 일본 사회를 풍미하고 있던 '종교부흥론'에 대해 언급하면서 다음과 같이 말하고 있다.

최근의 「종교부흥」 현상의 「본질」은 자본주의의 일반적ㅇㅇ의 종교적 표현인 「종교의 위기」이다. 곧 종교부흥이란 동시에 종교의 위기,

종교의 몰락이라는 것이다.

일본 자본주의의 내부적 모든 모순이 선명하게 되고 일련의 심각한 국내적 국제적 ㅇ ㅇ을 초래한다. 독점자본은 ㅇㅇㅇㅇ과의 연결에 의해 한 단계 더 강화된 노동자 농민의 ㅇㅇ에 대해 파쇼적 압력을 가하지 않으면 안 된다. 이와 같이 해서 기성종교 진영의 통일적 재정비와 그 일본주의화, 국가에 의한 종교의 통제 강화가 일어났다. 이와 동시에 소시민층의 경제적 기초 파괴에 의한 그들의 몰락화(沒落化)와 동요(動搖), 인텔리 계층의 생활 불안 심각화, 봉건적 제도의 잔존에 의해 선명해진 농촌의 파멸적 불황에 기반한 농민의 ㅇㅇㅇㅇㅇㅇ, 및 노동자의 극단적인 ㅇㅇㅇㅇ는 질병, 빈곤, 재해 등 재난을 무술적(巫術的)으로 해소하려고 하는 「유사종교」의 홍수적 범람 현상과 인텔리 도시소시민 계급의 「불교부흥」운동을 낳았다. 그리고 이 「유사종교」가 속출하는 현상은 동요하는 몰락 소시민 계층 및 노동자, 농민의 모든 계층을 기초로 하여 일어난 것이며, 유사종교는 이들 대중의 「ㅇㅇ」이었다. 무술이나 하라에(祓除)에 의해 이들 억제받는 대중의 질병, 빈곤, 재해 등의 재난은 절대 제거되지 않는다. 또한 이들 유사종교에 내재된 일본주의적 · 국수주의적 경향은 동요하며 몰락한 소시민층의 일부가 파쇼진영으로 이행해 간 것에 바탕한 것이다.

그러한 까닭에 「유사종교」가 속출하는 것과 「불교부흥」은 결국 파시즘의 지반을 간접적으로 강화하는 것이다. 이에 우리는 「종교부흥」 현상은 종교의 비상시적(非常時的) 형태라고 규정할 수 있다.

더욱이 이 「종교부흥」 현상의 제일 기본적 현상을 이루는 기성종교의 통일화, 일본주의화는 기성종교의 무력화에 기반한 파쇼적 재정비이고, 제2, 제3의 현상인 유사종교의 홍수적 범람 및 불교부흥도 이 기성종교의 무력화와 그 파쇼적 재정비와의 상관적 현상이며, 제일의 기본적 종교현상을 중심으로 하는 이들의 현상은 전체적으로 노동대중의 위에서 심하게「위로부터」시작되어 온 것이다.[208]

아키자와는 일본에서 일어나는 '종교부흥'이 사실상 일본 자본주의의 위기에서 파생된 것으로서, 실상은 종교가 몰락의 위기에 직면해 있는 것을 보여주는 것이라고 말하였다. 특히 현재의 종교부흥운동은 일본에서 금융자본의 확립과 유럽에서 발발했던 제1차 세계대전 이후 계급대립 격화 등을 계기로 국가(일본)가 기성종교에 대한 통제를 강화함으로써 종교적 교화단체의 전국적인 편성과 교화총동원의 형태로 종교의 역할을 강화한 것에 불과하다고 보았다. 이것은 국가라고 하는 위로부터의 종교부흥이며, 따라서 기성종교의 극단적인 국수주의를 주된 구성요소로 하고 있다고 진단하였다.

그는 유사종교의 범람 또한 자본주의의 폐해에서 비롯된 것으로보고 있다. 곧 미국의 주가 폭락에서 세계공황은 시작되었고, 이로부터 일본의 노동자들과 소시민 계층의 경제적 기초가 붕괴되었으며, 경제적 몰락에서 시작된 불안에서 재난을 무술적(巫術的)으로 해결하려는 풍토가 유사종교의 범람으로 이어졌다는 것이다.

아키자와와 유사한 논지를 펼쳤던 오치우지 도슌(越智道順)은 이들 노동자와 소시민들 사이에서는 현실적인 구제의 방법이 없다는 불

---

208 秋沢修二・永田広志, 앞의 책, pp.259-260.

안감이 만연하게 되었으며, 이러한 불안으로 인해 극대화된 절망감이 도시소시민들로 하여금 종교로 달려가도록 만들었다고 했다. 특히 최근 동요하는 소시민 가운데 많은 이들이 파쇼진영으로 이행하면서 유사종교에 국수주의가 범람하게 되었다고 보았다.[209]

이들이 보는 유사종교와 국수주의의 관계는, 그것이 성립하는 단계에서부터 결정된 것이 아니라, 세계공황 이후 몰락한 일본의 소시민들이 유사종교로 옮겨가면서 나타난 하나의 현상이었다. 그러한 점에서 유사종교의 범람이나 종교부흥의 움직임은 단지 파쇼적 기반을 확장하는 것에 불과할 뿐, 그 자체가 당면한 현실의 재난을 해소해 주지는 못한다고 비판했다.

특히 아키자와는 근래 유사종교가 남녀의 성애를 대담하게 긍정하고, 계급이나 사유재산을 확실하게 긍정하는 현세주의적 요소를 가진 까닭에 상당히 많은 신자를 획득했지만, 마츠무라 가이세키의 '도카이(道會)'를 비롯하여 대부분의 유사종교단체가 신도이데올로기의 요소를 다수 포함하는 극단적인 일본주의 경향으로 치닫고 있다고 주장했다.[210]

사실 유사종교를 위시하여 근대 일본의 종교 자체가 자본주의의 노예가 되어 부르죠아 인텔리를 중심으로 하는 파시즘에 경도되었다고 하거나, 또는 이들이 신도이데올로기를 중심으로 극단적인 일본주의로 나아간다는 주장은 당시 마르크스주의자들에 의한 종교

---

209 越智道順, 『「宗教復興論」概観 : 附・「宗教復興論」文献』(仏教法政経済研究所モノグラフィー 第10輯), 仏教法政経済研究所, 1934, pp.56-57.
210 秋沢修二, 永田広志, 앞의 책, p.253.

비판의 전형적인 특징이었다.

예를 들면 나미키 기요치카(並木清哉)는 "최근의 '종교부흥'은 마르크스주의를 전적으로 당면한 적으로 만들어내려는 것이라고 말할 수 있다. 그것은 관료·부르죠아 정권의 지도 아래 행해지고 있는 전국적인 교화운동, 정신작흥운동 통일전선의 주요 부대(部隊)이며 혹은 한 날개를 담당하는 것으로, 모든 기성종교가(旣成宗敎家) 이른바 신종교가(新宗敎家), 종교저널리즘의 대표선수 및 유사종교가(類似宗敎家), 반종교가(反宗敎家) 등이 총동원되어 행해지고 있는 모양새다. 따라서 그것은 종교의 국수주의화, 일본주의화, 파쇼화의 방향으로 보조를 맞추고 있으며, 마치 가장(假裝)행렬과 같고 백귀야행(百鬼夜行)과 같은 행진을 강화하고 있다."[211]라고 하여 아키자와와 동일한 시각에서 좀 더 요약적으로 종교 및 유사종교의 국수주의화를 비판하고 있다. 유물론연구회 기관지인『유물론연구(唯物論研究)』[212]나『역사과학』[213] 등의 잡지에서는 아키자와와 나카타의『현대종교비판강화』를 마르크스주의에 기반한 대표적이고 체계적인 종교 비판 서적으로 소개하였다.

물론 아키자와 이전에도 가타노 유이치(片野有一)의「1933년의 유물론철학 회고」, 모리 고이치(森宏一)의「1934년 철학계의 회고」등 유물론 철학자의 종교 비판은 있었지만, 이러한 것들은 단지 소비에

---

211 並木清哉,『宗教復興時代の日本 : ソヴエートでは宗教は死しつゝある』, 普及社, 1935, pp.42-43.

212 澤田和吉,「現代宗教批判講話」,『唯物論研究 : 唯物論研究会機関誌』28, 唯物論研究会, 1935.02, pp.267-269.

213 白揚社 編,『歴史科学』, 白揚社, 1935.02, pp.102-103.

트 동맹에서 출판한 『무신론교정(無神論教程)』에 대한 번역에 불과한 것으로, 마르크스주의적 비판을 체계적으로 서술한 것은 아니었다고 평가된다.[214] 따라서 아키자와야말로 일본 사회에서 기성종교의 국수주의화·일본주의화와 연동하여 유사종교의 국수주의화·일본주의화 동향이 선명하게 드러나기 시작하는 것을 비판적 관점에서 본격적으로 문제 제기한 인물이다.

한편 오츠카 기요아키(大塚淸章)는 일본에서 종교가 국수주의화·일본주의화 현상을 보이기 시작한 것은 1928년(昭和3) 6월 "일본종교평화회의(日本宗教平和會議)"에서 '본 대회는 우리 국체(國體)에 위반하는 공산주의의 결사 및 그 운동의 절멸을 다짐한다'고 결의한 것에서 시작된다고 하였다. 아울러 그 이듬해 가을 행해진 '교화총동원(教化總動員)'의 전국적 운동의 개시와 함께 그 현상이 나타나기 시작하며, 만주사변을 전환점으로 파쇼 세력이 한층 강화됨과 함께 더욱 현저하게 되었다고 주장하였다.[215]

그는 일본 불교의 경우 메이지 초기 '폐불훼석' 이후부터 국가주의 이데올로기에 영합하는 행보를 보여오다가, 만주사변 이후 '비상시국'을 당하여 더욱 강하게 군대 포교, 일반 교화 활동 및 국방비 헌납 운동 등을 적극 전개하고 있다고 하였다. 또한 일본 그리스도교의 경우 1932년 11월 '전국그리스도교협의회'를 개최하여 그리스도교의 비상시국에 대비하는 사명을 규정하였는데, 여기서 "우리는 시

---

214 澤田和吉, 앞의 글, p.267.
215 大塚淸章, 「最近に於ける宗教の日本主義化」, 『國本』 15-11, 國本社, 1935.11, p.37.

국의 중대함을 돌아보고 더욱 전 교회 총동원에 의한 전도 전선의 확장을 꾀하고, 특히 청소년의 종교적 지도를 도모한다" 등등 7개조의 결의 및 선언을 통해 일본주의와 결합하면서도 일본적 파시즘에 충성을 다짐했다고 비판하였다.[216]

이처럼 종교계 전반이 표면적으로는 '종교부흥'을 내세우고 있지만, 그 내면으로 들어가서 보면 만주사변 이후 본격화된 국가총동원체제에 종교가 앞장서서 부응하고 있다고 보았다. 나아가 종교가 국민통일전선을 형성하기 위해 총력을 기울여 나가고 있으며, 이러한 움직임의 근저에 국수주의 · 일본주의가 있다고 보았다. '종교부흥'의 맥락 속에서 유사종교 또한 국수주의화 · 일본주의화의 노정(路程)을 따르고 있다는 것이다.

다만 오츠카는 유사종교가 국수주의화 · 일본주의화 하는 배경에 대하여 '대부분의 유사종교가 일본주의 · 국수주의의 원천이 되는 신도(神道)에 의해 분식(扮飾)된 것들이라는 점'을 지적하는 수준에 머무르고 있다. 물론 이러한 한계는 앞서 아키자와 등이 제시했던 바와 크게 다르지 않다는 점에서 이들의 주된 비판은 기성종교에 초점을 맞추고 있었으며, 사실상 유사종교에 대한 비판은 그 연장선에서 이루어진 것이었다.

사회주의 사상가들의 입장에서 불교나 기독교 등의 종교가 국수주의적 성향을 띠는 것은 엄밀히 비판의 대상이 된다. 왜냐하면 사상적으로 보편종교를 주장하는 기성종교들이 국수주의 · 일본주의

---

216 위의 글, pp.37-38.

의 노선을 따르면서 구제의 보편성을 상실한다는 것은 마땅히 비판받아야 할 일이기 때문이다. 하지만 그들이 말하는 종교의 국수주의화 비판은 '일본종교평화회의'에서 보여준 것처럼 공산주의 결사나 운동을 배격하는 것에서 기인한다는 점에서 국수주의 그 자체보다는 종교와 사회주의 사상가들 사이의 적대적 관계 형성에 더 민감하게 반응하고 있다고 생각된다.

사실 일본에서 국수주의 · 일본주의 이데올로기가 본격적으로 대두된 것은 1890년대 후반부터였다. 특히 1897년 5월 이노우에 테츠지로를 필두로 '대일본협회'에서 잡지 『일본주의』를 발간한 것은, 이미 메이지 시대부터 일본주의에 대한 이데올로기의 형성이 시작되고 있었다는 것을 말해준다.

흥미로운 점은 이 당시에 일본주의를 주창한 인물들도 종교에 대해 매우 배타적이었다는 것이다. 『일본주의』 제1호 「발간의 주의(主意)」에서는 "우리의 주의는 종교와 동일하게 정신적 단체를 이루는 것이라 할지라도 반드시 이를 종교라 말하지 않고, 종교와 같은 미신을 혼입하지 않는다. 그러므로 무엇이라 말할 것인가. 오직 국민을 결합하고 그 진취의 기상을 조장하는 주의라고 말할 수 있을 것이다. 이로써 우리는 이를 '일본주의'라고 칭한다"라고 적고 있다.

물론 이들 '일본주의자'들은 종교를 배척하면서도 정작 '일본주의'를 국교(國敎)로 삼고자 하는 '신도국교론' 주창자들이 포함되어 있었고, 또 '신도비종교론'을 외치는 이들도 혼재해 있었다. 1890년대 일본주의와 1930년대의 일본주의를 동일 평면에서 바라볼 수는 없지만, 신도와 그 사상을 정점으로 하는 일본주의가 근대 일본 사회를 통해 일관된 하나의 이데올로기로 작용해 왔다는 것은 분명하며, 그러한 일본주의의 시각에서 유사종교와 종교의 국수주의화·일본 주의화 경향이 논해졌다는 점은 주목할 필요가 있을 것이다.

그런데 아키자와나 오츠가 등 공산주의자들에 의해 비판되는 국 수주의의 유형과 다르게 가톨릭 입장에서 일본 종교와 유사종교의 국수주의화를 비판하는 의견도 제기된다. 그것은 바로 앞서 살펴본 다구치 요시고로이다. 다구치는 유사종교와 국주수의의 결합뿐만 아니라 종교의 국수주의화를 비판하던 유물론적 마르크스주의에 대해서도 비판하면서 종교운동의 중요성을 강조하고 있다.

우리 일본에서는 어제까지는 빈번하게 유물주의, 마르크스주의 등 이 심하게 세상을 소란시켜 왔는데, 오늘에는 대부분 그것들이 시들해 졌고, 그래 대한 반동운동으로서 일본정신의 작흥, 종교부흥 등과 같 은 정신운동이 활발하게 머리를 들고 있다. 최근까지는 유물주의가 인 간의 모든 계급까지 그 두려운 마수를 뻗고 있다. 이들에 의하면 인간 은 '영혼이 없는' 하나의 육괴(肉塊)에 불과하고, 어렴풋이 동물과 같이 태어나고 우마(牛馬)처럼 먹으며, 나팔꽃처럼 쓸쓸하게 사라져 간다고 한다. 이 주의(主義) 앞에는 영혼이라던가 도덕이라던가 수양이라고 하 는 것들은 정체를 알 수 없는 괴물에 지나지 않은 것이라고 한다. 이 주 의는 종교계에도 매우 활발하게 영향을 끼쳐서 종교박멸운동, 반종교 운동이라고 하는 반정신운동을 야기한 것이다. (중략) 국가적 입장으 로부터 또는 개인적 요구로부터 번번이 일본정신의 작흥을 외치고 있 고, 또한 이를 고취하려고 하는 것은 실제로 경하(慶賀)하지 않을 수 없다. 그런데 일반적으로 말하더라도 좋은 것이 일어나는 반면에 불완전한 인간의 사회에 있어서는 과도하게 떨어지는 현상이 일어나고 있다. 신성한 일본정신작흥운동을 하는 측에 무궤도적인 국수운동(國粹運動)이 일어나 새로운 것에 대한 판단을 그릇되게 하며, 무엇이든지 서양풍으로만 하는 것은 한쪽에 치우친 것이라고 하는 극단적인 배외사상(排外思想)이 적지 않게 나타나고 있는 것은 간과할 수 없는 사실이다.[217]

마르크스주의에 기반한 유물주의자들의 종교박멸운동이나 반종교운동을 정면에서 비판하면서도, 정작 일본정신의 작흥을 시도하는 종교부흥 운동이 불교계나 신종교를 중심으로 활발하게 일어나고 있는 것에 대한 위기감과 불안감을 표출하고 있다. 특히 국수주의에 의한 극단적인 '배외사상'이 가톨릭에는 위협이 되고 있다는 점에서 이들을 경계하고 있다.

여기서 다나카가 마르크스주의와 국수주의 두 가지 사상을 동시에 배제하기 위해 선택한 것이 바로 '참된 종교'의 논리다. 앞에서도 다나카의 참된 종교로서의 가톨릭과 참되지 않은 종교로서의 유사종교를 비교하는 논리에 대해 거론한 바가 있으므로, 참조하면 이해에 도움이 될 것이다.

다나카는 국가의 주도로 이루어지는 정신작흥운동 그 자체를 부정하는 것은 아니나, 신성한 정신작흥운동이 국수주의라는 이데올로기에 편승해서는 안 된다고 주장했다. 오히려 정신작흥운동의 중

---

217 田口芳五郎, 앞의 책, pp.2-3.

심을 종교적 가치에 두어야 할 것이라고 하면서, "한 나라는 한 가정과 같고, 의(義)에 있어서는 군신의 차별이 있으며, 정(情)에 있어서는 부자와 같고, 천지와 함께 무궁하게 번영해 갈 세계에 비할 바 없는 군신일체의 가족적 국체(國柄)이므로, 이를 잘 자각해서 예로부터 국민정신 가운데 스스로 포함되어 있는 황실중심주의(皇室中心主義)의 정화(精華)를 천양무궁(天壤無窮)토록 빛내고, 충군애국(忠君愛國)의 지성(至誠)을 다하도록 일본가톨릭은 성심성의를 다해 노력하지 않으면 안 된다"[218]라고 했다. 가톨릭이 바로 천황을 중심으로 하는 충국애국의 일본정신을 구현할 요체가 되는 종교라는 점을 강조한 것이다.

그런데 다구치의 이러한 주장이야말로 마르크수주의자들이 비판하고 있는 종교의 국수주의화·일본주의화의 전형이다. 곧 그가 비판하는 정신작흥운동의 국수주의화가 문제가 아니라, 일본 가톨릭교회가 불교나 유사종교보다 한층 더 국수주의에 심취해 있다는 것을 노골적으로 드러내고 있는 모양새다. 표면적으로는 신도 중심의 국수주의화·일본주의화를 벗어나야 할 것이라고 주장하면서도, 실상은 가톨릭 중심의 국수주의화·일본주의화로 나아가야 한다는 모순된 주장이 천연덕스럽게 제시되는 가운데 유사종교를 포함하는 근대 일본 종교계의 국수주의화·일본주의화는 사실상 폭주하고 있었다.

---

218 田口芳五郎, 앞의 책, pp.19-20.

4. 공인교의 해체와 '유사종교' 개념의 확장

1930년대 중반을 넘어서면 일본의 국가권력에 의한 유사종교 탄압은 오모토교를 필두로 본격화하며, 지식인들 사이에서도 신흥종교와 결합한 유사종교에 대한 부정적 인식은 다시 새로운 양태로 분화하고 확장되기 시작한다.

그 양상은 크게 둘로 나누어 볼 수 있는데, 첫째는 유사종교에 대한 개념이 분열하면서 '유사종교의 유사성'처럼 유사종교 개념 자체가 고착화하면서 기성종교를 포함하여 모든 종교에 기존과 다른 종교성을 부여하려는 시각이 탄생한다는 점이며, 둘째로는 유사종교의 범위가 기존과 같은 공인종교 대 비공인종교의 성격으로 명확하게 구분되는 것이 아니라 공인교와 비공인교를 초월하는 '유사성'으로 개념 확장이 이루어진다는 점이다.

1935년 12월 25일, 도쿄일일신문사(東京日日新聞社)에서는 『과연 괴교(怪敎)인가? 유사종교의 해부』라는 제목으로 유사종교를 비판하는 저술을 발간하였다. 일부 내용을 인용하면 다음과 같다.

> 공인종교와 유사종교의 구별
> 최후로 현대의 일본에 유사종교의 범람을 초래한 이유를 분명히 하지 않으면 안 되는데, 그 전에 유사종교와 기성종교를 비교해 보고 싶다. 물론 유사종교는 대부분이 '사기종교'로, 기성종교도 모두가 훌륭한 종교가 아닌 것은 말할 것도 없다. '공인'종교 가운데에도 덴리교, 곤코교를 비롯하여 불교계 가운데에도 혼몬부츠류슈(本門佛立宗)와 같

은 것은 현재의 모든 유사종교보다도 유사종교적이다. '히토노미치'
와 같은 것도 '공인'종교인 부상교(扶桑教)에 상당한 납부금(명의료)를
납부하고, 표면적으로는 이에 소속되어 있지만, 같은 양태로 신도 30만
을 거느렸다고 하는 히로시마의 세이코교(誠光教)는 신리교(神理教)에,
동일하게 30만을 호령하는 오구(尾久)의 덴젠교(天善教)는 신도본국에
소속해 있다.

종교는 본래 '공인'과 '비공인'의 구별이 있는 것이 아니라, 불합리
・비과학적이라는 점에서 말하자면 모든 종교는 불합리이고 비과학적
이다. 모든 기성종교도 성립되었을 초기에는 모두 유사종교적 경향을
띠고 있었으며, 그 후 사회정세의 변화에 적응해 가는 가운데 교리가
깊어지고 조직이 복잡화되며 그만큼 종교로서의 생생한 요소가 희박
하게 된다. 따라서 유사종교 쪽이 오히려 참다운 종교이며, 기성종교
가운데에도 모근처럼 가장 활발하게 활동하고 있는 부분은 유사종교
적인 것, 바꾸어 말하자면 미신적인 방면이라고 할 것이다. 그러므로
기성종교 측에서 유사종교를 함부로 '미신'이라고 부르는 것을 어떻
게 생각할 것인가.[219]

저자는 근대의 저명한 저널리스트이자 평론가이며 마르크스주의
자였던 오오야 소이치(大宅壯一, 1900~1970)였는데, 이 저술이 간행되기
직전인 12월 8일 경찰 약 500여명이 오모토교의 가메오카(龜岡)와 아
야베(綾部) 본부를 급습하여 교조를 비롯한 교단 간부 대부분을 체포

---

219 東京日日新聞社 編, 『果して怪敎か? 類似宗敎の解剖』, 東京日日新聞社, 1935,
    p.37.

하고, 신전을 파괴하여 교단을 완전히 해체하는 이른바 '제2차 오모토사건'이 발생하였다.

위의 저술은 이 사건 직후에 일본 내에 분포된 유사종교에 주목하여 이들의 성격을 대중에 알린다는 목적으로 기획한 것인데, 당시 오모토교 사건을 대대적으로 보도했던《오사카매일신문》과《도쿄일일신문》이 이를 주도하였고, 오오야가 저술해서 편찬한 것이다.

인용문의 뒷부분에 한정해서 보면 모든 기성종교도 초기에는 유사종교적 경향을 보인다고 하였다. 그러므로 종교의 생생한 요소라는 측면에서 본다면 유사종교야말로 본래의 참다운 종교성에 가장 가깝다고 하면서 기성종교에 비해 유사종교의 종교적 가치가 뒤떨어지지 않는 것처럼 표현하고 있다.

하지만 오오야가 이렇게 유사종교를 종교 본래의 '생생한 요소'를 간직한 것이라고 표현하면서 기성종교보다 참다운 종교라고 표현하는 것의 이면에는 그 '생생한 요소'가 바로 미신적인 방면이라는 점에 주안점이 있다. 곧 그는 유사종교의 미신성을 종교성의 본질이라고 하면서 그 부정성을 전면에 내세우고 있으며, 종교 그 자체가 당초 미신에 의존하고 있다는 결론으로 연결한 것이다. 이는 이 글의 목적이 유사종교와 기성종교를 구분하고 유사종교를 비판하려는 것이 아니라, 기성종교가 지닌 유사종교의 미신성을 강조하는 것에 의해 기성종교와 유사종교를 종합적으로 비판하는 것에 있었다.

오오야는 뒤이어서 "이상에서 다룬 바와 같이 유사종교 범람의 이유는 대체적으로 분명해졌다고 생각하는데, 그렇다고 해서 이러한 음사사교가 오늘의 사회에 범람해도 좋다는 것을 말하는 것은 아니다. 그것들이 만들어내는 해독의 일들은 콜레라나 장티푸스에 비할 바가 없고, 대부분 사기에 가깝다. 아니 혹은 경우에 따라 사기 이상의 교묘한 방법으로 대중의 고혈을 짜낸다는 점에서는 다카야나기 쥰노스케(高柳淳之助)의 예와 같은 '1만원 저금법'이나 '모리스금융' 등 어떻게 해도 경악할 만한 금액에 도달해 있었다고 하는 것을 우리는 잊어서는 안 될 것이다"라고 하면서 유사종교의 '경제적 편취'를 '사기'라는 관점에서 비판하였던 기존의 시각을 고스란히 계승하고 있다. 특히 그는 대부분의 유사종교가 음사사교이며 이러한 유형의 사기 집단이라는 것을 강조하는 것에서 한 걸음 나아가 유사종교만이 아니라 모든 종교 그 자체가 비합리적이고 비과학적인 것으로서 대중을 현혹하는 집단이라고 강조하였다.

한편 오오야는 "'공인'종교 가운데에도 덴리교, 곤코교를 비롯하여 불교계 가운데에도 혼몬부츠류슈(本門佛立宗)와 같은 것은 현재의 모든 유사종교보다도 유사종교적이다"라고 하여 이미 기성화 된 덴리교나 곤코교를 유사종교의 미신성과 연결하고 있다. 과거에는 정부에 의해 수립된 공인교와 비공인교라는 행정적 시스템을 기준으로 기성종교와 유사종교를 구분하고, 유사종교의 비종교성을 비판하면서 이들에 대한 단속과 탄압을 주장해 온 것이 일반적이었다면, 이제는 노골적으로 기성종교의 '유사종교성'을 비판하면서 행정적 종교의 범주를 벗어나 유사종교에 대한 논의를 확대하고 있다.

'유사종교보다 유사종교적'이라는 표현은 유사종교의 의미가 중의적(重義的)으로 사용되기 시작했다는 것을 잘 보여준다. 곧 과거처럼 공인종교인 기성종교와 비공인종교인 유사종교로 나누는 이분

법적 분류가 더 이상 무의미해지고 있다는 것이며, 유사종교에 한정하여 미신이나 음사사교로 규정하였던 기존의 시각에 균열이 생기면서 모든 종교에 내재하는 유사종교의 속성 유무가 그 종교의 종교성을 판단하는 조건이라는 방향으로 시야가 이동하는 것이다. 이제는 아무리 국가에 의해 공인종교로 인정받았다 하더라도 그 가운데 내재된 미신성이나 음사사교의 성향을 배제하지 못하게 된다면 '유사종교보다 유사종교적'이라는 공격에 노출될 수 있다는 일종의 경고와도 같다.

오오야는 히토노미치나 세이코교(誠光教), 덴젠교(天善教) 등 구체적인 교단을 지목하여 공격하는데, 이들은 공인종교인 후소교, 신리교, 신도혼쿄쿠에 소속되어 있었다. 하지만 그 내막은 미신과 음사사교의 종교 행위를 일삼는다는 점에서 '유사종교적'이라고 강조하고 있다. 그는 이들이 오히려 공인교라는 테두리 안에서 온갖 미신과 사기 행위를 일삼고 있다고 하면서 기성종교=참다운 종교라는 인식이 결코 정당화될 수 없는 위험성을 내포하고 있다는 점을 경계하고 있다. 기존처럼 기성종교와 유사종교를 단순히 분리하고, 기성종교를 참다운 종교, 유사종교를 미신이라고 하는 것은 기성종교가 내포한 심각한 미신성을 성찰하지 못하는 어리석음을 심화시킬 뿐이라는 것이다.

앞서 다구치 요시고로의 사례로 일부 소개한 바와 같이, 1935년을 기점으로 유사종교에 대한 인식변화 양상 중 두드러지는 것이 바로 기성종교와 유사종교의 경계가 허물어지고, '참다운 종교'를 기준으로 '유사종교적' 혹은 '유사종교성'이 논해지기 시작했다는 점이다. 다만 여기서 말하는 '참다운 종교'의 기준이 무엇인가에 대해 다구치는 당연히 가톨릭의 종교성을 말하는 것이었다면, 오오야는 그 종교성을 비과학적이고 불합리한 미신이라고 보고 있다는 점에서 차이가 있다. 곧 기존과 같은 '공인교(기성종교)=참된 종교'와 '비공인교(유사종교)=음사사교'라고 하는 단순한 이원적 구도도 해체되기 시작한 것이다.

그런데 사실 오오야가 기성종교와 유사종교를 통합하여 종교 그 자체를 비판하는 것은 1934년 10월로 거슬러 올라간다. 그는 「종교 인플레 시대」[220]라는 글을 통해서 이미 이러한 논지를 전개한 바 있다. 다만 이러한 오오야 주장과 유사하거나 또는 그에 부응하는 비판의 유형이 일본 사회에서 본격적으로 등장하기 시작하는 것은 제2차 오모토사건이 발생한 이후였다.

예를 들면 1935년 오지마 유타카(大島豊)는 "신도에도 불교에도 기독교에도 속하지 않는 이른바 유사종교가 다이쇼 13년에 그 총수 98개이며, 그 신자 수가 31,995명이었던 것이, 쇼와 8년에 그 총수는 414개가 되고 그 신자 수 281,259명(경시청 조사)이라고 하는 놀랄만한 증대는 현대문화의 나라로서 치욕이 아닌가. 그 외 다이쇼 13년에 약 5천의 신자에 불과했던 오모토교가 쇼와 8년 말에 자칭 35만명이라 하고, 후소교에 속해 있는 '히토노미치'가 불과 수년 사이에 60만의 신자를 칭하는데 이르고 있으며, 그 외에 세이코교의 30만, 덴젠교의 30만 등등 일일이 거론하면 끝이 없는 종교 현상의 사실은 대중의

---

220 大宅壯一, 「宗敎インフレ時代」, 『改造』, 1934.10.

문화가 저열한 것을 여실히 보여주고 있는 것이 아닐까. 이들 유사종교단체 및 신흥종교단체는 모두 지혜적, 도덕적, 정신적 단련을 배척하고 주로 신에 의한 병 치료(神癒)나 주술적 마지나이(禁厭), 부적 영험으로써 대중을 비과학적, 비문화적 생활에 빠지게 하는 것들이다"[221]라고 했다.

오지마는 히토노미치 교단을 비롯하여 세이코교, 덴젠교 등이 공인된 교파신도에 포함되어 있었지만, 이들을 모두 유사종교로 분류되어야 할 종교단체라고 거론하고 있다. 그는 이들이 모두 지혜적·도덕적·정신적인 단련을 부정하고 오직 병 치료나 주술, 부적 등에 빠져서 대중을 비과학적이고 비문화적인 방향으로 이끌고 있다고 비판했는데, 이는 오지마의 논조와 거의 동일한 것임을 알 수 있다.

특히 오지마는 유사종교단체와 신흥종교단체를 분리하여 인식하면서도 이들이 공통적으로 비근대적이며 비과학적인 측면을 지닌다고 함으로써 기존의 공인교와 비공인교의 인식 틀을 벗어남과 동시에 유사종교와 신흥종교를 분리하는 인식의 유형을 보여주기도 한다.

흥미로운 점은 오지마처럼 유사종교와 신흥종교를 분리해서 인식하려는 경우가 점차 증가하였다는 점이다. 우선 오지마는 "우리나라에서 오늘날 발흥(發興)하고 있는 많은 신흥종교 및 과거로부터 전승되고 있는 유사종교 형태를 신앙하는 사람들이 종교적 견해 혹은 오늘날의 과학적 상식을 무시하고 우리의 통상적 사상 과정을 초월

---

221 大島豊, 『哲学の使命』, 第一書房, 1935, pp.27-28.

한 초자연적 의미로 삼는 것이다"[222]라고 했다.

오지마는 지속적으로 유사종교를 '과거에서 전승되는 것'이라고 하고 신흥종교는 '오늘날 발흥하는 것'이라고 분리하여, 유사종교를 기성화 하면서도 양자가 지닌 근본적인 부정성을 강조하는데 힘쓴다. 그는 "더욱이 그 수 사백여에 이르는 유사종교단체가 수십만명을 비과학적인 미신의 상태에 빠뜨리고 있다는 사실, 또는 신흥종교라고 칭하는 윤리적으로 잘못된 종족적 종교 형태의 현세 등도 무시할 수 없다"[223]라고 하는 등 유사종교와 신흥종교는 모두 사회에 해악을 끼치는 존재라고 강조하고 있다.

거의 동일한 시기에 신흥종교와 유사종교를 분리하려는 시도는 오제키 츠구오에 의해서도 제기된다. 그는 1935년 5월 대일본진리운동본부(大日本眞理運動本部)에서 발간한 불교연구 잡지 『불교』 제1호에 「신흥교단의 제형태」라는 글을 게재했는데, 여기서 신흥종교단체와 유사종교단체에 대해 다음과 같이 정리하고 있다.

우리는 지금 새로운 교단 발흥의 형태에 대해 두 가지 유형을 볼 수 있다. 하나는 기성종교 부흥의 유형이며, 다른 하나는 신종교 발흥이다. (중략) 신흥종교단체의 개념은 이른바 유사종교단체의 그것과 혼동해서는 안 된다. 양자는 동일 범주에 속하는 경우도 있지만(예를 들면 오모토교와 같은 것) 결코 신흥종교가 곧 유사종교인 것은 아니다. (유사종교에 대해서는 졸고 「유사종교단체의 현세와 그 분석」, 종교연구 쇼

---

222 大島豊, 「宗教の本質と教育」, 『宗教教育の新思潮』, モナス, 1935, p.22.
223 大島豊, 「新時代に於ける哲學の使命」, 『維新』 2-3, 維新社, 1935.03, p.110.

와 9년 10월 특집, 일본적 종교의 검토호 참조) 그러나 그 내용 형태에 있어서는 신흥종교 공통의 특유한 것이 존재함을 인정한다. 혹은 의미에 있어서 그것은 사회의 왜곡성 시정임과 동시에 그것들의 정도가 심해져 가는 경향도 있다. 여기에 현대 신흥교단의 모든 형태를 음미하고 비판을 요망하는 필연성이 있고 가치가 있지만, 지금 비판은 잠시 미루고 오히려 아직 바르게 인식되지 않는 느낌이 강한 것들의 존재 이유와 강력한 세력에 대해서만 조망해 보고자 한다.[224]

오제키는 덴리교, 곤코교, 히토노미치를 신흥종교단체로 분류했다. 앞서 살펴본 바와 같이 그는 「유사종교단체의 현세와 그 분석」에서 유사종교를 행정상의 비공인종교라고 규정함으로써 라마교나 이슬람교 등도 이에 해당한다고 말하였다. 따라서 유사종교라는 표현에는 사실 일본에서 자생한 비공인교로서 유사종교가 포함되어야 하지만, 정작 그는 덴리교나 곤코교, 히토노미치 등을 신흥종교라고 하였고 이들을 기준으로 유사종교와 신흥종교를 엄밀하게 구분해서 봐야 한다고 주장한 것이다.

1930년대 중반부터 일부 지식인이 참된 종교와 참되지 않은 종교를 기준으로 공인교와 비공인교의 경계를 허물어지기 시작했다는 점은 앞에서도 밝힌 바 있다. 이에 대해 오제키도 유사종교와 신흥종교를 구분하는 과정에서 공인교와 비공인교의 경계를 허물고 있다. 곧 그는 행정상의 구분만으로는 더 이상 명확하게 설명되지 않은 공

---

224 小關紹夫, 「新興敎團の諸形態」, 友松円諦, 『邪信に迷ふ人のために』, さんもん書房, 1935, p.29.

인종교와 유사종교라는 이분법적 인식 체계를 해체하고, 이를 기성종교와 신흥종교의 관계로 재편하려고 시도한다. 따라서 덴리교와 곤코교를 공인교에서 분리하고 히토노미치나 오모토교 등과 결합하여 신흥종교로 재편하며, 이들의 특성을 기성종교와 차별화함으로써 새로운 신흥종교론의 초석을 만들고자 했다.

앞서 오제키는 유사종교를 '기성종교의 습지에 발호하는 버섯'이라거나 '사회적으로도 행정적으로도 태양이 없는 그늘에서 살아가는 잡초'[225]라고 하면서 비판한 바 있다. 그러나 여기서는 유사종교와 신흥종교를 구분하고 신흥종교의 가능성에 대해 다루고 있다. 단지 유사종교와 신흥종교를 시간적 선후 관계로 분리하는 것이 아니라, 신흥종교의 교조와 신앙, 수행 등에서 종교적 가치를 발굴함으로써 이들의 '종교'로서의 위상을 찾아가고자 했다. 곧 그가 유사종교와 신흥종교를 구분한 목적은 신흥종교가 지닌 종교성, 특히 기성종교에 비해 신흥종교가 지니는 새로운 가능성과 가치에 대해 주목하고 있다는 것이다.

오지마가 유사종교와 신흥종교를 분리하면서도 이들의 성격을 '미신'으로 규정하는 것에 주안점을 두었다면, 오제키는 오히려 덴리교와 곤코교, 히토노미치 등을 신흥종교단체로서 유사종교와 구별하면서 일본 신흥종교에 대한 재평가를 시도하였다. 그는 글을 마무리하면서 "더욱이 오모토교, 생장의 집(사회광명화운동)에 대해서는 또한 다른 기회를 양보하고자 한다"라고 하여 당시 유사종교로 분류

---

225 小關紹夫, 「類似宗敎團體の現勢とその分析」, p.126.

되던 다양한 종교단체를 신흥종교라는 테두리 안에서 '종교'로서 다루겠다는 의지를 보이고 있다.

이처럼 1935년은 유사종교를 둘러싼 많은 논의가 폭증하는 시기라고 볼 수 있다. 그중에서도 가장 두드러지는 점은 유사종교와 신흥종교의 개념이 결합하기도 하고 분리하기도 하면서 유사종교 관련 논의가 새로운 방향으로 나아간다는 것이다. 다만 이 두 개념을 분리하면서 신흥종교의 종교적 가능성을 모색하는 오제키와 같은 관점도 분명히 존재하지만, 대부분은 경우 이 두 개념을 결합하든 분리하든 미신이나 음사사교로서 그 부정성을 강조하려는 움직임이 더 왕성했다는 것은 분명한 사실이다.

특히 오모토교의 검거 및 교단 해체 사건을 필두로 1936년부터 일본 사회에서는 유사종교를 음사사교로 비판하는 시각이 급격히 증가한다. 이들 또한 공인교와 비공인교의 구조를 해체하는 시각을 계승하는 양상을 보이며, 종교의 기준을 참된 종교와 음사사교로 나누어 음사사교를 유사종교로 규정하는 경향을 반복한다.

예를 들면 1936년 1월에 발행된 『오모토교의 정체와 검거의 진상(大本敎の正體と檢擧の眞相)』에서는 유사종교에 대해 다음과 같이 말하고 있다.

아직 오사카에는 사무하라신행회(サムハラ信行會)라고 하는 '사기종교'가 있고, 도쿄에는 대일본관음회(大日本觀音會)가 있으며, 고베시 수마(須磨)에는 세키구치 우타코(關口歌子)라고 하는 '여신님'이 있다고 하는 등의 경향으로 전국에 쇼와 5년도 문부성 조사에 따르면 416개라

고 하는 많은 수의 유사종교가 범람하고 있다. 더욱이 덴리교, 곤코교, 구로즈미교 등 세간에서는 유사종교라고 부르는 것들이 지금은 '공인' 종교이기 때문에 거기에 포함되지 않는다. 이것은 우리 사회에 있어서 불명예이고, 불이익이며, 심한 해독이다.[226]

유사종교가 음사사교와 사기종교로 인식되는 것은 분명한 사실이며, 이에 더하여 국가에 의해 공인된 덴리교, 곤코교, 구로즈미교 등 교파신도의 단체들을 유사종교로 분류하였다. 특히 여기서는 덴리교를 비롯한 교파신도가 법적으로나 제도적으로는 공인교에 포함되어 있었다 할지라도, '실제 세간에서는' 이들을 유사종교로 부른다는 점을 강조하고 있다. 곧 이들이 법적으로 공인교로 분류되기 때문에 실제 유사종교에 포함되지 않지만, 실제 그 내면을 보면 유사종교에 불과하다는 것이다.

5. 나가는 말

이렇게 볼 때 제2차 오모토교 사건은 국가권력이 단지 하나의 유사종교 교단을 탄압하고 해체한 것에 그치지 않는다. 이 사건은 일본 근대 종교사의 영역에서 큰 전환점이 된다. 과거부터 이어 온 공인종교와 비공인종교, 그리고 비공인종교의 영역에 속하는 유사종

226　樺山寬二,『大本教の正體と檢擧の眞相』, 小冊子書林, 1936, p.38.

교라는 인식은 해체되었고, 나아가 유사종교와 신흥종교를 구분하는 개념이 새롭게 등장하면서 신종교에 대한 인식의 전환을 마련하기도 했다.

하지만 이러한 가운데에도 오모토사건은 사회 전반에 걸쳐 유사종교가 사기종교나 음사사교라는 관념이 고착화하는 계기가 되었고, 이로부터 유사종교의 부정성을 폭로하는 기사와 문헌이 폭발적으로 쏟아지는 계기가 되기도 한다. 이러한 사회 구성원들의 폭로와 공격은 1936년 덴신교(天津敎) 사건, 1937년 히토노미치교단에 대한 탄압과 해체 등 국가권력에 의한 유사종교 단체의 검거와 기소를 비롯하여 교단 해체까지 단행하는 종교탄압으로 이어진다.

물론 이러한 인식변화의 가장 큰 요인은 오모토교를 필두로 하는 유사종교에 대한 국가권력의 탄압이었으며, 그 탄압에 적극 부응한 종교계 인사들과 사회주의자들이 논의의 중심을 이루고 있었다는 점이다. 경제적으로나 정서적으로 이미 불안이 최정점으로 달려가는 일본 사회에서 유사종교에 대한 탄압과 이를 둘러싼 사회 구성원들의 유사종교 공격과 이에 대응하는 유사종교 교단 관계자들의 맞대응은 마치 이전투구(泥田鬪狗)의 현장을 방불케 할 정도로 서로 치고받는 난타전의 양상을 보인다. 말 그대로 사상적 공황 상태로 보아도 좋을 것이다. 그러한 치열한 공방전의 상황에서 유사종교의 부정성은 고스란히 박제되고, 이들이 가진 종교적 가능성은 박리되어 신흥종교로 옮겨간다.

제6장

조선총독부와 '종교유사단체'

1. 들어가는 말

1915년 조선총독부에 의한 〈포교규칙〉의 제정이 종교유사단체 혹은 유사종교라는 용어와 개념 성립에 있어서 중요한 분기점이 된다는 것은 이미 앞에서 밝힌 바가 있다. 또한 1915년 이전에 '종교유사의 교'가 동학을 지칭하는 표현으로 사용되어 왔다는 것도 살펴본 바가 있다. 그렇다면 유사종교가 식민지 조선에서는 어떠한 양태로 존재하고 있었는지에 대해 그 실상을 파악해 보고자 한다.

종교유사단체 또는 유사종교라는 표현이 처음 형성되고 또 그 의미를 실제 각종 종교단체에 적용해 온 것은 주로 근대 일본의 지식인과 관료였다. 그리고 이들이 '종교유사'라는 표현을 사용하게 되는 배경에는 근대 '종교' 개념의 형성과 이로부터 파생되는 '신도'의 종교화, 특히 '신도비종교론'을 둘러싼 논의의 과정에서 나타난다는 것도 확인하였다.

하지만 20세기에 접어들어 다양한 종교단체들의 새로운 출현이 현실화하는 과정에서 이들을 종교유사단체라고 표현하면서 관리 감독의 의지를 실제 법령으로 제정한 것은 일본 정부가 아닌 조선총독부였다. 조선총독부는 1915년 〈포교규칙〉을 제정하면서 본격적으로 종교유사단체를 국가적 차원에서 관리하는 취지의 내용을 법령으로 규정했고, 이후부터 신도·불교·기독교의 '공인종교'와 그에 준하는 종교유사단체라는 '비공인종교'의 두 영역을 명확하게 구분하였다.

일본에서는 1899년 종교법안이 폐기되고, 1900년에는 기존의 사사국(社寺局)이 신사국(神社局)과 종교국(宗教局)으로 나뉘면서 국가에서 공인한 종교(신도·불교·기독교)에 대한 관리 감독은 종교국에서 담당하게 된다. 이후 1926년 재차 종교법안을 제출할 당시에는 유사종교가 입법 취지의 중요한 부분을 차지하였지만, 1939년 〈종교단체법〉이 제정될 때까지 이들에 대한 관리 감독의 법적인 방안을 확정하지 못했다. 따라서 일본에서 유사종교에 대한 관리 감독은 문부성 종교국이 아니라 내무성 경보국, 곧 경찰의 소관으로 일관해 왔다.

조선총독부에서도 종교의 관리는 학무국에서 담당하고, 유사종교는 경찰에서 관리해 왔다. 〈포교규칙〉이라는 법을 만들었음에도 관리에서는 일본과 별 차이가 없었다. 또한 실제 종교유사단체로 인가받고 '고시'된 사례는 발견되지 않는다. 그럼에도 조선총독부는 동학계, 단군계, 증산계 교단 등을 종교유사단체로 규정하였다. 물론 일부에서 종교유사단체로 인가받기 위한 서류를 제출한 점이나 부동산 관련 시행규칙의 수정에 종교유사단체가 포함되는 점 등의 사례를 통해 필자는 실제 인가가 이루어졌을 가능성을 추론하였다.

따라서 식민지 조선에서 유사종교는 〈포교규칙〉 이후 동학계, 훔치계, 단군계 등으로 계통이 분류되면서 점차 실체화하기 시작한다. 그렇다면 1920년 이후 조선의 유사종교는 당시 실제 유사종교로 분류되었던 교단에서는 어떻게 이 용어를 인식하였으며, 또한 관료와 지식인들 사이에서 어떠한 유형과 성격을 가진 집단으로 인식되고 또 그 인식의 변화가 나타나는지 살펴보기로 하자.

2. 『조선의 종교』의 '종교유사단체'

1920년 12월, 호소이 하지메(細井肇, 1886~1934)의 『선만의 경영 : 조선 문제의 근본 해결』이라는 책이 간행된다. 1919년 3·1운동 이후 조선의 문제에 대한 연구의 필요성을 추구하며 나온 이 서적은 당시 일본의 유력 정치인이었던 헌정회 총재 가토 다카아키(加藤高明), 조선은행 총재였던 미노베 슌키치(美濃部俊吉) 등이 서문을 썼고, 사이토 마코토(齋藤實) 조선 총독이 제자(題字)를 써 주었다.

호소이는 1907년 조선에 건너와서 우치다 료헤이(內田良平)의 합방 촉진운동을 지원한 적이 있다. 그가 조선 연구를 위해 식민지 조선에 재차 건너오는 것은 3·1운동이 일어난 이후이며, 1920년에 자유토구사(自由討究社)라는 출판사를 설립하여 동경에 본사를 두고 조선에 지사를 두었다.

그는 3·1운동이 발생한 것은 일본의 식민지정책에 문제가 있다고 생각했고, 특히 조선인의 민족성에 대한 연구가 부족했다는 판단 아래 장화홍련전 등 조선의 고서와 소설을 번역하여 일본에 알리면서 조선인의 민족성을 분석하고자 했다.[227] 곧 이 저술은 3·1운동 이후 조선인의 민족성과 심리를 분석하고 식민통치의 원활함을 기하기 위한 연구의 거의 최초 사례라고 보아도 좋을 것이다.

이 저술은 모두 상·중·하 세 편으로 되어 있는데, 그 마지막 하편에서는 '시천교와 천도교'라는 제목의 글이 실려 있다. 여기서 그

---

227 박상현, 「호소이 하지메의 일본어 번역본 『장화홍련전』 연구」, 『일본문화연구』 37, 동아시아일본학회, 2011, pp.109-127.

는 시천교의 교조와 교의를 비롯하여『동경대전(東經大全)』과『용담결석찬(龍潭訣釋贊)』『항해경(沆瀣經)』 등을 일본어로 번역한 원문을 싣고 있다.[228] 호소이는 조선의 유사종교를 조선 민족 종교성 이해의 기본 요건으로 삼았으며, 따라서 이들에 대한 조사 내용을 토대로 분석하고 있다.

특히 그는 동학당과 일진회, 그리고 천도교 및 잡류의 파생이라는 제목 아래 ① 송파(宋派) 및 김파(金派) 천도교, ② 태극교, ③ 단군교 및 대종교(大宗敎), ④ 태을교, ⑤ 제우교(濟愚敎), ⑥ 제세교연구본부(濟世敎研究本部), ⑦ 청림교, ⑧ 삼성무극교(三聖無極敎) ⑨ 훔치교(吽哆敎), ⑩ 선도교(仙道敎), ⑫ 대도교(大道敎), ⑬ 경천교(敬天敎), ⑭ 중심교(中心敎), ⑮ 인도교(人道敎), ⑯ 천인교(天人敎) 등 다수 유사종교의 내용을 비롯하여 교단 명칭을 소개하고 있다.[229]

『동경대전』을 비롯한 동학계의 경전을 일본어로 번역하여 소개하고 있는 것이나, 16개의 교단에 대해 일부의 경우 그 상세한 유래와 교리까지 서술하고 있으며, 또 일부는 교단의 명칭을 소개하고 있는 것으로 보아 당시 유사종교에 대한 조사가 상당히 진척되어 있었다는 것을 알 수 있다. 더불어 호소이에 의해 소개된 16개의 교단은 아마도 1920년이라는 시점에서 가장 잘 정리되어 나온 유사종교에 대한 소개와 분석이라고 해도 좋을 것이다.

여기서 호소이는 송파 및 김파 천도교에도 다소의 미신적인 것이 가미되어 있다고 했고, 단군교나 대종교는 망탄무계(妄誕無稽)의 설을

---

228 細井肇,『鮮滿の経営 : 朝鮮問題の根本解決』, 自由討究社, 1920, (하) pp.55-115.
229 위의 책, pp.121-130.

유포한다고 하였다. 특히 단군교에 대해서는 "가장 민심을 광혹(誆惑)시킬만한 무녀에 대하여 다이쇼 7년(1918) 중 본교에 입교시켜 경찰의 허가를 받지 않고 자유롭게 영업을 하였다"고 하였다. 이 내용을 통해 보더라도 당시 조선에서 종교유사단체의 활동은 경찰을 통해 인가를 받았을 것으로 추측할 수 있다.

또한 그는 청림교, 훔치교, 태을교, 선도교 등은 미신사교로서 『정감록』의 자구를 견강부회하여 가공의 망설을 유포시킨다고 하였으며, 제우교를 설명하면서 처음으로 이 교단을 종교유사단체라고 표현하였다. 다만 태을교와 선도교가 훔치교 계통이라고는 말하면서도, 교조가 증산이라는 점에 대해서는 언급하지 않고 있는 것으로 보아, 아직 증산의 존재에 대해서는 파악하지 못한 것으로 보인다. 한편 삼성무극교에 대해서는 다음과 같이 설명하고 있다.

삼성무극교는 지나(支那) 봉천(奉天) 거주 장병규(張秉奎)라는 자가 다이쇼 9년(1920) 1월 경성에 와서 창신동 197번지에 집 한 채를 구하여 남작 이근호(李根澔)의 후원에 의해 동년 3월 창신동의 자택에 동교 총본부를 설치하고 유교의 인의(仁義)와 불교의 자비(慈悲), 선(仙)의 현묘(玄妙)를 강명(講明)하고, 삼교(三教)의 한계를 타파합일(打破合一)하여 신교(新教)를 창창(創刱)한다는 요지의 취의서를 발표함과 동시에 8백여 원을 투자하여 피로연을 열었는데, 그 후 연회비의 부담 기타에 관한 간부 사이의 내홍이 일어났으며 마침내 이근호는 퇴교의 뜻이 있다고 하여 교세는 아무런 볼 것도 없다. 동교는 그 취지서에 유교, 불교, 야소교, 대도교, 경천교, 중심교, 태을교, 인도교 및 천인교의 각 대표자

이름을 기재하고 있는데, 중심교는 송파시천교 평양교구장 조정욱(趙
貞昱)이 다이쇼 6년부터 분립하여 일시 중심교를 외쳤지만 지금은 존
립하지 않는 것이며, 또한 경천, 태을의 양교는 일종의 미신사교에 속
하고, 대도교·인도교·천인교는 존재하는 것도 아닌 것으로, 단지
신교 창설에 즈음하여 선전의 수단으로 가명을 사용한 것에 지나지
않는다.

　　요컨대 현재 조선에서 행해지는 각 종파를 대별하면 ⑴ 동학의 비
조 최제우를 교조로 하는 천도교, 김파시천교 및 송파시천교, ⑵ 유교
를 받드는 태극교, ⑶ 단군을 제사지내는 단군교 및 대종교, ⑷ 미신사
교인 청림교, 훔치교, 태을교 및 선도교의 네 종류를 이룬다고 볼 수
있다.[230]

　　삼성무극교는 친일파였던 이근호의 후원으로 활동을 시작했다.
3·1운동 이후 유사종교와 친일파의 관계에 대해서는 좀 더 규명해
갈 필요가 있으나, 청림교의 사례를 통해 드러나는 것처럼 친일파가
유사종교를 통해 식민지 조선 내 사상적 동향을 주도하려는 의도를
가지고 있었다고 생각한다.

　　위의 인용문에서 특히 주목할 두 가지를 든다면, 첫째는 장병규가
삼성무극교를 창립하면서 불교와 유교, 기독교를 비롯하여 경천교,
중심교, 태을교, 인도교, 천인교 등의 대표자 이름을 기재하였다는
점이다. 이에 대해 호소이는 경천교를 비롯한 유사종교의 경우 미신

---

230 위의 책, pp.129-130.

사교이거나 실체가 불분명하다고 하면서 그 의미를 축소하는데, 사실상 거의 대부분의 교단이 이후의 조사에 의해 실체를 드러낸다. 따라서 1920년에는 이미 식민지 조선에서 많은 유사종교들이 대표자를 공개하는 등 적극적으로 종교활동을 전개하고 있었다는 것을 알 수 있다.

둘째는 조선의 유사종교에 대해 네 개의 유형으로 이를 분류했다는 점이다. 이러한 분류는 뒤에 좀 더 체계화되면서 반복적으로 이루어지는데, 호소이가 저술을 출판할 당시 조선총독부에서는 유사종교에 대한 조사와 더불어 이들의 계통을 분류하고 있었다는 것을 알 수 있다.

이처럼 조선에서 유사종교를 포함하는 조선의 종교에 관한 연구는 1920년대 접어들어 본격적으로 이루어지기 시작한다. 호소이의 경우 민간인의 신분으로 연구를 진행하였지만, 실제적으로는 조선총독부의 지원을 받았을 것으로 보인다.

호소이의 연구 이후 조선총독부는 본격적으로 조선의 유사종교에 대한 연구를 시작하며, 그 중심을 학무국에 두었다. 다만 학무국에서 종교연구는 내부 직원이 아니라 외부 전문가를 촉탁의 형태로 채용하여 전개하였다. 그 가운데 조선의 종교, 그중에서도 유사종교에 대해 최초로 정리한 것이 1921년 9월, 요시카와 분타로(吉川文太郎)의 이름으로 간행된 『조선의 종교(朝鮮の宗教)』라는 단행본이다. 이 저술의 제6장에서는 「조선유사의 단체(朝鮮類似の團體)」를 다루고 있다.

요시카와는 일찍부터 일본 구세군의 사관(士官)으로 활동한 바가 있으며, 또한 메소디스트 교회의 목사로서 홋카이도(北海道)에서도 포교 활동을 전개했었다. 1919년부터 1923년까지 조선총독부 학무국에서 종교 관련 사무를 담당하는 촉탁 직원으로 활동하였으며, 위 저술은 그가 조선총독부 촉탁으로서 조선의 종교를 연구한 결과물이라고 볼 수 있다.

이 저술이 간행될 당시 조선총독부 학무국에서 종교과장을 역임했던 나카라이 기요시(半井淸)가 서문을 썼는데, 여기에서는 "특히 군(君)은 조선총독부의 종교사무촉탁이 되어있으므로 종종의 방면에서 공공기관 관계의 재료를 이용할 수 있는 편의를 얻게 되었다"라고 하였다. 요시카와가 조선에 건너온 후 불과 1년 반에서 2년의 집필 과정을 거쳐 이 저술을 간행할 수 있었던 것은 그 기본 재료를 조선총독부에서 제공하고 있었기 때문이라는 것을 밝히고 있다. 따라서 이 저술에 활용될 정도로 종교 및 유사종교 관련 자료가 조선총독부를 중심으로 수집되어 있었을 것으로 생각된다.

『조선의 종교』의 목차를 보면 제1장 서론, 제2장 조선불교, 제3장 천주공교(天主公敎), 제4장 프로테스탄트교회, 제5장 내지인(內地人) 측 제 종교, 제6장 종교유사의 단체, 제7장 소요사건의 진상, 제8장 결론으로 구성되어 있다. 전체적으로 유사종교를 포함하여 조선의 종교에 대해 종합적으로 검토하고 있는데, 사실 이 저술의 목적은 호소이의 앞의 저술과 마찬가지로 제7장 소요사건의 진상에 있다고 보아도 좋을 것이다. 곧 조선총독부는 3·1운동이 기독교와 천도교, 불교 등 종교계 인물들을 중심으로 일어났다는 것에 주안점을 두고 이들에 대한 실상을 파악하기 위해 이 저술을 기획했다. 이 가운데 요시카와는 조선의 종교유사단체에 대해 다음과 같이 말하고 있다.

조선 특유의 종교유사단체는 상당히 많다. 그러므로 그 종류도 적지 않지만, 천도교와 시천교 두 교단을 제외하고는 특별히 논할만한 가치가 있는 것은 없고, 그 세력도 비교적 미약한 것들이다. 다이쇼 8년의 소요(騷擾) 후, 조선총독부의 통치 방침이 바뀌어 문화정치가 언명(言明)되자 무수한 종교적 단체가 마치 우후죽순처럼 배출되었다. 물론 그 가운데에는 상당한 세력을 가진 것도 있었지만, 대부분은 일시적으로 조직된 것으로 '나뭇잎에 불'이라는 속담처럼 순간적으로 화려한 활동을 개시하여 비상(非常)한 세력으로 교지(敎旨)를 선전하며 당당하게 임원을 뽑아서 전 조선을 풍비(風靡)하지 않으면 안 될 것 같은 논조로 창립하여 신도 수십만을 칭하는데 어느 순간 갑자기 그림자조차 없이 사라져 버리는 상태다.

이는 각 단체의 신앙이라는 것이 그 기초가 천단(淺短)하고 진정으로 경건한 생각에서 운동(運動)된 것이 아니기 때문일 것이다. 서론에서도 다룬 바가 있거니와 <u>이들은 모두 종교로서 공인되지 못하고, 종교유사의 단체로서 경무국의 취체를 받고 있다.</u> 이 단체 가운데 천도교 및 시천교는 다소 종교적 색채를 가지고 있지만, 현재의 내용으로는 아직 종교라고 칭하기보다는 오히려 주의(主義)가 동일한 사람들이 모여서 하나의 단체를 조직하고 있다고 말하는 편이 더 적당할 것이다. 특히 <u>천도교 등을 제외한 다른 단체에 이르면 대부분이 참다운 종교적 가치를 가지고 있는 것은 적고, 완전히 미신으로 일관하고 있거나 유지자(有志者)의 모임에 다소 미신적 신념이 가미되어 있는 것에 지나지 않은 두 종류에 불과하다고 혹평하는 사람도 있다.</u> 또한 실제 그들의 집회에는 종교적 신앙담을 말하는 것에서 벗어나 정치적 운동으로 꽃을 피우는 경우도 많은 모양새다.

　이하에 기재하는 것들은 이른바 조선의 독특한 종교로, 그 많은 것들 사이에는 참되게 창시된 것도 있지만, 그 가운데 대부분은 명칭과 간부의 이름이 있을 뿐 내용적으로 조직, 교의 등은 대동소이한 것들도 적지 않다. 그러므로 이들에 대해 일일이 상세하게 설명하는 것을 불필요하고 번쇄한 일이므로 이 책에서는 그 대표적인 것 5~6개만을 들어서 소개하고자 한다. 그 가운데에도 미신적이고 기상천외한 것들이나 시대착오가 심한 것들도 있다. 물론 여기에서 그러한 내용을 비판하려는 것은 아니다. 독자가 한눈에 어떠한 점에 조선인의 버릇(性癖)이 잠재되어 있는지를 발견하고, 그들이 위풍당당하게 진행해 가는 표면적 진용(陣立)과 그 내용의 현격(懸隔)함을 알고 또한 이러한 방면에서도 조선인이 명성(名聲)을 구하는데 급급한 폐해에 빠지기 쉬운 약점을 가지고 있다는 것을 안다면 그것으로 충분하다.[231]

　요시카와는 조선총독부에서 제국의회에 천도교를 종교유사단체라고 하면서 그 성격을 '미신적'이라고 했던 내용을 충실히 계승하면서 여타의 유사종교에 그 의미를 확대 적용하고 있다. 특히 그는 천도교와 시천교 등 일부 단체는 종교적 성향을 지니고 있지만 나머지 대부분의 유사종교는 아직 종교로 인정될 만한 것은 아니라고 보고 있으며, 나아가 이들은 미신으로 일관하거나 미신적 신념이 가미된 것에 불과하다고 하였다. 요시카와야말로 조선의 종교유사단체

---

231 吉川文太郎, 『朝鮮の宗教』, 朝鮮印刷株式会社, 1921, pp.305-307.

를 '미신'적이라고 포괄하여 평가하기 시작한 대표적 인물이라고 할 수 있다.

또한 이 저술에서는 종교유사단체에 대해 몇 가지 주목할 만한 몇 가지 특징을 보이는데, 첫째로 호소이가 정리한 내용을 기반으로 조선의 종교유사단체에 대한 구체적인 내용을 다시 정리하고 있다는 것이다. 여기서는 천도교, 시천교, 대종교(大倧敎), 태을교, 통천교(統天敎), 청림교, 제세교(濟世敎), 태극교, 삼성무극교, 숭신인조합(崇神人組合) 등 10개의 교단을 종교유사단체로 실체화했다는 점이다. 그는 각 교단에 대해 다음과 같이 소개하고 있다.

교단명	교주(대표)	지역	창립시기	교세
天道敎	孫秉熙	京城	1906년	교구 : 194개소, 신도 : 180만
侍天敎	李容九	京城	1906년	신도 : 자칭 60만
檀君敎 · 大倧敎	羅喆	京城	1910년	신도 : 자칭 11만 7천명
太乙敎	姜一淳	井邑	1900년경	부산 2만 신도, 전국 분포 왕성
統天敎	梁起鐸	京城	1920년	포교 부진 상태
靑林敎	韓秉洙	京城	1918년	포교 부진 상태
濟世敎	小林源作 (金在賢)	富川	1919년	포교 부진 상태
太極敎	宋炳華	京城	1908년	다소의 활동 단체 있음
三聖無極敎	張秉奎	奉天	1920년	말할 가치도 없음
崇神人組合	金在賢		1920년	

요시카와의 조사에 따르면 당시 대부분의 종교유사단체는 1906년 이후에 창설된 것으로 나온다. 천도교와 시천교는 1860년 창립된

동학에서 출발한 것이지만, 두 교단이 분파하여 교단의 명칭을 천도교와 시천교로 한 것이 1906년이라고 했다.

눈에 띄는 것은 앞서 호소이에 의해 조사되었던 교단 외에 통천교, 제세교, 숭신인조합 등이 포함되었다는 점이다. 물론 호소이가 교단 명칭을 거론하면서도 중심교, 인도교, 천인교 등은 실체가 없다고 하였는데, 그러한 이유에서인지 여기서는 해당 명칭들이 빠져 있다. 나철의 대종교에 대한 한자 표기를 대종교(大倧敎)로 바로잡은 것이나, 청림교의 교조를 한창수(韓昌洙)에서 한병수로 바로잡은 것 등은 소소한 성과라고 볼 수 있다.

특히 앞서 호소이는 1920년에 출현한 삼성무극교를 소개하였듯이, 요시카와도 1920년에 설립한 통천교에 대해서도 그 내용을 싣고 있는 것으로 보아 당시 경찰 혹은 조선총독부에서는 설립 취의서의 제출을 통해 유사종교에 대한 인가를 행하고 있었고, 그 내용을 중심으로 유사종교 실태를 파악했을 가능성이 크다. 따라서 상당히 빠른 시기에 조선총독부가 유사종교의 조사를 토대로 유형까지 파악했을 것으로 본다.

통천교 관련 내용은 제3장에서도 살펴본 바와 같이 양기탁이 1920년 5월 29일에 설립취지서를 제출한 것으로 나오며, 요시카와는 해당 내용을 바탕으로 이 교단에 대해 상당히 상세하게 분석하고 있다. 다만 1920년의 보고서에서 '교섭에 관하여 설명하는 의사'라고 하였던 부분에 대해 요시카와는 '통천교 설립 취의서'라고 하였고, '통천교 취지'는 '교지(敎旨)', '총요'는 '통천교의 교리'라고 정리하고 있다는 점에서 약간의 차이가 있을 뿐 내용은 완전히 일치한다.

경찰에 의해 조사된 내용이 보고서로 정리되었고, 해당 내용이 조선총독부에 전달된 것을 요시카와가 새롭게 정리한 것이라고 생각된다. 곧 조선총독부는 이러한 루트를 통해 유사종교의 현황을 파악하면서 정보를 축적해 왔을 것이다.

태을교의 경우 교조가 강증산이라는 점이 요시카와에 의해 처음 거론되고 있으며, 이것이 곧 훔치교라고 밝히고 있다. 뒤에 증산을 교조로 하는 교단들을 훔치계로 정리하는 것도 요시카와에 의해 그 방향이 제시된 것으로 볼 수 있다.

무엇보다도 위 저술에서 보이는 특이한 점은, 일본인 고바야시 겐사쿠(小林源作)라는 인물이 제세교를 세웠다는 것을 다루고 있다는 점일 것이다. 앞서 조선총독부의 종교유사단체에 대한 인식은 '조선 재래의 종교'라는 의미에서 자생적 종교로 규정하였는데, 요시카와는 종교유사단체가 조선인들에 의해 창립된 것만이 아니라 일본인 고바야시가 조선에서 창립한 단체도 이에 포함시키고 있다.

한편 제세교의 고바야시가 뒤에 김재현이라는 가명으로 활동했다고 기록하고 있는데, 숭신인조합의 결성을 추진한 것도 김재현으로 나온다. 이는 고바야시라는 인물이 스스로 제세교를 만들기도 하고, 다른 한편으로는 조선의 무당들을 결합하여 숭신인조합을 결성하기도 했다는 것이다.

그런데 1933년 간행된 『고등경찰용어사전(高等警察用語辭典)』을 보면 제화교(濟化敎) 항목의 설명에서 "제세교(濟世敎)의 조직에 실패한 고미네 겐사쿠(小峯源作)가 구연철(具然澈)·황종하(黃宗河)와 무리와 조직한 것으로 공연한 포교는 행하지 못했다. 강일순(姜一淳)의 유교(遺

敎)를 받들기 위하여 다이쇼 9년 경성에 본교를 세웠지만 용두사미로 끝났다."라고 기록하고 있다.[232] 이 자료를 통해 볼 때 고바야시 겐사쿠와 고미네 겐사쿠는 동일 인물이라는 것을 알 수 있으며, 1936년 간행된『조선의 유사종교』를 비롯하여 다른 자료를 통해 볼 때 고바야시라는 이름이 아니라 주로 고미네 겐사쿠가 본명으로 등장하고 있다는 점에서 요시카와가 사용한 고바야시라는 이름이 잘못 표기된 것임을 알 수 있다.

고미네는 1867년 쓰시마(對馬島)에서 출생한 사람으로 20세에 조선에 건너와서 이재순(李載純)의 집에서 7년 동안 식객으로 지냈으며, 조선과 일본 사이에서 발생하는 많은 교섭 사건에 통역관으로 참여하였다. 청일전쟁에 참여했다가 전역 후 훈(勳)8등이 추서되었는데, 그의 집안은 임진왜란 이후에도 일본과 조선 사이의 사건이 있을 때마다 통역으로 참여했던 집안이라고 한다. 그는 능숙한 한국어를 활용하여 1897년 조선인을 인솔해서 일본으로 데려가 탄광 노동자로 일하게 했다는 기록이 있는 등 주로 브로커로서 활동했던 것을 알 수 있다.[233] 따라서 요시카와는 자신의 한국어 능력을 기반으로 스스로 조선인 이름을 만들어 조선인처럼 활동하면서 제세교와 제화교(濟化敎) 등 각종 종교단체를 설립에 관여하였다는 것을 알 수 있다.

한편 요시카와는 천도교의 교조 최제우에 대한 생애를 다루는 가운데 그의 구도와 깨달음에 대해 다음과 같이 정리하고 있다.

---

232 「濟化敎」,『高等警察用語辭典』, 朝鮮總督府警務局, 1933, p.124.
233 東定宣昌,「明治期, 日本における最初の朝鮮人勞働者」,『經濟學研究』57, 九州大學經濟學会, 1992, pp.277-315 참조.

최제우가 32세 되던 2월의 일이었다. 한 사람의 이승(異僧)이 돌연 그의 초당을 방문해서 '나는 금강산 유점사(楡岾寺)에서 부처님께 100일 간 기원을 했는데, 원력이 지극했을 때 한 권의 기이한 책을 탑 아래에서 발견했다. 그런데 자의(字義)를 해석하기가 어려웠으며, 그 후 몇 사람의 고승지식(高僧知識)에게 보였지만 누구도 그것을 해석하는 자가 없었다'라고 말하면서 한 권의 책을 최제우에게 보였다. 이에 최제우가 그것을 펼쳐보니 그것은 유·불·선의 가르침을 적어 둔 진서(珍書)였으므로, 그 승려에게 그 책을 3일 동안 지니고 있으면서 볼 것을 허락받았다. 그는 주야 쉬지 않고 이 책을 숙독하고 연구하여 전 권을 독해했고, 3일 후에 다시 방문한 승려에게 그 책에 대한 자기의 소신을 말했다. 그러자 승려는 크게 기뻐하면서 '하늘이 이 책을 그대에게 내린 것이다'라고 말하고 그대로 사라졌다고 한다. 이때부터 그의 생활에는 부분적으로 기적적인 취미가 나타나지만, 최제우는 생각을 고요하게 하고(靜思) 연구한 결과 유·불·선 삼교의 합치점을 발견하고 견식의 일가를 이뤘다는 것은 확실하다.[234]

최제우의 깨달음이 불교 승려의 원력에 의해 한 권의 책으로 결실된 것에서 기인한다는 점, 다만 그 책은 유·불·선 삼교의 정수가 담겨 있었으며 이를 통해 유·불·선 삼교의 합치점을 발견하여 이루어진 것이 동학이며, 동학의 명맥을 이어가는 것이 바로 천도교라는 것이다.

---

234 위의 책, pp.309-310.

요시카와는 서학에 비견할만한 동학의 정수가 바로 유·불·선 삼교를 합치했다는 점에 있다는 자부심이 근대 이후 한국 신종교의 기본이요 출발점이라는 점을 밝히고 있다. 특히 그가 주목하는 것은 최제우가 새로운 종교를 탄생시킴에 있어서 '교리'의 문제에 관심을 두고 있었다는 것을 강조하고 있다는 점이다. 실제로 최제우에게 이러한 구도 과정이 있었는지에 대한 진위를 떠나서 그가 주목하는 것은 최제우에서 비롯되는 동학과 그 후예인 천도교가 '유·불·선 삼교'를 통합하는 교리를 가지고 있었다는 것이다. 이는 앞에서 살펴본 바와 같이 1894년 일본공사 이노우에가 동학에 대해 '유·불·선 삼교'를 통합한 단체라고 했던 내용이나 앞서 호소이의 조사와 분석 내용을 적극 수용하고 있는 것임을 알 수 있다. 요시카와에 의해 서술된 최제우의 '삼교합일' 진리에 대한 깨달음의 내용은 1930년 개조사(改造社)에서 발행한 『일본지리대계 조선편』의 '종교'에 대한 설명에서 유사한 형태로 재구성되어 활용된다.[235]

근대 이후 조선 사회에서는 삼교합일 또는 삼교회통 등의 표현으로 사용되었던 '유·불·선 삼교'의 통합을 사상적으로 상당히 차원이 높은 것으로 보는 경향이 있었다. 동학농민운동을 전후하여 이들의 교리를 삼교합일의 가르침으로 밝힌 바가 있다는 점에서도 그러하며, 대종교를 비롯하여 증산계 종단이나 원불교 등 뒤에 등장하는 신종교의 대부분은 삼교회통을 하나의 기본 원리로 제시하고 있다.

---

235 改造社 編, 『日本地理大系 朝鮮篇』, 改造社, 1930, p.304.

물론 이러한 삼교회통의 원리는 최치원의 난랑비서(鸞郎碑序)에서도 밝힌 것처럼 한민족의 고유한 사상이며 전통이었다. 그러한 점에서 최제우는 회통의 원리를 동학의 중심 교리로 삼는 것에 의해 한민족 고유의 진리 인식 방식을 수용한 것이라고 볼 수 있다. 그리고 동학 이후 많은 신생 종교들이 이러한 회통의 원리를 수용한다. 다만 불교나 유교·도교 등 특정 종교의 교리를 근간으로 삼는 가운데 삼교회통을 추구한다는 점에서 각 교단의 교리에 차이를 보이기도 한다.

일본에서도 신(神)·유·불을 중심으로 하는 삼교일치(三敎一致)의 논리는 일찍부터 있어 왔다. 다만 근대 이후 삼교합일은 기존과 조금 다른 성격으로 나타나기도 하는데, 대표적으로 1911년 고노 우사부로(河野宇三郎)라는 인물에 의해 제기된 '삼교통일론(三敎統一論)'이 주목된다. 그가 여기서 말하는 삼교는 유교·불교·기독교이며 공자의 인애와 불교의 선정, 기독교의 신앙이라는 장점을 하나로 통일하여 인간의 정신수양의 근간으로 삼는 것이 급무라고 주장했다.[236]

반드시 고노의 주장에 부응한 것은 아니지만, 1912년 봄 일본 내무차관 도코나미 다케지로(床次竹二郎)는 동서의 종교를 융합하여 그 힘을 빌려서 당시 완폐한 인심을 선도하고 혼란한 사상의 통일을 도모하기 위해 신도와 불교, 기독교 각파의 대표자들과 도쿄에서 회합하고 의견을 구하기도 했다. 그는 일본에서 신·유·불 삼교의 일치는 이미 오랜 역사를 통해 점차로 그 사상이 혼효(混淆)되어 왔으며,

---

236 河野宇三郎, 『三敎統一論』, 博文館, 1911, pp.4-5.

근세에 이르러서도 분리되지 않았으나 메이지유신 이후 억지로 이들의 분리를 도모하여 각자 독립된 사상을 이루었다고 했다. 하지만 이제는 다시 신도와 불교, 기독교가 서로 합력하여 통일된 사상체계를 구축해야 한다고 주장했다.[237] 근대 조선과 일본에서는 매우 유사한 삼교합일 또는 삼교회통의 표현을 하지만, 근본적인 방향성의 측면에서는 성격 자체가 달랐다는 것을 알 수 있다.

요시카와는 "그런데 그가 서교에 대항해서 동학을 일으키고, 기독교를 구축(驅逐)하는 대신에 유·불·선의 정수를 뽑아서 천도교로 하려고 했던 보람도 없이 신에 관한 정의와 신앙(신을 천주라고 칭하는 것)이 흡사 기독교와 혼동되었으므로 마침내 유교도의 오해를 불러일으켜 천주교에 유사한 것, 혹은 그 일파로 받아들여졌고, 백방으로 판명하고자 하는 노력에도 불구하고 강렬한 압박을 받게 되었다"[238]고 했다.

요시카와는 조선의 종교유사단체에 대해 다음과 같이 글을 마무리하고 있다.

> 종교유사의 단체가 과연 조선인 사이에서 어느 정도 종교적 감화를 끼치고 있는지는 전혀 알 수 없으며, 신도(信徒)들의 목적도 경건한 마음에서 영혼상의 힘을 빌리고자 하는 사람은 없고, 대부분은 그러한 단체에 자신의 몸을 의지하는 것에 의해 안심을 얻으려고 하는 경우가 많다. 그러한 까닭에 실질적으로 무언가를 생각하기보다도 오히려 세

---

237 淸原貞雄, 『明治時代思想史』, 大鐙閣, 1921, p.312.
238 위의 책, p.314.

력의 강약(強弱)을 표준으로 가입하는 것이다. 이에 새로운 것이 생겨
나는 경우에 그 배경에 인심을 끄는 무언가가 있으면 그것이 관헌의
보호이거나 독립단의 우대(優遇)이거나 혹은 다른 어떤 나라의 후원이
라고 하더라도 그들의 시비곡직(是非曲直)을 판별하지 않고 권유에 응
하는 버릇이 있다. 그리하여 한편으로는 그것을 이용해서 세력을 부식
(扶植)하고 혹은 자기의 명예심을 만족시키려고 하는 자들도 많다. 그
것은 단지 종교유사의 단체에만 그치지 않고 일반적으로 존재하는 민
족성인데, 그것을 정교하게 지도하고 이끄는 것은 식자(識者)들의 재고
해야 할 문제가 아닐까.[239]

『조선의 종교』에서는 조선에서 〈포교규칙〉이 발포된 이후 조선총
독부 촉탁으로서 본격적으로 종교유사단체에 대한 본격적인 소개와
더불어 이들에 대해 구체적으로 분석하고 또 그 성격을 평가하고 있
다. 물론 그 평가는 미신이라는 부정성을 강조하는 것이었다.

특히 그의 평가는 종교유사단체가 ① 미신성과 주술성이 강하고,
② 삼교합일을 강조하는 것으로서 교리적 독창성이 빈약하며, ③ 종
교보다 정치적 목적을 지닌 비밀결사의 성격이 강하고, ④ 개개인의
사적 이익을 취하기 위한 수단으로 이용되는 단체 정도로 그 성격을
정리하고 있다. 종교유사단체가 주술성과 미신성이 강하다거나 교
리적 독창성이 빈약하다는 것은 근대적 종교로서의 기준에 부합하
지 않는 사교(邪敎)라는 부정적 이미지를 고착화하는 작업이었다면,

---

239 위의 책, pp.373-374.

정치적 목적을 위한 비밀결사나 개개인의 이익을 취하는 단체로 규정하는 것은 이들 종교유사단체에 대한 단속과 탄압의 실질적 근거를 마련하는 작업이었다고 본다. 이러한 요시카와의 종교유사단체에 대한 성격 규정은 이후 조선총독부의 유사종교에 대한 판단과 정책의 기본 토대가 된 것이다.

3. 조선총독부의 '종교유사단체' 분류

제2장에서도 살펴본 바와 같이 〈포교규칙〉이 제정된 이후, 조선총독부에서는 종교유사단체를 공식적으로 인가하고 고시한 바는 없지만, 종교유사단체라는 표현은 이미 조선 사회에서 일반화되어 사용되기 시작했다. 그리고 1917년 《매일신보》에서는 평안남도의 종교유사단체에 대한 조사의 내역을 기사화했으며, 호소이 등의 저술에 의해서도 그 실제 내역이 파악되는 것을 확인할 수 있었다.

한편 1919년에 전국적으로 일어난 3·1운동은 조선총독부를 비롯하여 일본 정계 및 사회 전반에 큰 충격을 안겼다. 이에 조선총독부는 3·1운동 의미를 축소하기 위해 기독교와 일부 극단적인 사상이나 미신을 기반으로 한 종교유사단체 곧 천도교의 일부 신도들에 의해 주도된 것에 불과하다고 하면서 전국으로 확산한 운동은 아니라고 제국의회에 보고하였다.

이 사건을 계기로 일본 정부는 데라우치 총독을 해임하고 새로 사이토 마코토(齊藤實)를 총리로 임명하였다. 이로부터 기존의 무단통치(武斷統治)가 종식되고 새로운 문화통치의 시대가 열리게 되었다. 조선총독부 종교행정의 주관 부서는 학무국이었는데, '비공인' 종교단체인 종교유사단체의 관할은 경찰에서 담당했다. 조선총독부 경찰의 경우 일제의 강제병합 초기에는 헌병경찰제도 아래서 조선총독부의 외국(外局)으로서 경무총감부가 설치되어 있었는데, 3·1운동을 거치면서 1919년 8월에 헌병경찰제도 및 경무총감부가 폐지되고 조선총독부에 신설된 경무국이 비공인 종교단체에 대한 단속을 인계받았다.[240]

또한 3·1운동은 조선 강제병합 초기부터 이어왔던 치안유지의 방법에도 변화를 가져왔다. 기존에는 보안법 제1조를 적용하여 신흥 종교단체를 단속해 왔었는데, 1922년 당시 치안 상황을 전하는 치안 당국의 보고서에서는 「집회결사의 취체방침」에 대해 다음과 같이 기술하였다.

> 다이쇼 8년 8월 제도 개정 후는 종래의 결사 및 집회에 대한 제한적 취체 방침을 완화하고, 결사 집회의 자유를 용인함과 동시에 안녕질서를 문란케 하는 불온 과격한 언동을 하는 자에 대해서는 엄정하게 취체를 실시하기로 한다.[241]

표면으로는 문화정책을 취한다고 하면서 결사와 집회의 자유를

---

240 青野正明, 『帝國神道の形成』, p.319.
241 朝鮮總督府警務局 編, 『大正十一年 朝鮮治安狀況 其ノ一〈鮮內〉』, 조선총독부, 1922.

보장하는 것처럼 보였지만, 실제로는 헌병대의 병력을 보통경찰로 전환하는 방식으로 단속을 강화하고자 했다. 당시 조선총독부는 경찰력의 강화를 위해 일본 본토 각 부현에서 차출한 1,500명의 순사(巡査)를 조선으로 보냈으며, 또 일본에서 조선에 파견할 순사 3,500명을 모집할 계획을 세운다. 아울러 조선에서 순사보다 한 단계 아래에 놓여 있던 조선인 순사보(巡査補)를 대거 순사로 고용하였고, 또 헌병보조원의 역할을 하던 8,064명의 조선인들 가운데 6,935명을 순사로 전환하였으며,[242] 약 3,000명이었던 당시 헌병 가운데 1,300명이 순사로 전환하여 임관하는 등 1만여명 이상의 순사를 새롭게 구성하는 방침을 세웠다.[243]

일본에서 5,000명 이상의 순사를 조선에 파견하고, 또 기존의 헌병과 헌병보조원 가운데 약 8,000명 이상을 순사로 전환하였다는 점에서 본다면 형식적으로는 헌병에 의한 무단통치에서 경찰에 의한 문화통치로 변한 것 같지만, 내용적으로는 여전히 과거 헌병들을 중심으로 경찰력이 구성되었고 이들에 의한 치안이 주된 방향을 결정하고 있다는 점에서 큰 변화가 일어났다고는 볼 수 없다. 통치체제의 중심이 헌병에서 경찰로 변하였을 뿐이다.

이처럼 3·1운동이 조선총독부의 통치 체제에 큰 변화를 불러일으킨 것처럼 유사종교에 대한 인식에서도 뚜렷한 전환이 나타난다. 1921년 1월 1일 조선총독부에서 발행한 『최근조선사정요람(最近朝鮮

---

242 朝鮮憲兵隊司令部 編, 『朝鮮憲兵ノ起源及沿革概要』, 朝鮮憲兵隊司令部, 1924, p.7.
243 丸山鶴吉, 「現在に於ける朝鮮治安の狀況」, 『警察協會雜誌』279, 警察協會, 1923. 11, pp.30-31.

事情要覽)』의 제17장「제사급종교(祭祀及宗教)」에서는 종교유사단체에 대해 다음과 같이 기록하고 있다.

> 조선에는 종교유사단체로서 천도교, 시천교 등의 단체가 있다. 각각 지방에 다수의 단원(團員)을 거느리고 있고, 사회적으로 상당한 세력을 가지고 있다. 이들 각 단체는 당장에 종교단체로서 취급받지 못하고 있으며, 전적으로 경찰의 취체(取締) 아래 놓여 있다.[244]

조선총독부는 1919년 이래로 종교유사단체를 대하는 태도에서 한 가지 변화의 추이를 보인다. 그것은〈포교규칙〉의 제정을 통해 유사종교를 종교에 준하는 취급을 할 것처럼 했던 것에 대해, 여기서는 단지 '이들 각 단체는 당장에 종교단체로서 취급받지 못하고 있으며'라고 함으로써 오히려 종교단체가 아니라는 측면을 강조하는 것이다.

이러한 조선총독부의 기본적 태도를 바탕으로 유사종교의 연구를 진행한 것이 앞에서 살펴본 요시카와의 『조선의 종교』이며, 따라서 그가 바라보는 유사종교에 대한 시각은 조선총독부의 시각이 충실하게 반영되어 있었다고 볼 수 있다.

한편〈포교규칙〉이 선포된 이후 조선총독부에서 공식적으로 조선의 종교유사단체에 대해 종합적으로 정리한 내용을 발표한 것은, 1922년 3월 발행한 『조선총독부시정연보(朝鮮總督府施政年報)』일 것이

244　朝鮮總督府 編, 『最近朝鮮事情要覽 大正10年』, 朝鮮總督府, 1920, p.428.

다. 이 문헌의 제29절 「종교」에서는 종교유사단체에 대해 다음과 같이 기술하고 있다.

한국 재래의 종교유사단체로서 법령에서 아직 종교로 인정하지 않은 것은 천도교, 시천교, 태극교를 그 주된 것으로 한다. 이 외에도 대종교(大倧敎), 단군교, 청림교, 훔치교, 태을교, 선도교(仙道敎) 등 다수의 명칭이 있으며, 근래에 새롭게 종교라고 칭하는 것들이 계속해서 나오고 있는 상황이라 하더라도 그들이 말하는 바의 대부분은 미신을 좇고 있어 아직 하나의 종교 영역에 도달하지 못하고 있다. 특히 대종교 이하 각 교의 대부분은 당사자 가운데 항상 황당무계한 설을 유포하여 어리석은 민중을 광혹(誑惑)시켜서 사복(私腹)을 채우려고 하는 협잡의 무리가 적지 않다. 엄한 취체(取締)를 필요로 하는 것들이 있는 것이다. 이상의 각 교는 이를 대별하면 (1) 동학의 말류(末流)로서 유(儒)·불(佛)·노(老)의 삼교(三敎)를 절충해서 도를 하늘로부터 이어받았다고 칭하는 천도교 및 시천교, (2) 유교를 받들어 그 부흥을 표방하는 태극교, (3) 세속에 조선민족의 비조(鼻祖)라고 칭해지는 단군을 제사 지내는 단군교 및 그 분파인 대종교, (4) 청림교 이하의 미신적 종교의 네 종류로 나눌 수 있다. 그 가운데 천도교는 교세에 있어서 각 교의 우두머리가 되며, 각 교 교도의 수는 천도교가 약 10만, 시천교 6만여명, 태극교 약2천명 등이며 그 외의 것들은 대부분 숫자를 셀 정도의 수준이 아니다.[245]

---

245 朝鮮總督府 編, 『朝鮮總督府施政年報 自大正7年度至大正9年度』, 1922, pp.145-146.

이것이 조선총독부의 명의로 발행한 공적 자료 가운데 유사종교에 대해 상세하게 기록한 첫 문헌으로 보인다. 이에 앞서 호소이가 자유토구사라는 출판사를 세워 유사종교의 조사와 분석을 행한 것이나, 요시카와가 조선총독부 촉탁으로서 유사종교에 관한 내용을 서술했을지라도 이들 저술은 엄연히 개인의 이름으로 간행된 것으로, 조선총독부의 명의로 출간된 것은 아니었다.

물론 위의 내용을 요시카와가 기록하였거나 혹은 어떠한 형태로든 깊이 관여했을 가능성은 매우 크다. 왜냐하면 전체적인 내용이 앞서 밝힌 그의 저술에 실린 내용을 매우 요약적으로 정리한 것처럼 생각해도 좋을 정도로 흡사하기 때문이다. 따라서 1920년대 초창기 유사종교에 대한 연구는 요시카와에 의해 이루어지고 그 내용이 조선총독부의 공식 기록으로 남았을 것이다. 위의 기록에 담긴 조선총독부의 의도를 파악하여 간략히 정리하면 다음과 같다.

첫째, 종교유사단체를 '한국 재래의 종교유사단체'로 한정하고 있으며, 이들의 성격을 법령에서 종교로 인정하지 않은 단체라고 규정하고 있다는 점에 주목할 필요가 있다.

조선총독부는 일단 종교유사단체를 '조선에서 자생한 단체'라고 보았으며, 이러한 기조는 사실상 일제강점기를 통해 일관된다. 앞서 요시카와도 고바야시 겐사쿠(小林源作)라는 인물이 김재현이라는 한국 이름으로 제세교(濟世敎)를 창립하고 또 숭신인조합을 결성하는 등의 활동을 하였지만, 이들 유사종교를 외래계로 보거나 외국에서 유입된 종교라고는 하지 않았다.

또한 조선총독부는 유사종교를 '법령에서 아직 종교로 인정하지 않는' 단체라고 명확히 규정하고 있다. 이는 앞서 『최근조선사정요람』에서 밝힌 것이나 요시카와의 주장을 공적으로 확정하고 있다. 곧 〈포교규칙〉에 의해 '준종교'의 지위를 확보할 것 같았던 유사종교였지만, 3·1운동을 기점으로 이들을 종교로 인정하지 않는다는 조선총독부의 방침은 더 확고해진 것이다.

둘째, 대부분의 종교유사단체가 미신 혹은 황당무계한 설을 유포하고 있으며, 이를 통해 민중들의 정신을 혼란스럽게 하면서 그 결과로 사적 이익을 도모하고 있다는 것을 종교유사단체의 일반적인 유형으로 정리하고 있다.

유사종교가 '미신'이라는 성격 규정 또한 요시카와의 주장이 고스란히 이어지고 있는 것임을 알 수 있다. 그리고 조선총독부가 이와 같이 유사종교를 미신으로 공식 규정한 이후, 일제강점기를 통해 그 인식에는 큰 변화가 나타나지 않는다. 각종 언론 또한 조선총독부의 규정을 여과 없이 수용하여 모든 유사종교를 미신이라는 관점에서 접근해 가는 것을 당연하게 여긴다. 국가권력에 의한 유사종교의 부정적 성격 규정이 대중의 인식 형성과 확장에 얼마나 큰 영향을 끼쳤는지를 알 수 있는 부분이다.

그런데 식민지 조선과 일본에서 유사종교를 미신으로 규정하는 시기가 매우 유사하다는 점에서 양국 사이의 관련성도 생각해 볼 여지가 있다. 일본에서는 1920년부터 오모토교를 미신으로 규정하는 논의가 본격 진행되었고 그 이듬해에 해당 교단에 대한 경찰의 단속과 지도부에 대한 기소가 이루어진다. 따라서 양국의 관료나 지식인들 사이에 유사종교를 미신으로 규정하려는 인식이 상호 공유되었을 가능성도 검토해 볼 필요가 있다는 것이다.

셋째, 유사종교에 대한 관리의 방침이 '엄중한 단속'으로 정해진 다는 점이다. 곧 "대종교 이하 각 교의 대부분은 당사자 가운데 항상 황당무계한 설을 유포하여 어리석은 민중을 광혹(誑惑)시켜서 사복(私腹)을 채우려고 하는 협잡의 무리가 적지 않다. 엄한 단속(取締)을 필요로 하는 것들이 있는 것이다"라고 하였으며, 조선총독부에서는 유사종교의 대부분이 황당무계한 설을 유포해서 사복을 채우는 무리라고 규정하고 이들에 대한 엄중한 단속을 예고한 것이다.

앞서 요시카와는 종교유사단체가 주술성과 미신성이 강하고 교리적 독창성이 빈약하다고 하였으며, 또한 이들은 종교적이라기보다는 정치적 비밀결사나 개개인의 이익을 취하는 단체로 규정하였다. 곧 유사종교의 성격을 종교보다는 '미신'에 가까운 것으로 단정하는 사교(邪敎)적 이미지로 고착하면서도 이들에 대한 실질적인 단속과 탄압의 조건이 되는 비밀결사나 개인 재산의 편취를 유사종교의 주된 활동으로 규정한 것이다.

조선총독부에서는 이러한 요시카와의 주장을 고스란히 수용하고 있으며, 이를 토대로 유사종교에 대한 '엄중한 단속'을 관리의 방침으로 정한다. 물론 이들이 단속의 이유로 내세운 것은 '민중을 광혹시켜서 사복을 채우려고'하는 행위가 직접적인 원인인 것처럼 내세우고 있다.

사실 유사종교를 단순히 '미신'이라고 하는 것이 이들을 단속할 근거가 되지는 못한다. 그러한 점에서 실질적으로 이들이 위법한 행위를 했다고 하는 단속의 근거가 필요했던 것이다. 그 대표적인 사례가 대중을 현혹하여 금전을 편취하는 것이 되며, 이것이 이후 조선총독부가 유사종교를 단속하는 실질적이고 대표적인 기준이 된다.

넷째, 대표적인 종교유사단체로 천도교, 시천교, 태극교, 대종교, 단군교, 청림교, 훔치교, 태을교, 선도교 등 구체적인 9개의 교단과 이들의 계통을 구분하여 제시하고 있다는 점이다. 흥미로운 점은 앞서 호소이의 저술에서는 유사종교를 동학계, 유교계, 단군계, 미신계의 네 가지로 분류했는데, 요시카와의 저술에서는 이러한 계통분류를 찾아볼 수 없다. 아마도 조선총독부에서는 뒤에 호소이의 계통분류를 추가적으로 수용한 것이 아닌가 생각된다.

일본에서의 경우 1926년 재단법인 사회교육협회라는 관민 합동의 단체에 의해 '종교유사단체조사'를 행하면서 신도계, 불교계, 기독교계로 유사종교의 유형을 구분하였다. 기성종교의 틀 안에서 유사종교의 성격을 분류한 것이다. 이에 대해 조선 최초의 유사종교 계통 구분은 호소이에 의해 동학계, 단군계, 유교계, 미신계로 이루어지는데, 이는 조선의 유사종교가 기성종교와 계통적으로 반드시 일치하지 않는 속성을 가지고 있었기 때문일 것으로 생각된다.

앞서 살펴본 바와 같이 1890년대 일본의 지식인들은 동학이 삼교합일을 내세우면서 특정한 종교에 치우치지 않는 교리를 내세우고 있으며 또한 서학(기독교)에 대응하여 동학이라고 명칭을 내세우고 있다는 점을 지적한 바 있다. 이는 동학교도들이 자신들을 기성종교와 차별화된 독자적인 종교임을 강하게 주장한 것을 그대로 수용한 것이었다. 단군계 또한 단군을 국가의 시조로 내세우면서 이를 종교적 신앙체계로 구축하며 민족성을 강하게 드러낸다는 점에서 기성종교와 차별화된다.

그러한 점에서 조선의 유사종교는 기성종교와 단절하거나 혹은 기성종교의 내용을 수용하되 이를 독자적인 방식으로 결합하거나 재해석하여 전혀 새로운 교리를 창조하였다. 곧 특정 종교에 귀속되지 않는 성향을 보여 온 것이다. 이것이 조선과 일본의 유사종교에 대한 계통구분이 다르게 전개된 주된 요인이라고 본다.

물론 1935년 무라야마 지쥰이 『조선의 유사종교』를 간행할 당시에는 불교계와 유교계 등 기성종교와 관련을 가지는 유사종교가 다수 출현한다는 점에서 기성종교를 계승하는 불교계와 유교계 등의 계통분류의 양상도 나타나지만, 전체적으로는 동학계, 숭신계, 훔치계 등 기성종교에 포섭되지 않는 '독창적 종교성'을 근간으로 하는 단체가 대다수를 차지한다는 점에서 조선과 일본의 유사종교를 바라보는 시각에도 차이가 발생하였을 것으로 보인다.

물론 일본에서도 유사종교의 범주에 신도와 불교, 기독교를 혼합한 것이 등장하기도 한다. 제4장에서도 다룬 바와 같이 1934년 〈종교단체법〉을 제정을 위해 법안을 마련하는 과정에서 '종교학상 의의로서의 종교'를 구분하였을 때, '신도·불교·기독교를 혼합한 것'도 유사종교의 한 부분으로 분류되어 있다.[246] 다만 여기서 삼교를 혼합한 것은 두 가지 관점에서 조선의 유사종교와 차이를 보인다. 첫째는 기독교적 요소가 혼합된다는 점에서 다분히 근대적 특징을 가진다는 점이며, 둘째는 이렇게 교리가 혼합된 종교단체는 극히 일

---

246 児玉九一·有光次郎, 앞의 책, p.7.

부에 지나지 않는다는 점에서 주된 것은 역시 신도계·불교계·기독교계로 분류된다는 점이다.

다만 유사종교의 계통분류가 조선과 일본 모두 국가 주도로 이루어졌다는 점에서는 동일하다. 사실상 이렇게 시작된 계통분류가 최근의 한국과 일본 신종교 연구, 혹은 일본의 종교 분류에서도 여전히 유효한 방법으로 도입되고 있다. 과연 이러한 국가 주도의 계통분류 방식을 무비판적으로 계승해 가는 것이 종교 연구의 분야에서 과연 타당한 것일까? 근대를 통해 유사종교로 분류되었던 교단 가운데에는 삼교합일의 교리적 구성을 가진 교단이 적지 않다는 점에서 반드시 특정 계통에 속한다고 규정하기 힘든 경우도 발견된다. 향후 연구에서는 기존의 계통분류에 국한하지 않은 상태에서 근대종교의 특징을 강구해 가는 것도 중요한 과제라고 생각한다.

일제강점기 조선총독부의 주도로 이루어진 유사종교 계통분류와 성격 규정은 이후 조사가 반복되는 가운데에도 기본적인 틀을 유지한다. 곧 정해진 계통분류의 틀 속에 새로운 단체를 추가하거나 혹은 그 계통에 포함되지 않을 경우 기타 계통불명으로 분류하는 양상으로 이루어진다.

예를 들면 1922년 11월 발행한 『조선총독부시정연보 다이쇼(大正)10년도』에서는 '종교유사단체'로 천도교, 시천교, 태극교, 인도교(人道敎), 관성교(關聖敎), 기자교(箕子敎), 단군교, 대종교, 제우교, 청림교, 제세교, 대종교(大宗敎), 훔치교, 태을교, 보천교(普天敎), 보화교(普化敎), 부화교(富化敎), 선도교, 백백교(白白敎), 통천교, 숭신교 등 21개 교단을 거론하고 있다는 점에서 그 수가 크게 증가하고 있다. 인도교, 관성교, 기자교, 제우교, 제세교, 대종(宗)교, 보천교, 보화교, 부화교, 백백교, 통천교, 숭신교 등이 새롭게 등장하고 있는데, 제우교와 인도교 등은 이미 호소이의 조사에 의해 그 이름이 확인된 바 있다. 따라서 이는 1년 사이에 새로운 종교유사단체가 탄생한 것이라기보다는, 대부분 기존의 조사에 포함되지 않았던 단체들이 새롭게 추가된 것이라고 볼 수 있다.

또한 조선총독부에서는 계통분류에서도 기존의 동학계, 유교계, 단군계, 미신적 단체의 네 가지 분류를 유지하면서도, (1) 동학계 : 천도교, 시천교, 제우교, 청림교, 제세교, (2) 유교계 : 태극교, 인도교, (3) 단군계 : 단군교, 대종교, (4) 기타 미신적 단체 등 분류된 계통에 실제 교단을 배치하여 이들의 성격을 좀 더 명확히 하였다. 아울러 신자 수에 대해서도 언급하고 있는데, 천도교 13만명, 시천교 3만여 명, 청림교 약 5천명 등 조사에 따른 교단의 수와 신자의 수가 급격히 증가하는 현상을 보여준다.

이와 같이 일제강점기 조선총독부는 새롭게 탄생한 종교단체들을 모두 종교유사단체로 규정하면서 이들의 계통을 분류하여 관리하기 시작한다. 또한 유사종교를 일괄적으로 미신이라는 관점에서 '대중을 광혹시켜 사복을 채우는' 집단으로 규정하였고, 이들에 대한 관리의 방향은 '엄중한 단속'에 두었다. 1922년의 위 기록은 유사종교에 대한 단속의 방향을 설정한 조선총독부의 결정이라는 점에서, 이후 조선 사회에서 모든 유사종교가 마주하게 될 일관된 탄압과 교단 해체로 이어지는 숙명을 알리는 신호탄이었다고 말할 수 있다.

4. '종교유사단체'와 비밀결사

요시카와의 『조선의 종교』와 동일하게 1921년 11월 발행된 『군사경찰잡지』에서는 혜산헌병분대보리국경감시소(惠山憲兵分隊堡里國境監視所)의 헌병군조(憲兵軍曹) 나가노 니사부로(長野仁三郎)가 「천도교론(天道教論)」을 제목으로 하는 논문을 게재하고 있다. 이 논문의 서문에서는 다음과 같은 시각에서 천도교의 연구를 진행하고 있음을 밝힌다.

> 종교는 인류의 생활상에 있어서 필요한 주력(主力)으로서 신앙이 우리들의 처세를 행복하게 해 주는데 큰 역할을 한다는 것은 말할 필요도 없다. 하지만 일체의 영광을 신불(神佛)에 돌리고 신도들에게 합장 예배하는 것은 참된 신앙이 아니니, 곧 종교 중독에 빠져서 피해를 끼치는 것이 예상된다. 지난날 덴리교에 대한 여론이 나빴던 시대에 쿠로이와 슈로쿠(黑岩周六)의 경우 글이나 말로 매우 맹렬하게 이를 공격해서 세상을 놀라게 한 바가 있고, 최근에는 오모토교의 비판으로 어수선하더니 마침내 경무관헌의 활동하게 된 것은 참으로 그 이유가 있는 것이다.
>
> 덴리교나 오모토교와 같은 것은 나처럼 조선 헌병으로 근무하는 사람에 있어서는 강 건너 불구경 같은 것이지만, 저 소요사건(저자주 : 3 · 1운동)의 중심이 되었던 천도교에 대해서는 직무상 중요한 대상이 될 뿐만 아니라 그 취체가 보통경찰관에 속하는 까닭에 급하게 이에 대한 연구를 하지 않으면 안 되었다.
>
> 천도교는 최제우가 제창한 동학에서 시작되었으며, 지금까지 62년

의 시간을 지내오면서 핍박과 찬양(毀譽褒貶)의 목소리가 신도들에 의해 외쳐져 왔으나 아직 진제(眞諦)를 얻은 자가 적은 것에 관계없이 소요 이후 세상 사람들은 대체로 이를 하나의 불령(不逞)한 단체로 지목하고 있다. 천도교는 과연 이단사설(異端邪說)일까?[247]

나가노는 조선과 일본의 종교유사단체를 직접적으로 거론하면서 이들을 동일 평면에서 취급하는 시도를 하였다. 물론 그의 관점은 일본에서 덴리교나 오모토교는 '종교 중독'에 빠지게 하는 집단으로 1921년 제1차 오모토사건처럼 경찰에 의한 종교의 단속이 필요하다는 것을 강조하면서, 천도교에 대한 단속의 필요성도 제기하고 있다. 특히 천도교는 3·1운동의 주동 세력이라는 점에서 사회의 혼란을 야기하는 불령(不逞)한 단체로, 이들에게는 진제(眞諦)를 얻은 이가 적다고 말하였다. 나가노는 이 글의 결론에서 그는 다음과 같이 글을 매듭짓고 있다.

앞의 각 장에서 기술한 바에 따르면 교의라 할 것이 없다는 것뿐만 아니라 신자들의 이지(理智)가 결함되어 이른바 종교 중독에 빠지며, 교주의 뜻대로 움직이는 괴뢰(傀儡)와 같은 상태에 있다는 것이 분명해졌다. 따라서 소요사건과 같은 것은 그 죄가 손병희에게 있음을 알 수 있다. (중략) 원래 종교의 진제는 우리의 생활을 보다 심원(深遠)하게 보다 고상(高尙)하게 하는데 있지 않을까? 과연 그렇다고 한다면 교도

---

247 長野仁三郎,「天道教論」,『軍事警察雜誌』제15권 제11호(169호), 軍警會, 1921. 11, p.33.

의 현실 생활을 위협하는 공막(空漠)한 미래관을 주고 처세의 길을 그
릇 인도하는 현재의 천도교는 종교로서 어떠한 가치도 가지지 못할 뿐
만 아니라, 그 교의에도 크게 벗어난다고 말할 수 있다. 나는 이에 대해
정광조 외 현 천도교 간부 제씨(諸氏)에게 바란다. 천도교가 경찰 관헌
의 이른바 종교유사단체의 영역을 벗어나서 명실상부한 참 종교가 되
기를.[248]

나가노의 시각에서 천도교는 교도들을 '종교 중독'에 빠트리는
괴뢰(傀儡)의 존재이며, 따라서 교도들의 현실 생활을 위협하는 종교
유사단체에 불과하다는 것이다. 그러므로 종교유사단체의 영역을
벗어나서 '진제'를 갖춘 종교가 되어 인간의 생활을 심원하고 고상
하게 이끌어주기를 희망한다고 글을 맺었다.

이와 같이 나가노는 조선과 일본의 종교유사단체는 공히 교도들
을 '종교 중독'에 빠트리는 존재들로 보고 있으며, 진제를 갖춘 '종
교'와 괴뢰적 '종교유사단체'라는 이분법으로 근대의 종교를 엄격
하게 구분하고 있다.

한편 1922년 7월부터 11월까지 5개월 동안 『조선공론(朝鮮公論)』에
서는 미나미야마 타로(南山太郎)의 글 「기기괴괴 비밀결사의 해부」가
5차례에 걸쳐 연재된다. 특히 7월호에서부터 9월호까지는 기존의
종교유사단체에 대한 글과 유사하게 천도교와 시천교 등 동학계 종
교유사단체에 대해 다루고 있다. 그는 동학계 종교유사단체에 대해

---

248 위의 글, p.48.

서는 '비밀결사'라는 성격을 부여하였고, 그 구체적인 내용을 다음과 같이 적고 있다.

다이쇼 8년 3월의 소요와 같은 것은 곧 이들 집단 가운데 비밀결사의 맹동(盲動)에 의해 발발되었다는 것으로 새로운 사실의 증명할 바가 없다. 그러므로 나는 조선 내에 있어서 비밀결사란 무엇인지 말해보고자 한다.

내가 가리키는 조선 내 비밀결사란, 다름 아니라 종교유사단체를 말한다. 어떤 사람이 비밀결사를 만들려고 할 때 종교 또는 유사물(類似物)을 사용해서 그 목적을 달성하고자 하며, 혹은 교묘하게 그 단체를 조종하는 것은 고금을 통해 동서에서 보이는 것으로 그 사례는 결코 드물지 않다. (중략) 조선의 복마전이며 비밀결사인 종교유사단체는 그 수가 매우 많다. 이른바 천도교·시천교·천인교(天人敎)·제세교·제우교·청림교·훔치교·태을교·선도교·제화교·보천교·태극교·인도교·단군교·대종교·대종교(大宗敎)·통천교·관성교·삼성무극교(三聖無極敎)·삼성무극인도교(三聖無極人道敎), 그 외 또한 약간의 교단이 있지만 이름을 거론할만한 것은 아니다. 하지만 이들 중 대부분이 하나의 교단 아래서 이종(二種) 혹은 삼종으로 분열된 것인 까닭에 상당히 많은 것처럼 나타난다. 지금 이들을 대별하면 동학의 말류(末流)로서 유(儒)·불(佛)·선(仙)의 삼교(三敎)를 절충해서 도를 하늘로부터 이어받았다고 칭하는 천도교·시천교, 유교를 받들어 그 부흥을 표방하는 태극교, 조선민족의 비조(鼻祖)라고 칭해지는 단군을 제사지내는 단군교·대종교, 도교의 흐름을 잡은 훔치교·태을교·선도교·

백백교 등 많은 명칭이 있다. 더욱이 이들을 분별해 보면 동학에 속하는 각 학파는 동교(同敎)가 정사(政事)에 입각해 있는 고관계상 창설 이래 변함없이 정치를 논하고 때로는 함부로 정치적 행위를 하니 곧 다이쇼 8년 3월의 소요사건과 같은 것도 또한 천도교도가 그 중심인 것을 보이는 것은 누구라도 알 수 있는 바와 같다. 그리하여 유교에 속하는 것도 또한 입으로는 유학의 진흥을 말하지만 새 정부가 뒤에 일을 그르치면 유생의 세력을 만회하려는 것으로 신도들의 새로움을 배척하고 새 정부에 대해 반항적 언사를 함부로 하는 일이 많다. 단군교도들 중에는 때로 조선 대 일본의 민족정신을 고취하고, 도교에 속하는 것은 백성의 수준이 낮고 또한 인습적 미신에 빠지기 쉬운 일반 조선인의 약점을 이용하여 항상 황당무계한 언사를 유포하고 혹 때로는 시국을 풍자해서 우부우부(愚夫愚婦)를 망령되이 유혹하여 사복(私腹)을 채우려고 하는 협잡의 무리가 많다. 더욱이 다이쇼 8년 8월 제도 개정 후에 있어서는 각 종류의 유사단체가 속출하지만 대부분 그 창설을 급하게 해서 금방 내홍이 발생하고 연기와 같이 사라지는 것도 조선인의 버릇을 보여줌에 유감이 없는 것이다.[249]

여기서는 종교유사단체의 속성을 미신이 아니라 정치적인 의미를 지닌 '비밀결사'로 표현하고 있다. 조선총독부에서 〈포교규칙〉을 제정하여 종교유사단체를 구체화하기 이전부터 조선에서 자생한 종교단체를 '비밀결사'로 의심하는 정황은 다수 발견된다. 예를 들

249 南山太郞, 「奇々怪々秘密結社の解剖(一)一宗教類似団体の暗中飛躍」, 『朝鮮公論』 제10권 제7호, 朝鮮公論社, 1922.07, pp.25-26.

면 1914년 6월 경찰은 "비밀결사로 의심되는 청림교라는 단체를 발견한 이래 각 도에서 조사를 진행한 바, 당시 동교의 만연함은 경기, 강원, 함경남북, 평안남북의 6도에 있다는 사실을 확인"했다고 한다.[250] 청림교가 비밀결사의 의심을 받으면서 경찰의 단속을 받기 시작했다는 것이다.

그런데 이 내용은 사실 1918년 경찰이 청림교 간부를 대거 검거한 후에 그 보고서에서 청림교를 처음 발견했을 당시의 내역을 기록한 것이었다. 이 문헌의 끝부분에는 '청림교에 대한 금후의 조치'에 대해 기술하면서 "본교가 과연 국권회복을 목적으로 하는 비밀결사인지 또는 종교유사의 사교(邪敎)인지는 여전히 그 진상을 규명하는데 이르지 못했다. 하지만 황당무계한 언동으로 민심을 광혹시키고 치안을 방해한 사실은 기왕의 징후로서 명확하게 드러났으므로 서둘러 이를 근절할 필요가 있으므로 한용주(韓龍澤) 이하 수괴(首魁)의 소재에 대해 계속해서 탐색 중"이라고 하였다. 경찰에서는 독립을 목적으로 하는 정치적인 움직임을 보이는 것을 비밀결사라고 보았으며, 사교적 성향을 보이는 것을 유사종교라고 구분하고 있다. 청림교의 경우 어느 쪽에 속하는지 그 성격을 명확히 하지 못했으나 결론적으로 민심을 광혹시키고 치안을 방해하였다는 죄목으로 이들에 대해 탄압을 가하였다는 것이다.

그런데 위의 인용문에서 미나미야마는 비밀결사와 유사종교를 동일한 의미로 파악하고 있다. 이는 경찰에서 말하는 독립을 목적으

---

250 「靑林敎徒發見處分ノ件」, 『不逞團關係雜件 朝鮮人ノ部 在內地二』, 高제14338호, 1918.6.3.

로 하는 정치 성향의 비밀결사를 말하는 것이 아니라, 유사종교 자체가 비밀결사와 둘이 아니라고 본 것이다.

1900년 아네자키 마사하루는 『종교학개론』을 출판하는데, 여기서 그는 초기 기독교의 경우 비밀결사로 존재했었고, 일본에서 염불 공동체를 이끌었던 신란(親鸞)도 비밀결사로부터 시작했다고 하였다.[251] 이러한 아네자키의 관점, 곧 종교학적인 관점에서 본다면 미나미야마가 종교유사단체를 '비밀결사'로 바라보는 시각 역시 새로운 종교의 발상(發祥)과 연계된 것으로 이해할 수 있을 것이다.

다만 아네사키의 종교적 결사가 교단을 형성해 가는 과정을 분석하는 것이 주된 것이었다면, 미나미야마는 종교유사단체에 대해 '새 정부에 대해 반항적 언사'를 함부로 하거나 '복마전' 또는 '우부우부(愚夫愚婦)를 망녕되이 유혹하여 사복(私腹)을 채우려고 하는 협잡의 무리' 등이라고 표현하면서 조선의 종교유사단체는 그 자체가 정치적 비밀결사와 둘이 아닌 것으로 보았다.

일본에서 행정 관헌이 공공의 논의에 개입하고 제한하는 법령, 곧 헌법상의 권리인 단체와 결사, 집회, 그리고 표현의 자유를 엄격하게 규제하는 법령은 1887년 〈보안조례(保安條例)〉를 비롯하여 1890년 〈집회 및 정사법(政社法)〉, 1892년 〈예계령(豫戒令)〉, 1900년 〈치안경찰법〉 등의 성립과 개정 등으로 이어진다.[252]

이 가운데 〈보안조례〉 제1조에서는 "모든 비밀의 결사 또는 집회

---

251 姉崎正治, 『宗教学概論』, 東京専門学校出版部, 1900, pp.229-235.

252 岡本洋一, 「明治後期・帝国議会における団体・結社に対する刑事立法の審議について(その一)」, 『熊本法学』 134, 熊本大学, 2015, p.1.

는 이를 금함. 범하는 자는 1월 이상 2년 이하의 경금고(輕禁錮)에 처하고, 십원 이상 백원 이하의 벌금을 부가함. 그 수괴 및 교사(敎唆)한 자는 2등을 추가함"이라고 하였고, "내무대신은 전항의 비밀결사 또는 집회 또는 집회조례 제8조에 실린 결사 집회의 연결 통신을 막기 위해 필요한 예방 처분을 실시할 수 있으며, 그 처분에 관한 명령을 위반하는 자에 대한 처벌은 전항과 동일함"[253]이라고 되어 있다.

제2조에서는 옥외집회에 관한 금지처분, 제3조는 내란 음모 또는 교사 또는 치안 방해를 목적으로 문서 또는 도서를 인쇄하는 등의 출판금지, 제4조는 황거(皇居) 주변에서 내란 음모나 교사, 치안 방해의 금지, 제5조는 인심의 동요 또는 내란 예비 또는 음모 등에 의한 치안 방해 금지 등 총 7조로 구성되어 있다. 이 조례에 의거하여 제국헌법이 성립되기 직전 약 600여명의 자유민권운동가들이 추방된 사건은 유명하다. 이 조례는 1898년 폐지되었다.

앞에서 기술했지만 식민지 조선에서 종교유사단체나 종교단체를 비밀결사라는 의심의 눈으로 바라보는 시각은 엄존했다. 물론 그것이 전체 유사종교로 확대되지는 않았지만, 일부가 비밀결사로 의심받았다. 사실 당시 '비밀결사'는 아직 그 사회의 인정을 받지 못한 채음지에서 활동하는 조직으로 인식되는 경향이 있었다. 이는 앞서 아네자키의 서술이나 중국에서 이슬람교가 처음에는 '비밀결사'로 활동했었다는 서술 등을 통해서도 확인할 수 있다.[254]

---

253 宮城県庶務課 編, 『法令類纂 明治19年3月~12月分』, 宮城県庶務課, 1886.03, p.74.

하지만 미나미야마가 말하는 유사종교와 비밀결사를 동일시하는 시각은 단순히 종교적 비밀결사를 의미하는 것이 아니라, 명확히 정치적 의도를 가지고 정부에 반하여 독립을 꾀하는 집단이 종교로 포장하고 있다는 것을 의미했다. 곧 종교의 허울을 쓰고서 전혀 종교적이지 않은 자신들의 조선 독립이라는 목적을 달성하기 위해 결성한 정치조직이라는 것이다.

또한 단군교 계통에서는 민족정신을 고취하고 미신적인 신앙으로 대중을 현혹하고 있다고 하였다. 그리고 근래 우후죽순처럼 종교유사단체가 속출하고 있는데, 이는 1919년 8월 제도가 개정된 후의 현상이라고 했다. 여기서 말하는 1919년 8월은 3·1운동을 계기로 무단통치를 행하던 제2대 총독 하세가와 요시미치(長谷川好道)가 사임하고 그 후임으로 사이토 마코토(齋藤實) 총독이 부임하여 문화통치를 표방한 시점을 말한다. 사이토의 조선총독부는 조직을 '총독관방과 6국(내무·재무·식산·법무·학무·정무)' 체제로 바꾸고, 총독관방에 3부(서무·토목·철도)를 두는 체제로 바꾸었다. 이러한 관제의 개정은 당시 천황의 조서에 따라 조선인과 일본인의 차이를 없애는 '일시동인(一視同仁)'의 차원에서 이루어진 것이었다.[255]

이러한 관제의 개정으로 종교유사단체에 대한 조선총독부의 대응 방식에도 변화가 있었다. 사이토의 새로운 조선총독부 체제가 문화통치를 표방하면서 종교유사단체 또한 자유롭게 활동의 폭을 넓혀 갈 수 있는 분위기가 형성되었고, 따라서 종교유사단체가 속출했다.

---

254 德富猪一郎, 『支那漫遊記』, 民友社, 1918, p.504.
255 「詔書」 1919.08.19. (『朝鮮彙報』, 朝鮮総督府, 1919.09)

미나미야마는 이렇게 많은 신생 종교가 탄생하는 것을 매우 부정적인 시각에서 바라보았고, 이들이 바로 비밀결사와 동일하다고 주장하면서 경계의 시선을 늦추지 않은 것이다.

이와 같은 조선총독부 관계자의 인식에 대해 유사종교로 지목되고 있던 교단들은 자신들의 종교적 위상을 어떻게 인식하고 있었을까? 당시 유사종교로 분류되었던 교단의 분위기 변화는 이돈화(李敦化, 1884~?)가 "최근 당국으로부터 유사종교 즉 준종교(準宗敎)에 대한 자유포교권(自由布敎權)이 기허간(幾許間) ─관용(寬容)케 된 이래(以來)─ 오래동안 비밀한 속에서 신음하든 각종의 신앙단체가 우후의 죽순과 가티 발흥하기 시작하엿다"라고 한 것을 통해서 감지할 수 있다.[256]

여기서 흥미로운 점은 유사종교를 바라보는 천도교의 시각이다. 곧 이돈화가 말하고 있는 바를 통해 알 수 있는 것은 유사종교가 '준종교'라는 것은 분명한 사실이지만, 천도교는 유사종교를 타자화하면서 자신들과 분리해서 인식하려는 경향을 보인다. 특히 천도교청년회에서 발행한 잡지 『개벽』을 통해 드러나는 이들의 유사종교에 대한 인식을 보면 1923년에 "종교는 천도교, 천주교, 야소교회가 잇고 차(且) 근일(近日)에는 잠재력을 지(指)하던 유사종교의 보천교가 점차 대두한다."[257]라고 하거나, 그 이듬해에도 "종교는 불교의 사찰 186, 기독교 각파의 489개소 교당과 천도교의 84종리원(宗理院), 기

---

256 이돈화, 「최근 朝鮮에서 起하는 各種의 新現象」, 『개벽』 1호, 천도교청년회, 1920. 06, p.16.

257 「嶺西八郡과 嶺東四郡」, 『개벽』 42호, 천도교청년회, 1923.12, p.91.

타 각종 유사종교의 단체도 또한 불소(不少)하다."[258]이라고 하여 자신들은 불교나 기독교와 동등한 지위의 종교라고 주장하면서 그 외의 보천교와 같은 교단을 자신들보다 한 단계 아래의 '유사종교'라고 표현하는 것이다.

천도교에서 스스로를 '종교'라고 인식하였던 것과는 다르게, 일본에서는 오모토교의 교주 데구치오니사부로는 오모토교가 공인교로 등록하지 않는 이유는 '만일 공인교가 된다면 신(神樣)을 위해 헌신하는 것이 불가능해지기 때문'[259]이라고 하면서 자신들은 오히려 공인교로 등록된 교단들보다 더 우월하다고 주장을 펼치기도 한다.

하지만 천도교와 오모토교의 이러한 인식은 앞서 불교가 '유사불교'를 주장하면서 종교적 우월성을 주장했던 것처럼, 자기 교단 중심적 사고에서 기인한 것이라는 점에서 근대 유사종교의 자기 정체성(종교적 정체성)을 이해하는데 도움이 될 것이다. 다만 천도교에서 유사종교를 '준종교'로 인식하고 있었다는 점이나, 포교에 대한 자유권이 보장되는 분위기 속에서 음지에서 비밀로 활동하던 많은 신생 종교단체가 양지로 모습을 드러내기 시작했다는 것만은 분명히 알 수 있다.

이돈화는 이렇게 새로운 종교가 속출하는 가운데 우려를 표하는데, 그것은 미신으로 민중을 현혹하지 말 것과 도덕적이고 윤리적인 행위를 통해 완전한 종교단체로 인정받아야 할 것임을 강조하는 것이다. 그의 견해에서 천도교는 이러한 두 가지 측면에서 다른 어떤

---

258 「燈下不明의 近畿 情形」, 『개벽』 47호, 천도교청년회, 1924.05, p.74.
259 出口王仁三郎, 『八面鋒』, 大日本修斎会, 1920, p.2.

신생 종교단체보다 앞선다는 자신감이 묻어 있으며, 따라서 이를 토대로 스스로를 법의 테두리 안에서 활동하는 '종교'로서의 자부심을 가지고 있었던 것으로 보인다.

이돈화의 '준종교'에 대한 표현을 통해 알 수 있듯이, 당시 종교유사단체나 유사종교로 인가를 받는다는 것은 곧 '종교'로 진입하기 위한 관문, 혹은 당연한 과정으로 이해된 것으로 보인다.

그렇다면 이러한 인식이 다른 교단에서도 보편적으로 나타난 것일까? 이에 대해 확인할 수 있는 자료가 많은 것은 아니지만, 1920년대 초반 각종 신생 종교단체들이 종교유사단체가 되어 포교의 자유를 확보하고자 했다는 것은 분명한 사실이다. 보천교의 경우도 1922년 교단을 공개하고 본격적으로 종교를 표방하는데, 그 이전까지 이 교단은 비밀결사의 조직체로 존재했다.[260] 결국 보천교가 교단 공개를 통해 종교를 표방한 것은 비밀결사에서 유사종교로 전환하는 과정이었다.

따라서 미나미야마가 주장한 바와 같이 종교유사단체를 비밀결사와 동일시하는 것은 이들을 '준종교'로서 취급이 아니라 정치적인 목적을 가진 단체로 규정하고 엄한 단속의 필요성을 주장하는 것에 목적이 있었다. 곧 조선총독부의 문화정치 기조에 따라 유사종교가 속출하고 있는데, 이들을 종교 혹은 종교에 유사한 집단으로 인정해서는 안 된다는 것이며, 그 속에는 반드시 정치적인 의도가 내재해 있다는 것을 전제로 강한 단속을 취해야 할 것이라는 탄압의 의지를 드러낸 것이다.

---

260 안후상, 「식민지 시기 보천교의 '공개'와 공개배경」, 『신종교연구』 26, 한국신종교학회, 2012, pp.146-147.

그런데 미나미야마의 주장처럼 종교유사단체를 비밀결사로 규정하고 이를 단속할 것을 주장한 것에 대해, 실제 경찰은 한동안 유연한 태도로 유사종교의 관리 방침을 세운 것으로 보인다. 1925년 다나카 다케오(田中武雄)는 그의 저술 『조선사정(朝鮮事情)』에서 다음과 같이 말하고 있다.

제5 종교유사단체

다들 아실 것이겠지만 조선에는 여러 가지 종교유사의 단체가 매우 많습니다. 천도교를 필두로 해서 시천교, 대극교, 대종교, 단군교, 청림교, 보천교, 선도교 등 기타 헤아려보면 매우 많은 단체가 있습니다. 이들 단체의 대부분은 미신을 설하고 항상 황당무계한 설을 유포해서 어리석은 국민을 미혹하게 하는 것이 많습니다. 특히 그 가운데도 천도교, 시천교, 보천교와 같은 것은 상당한 교도를 가지고 있으므로 이들의 지도 여하에 따라 상당한 화근을 남기기도 합니다. 다이쇼 8년의 조선소요사건은 천도교도에 의해 일어난 것이었습니다. 그러므로 이들 종교유사단체는 옛날에는 미신의 부류에 속하는 정도가 지극히 농후했던 것이었으며, 특히 보천교와 같은 것은 종래 완전히 미신적인 것만으로 굳어져 온 단체입니다. 당국에서는 이들 단체를 취급함에 있어서 매우 세심한 주의를 기울이고 있습니다만, 경찰의 취체함에 있어서도 단지 종교유사단체인 까닭에 머리에서부터 엄중하게 취체를 행할 필요가 없는 것으로, 실제 그들이 포교를 행하는 곳에서의 행동에 따라 취체를 행해 가면 좋다고 생각합니다. 종교라고 공인된 단체라고 해도 그 수단 방법이 옳지 못하면 물론 취체를 행해야 합니다. 종교로 공인되지 않은 것이라도 그 수단 방법 불온당한 것이 아니라면 강하게 이를 머리에서부터 압박할 필요는 없을 것입니다. 또한 이들 단체는 압박에 의해 결코 취체의 목적을 달할 수 없습니다. 오히려 오늘날 내지에서도 상당한 미신적 성향이 강한 종교유사의 것들이 적지 않습니다. 그러므로 국민의 의식 정도가 낮은 조선에서 다소 미신으로 달려가는 것이 있다하더라도 이것을 엄격하게 억압한다는 것이 합당할지 생각해 봐야 합니다. 이와 같은 방침으로 취체를 하고 있기 때문에 조선에서 각종 종교유사단체는 점차 밝은 곳으로 나와서 당당하게 포교하는 경향이 점점 농후해지고 있다고 생각됩니다. 이것은 한 개인의 의견입니다만, 당분간 이러한 방침으로써 나아가는 것이 현재 조선으로서는 필요하지 않을까 생각합니다.[261]

다나카는 1914년 일본 나가노현에서 경부보를 시작으로 경찰로 근무하다가 1915년 고등문관시험에 합격하였고, 1919년 9월 30일부터 조선총독부 사무관으로 근무하기 시작하였다. 1922년부터 함경북도 경찰부장을 비롯하여 1924년부터는 경무국고등경찰과장으로 근무하였으며, 1936년에는 조선총독부 경무국장, 1942년에는 조선총독부 정무총감을 역임하는 등 일제강점기를 통해 조선에서 고위 경찰 간부로 근무하였던 인물이다.

다나카는 종교유사단체가 미신이라는 이유로 수뇌부를 무조건 검거하거나 단속하는 것보다는 실제 이들의 불법적 행위가 있을 때

---

261 田中武雄, 『朝鮮事情』, 警察協会福岡支部, 1925, pp.76-78.

에만 단속해야 한다고 주장했다. 물론 이러한 방침이 종교유사단체에 대한 종교적 자유와 집회의 자유 허용을 확대하려는 취지는 아니었다. 단지 유사종교 단체들을 압박하는 것만으로는 단속의 목적을 달성할 수 없을 것이기 때문에, 오히려 유연하게 접근하면서 단속의 목적을 달성해야 할 것이라는 것이 위 인용문의 요지라 할 것이다.

다나카는 경찰이 단속의 억압을 완화함으로써 각종 종교유사단체가 점차 음지에서 양지로 나오게 되었다는 점을 긍정적으로 평가했다. 그리고 향후 이러한 방침으로 종교유사단체에 대해 관리해 가야 할 것이라고 강조하였다. 이돈화의 언급처럼 1920년부터 조선총독부의 종교유사단체에 대한 단속의 방침이 과거에 비해 유연해졌으며, 이를 계기로 과거 비밀결사의 형태로 존재했던 많은 신생 종교단체가 자발적으로 종교유사단체로서 인가를 받고 활동을 전개하기 시작한 것이다.

한편으로 미나미야마의 연재를 통해 확인할 수 있는 특징 가운데 하나를 더 들자면 그것은 자신이 소개하는 종교유사단체에 대해 과거의 조사 사례와 다르게 '특정 사건'을 중심으로 상당히 구체적으로 다루고자 했다는 점이다. 이 가운데 '태을교'에 대한 그의 서술을 보자.

> 조선에 많은 종류의 종교유사단체가 존재하는 것은 앞서 밝힌 바와 같으며, 그 가운데 도교에 속하는 것으로 때를 따라 맹동(盲動)을 감행하고 세도인심을 해하는 자가 많은데 그중에서도 태을교(太乙敎)와 같은 교단은 특히 과거를 통해 그 행동이 불온한 집단이다. 곧 다이쇼 6

년 강원도 이천에서 음교(陰教) 백백교(白白教) 교도의 맹동이 있었고(백 백교도 태을교계에 속하는 것임), 다이쇼 7년 선도교도(仙道教徒)가 제주도 에서 일으킨 폭동은 경찰관서를 습격하기까지 했다. 다이쇼 8년에는 경상북도 청도에서 같은 선도교의 맹동이 있었는데 선도교는 태을교 와 동계(同系)에 속하는 것이다. 특히 지난 8월 16일에는 전라남도 고흥 군에서 태을교도의 폭동이 있었고, 이것을 취체하기 위해 출장을 나간 경찰관이 발포할 수밖에 없는 상태에 이르렀고 마침내 사상자가 나온 것과 같이 그 상세한 것은 당시의 각 신문지상에 보도된 바와 같다. 동 교(同教)가 때때로 이와 같은 생각지도 못한 일을 일으키는 것을 통해 보더라도 태을교 또는 그 계통에 속하는 것들은 **아무래도 보통의 종교 유사단체가 아닌 것 같으며**, 사회의 공안을 어지럽히고 양민을 미신에 **빠지게** 하며 예기치 못하게 불량한 무리에 빠지게 하는 것은 누구라도 미루어 생각할 수 있는 것이라 할 수 있다.

이번호 서두에서는 태을교의 계통을 밝히고 있는데, 이 교단은 노자 (老子)의 가르침에 의한 도교(道教)로서 교조는 강일순(姜一淳, 甑山이라고 부름)이며, 교조로부터 나온 일파는 구연철(具然澈)의 제화교본부(濟化 教本部)가 있으며, 다른 일파로 장남기(張南基)의 태을교중앙총부(太乙教 中央總部)가 있다. 더욱이 그로부터 분파한 것이 윤필구(尹弼求)의 태을 교보화교회본부(太乙教普化教會本部)가 되었다. 교조 강일순으로부터 직 계인 것은 훔치교로, 훔치교는 분파해서 차경석(車京錫)의 선도교(仙道 教), 김형렬(金亨烈)의 태을교(太乙教)가 되었고, 재차 이 두 파가 합해져 서 차경석의 태을교가 되고, 또 다시 그로부터 분파해서 이상호(李祥昊) 의 보천교(普天教)가 되는 등 그 이합집산이 매우 복잡하지만 이들 각파

는 교조 강일순으로부터 나왔다는 점에서 그 계통을 동일하게 한다는 점을 알 수 있다.[262]

이는 미나미야마가 태을교가 얼마나 불순한 집단인지 밝히는 것에 주안점을 둔 것으로, 이들이 강원도 이천, 제주도, 경북 청도, 전남 고흥 등지에서 폭동을 일으키거나 양민을 미신에 빠지게 하는 등 매우 불량한 종교유사단체라고 주장하였다. 그가 '백백교'를 '태을교'의 한 분파로 보고 있는 점이 눈에 띄는데, 이에 대해서는 추후 백백교 관련 연구를 통해 그 계통적 특성을 다룰 기회가 있기를 희망한다. 근대를 통해 백백교는 동학계로 분류되기도 하고 태을교의 분파로 분류되기도 하는 등 그 계통의 측면에서 명확하지 못한 부분이 있기 때문이다.

미나미야마는 태을교계가 강일순에서 시작된 것이며, 그로부터 분파된 내역을 상세하게 기술하고 있다. 유사종교에 대해 논함에 있어 이들을 계통별로 구분하는 것이 일반화되어 있었다. 다만 이들은 계통의 교조를 중심으로 그 계파의 흐름에 대해서는 논하면서도 실제 그들이 지닌 교리적 특징 등 세부적인 부분에는 그다지 큰 관심을 두고 있지는 않았다. 미나미야마의 경우도 마찬가지였다. 그가 태을계를 통해 가장 주목하는 점은 이들이 당시 사회에서 일으켰던 '폭동' 혹은 '소요'에 있었다.

먼저 1918년(大正7) 선도교도들이 제주도에서 폭동을 일으켰다는

---

262 南山太郎,「奇々怪々秘密結社の解剖(四)」,『朝鮮公論』제10권 제10호, 朝鮮公論社, 1922.10, pp.75-76.

것은 동년 가을 불교도였던 김연일(金連日)이라는 사람이 일으킨 사건을 말한다. 김연일은 스스로를 불무황제(佛務皇帝)라고 칭하면서 제주도에 있는 왜노관리(倭奴官吏)를 박멸하여 국권의 회복을 이루어야 한다고 주장하였다. 그는 선도교도들을 선동하여 도대장(都大將) 이하 대오군직(隊伍軍職)을 임명하였으며, 각 면동(面洞)의 이장에게 격문(檄文)을 발하고 수백명의 무리를 모아서 화승총, 죽창, 곤봉 등을 휴대한 채 전신주 여러 개를 부수고 경찰 주재소를 습격하여 방화했다고 한다.[263]

또한 전라남도 고흥군 두원면(豆原面)에서 태을교도의 폭동이 있었다고 한다. 이 사건은 당시 태을교도들이 다수 모여서 기도하고 있었는데 무장한 경찰관이 이들의 장소에 강제로 진입하려 하였고, 이에 태을교도들이 경찰의 입장을 거부하자 경찰이 권총을 발사하여 태을교도 1명이 사망하고 1명이 부상당한 사건을 말한다. 이에 대해 경찰은 집회 자체가 불온하였다는 점을 강조하면서 정당방위를 주장했다. 그러나 당시 언론은 조선인에 대한 경찰의 학살에 대해 인권옹호를 주장하였고, 각지에서 이 사건에 대해 비판하는 강연회 등을 개최하였는데, 경찰은 이러한 움직임조차 불량배들에 의한 책동이라고 주장했다.[264]

경찰은 태을교도의 종교 행위에 탄압을 가하면서도 그에 반발하면 이를 '폭동'이라고 규탄하였다. 이들이 자신들에게 순응하지 않

---

263 司法省調査課 編, 『報告書集』 2(『司法研究』 第17輯, 司法省調査課, 1933.03), p.134.
264 朝鮮総督府警務局 編, 『高等警察関係年表』, 巌南堂, 1920, p.103.

고 저항한다는 면에서 "보통의 종교유사단체가 아닌 것" 같다고 하면서도, 최종적으로는 이들이 "사회의 공안을 어지럽히고 양민을 미신에 빠지게 하며 예기치 못하게 불량한 무리에 빠지게 하는 것"이라고 비난하며 단속과 탄압의 정당성을 확보하려 한다.

미나미야마는 이처럼 태을교와 선도교가 강일순을 중심으로 하는 종교단체라는 것, 그리고 구연철(具然澈)의 제화교본부(濟化敎本部), 장남기(張南基)의 태을교중앙총부(太乙敎中央總部), 윤필구(尹弼求)의 태을교보화교회본부(太乙敎普化敎會本部), 차경석(車京錫)의 선도교(仙道敎), 김형렬(金亨烈)의 태을교(太乙敎), 이상호(李祥昊)의 보천교(普天敎) 등 세부적인 교단의 분포와 이들이 어떠한 과정을 통해 분파된 것인지에 대해 밝히고 있다는 점에서 1920년대 유사종교 연구의 중요한 자료를 제공하고 있다.

아울러 미나미야마의 종교유사단체 연재 내용 가운데 '제세교'와 '천인교' 등 동학계 교단의 분열과 새로운 종파의 탄생 등에 대해서도 다음과 같이 상당히 구체적으로 언급하고 있다.

제세교도 또한 동학으로부터 나와서 최제우의 유교를 받드는 단체인데, 동교는 다이쇼 8년 3월의 소요 후 일반 조선인의 사상이 악화함에 따라 내지인(內地人) 고미네(小峯) 모(某)라는 사람이 김재현이라고 칭하면서 동년 9월 제세교라는 것을 창설하고 본부를 경성 자동(資洞)에 두었다. 송파(宋派) 시천교 평양교구장 조정욱(趙貞昱)과 함께 송교주의 전횡에 분개해서 퇴교(退敎)하고 일시적으로 평양에서 시천교 중심 교당을 설치하였던 황해도의 한화석(韓華錫)을 대종원감(大宗院監)으로 두고 취지서를 널리 각 도에 배포해서 포교에 노력했다. 하지만 다이쇼 9년 김상설(金相卨) 등이 청림교의 포교를 개시하자 교도로서 해당 교를 좇아 매우 큰 교세를 이루지만 금방 세력이 쇠퇴하여 포교 부진에 빠졌다. 현재는 거의 활동하고 있지 않다.[265]

더욱이 최제우의 유교를 받드는 것으로 천인교(天人敎)라는 것이 있다. 동교 교주 김도병(金導炳)은 메이지 25년 동학의 2세교주 최시형으로부터 경문(經文) 수련편(修練編)을 물려받았다고 주장하면서 이후 8년 동안 그 도를 연구해서 교의를 전하는 한편 한약을 판매하면서 각 지역을 전전하면서 포교해 왔는데 그 세력은 별로 확장되지 못하였다. 그 후 다이쇼 8년 가을 호역(虎疫)이 유행할 당시 본교를 신앙하는 사람은 호역에 걸리지 않는다고 주장하면서 포교하여 다소의 신도를 얻어 각 지역에서 많은 단체가 출현하자 동교도 다이쇼 9년 김도병이 스스로 교주가 되어 천인교라고 명명하고 포교에 종사하였지만 입교자가 적어 겨우 교명을 유지하는 수준에 그치고 있다.[266]

미나미야마의 유사종교에 대한 조사는 엄중한 탄압을 전제로 한 것이었다. 그러므로 그의 조사는 탄압을 위해 그 대상이 되는 교단의 내역을 구체적으로 파악하는 차원에서 이루어진 것이라고 볼 수 있다. 비록 당시 경찰의 단속 방침이 다소 유연해진 측면이 있었다는

---

265 南山太郎, 「奇奇怪怪 秘密結社の解剖(5)」, 『朝鮮公論』제10권 제11호, 朝鮮公論社, 1922.11, p.24.
266 南山太郎, 위의 책, 같은 쪽.

점에서 일시적이나마 미나미야마의 주장이 관철되지는 못하였겠지만, 이후 조선에서 본격적인 유사종교 탄압이 이루어지는 과정에서 이러한 조사가 유사종교를 파악하는 기초자료로 적극 활용되었을 것은 분명하다.

한편 1922년 『조선급만주(朝鮮及滿洲)』에서는 10월부터 12월까지 3개월에 걸쳐 「조선인의 종교유사단체」에 대해 연재하였는데, 그 대체적인 내용은 앞선 요시카와의 조사 내용을 거의 그대로 싣고 있다.[267] 조선의 '종교유사단체'에 대해 1920년대 초반에는 요시카와와 미나미야마의 조사와 이를 바탕으로 한 분석이 주된 영향을 끼치고 있다는 것으로 생각해도 좋을 것이다.

5. 조선인 이각종의 '종교유사단체' 조사

식민지 조선에서 유사종교에 대한 조사 및 단속은 주로 경무국의 관할이었다. 경찰이 〈포교규칙〉의 정한 바에 따라 정식 인가를 주는 주무기관이었는지, 따라서 모든 유사종교의 현황을 파악하는 것이 가능했는지는 아직 확인된 바가 없다. 다만 앞서 살펴본 것처럼 거의 모든 유사종교 관련 데이터가 모두 경찰을 통해 생산되고 있었다는 점에서 실질적인 유사종교 관련 업무 자체가 경찰에 있었을 것으로

---

267 「朝鮮人の宗敎類似団体(一)」, 『朝鮮及満洲』 179, 朝鮮及満洲社, 1922.10, pp.54-56; 「朝鮮人の宗敎類似団体(二)」, 『朝鮮及満洲』 180, 朝鮮及満洲社, 1922.11, pp.40-44; 「朝鮮人の宗敎類似団体(三)」, 『朝鮮及満洲』 181, 朝鮮及満洲, 1922.12, pp.47-50.

추측한다.

그런데 유사종교에 대한 조사가 오로지 경무국을 통해서만 이루어지는 것은 아니었다. 앞에서 살펴본 요시카와 같은 인물이 조선총독부 학무국 소속의 촉탁으로서 조사를 하는 경우도 있었다. 물론 이들 촉탁에 의한 조사가 학무국 독자적으로 이루어진 것이라고는 보기 힘들다. 요시카와나 뒤에 무라야마 지준의 사례처럼 기본적으로는 경찰에 의해 수집된 자료를 기반으로 추가 조사를 하여 얻은 자료를 토대로 분석하였던 것으로 보인다.

이러한 종교유사단체에 대한 조사와 연구는 요시카와의 연구를 필두로 1920년대를 통해 꾸준히 이루어지며, 그 조사와 연구의 최종 산물이 바로 무라야마 지준의 『조선의 유사종교』라 할 수 있다.

일제강점기 식민지 조선의 유사종교 연구에 있어서 가장 중요한 완결판 텍스트가 『조선의 유사종교』라는 점에 학자들의 이견은 없다. 그렇지만 이 문헌이 발행되기 이전에 존재하다가 국가의 탄압을 받아 해체되거나 자연도태로 소멸된 종교유사단체의 수 또한 적지 않다.

그러므로 『조선의 유사종교』가 일제강점기 조선 내 유사종교 전체를 소개하고 있는 것은 아니다. 또한 조사 결과도 『조선의 유사종교』와 그 이전의 조사 내용을 비교해 보면 세부적인 부분에서 차이가 발견되기도 한다. 이러한 차이는 조사자가 수집한 자료에서 발생하는 것이라고 보는데, 그것은 당시 자료 수집 자체의 불비함과 더불어 유사종교가 교리나 제도 등의 측면에서 빠르고 다층적인 변화를 보였다는 점 등을 이유로 생각할 수 있을 것이다.

이렇게 조선의 유사종교에 대한 조사와 연구가 이루어지는 가운데 1895년 동학을 '종교유사'라고 했던 것을 비롯하여 1920년대 초반까지 유사종교에 관한 모든 조사와 논의의 주체는 조선총독부 관료이거나 헌병대, 또는 일본 지식인들이었다. 실질적으로 유사종교에 대한 논의에 단 한 차례도 조선인이 관여한 적은 없었다.

조선인의 이름으로 유사종교를 조사하거나 또는 그 속성을 규정하는 논의가 비로소 시작된 것은 1920년대 중반 이후였다. 대표적인 인물이 조선총독부 촉탁으로서 유사종교를 조사한 이각종(李覺鍾, 1888~1968)과 당시 조선의 대표적인 지식인이었던 최남선(崔南善, 1890~1957)이었다.

그런데 같은 조선인이었다 할지라도 이 둘의 유사종교를 바라보는 시각은 크게 달랐다. 먼저 조선총독부를 중심으로 일본제국의 조선에 대한 식민 지배를 정당화하고 조선인 '동화'에 앞장섰던 이각종은 유사종교를 미신이나 사교로 매도하면서 이들에 대한 대대적인 단속을 강조했다. 이에 비해 최남선은 조선 문화와 사상의 독창성과 고유성을 추구하는 관점에서 유사종교를 단군 이후 계승되어 온 조선인의 종교성 혹은 정신성이 현실을 통해 발현한 종교라고 보면서 그 위상을 새롭게 정립하고자 했다.

1924년 8월에 조선총독부에서 간행한 『조선』 제112호에서 이각종은 「조선의 미신과 계룡산」이라는 글을 게재한다. 이 글은 아마도 식민지 조선의 미신 또는 종교유사단체에 대해 그 유형과 성격에 대해 실제 조사를 기반으로 작성한 최초의 조선인 글이라고 생각된다. 이각종 이전에 조선인으로서 누군가 종교유사단체를 조사하고 또

분석했는지는 알 수 없으며, 이각종이 최초로 조선인의 이름으로 유사종교 관련 글을 게재한 것이라고 본다.

조선총독부는 1910년 구관조사(舊慣調査)를 위해 취조국(取調局)을 설치하였고, 이 부서에는 30명 이내의 조사위원을 두었는데, 이 조사위원은 "조선인 가운데 총독이 임명하는" 사람으로 하였다.[268] 이각종이 여기서 말하는 30명 이내의 조사위원이었는지는 확실하지 않지만, 그가 1911년부터 1917년까지 조선총독부 내무부 학무국 학무과의 속(屬)으로 근무하면서 조선의 제도와 구관을 조사하는 역할을 담당하고 있었던 것은 분명한 사실이다.

이각종은 1888년생으로 관립 한성중학교와 보성전문학교를 졸업했다. 1909년 4월 대한제국 학부위원으로 임명되었으나, 동년 10월 와세다대학 문학과에 입학하여 졸업 후 귀국하였다. 1911년 조선총독부 내무부 학무국 학무과 속(屬)으로 관료 생활을 시작하며, 1923년에는 조선총독부 촉탁으로서 조선민정자료「계(契)에 관한 조사」를 발표하였다.[269]

1919년 3·1운동이 일어나자 이각종과 오츠카 쓰네사부로(大塚常三郎)는 조선에서 다시는 독립운동이 일어나지 않도록 하는데 일생을 바치기로 결심하고 이를 위한 활동을 전개하는 등 일제강점기 초창기부터 친일행각을 벌여온 대표적인 인물이다. 그는 1921년부터 조선총독부 제2과 및 사회과 촉탁으로 봉직하면서 황민화운동에 앞

---

268 崔錫榮,「植民地朝鮮における宗教政策と巫俗の研究」, 広島大学大学院社会科学研究科, 1998, p.24.

269 李覺鍾,「朝鮮民政資料 契に関する調査」,『朝鮮』100, 朝鮮総督府, 1923.07, pp. 79-92.

장서며, 1937년에는 직접 황국신민서사를 작성했다.

「조선의 미신과 계룡산」을 게재한 이유에 대해 이각종은 3·1운동의 배경에는 『정감록(鄭鑑錄)』에 정도령이 계룡산에 출세하여 구주(救主)가 되어줄 것을 기다리는 민중, 곧 일본제국에 의해 시대의 혁신이 이루어지고 과학 만능의 시대에 접어들었음에도 미신에 현혹되어 계룡산으로 모여드는 이들의 실상을 파악하기 위함이라고 밝히고 있다.[270] 이각종의 유사종교 탐구는 일본제국의 혁신적인 과학을 숭배하고 『정감록』의 미신적 구제론에 현혹된 조선 민중의 의식을 각성시키기 위함이라는 친일적 계몽의 신념에서 비롯된 것임을 알 수 있다.

그는 「조선의 미신과 계룡산」 제2장에서 '미신 이용의 제 종교'에 대해 설명하면서 계룡산에 자리를 잡은 종교유사단체에 대해 그 세부적인 내용을 다루고 있다. 여기에 등장하는 교단은 천황지교(天黃地教), 관성교(關聖教), 숭신인조합(崇神人組合), 정토종두마면포교소(淨土宗豆磨面布教所), 진종대곡파동붕교회출장소(眞宗大谷派同朋教會出張所), 야소교제칠일안식일재림교남선리예배소(耶蘇教第七日安息日再臨教南仙里禮拜所), 시천교(金派), 단군교, 대화교(大華教) 등이다.

이각종은 천황지교나 대화교 등 기존에 알려지지 않은 종교유사단체에 대해 구체적으로 소개하고 있다. 또한 그는 조선인이 정토종이나 진종대곡파 등 일본불교의 포교소나 출장소를 설치하고 조선총독부의 허가를 받아 포교하면서도, 정작 그 안에서 조선에서 해 왔

---

270 李覺鍾, 「朝鮮の迷信と鷄龍山」, 『朝鮮』 112호, 조선총독부, 1924.08, p.121.

던 미신적 행태를 행하고 있다는 점에서 이들 모두를 일괄하여 종교유사단체로 비판하고 있다. 이 가운데 종교유사단체로서 거론되고 있는 천황지교와 대화교에 주목해 보자.

천황지교(天黃地教)

원적(原籍) 황해도 서흥군(瑞興郡) 대감면(大柑面) 간고리(間古里) 차일부(車一富)라는 사람이 메이지 42년 신도안(新都內)에 와서 스스로를 차천자라고 칭하며 "천지황의 세 글자를 신앙하고 쉼 없이 독송하면 우주 사이의 삼라만상에 통효하지 않을 것이 없다. 나는 삼년 동안 불식불의(不食不衣)하며 깊은 수양을 한 결과 탈속입선(脫俗入仙)을 이루어 능히 미래의 일을 알 수 있게 되었다. 지금은 어두운 저녁에 등불이 없어도 독서를 할 수 있다"라고 하면서 제자를 모았다. 메이지 42년에는 "지금부터 3년 후에 조선반도는 파괴되고 인민은 모두 비참하게 죽을 것이다"라고 하면서 또 말하기를 "가까운 장래에 조선의 수도는 신도안으로 옮길 것이며, 종래의 이씨는 멸망하고 새로운 왕국을 세울 것이다"라고 하는 등 어리석은 백성을 미혹시켰다. 동 44년에는 제자들에게 "신도안 지방은 머지않아 불과 비가 많을 것이다. 11월 생명이 왕성한 방향(生旺方)은 공주군 마곡사 방면이다. 나를 따르는 사람은 안전을 얻을 것이다. 그렇지 않은 사람은 모두 사멸할 것이다."라고 했다. 동년 11월 26일 앞에서 말한 마곡사로 이전했는데, 각 지역의 제자들이 이를 듣고 가산을 방기하고 그를 따르는 사람, 또는 새롭게 제자가 되어 따르는 사람이 백여명에 달했다. 이들 제자는 이러한 유언비어로 소문을 만들어 침소봉대하며 유포했다. 하지만 이러한 망상이 실현될리는 없고 제자들의 신앙도 점점 약해져서 그 수가 감소하여 마침내 호구(糊口)에도 곤궁하게 되었다. 다이쇼 2년 5~6명의 제자와 함께 부여군으로 가서 이전과 동일한 수단으로 제자를 모으려고 했지만, 관헌의 취체가 엄중해서 목적을 이루지 못하였다. 그러나 원적지에 돌아오지 못한 채 본인은 평소 방 하나에 틀어박혀 앉아(하반신 불구라고도 말함) 제자들과 이야기는 필담으로 했다(농아였다고도 함)고 한다.[271]

일제강점기를 통해 가장 유명했던 '차천자'는 보천교의 교주 차경석이다. 하지만 차일부는 보천교 신자들이 차경석을 차천자로 떠받드는 것보다 10여년 이상 앞선 1909년부터 스스로 '차천자'라고 칭했다는 것이다. 이처럼 자신이 혼란한 세상을 구제할 '천자'임을 천명하면서 나아가 『정감록』을 기반으로 이씨 왕조가 멸망하고 새로운 왕국이 건설될 것이며, 이 시기에 살아남기 위해서는 자신을 따라 계룡산 신도안으로 옮겨야 한다고 주장했다는 것이다.

근대 신종교 탄생에 있어서 『정감록』의 영향을 논하는 경우는 적지 않다. 최제우의 동학이 그러한 경우라는 설이 있었고,[272] 또 제1차 세계대전 당시 청림교나 훔치교, 태을교, 선도교 등의 단체는 『정감록』의 자구를 견강부회하고 또 가공의 망설을 퍼뜨렸다고 한다. 곧 그것은 독일이 전쟁에 승리하고 조선도 전쟁에 휘말리게 될 것이지만 천변지이(千變地異)의 난리에 인류는 모두 사멸하게 되고 오직 자신의 교단을 신앙하는 이들만 재액을 면할 것이라고 했다. 그뿐만

271 李覺鍾, 위의 글, p.122.
272 山口豊正, 『朝鮮の研究』, 巖松堂, 1911, p.58.

아니라 정씨가 계룡산에 천도하여 신도(信徒)들은 신앙의 원부(原簿)와 포교 공적의 경중에 따라 작위와 녹봉을 받게 될 것이라는 등의 망설(妄說)을 퍼뜨렸다는 비판도 찾아볼 수 있다.[273] 종교유사단체의 끊임없는 독립운동과 민족운동이 『정감록』의 참위설을 기반으로 한 것이라고 하면서 3 · 1운동 또한 그러한 미신적 발상에서 비롯된 것이라는 주장도 있었다.[274]

이각종이 조사한 천황지교는 근대 『정감록』에서 비롯된 참위설, 특히 조선이 멸망한 후 새로운 왕조가 건설되고, 그때 교조인 차일부 자신을 따르는 무리는 신도안에서 재액을 면하고, 자신이 천자로서 새로 등극하게 되어 태평성세를 이루게 될 것이라는 예언으로 신도들을 모집하였다는 것이다. 그러한 점에서 천황지교는 일제강점기 종교유사단체의 말세 후 새로운 이상세계 건설의 전형적인 특징을 구유(具有)하고 있다는 것을 알 수 있다. 이러한 주장이 보천교에 앞서 나왔다는 이각종 조사 내용의 사실 여부는 알 수 없으나, 1920년대 종교유사단체를 중심으로 『정감록』에 기반한 매우 유사한 교리사상이 유행처럼 확대되고 있었다는 것은 알 수 있다.

한편 이각종은 차일부의 천황지교와 더불어 '대화교'에 대해서도 다음과 같이 적고 있다.

대화교(大華敎)

대화교는 원래 용화교(龍華敎)라고 칭하던 것인데 용화미륵세존을

---

273 細井肇, 『鮮滿の経営 : 朝鮮問題の根本解決』, p.126.
274 永井勝三, 『北鮮間島史』, 会寧印刷所, 1925, pp.380-387.

존중하는 불교로서 김두영(金斗永)이 이 교단의 교주이다. 11년 11월 경성 통동(通洞) 157번지에 중앙총부를 설치하고 여기에 교령실(敎領室), 종무원(宗務院), 법무원(法務院)의 각 기관을 설치하고, 교령실에는 정교령(正敎領), 각 원에는 원장을 두고 종무를 처리했으며, 지방 포교기관으로서는 각 도(道)에 지교실(支敎室), 각 군(郡)에 포교실(布敎室), 각 면(面)에 전교실(傳敎室), 각 리(里)에 선교소(宣敎所)를 두고 지교장 이하로 포교사, 전교사가 있으며, 선교소를 제외한 각 부서에 약간의 직원을 두었다. 신도는 입교 후 불성실한 사람이 있을 것을 고려해서 입교후 3개월을 경과하지 않으면 신도가 될 수 없도록 했고, 교도는 교단과 기타의 사업유지를 위해 매월 헌성금으로 30전을 소속교회에 납부토록 했다. 헌성금 체납이 3개월에 이를 때에는 교적에서 제명했다. 더불어 신도 가운데 관혼상제가 있을 경우 부근에 거주하는 신도는 각 20전을 향전이나 기타로서 증여하도록 했다. 신교(信敎)의 방법으로서 신도는 매주 일요일 포교소에 모여서 ① 진공(進供, 甘露水), ② 타종(打鍾), ③ 분향(焚香), ④ 경배(敬拜), ⑤ 심고문(心告文), ⑥ 창가(唱歌), ⑦ 성일문(誠日文), ⑧ 독송법문(讀誦法文), ⑨ 설법(說法), ⑩ 경배, ⑪ 나무미륵대불문(南無彌勒大佛文), ⑫ 성일가(誠日歌), ⑬ 폐식문(閉式文), ⑭ 경배의 순서로 예배를 행한다. 그런데 본도(本道, 충청남도)에 대화교가 오게 된 것은 용화교 시대로부터 그 경제의 전부를 담임하는 관하(管下)의 논산군 윤경중(尹敬重)이 마침내 교두(敎頭)가 된 관계로 포교사 남궁규(南宮圭), 전교사 김상연(金相然)이 포교에 종사하고 있지만, 대화교 종헌, 성교문(聖敎文), 각심법문(覺心法文), 대화교창가(大華敎唱歌), 대화교취지서, 삼성사규칙(三省社規則) 및 동 취지서 등을 출판하고 선전포교에 노력했으며 마침내 신도 증가의 경향이 있다. 교당 건설의 뜻도 있지만 아직 확정에 이른 것은 아니다. 그런데 본교는 표면적으로는 불교숭배를 하는 것 같지만 그 주된 목적은 교도들의 구제를 명분으로 하면서도 교도들과 만주의 황무지를 개간하려고 하는 삼성사(三省社) 조직의 계획을 세웠는데 이도 또한 뜻대로는 되지 않고 있는 모양이다.[275]

1935년 간행되는 무라야마의 『조선의 유사종교』에서는 손은석이라는 인물이 제우교를 창립했는데, 그것이 1921년 용화교로 되었다가 1923년 윤경중이 교주가 되면서 대화교로 개칭한 것이라고 소개하고 있다. 하지만 이각종의 조사 내용에서는 김두영(金斗永)이 교주라고 했다. 무라야마와 이각종의 조사는 세부적인 내용에서 차이를 보인다.

대화교의 특징은 동학의 최제우를 교조로 하고 있으면서도 교리적으로는 미륵불 신앙을 중심에 두고 있다는 점, 현실 낙토의 건설을 위해 삼성사를 설립하고 만주에 토지를 구입한 후 교도들을 이주시켜 종교적 이상을 실현하고자 했다는 점 등을 들 수 있다. 전체적인 교단 구성에 있어서는 교헌을 중심으로 교제(敎制)를 정비하고 교리와 의례를 정비하는 등 근대종교를 지향하고 있는 모습도 찾아볼 수 있다.

또한 대화교에서는 석가의 멸후에 출세하는 부처는 미륵불이라고 하면서 석가불은 선천(先天)의 부처인 반면 미륵불은 후천(後天)의 법왕(法王)이며, 현재는 석가불의 시대가 끝난 후천시대이므로 당연

---

275 李覺鍾, 위의 글, pp.128-129.

히 후천의 부처님인 미륵불에 귀의해서 극락세계를 현실에 구현해야 할 것이라고 주장하였다.[276]

이와 같은 『정감록』의 말세사상과 미륵불의 출현을 연계해서 새로운 현실낙토의 출현을 갈망하는 말세론적 사고는 조선시대부터 이어온 것으로,[277] 대화교에서는 이러한 말세사상과 미륵불 출현의 논리를 선천과 후천의 정역(正易)사상에 결부시켜 새로운 해석으로 재창조하고 있다.

대화교의 교리가 미륵불을 중심으로 한 후천세계의 구현으로 변화하는 것은 동학계의 영향과 더불어 증산사상의 영향과도 밀접한 관련을 찾아볼 수 있을 것이다. 또한 대화교의 신자들이 만주로 가서 황무지를 개척하여 그곳에 낙토를 건설하고자 했던 것은 조철제의 무극도 등 일부 종교단체가 간척사업을 통해 새로운 낙토 건설을 계획했던 내용과 닮아있다. 1920년대 다양한 종교유사단체가 출현하는 가운데 이들이 서로의 교리와 조직 등에서 많은 부분을 학습하고 새롭게 이를 재구성하는 양태로 계승해 갔던 것으로 볼 수 있다.

그러므로 근대에 탄생한 신종교 단체에 대해 그 계통을 동학계, 혹은 훔치계 등으로 구분하는 것은 그 유래를 따지는 경우가 대부분이었지만, 정작 교리나 의례, 제도 등 세부적인 부분으로 들어가면 초창기의 유래와 전혀 다른 방향으로 전개되는 사례를 자주 찾아볼 수 있다. 그러한 점에서 획일화된 계통으로 이들을 구분하고 그 성격을 규

---

276 村山智順, 앞의 책, p.225.
277 고성훈, 「조선후기 민중사상과 정감록의 기능」, 『역사민족학』 47, 한국역사민족학회, 2015, p.120; 「정조년간 삼수부 역모사건의 추이와 성격」, 『사학연구』 90, 한국사학회, 2008, pp.101-144.

정하는 것은 피해야 할 것이나, 적어도 일제강점기 조선의 종교유사단체를 대하는 이들은 기본적으로 이러한 정해진 계통분류에 충실히 따르고 있었다는 점을 유의하면서 바라볼 필요가 있다.

한편 이각종은 관성교(關聖敎)를 기술하는 가운데 "다이쇼 2년 2월경 전라북도 출신 임명조(林命祚)라는 사람이 신도안에 와서 관성제군의 가르침이라고 칭하면서 관성교라는 것을 가르쳤다. 부근의 우매한 백성들이 모여서 교당신축을 계획하는 등 사복(私腹)을 채우려고 했는데 당시 경찰 관헌에 의해 해산되었다고 한다"[278]라고 했다. 청림교를 비롯하여 이미 1910년대 중반에도 경찰에 의한 종교유사단체의 탄압과 해산이 공공연하게 일어나고 있었다는 것을 확인시켜 준다.

『조선의 유사종교』에 보면 1920년에도 박기홍, 김용식 등에 의해 관성교가 창립된다는 기록이 있는데, 명칭은 비록 동일하나 그 실체는 전혀 다른 교단이다. 이처럼 일제강점기를 통해 출현하는 종교들의 경우 그 명칭이 서로 동일한 경우가 매우 많으며, 또한 동일한 교명으로 출현하더라도 종교적 성향 자체가 전혀 다르게 전개되는 경우도 많다는 점에서 세밀하게 검토해 갈 필요가 있다.

6. 최남선의 『불함문화론』과 유사종교

1925년 최남선은 한국의 고대문화에 대해 논한 『불함문화론』을

---

278 이각종, 위의 글, p.123.

간행하였다. 이 저술을 통해 최남선은 일제강점기 조선과 일본의 동일민족성을 강조하였던 '일선동조론'에 반발하여 민족의 독창적 역사를 주장하는 새로운 담론을 형성하고자 했다. 다만 그의 『불함문화론』은 시라토리 쿠라키치(白鳥庫吉)의 동양학을 모방하고 전유하는 방식으로 일제에 비해 열등한 것으로 폄하되었던 조선 민족의 문화를 동방 및 세계의 보편성 위에 자리매김하고자 한 기획이었던 것으로 평가되고 있다. 특히 그가 내세운 일본과 조선의 문화적 동원성(同源性) 주장은 역설적으로 1930년대 중반 조선 독립의 희망이 사라지는 가운데 도리이 류조 식의 내선일체론으로 흡수되면서 일본에 의한 조선인 동화의 방향으로 급격히 기우는 모습을 보이기도 한다.[279]

주지하는 바와 같이 1930년대 중반 이후 최남선의 사상 경향은 친일적 성향으로 귀결되고 만다. 그는 일제가 만주사변을 벌인 이후 동아시아 경제권 구상을 추진하면서 이를 사상적으로 뒷받침하기 위해 시작한 심전개발운동(心田開發運動)에 적극 가담하면서 조선인 '동화' 정책에 부역하였으며, 일본제국이 대동아공영권을 명분으로 중일전쟁을 일으키고 이후 아시아·태평양전쟁으로 전쟁의 양상이 확대될 때 전쟁을 옹호하고 조선인 청년들을 전쟁으로 내모는 강연을 하는 등 적극적인 친일행각을 하였다.

하지만 적어도 1920년대 중반의 최남선은 민족주의자로서 활동하였으며, 특히 그의 『불함문화론』이 일제에 의해 구축해 온 식민사관에 대항하기 위한 목적으로 저술되었다는 것은 분명한 사실이다.

---

279 윤영실, 『육당 최남선과 식민지 민족사상』, 아연출판부, 2018, p.363.

그는 고대 이후 맥맥히 전해오는 조선 고유의 사상을 '붉'으로 표현하면서 단군 중심의 민족사 서술을 고집해 왔다.

그런데 최남선은 단군과 '붉'사상의 흐름을 강조하면서도, 이 사상이 근대 이후의 종교적 양상으로 드러난 것이 바로 종교유사단체라고 하면서 이들의 성립을 역사적으로 설명하고 있다. 이에 대한 내용은 『불함문화론』 제10장 조선 신도(神道)의 대계에 실려 있다. 여기서 최남선은 조선 신도의 원류로 『삼국사기』권 제4 진흥왕 37년에 채록된 최치원의 「난랑비서문(鸞郎碑序文)」의 한 구절을 인용하고 있는데, 그 내용은 다음과 같다.

> 나라에 현묘한 도(玄妙之道)가 있으니 풍류(風流)라 한다. 그 가르침을 창설한 근원은 선사(仙史)에 자세히 실려 있으니 실로 곧 삼교(三敎)를 포함하여 뭇 생명을 교화하는 것이다. 집에 있을 때는 효를 행하고 나가서는 나라에 충성하는 것은 노나라 사구(司寇)의 가르침과 같고, 무위로 일을 하면서도 말없이 가르침을 행하는 것은 주나라 주사(柱史)의 근본이며, 모든 악을 짓지 말고 모든 선을 받들어 행하는 것은 축건태자(竺乾太子)의 가르침이다.[280]

최남선은 이러한 고대 한국의 종교적 양태가 현재는 존재하지 않지만, 과거에는 다양한 모습으로 나타났다고 말한다. 곧 신라시대에는 '원화(源花)'라는 존재가 있었고, 또한 '풍류(風流)'가 국가 최고의

---

280 崔南善, 『不咸文化論』, 朝鮮思想通信社, 1927, p.27.

종문(宗門)으로서 종교단체로 존재했다고 주장하였다. 그것이 고려 시대에 접어들면 불교의 성격과 습합되어 '팔관회(八關會)'라는 제례 의 형태로 유지되었다고 하며, 조선시대에서는 태산부군(太山府君)처 럼 '부군'이라고 하는 유학적 언어로 표현되면서 계승되었다고 한 다. 이러한 계통을 설명하다가 최남선은 근래 이 '붉'사상이 어떻게 존재하고 있는지 그 상황에 대해 다음과 같이 말하고 있다.

국가적 불안과 사회적 불평을 계기로 종종의 신앙 현상(종교적 행위) 이 정감록(鄭鑑錄)과 같은 책 등으로 결부되어 나타나며, '남조선(南朝 鮮)'이라는 이상세계를 그 가운데 그리면서 크고 작은 다양한 파문을 역사에 일으켜 왔다. 이 의미에서는 사실상 망실(忘失)된 părk(붉)의 도 (道)는 근대에 이르기까지 더욱 정신적으로 부흥되어 공전(空前)의 강 한 맛으로 민족 생활의 중추를 이루어 왔다고 보여진다. **예를 들어 동 학(뒤의 천도교, 시천교), 훔치교(뒤의 태을교, 보천교), 기타 종종의 명목으 로서 나타나는 유사종교단체들은 하나같이 이러한 것에 근거를 두고 있지 않은 것이 없다.** 이와 같은 것이 용이하게 성립하고 어떻게든 상 당한 발전을 보이는 까닭은 교조의 인격이나 교지(敎旨)의 심오함에 의 한 것이 아니라 단지 하나같이 고래로부터 깊이 민족의 마음속에 침투 하여 잠재해 있으면서 조선 민족의 전통적 정신에 반응을 일으키는 것 이다. 실로 părk의 도는 조선에서 죽어버리고 형해화(形骸化)한 것이 아 니라 지금도 살아 움직이고 있는 하나의 큰 현실인 것이다. 민중들은 그 자신조차 의식하지 못한 채로 말이다.[281]

최남선은 고대 단군에서 출발하는 '조선신도(朝鮮神道)'의 전통이 고려와 조선시대를 통해 점점 약해지기는 했지만, 여전히 현실 속에 생생하게 살아있다고 보았다. 특히 조선시대 철저한 탄압 아래 거의 소멸된 신도 전통이『정감록』을 통해 근근이 전해지다가 동학과 훔치교 등의 종교유사단체의 탄생으로 이어지면서 새롭게 부흥하고 있다고 한 것이다.

또한 그는 조선에서 이러한 유형의 종교유사단체가 상당한 발전을 보이는 이유가 교조의 인격이나 교리의 뛰어남에 있는 것이 아니라 단지 고대 이래로 민중의 마음 깊이 잠재해 있던 조선 민족의 전통적 정신에 반응한 것일 따름이라고 하여, 조선에서 다양한 유사종교가 나타나고 부흥하는 현상을 민족 고유의 '붉'사상이 일관되어 온 결과라고 보고 있다. 물론 이러한 '조선신도'의 전통은 소멸하거나 형해화하지 않고 현실 속에서 나타나고 있지만, 아쉽게도 대중들이 그 사실을 의식하지 못하고 있다고 했다.

이처럼 최남선은 일제에 의해 단속과 탄압을 받고 있던 종교유사단체의 대부분이 민족의 고유한 전통인 '붉'사상을 계승하고 있다고 평가한 최초의 인물이다. 유사종교의 종교성을 인정하는 수준에 머무르는 것이 아니라, 오히려 민족 고유의 사상을 충실하게 계승하면서 지금의 현실에 그것을 다시 부흥시키고 있는 종교운동이라고 평가함으로써 이들의 존재가치를 증명하고자 했다.

특히 그는 이렇게 종교유사단체들이 민족 고유의 신앙을 부흥시

---

281 崔南善, 위의 책, pp.28-29.

키고 있지만 정작 이러한 종교를 신앙하고 있는 민중들이나, 또는 이를 사교집단이라고 비판하는 대중들은 모두 그러한 역사적 맥락을 전혀 알지 못하기에 유사종교의 진정한 가치를 전혀 의식하지 못하는 것이라고 했다. 따라서 그가 『불함문화론』을 저술한 것은 이러한 민족 대중의 의식을 계몽하기 위한 것이라는 목적을 드러내고 있다. 이각종이 친일적 계몽을 추구했다면, 최남선은 민족적 계몽을 추구한 것이다.

이와 같이 '붉'사상과 그 전통을 종교유사단체가 계승했다는 최남선의 논리는 근대 민족주의 역사관을 강화하려는 의도에서 본격적으로 제기되었다고 생각된다. 일본과 서양열강에 의해 나라의 운명이 위태로운 시기에 최남선은 '붉'의 의미를 통해 민족적 위상을 찾으려고 노력했던 것이다. 그리고 최남선의 이러한 '붉'사상을 비롯하여 그로부터 종교유사단체의 정통성을 구하는 인식은 해방 이후 한국의 고유사상이나 신종교를 연구하는 학자들에 의해 계승 발전해 간다.

예를 들면 이기영(李箕永)은 이 '붉'의 개념이 '한'의 개념으로 발전하였다고 주장하였다. 또 류병덕(柳炳德)은 '흔붉'이 우리 민족 종교사상의 조형(祖型)이라고 보면서 이로부터 무적(巫的) 종교성과 선적(仙的) 종교성이 발현되었는데, 선적 종교성을 계승한 것이 동학, 대종교, 정역(正易), 증산교, 원불교 등 한국 신종교의 전통을 형성했다고 주장했다. 이러한 주장의 근간에는 최남선의 '붉'사상과 그 사상의 맥락이 종교유사단체로 이어진다는 기본 인식이 투영되어 있으며, 이를 충실히 계승하면서 새롭게 재해석한 것이라고 말해도 좋을 것이다.

이각종과 최남선은 동일한 시기에 조선인으로서 조선의 종교유 사단체에 대해 직접 거론한 대표적인 인물이며, 두 사람 모두 조선의 유사종교가 『정감록』의 전통을 수용하거나 그와 깊은 관련을 맺고 있다고 보았다.

이각종의 경우는 최남선과 동일하게 유사종교가 『정감록』을 중심 으로 형성되는 경향을 보이지만, 이 저술을 황당무계한 미신적 내용 으로 평가하면서 이러한 미신성을 벗어나 일본제국의 과학적 사유 로 전환해야 한다는 친일적 관점에서 대중의 계몽을 시도한다.

이에 대해 최남선은 『정감록』에 기반하여 다양한 '종교유사단체' 가 새롭게 출현하고 있는 것이야말로 "고대 이래로 민중의 마음 깊이 잠재해 있던 조선 민족의 전통적 정신에 반응한 것"이라고 하여 그 가치를 매우 높게 평가했다. 곧 그는 조선의 유사종교가 단군을 중심 으로 하는 고유의 '붉'사상에서 비롯한 것이라고 주장하며 그 고유성 이 『정감록』을 통해 계승되고 있다는 점, 그리고 이 『정감록』을 계승 발전하면서 탄생한 유사종교에는 민족 고유의 '종교성'이 강하게 내 포되어 있다고 밝히면서 민중의 민족정신을 계몽해 가고자 했다. 동 일한 문헌에 대해 정반대의 평가가 이루어지는 것이다.

따라서 일제강점기를 통해 최남선의 사상, 특히 『불함문화론』에 대한 평가는 좀 더 적극적으로 그의 민족주의 사상을 이해하는 척도 로 활용할 필요가 있다. 최남선이 한일 간의 문화적 동원성과 민족 적 독자성 사이에서 동요하고 있었고, 또한 그의 식민담론 자체가 '이화'와 '동화' 사이에서 동요하고 있었다는 주장은 인정한다. 하지만 일제에 의해 미신 혹은 사교로 핍박받으면서 교단 해체의 위험성에 노출되어 있던 종교유사단체를 민족적 정통성을 계승한 종교단체로 보면서 그 사상적 맥락을 단군과 '붉'사상에 뿌리를 두고자 했던 그의 시도는 분명 이러한 '동요'의 불안을 넘어서는 다른 평가가 필요한 부분이다.

물론 일제강점기를 통해 최남선과 같은 방식으로 종교유사단체를 바라보는 시각은 거의 존재하지 않았지만, 조선의 최고 지성이었던 인물이 종교유사단체를 이와 같이 높게 평가했다는 것은 일제의 탄압과 교단 해체라는 고통의 상황에 직면해 있던 당시 유사종교 교단들에 있어서는 매우 고무적이고 자긍심을 지닐 수 있는 사상적 근거로 작용했을 것이다.

7. 나가는 말

이상에서 살펴본 바와 같이 조선의 유사종교에 대한 조사와 연구는 대체로 두 갈래로 나뉜다. 주된 조사는 조선총독부 내무부의 경무국을 중심으로 각 지역의 경찰에서 실질적으로 조사하고 또 단속했으며, 다른 하나는 학무국 종교과를 중심으로 이들에 대한 실태를 파악하고 그 유형을 나누어 분석하면서 식민 통치의 수단으로 이를 활용해 갔다.

그러한 점에서 조선에서 유사종교에 대한 인식의 경향은 대부분이 조선총독부를 중심으로 이루어지며, 그 내용이 사회에 확대되면서 대중의 유사종교 인식에 영향을 끼쳐 왔다고 본다. 요시카와를 비롯하여 미나미야마, 다나카 등 조선총독부의 관료들이나 촉탁이 이를 주도하였으며, 1920년대 중반이 되면 조선인 가운데에도 이각종과 같은 인물이 등장하여 유사종교 논의에 가담한다. 다만 이들의 유사종교에 대한 기본 인식은 비밀결사 혹은 미신이라는 측면에서 유사종교를 '사교'로 취급하고 이들에 대한 엄한 단속과 탄압을 요구하는 것이 대부분이었다. 따라서 일제강점기를 통해 조선의 유사종교가 미신이라는 굴레에서 벗어나는 것은 사실상 불가능하였다.

이에 대해 최남선은 근대 이래로 발생한 유사종교가 단군의 '붉' 사상을 계승하여 온 한민족의 '종교성'을 잘 계승하는 것이라고 하였으며, 이들에 의해 민족정신과 고유신앙이 부흥하고 있다고 하였다. 이러한 두 관점의 충돌이 비록 1930년대 중반 이후 희석되어 사라지는 경향을 보이지만, 식민지 조선에서 유사종교의 종교성을 둘러싼 논의가 이러한 형태로나마 존재했다는 점을 소중하게 생각할 필요가 있을 것이다.

'유사종교해산령'의 실체에 관하여

1. 들어가는 말

한국의 근대종교 연구에서 기존의 많은 연구자는 1935~1938년 사이에 유사종교를 대상으로 한 조선총독부의 탄압이 본격적으로 이루어지는데, 그 근거가 바로 '유사종교해산령(類似宗敎解散令)'이라고 말해왔다. 특히 1936년 무극도(無極道)와 보천교(普天敎)가 경찰에 의해 해산된 것을 필두로 많은 종교단체에 대한 탄압이 이루어지는 배경에 '유사종교해산령'이 있었다는 주장이 반복적으로 등장하는 것이다. 이렇게 한국 근대종교를 연구하고 이해해 감에 있어서 결코 빼놓을 수 없는 용어가 바로 '유사종교해산령'이다.

그런데 조선총독부에서 선포한 법령 어디에서도 '유사종교해산령'은 찾아볼 수 없다. 선행연구의 전체적인 내용을 검토해 보더라도 '유사종교해산령'이 있었다는 주장은 많지만, 정작 그것이 실제 어떤 내용으로 구성되어 있으며, 어느 시점에 선포되었는지에 대해 구체적으로 제시한 연구는 없다. '유사종교해산령'이라는 용어가 존재하고, 또 그것이 유사종교 해산의 근거라고 주장하는 학자들은 있는데, 정작 그 법령의 실체는 어디서도 확인할 수 없는 것이다.

이러한 국내 근대종교 연구의 상황에 대해 고병철은 "조선총독부가 신종교를 해산시키기 위해 〈종교 해산령〉이라는 별도 법규를 제정·시행했다거나 모든 신종교단체에 일괄적으로 해산령을 선포했다는 주장의 근거가 명확하지 않다"[282]라고 하면서 '유사종교해산

---

282 고병철, 앞의 책, p.309.

령'의 실체 여부에 대해 처음으로 의문을 제기했다. 오랫동안 학계의 정설처럼 받아들여졌던 '유사종교해산령'에 대해 실제 법령이 없었다는 점이나 유사종교에 대한 일괄적 탄압이 없었다는 점을 밝힌 것은 연구사적으로 그 의의를 높게 평가할 수 있다. 다만 이런 문제제기 이후 '유사종교해산령'의 실체를 파악하는 후속 연구가 없다는 점은 아쉬움으로 남는다.

실제로 '유사종교해산령'은 법령으로 실재한 적이 없다고 보는 것이 타당하다. 조선총독부에 의해 당시 많은 종교단체가 유사종교로 규정되고 강제로 해산을 당한 것은 사실이나, 적어도 그것이 구체화된 법령에 따라 이뤄진 것이 아니라는 것만은 분명하다는 것이다. 그렇다면 왜 그동안 연구자들은 '유사종교해산령'에 대해 별다른 의심 없이 그것이 마치 실재했던 것처럼 인식해 왔을까?

필자는 그 원인으로 '종교유사단체 해산 명령'이나 '총철퇴령' 등의 용어가 근대 언론을 통해 반복적으로 등장했다는 점과 해방 후 일제에 의한 '민족종교 탄압'을 강조하려는 연구자들의 신념이 '유사종교해산령'을 실체화시킨 원인이라고 생각한다. 이에 본 장에서는 우선 '유사종교해산령'이라는 용어가 근대 한국종교 연구자들을 어떤 오류에 빠지게 했는지에 대해 살펴보고, 일제강점기에 언론을 통해 드러난 '해산령'이나 '총철퇴령' 등의 실체에 대해 검토해 보고자 한다.

그런데 비록 '유사종교해산령'이 법령으로서 실체는 없었다고 하나 조선총독부가 유사종교를 탄압·해산한 사실이 부정되는 것은 아니다. 그렇다면 당시 유사종교 탄압과 해산을 주도했던 경찰 조직은 어떤 목적이나 의도에서 유사종교를 탄압·해산시켰을까? 이에 대한 기존의 연구는 일제의 유사종교 탄압·해산을 '민족종교' 또는 '민족운동'에 대한 탄압이라는 시각으로 검토해 온 경향이 대부분이다. 하지만 이러한 시각을 그대로 유지하는 것이 과연 타당한지에 대해 다시 점검해 보고자 한다. 물론 본 연구의 시도가 일제의 '민족종교 탄압'이라는 관점을 부정하려는 것은 아니다. 유사종교에 대한 탄압·해산이 큰 틀에서 민족종교 또는 민족운동에 대한 탄압과 연동되는 것은 틀림없는 사실이기 때문이다. 다만 유사종교에 대한 탄압·해산이 어떻게 변화해 왔는지를 점검하는 것으로 당시 실제로 행해진 유사종교에 대한 탄압·해산의 실상에 한 걸음 접근해 보고자 하는 것이다.

일제의 유사종교에 대한 탄압·해산은 1935년~1936년 증산교계 교단의 해산을 기점으로 본격적으로 시작되며, 기존의 연구 대부분은 보천교를 기점으로 일제의 유사종교 탄압·해산이 본격화된 것으로 보고해 왔다. 하지만 여기에서는 보천교에 조금 앞서 시행된 무극도에 대한 탄압과 해산 시도의 과정에 대해 점검해 보고, 이후 보천교와 더불어 실제 유사종교에 대한 일제의 탄압·해산의 과정이 어떻게 전개되었는지 그 양상에 대해서도 분석해 보고자 한다.

2. 학계의 연구 동향과 '유사종교해산령'의 실체

근대 한국종교 연구에 있어서 '유사종교해산령'이라는 하나의 완성된 용어가 등장한 것은 그다지 오래되지는 않은 것으로 보인다.

우선 연구사의 흐름 속에서 이 용어가 언제 어떻게 등장하게 되는지 살펴보자.

해방 후 국내 한국 신종교 분야 연구는 1960년대에 본격적으로 시작된다. 이 분야에서 현지답사를 통해 많은 자료를 수집하는 등 선구적인 업적을 일궈 온 인물로 이강오는 다음과 같이 적고 있다.

> 1936년(병자)에 차교주가 57세를 일기로 사망하게 되니 교세는 극도로 침체되었다. 동년에 정부로부터 증산교단에 대한 해산 명령을 내리게 되니, 교인들은 뿔뿔이 해산하고 십일전과 교종 등은 관에서 강제 압수하여 공매처분을 하게 되었다.[283]

이강오의 위 논문에서 증산교단, 특히 보천교에 대한 정부의 '해산 명령'에 대해 처음으로 언급한 것으로 생각된다. 다만 '해산 명령'이 특정 법령으로 이해되지 않는다는 점에서 연구의 초기 단계에서는 아직 '유사종교해산령' 개념이 구체화하지 않았다는 것을 알 수 있다. 이에 좀 더 가까운 표현은 문상희의 다음 내용에서 찾아볼 수 있다.

> 일제는 드디어 조선총독부로 하여금 '유사종교'의 활동을 금지케하고 몇몇 종단을 제외하고는 거의 모든 종교를 해산시켰다. 1938년에 해산령이 내리기까지 거의 매년 4에서 7개의 종단이 발생했다.[284]

---

283 이강오, 「보천교」, 『논문집』, 전북대학교, 1966, p.33.
284 문상희, 「한국의 신흥종교」, 『한국종교』, 원광대 종교문제연구소, 1973, p.302.

여기서 조선총독부가 유사종교에 대해 '해산령'을 내렸다는 개념
이 처음으로 등장한다. 다만 이 글에서는 유사종교해산령이 1938년
에 내려졌다고 말하고 있는데, 문상희는 왜 1938년을 특정했는지 구
체적으로는 밝히고 있지는 않다.

한편 『한국종교』의 〈한국신흥종교자료〉를 정리함에 있어 1983년
이현택은 "당시 왜정은 이들의 집단활동을 민족의식을 고집하고 소
위 황민화 정책에 불복종하는 준민족운동이라고 규정하여 대소증산
교단에 심한 탄압이 계속되자 이상호는 부득이 동화교를 해산하였
다"[285]라 했고, 또 홍범초는 "일본은 전쟁을 준비하느라고 국내의 사
상통제를 단행할 때 증산 신도는 민족의식을 고집하므로 그 교단 운
동을 준민족운동으로 규정하여 병자(1936)년 4월에 조선총독부로부
터 증산계 각 교단에 폭압명령을 내렸다"라고 했다.[286] 이들은 1936년
증산계 교단에 대한 조선총독부의 '탄압'이나 '폭압명령'이 있었다
고 하면서 이 탄압의 성격이 '민족의식을 고집하는 준민족운동'에
대한 탄압이었다고 주장한다. 일제에 의한 증산교계 교단의 탄압과
해산을 '민족운동'에 대한 탄압으로 해석하는 초창기 인식이라고 볼
수 있다.

이처럼 1980년대까지 유사종교에 대한 해산령 또는 폭압 명령, 해
산 명령 등의 표현이 있었고, 일제에 의한 민족종교의 탄압이 있었다
는 인식은 어느 정도 공유되고 있었지만 '유사종교해산령' 개념은

---

285 이현택, 「증산교」, 『한국종교』 8, 원광대 종교문제연구소, 1983, p.253.
286 홍범초, 「증산계 삼덕교」, 『한국종교』 11 · 12, 원광대 종교문제연구소, 1987, p.
213.

아직 등장하지 않았다. 증산교계 교단에 대한 일제의 탄압과 해산이 '유사종교해산령'을 근거로 이뤄진다는 논리는 『한국민족문화대백과사전』에서 처음 제기된 것으로 보인다.

『한국민족문화대백과사전』의 「태극도」에서는 "1936년 조선총독부가 증산교 계열의 신종교운동을 억압하기 위해 단행하였던 〈유사종교해산령〉에 의해 교당 건물이 철거되고 본부는 해체되다시피 하였다."[287]라 했고, 또 「보천교」에서도 "1936년 차경석이 죽고 조선총독부가 〈유사종교해산령〉을 선포함에 따라 교단이 해체되고 말았다"[288]라고 하여, 조선총독부에 의해 공식 법령이 '선포'된 것을 기정사실로 기술하고 있다.

이에 대해 동 사전 「증산교」에서는 "일제강점기의 증산교는 보천교에서의 차경석의 천자등극의 실패와 그에 따른 분열, 그리고 1938년 조선총독부가 선포한 유사종교해산령으로 점차 위축되거나 해산되기 시작하였다"[289]라고 했고, 또 「증산교단통정원」에서도 "증산교는 일제강점기에 100개에 가까운 교파와 수백만의 신도를 헤아릴 정도로 크게 일어났다. 그렇지만, 1938년 조선총독부에서 〈유사종교해산령〉을 내리자 교세가 크게 위축되었다"[290]라고 했다.

이와 같이 『한국민족문화대백과사전』의 증산교 관련 항목에서는 일관되게 '유사종교해산령'에 의해 증산계 교단이 탄압과 해산의 시련을 겪었다고 주장한다. 그런데 「태극도」와 「보천교」에서는 1936년,

---

287 노길명, 「태극도」, 『한국민족문화대백과사전』 23, 한국학중앙연구원, 1991, p.22.
288 노길명, 「보천교」, 『한국민족문화대백과사전』 9, p.874.
289 노길명, 「증산교」, 『한국민족문화대백과사전』 21, p.187.
290 노길명, 「증산교단통정원」, 『한국민족문화대백과사전』 21, p.190.

「증산교」와 「증산교단통정원」의 경우 1938년에 '유사종교해산령'이 선포됐다고 하는 등 법령 시행 시기를 서로 다르게 표기하고 있다. 문제는 이 항목들이 모두 노길명 한 사람에 의해 기술됐다는 점인데, 그는 최초로 '유사종교해산령'이라는 용어를 제시하고 또 이것이 실제 법령으로 선포됐던 것처럼 기술하면서도, 정작 그 시행 시점에 관해서는 혼란된 인식 양상을 보인다.

이후 '유사종교해산령'은 법령으로 실재한 것처럼 인식되면서 일제강점기 조선총독부에 의한 종교탄압과 해산을 표현하는 대표적인 용어로 자리매김한다. 다만 이 용어는 연구자에 따라 '유사종교해체령'[291]이나 '종교단체해산령'[292], '유사종교단체 해산령'[293] 등 표현이 다르게 사용되는데, 이는 '해산령'이 법령으로 선포됐다는 사실과 더불어 조선총독부가 유사종교를 일괄적으로 탄압했다는 인식이 하나의 고착된 '개념'으로 수용되면서도 정작 용어 정의에 있어서는 연구자별로 혼란을 야기할 수밖에 없는 한계를 내포하고 있었다.

---

[291] 윤이흠은 「일제강점기의 민족종교운동」에서 "일제는 더욱 심하게 종교탄압을 가해서, 결국 1936년 〈유사종교해체령〉을 내리게 된다. 이로 인해 모든 민족종교들이 해체되는 쓰라림을 겪게 되었다."고 밝히고 있다.(노길명 외 저, 『한국민족종교운동사』, 한국민족종교협의회, 2003, p.203)

[292] 이경원은 "끊임없는 일제의 탄압과 종교단체해산령(1936) 그리고 차경석의 사망으로 교세는 급속히 하락하여 오늘날은 신구파로 나뉘어 겨우 그 명맥만을 이어오고 있다"(이경원, 「한국 근대증산교단의 민중·민족운동」, 『원불교사상과 종교문화』 52, 원광대 원불교사상연구원, 2012, p.152-153.)라고 했고, 김탁도 "을해년(1935) 12월24일에 조선총독의 종교단체해산령에 따라 무극도는 해산되는 운명에 처했고"라고 하는 등 '종교단체해산령'이라는 표현을 사용했다.(김탁, 「무극대도의 예언사상과 특성」, 『태인 무극대도의 역사·문화적 회고 및 전망』, 사단법인 정읍역사문화연구소·러시아아그로상생연구소, 2019, p.107)

[293] 박인규, 「일제강점기 증산계 종교운동의 연구-차월곡의 보천교와 조정산의 무극도를 중심으로-」, 서울대학교 박사학위 논문, 2019, p.184.

한편 이경원은 "1936년 4월 조선총독부는 이러한 증산종교운동에 대해 민족운동으로서의 확산을 근원적으로 차단하기 위해 전 종단에 대한 해산령을 선포하였다"[294]라고 하여 조선총독부가 증산교의 종교운동을 민족운동으로 규정하고 모든 증산계 종단에 해산령을 선포했다고 주장했다. 이는 앞서 이현택과 홍범초가 증산계의 종교운동이 '준민족운동'으로 규정됐다는 주장에서 한 걸음 나아간 것이다.

이경원과 유사한 입장에서 일제강점기 천도교와 유림, 증산교 등의 민족운동에 주목하면서 조선총독부의 이들에 대한 탄압을 민족운동에 대한 탄압이라는 시각에서 고찰한 성주현의 경우 "보천교가 증산교계 교단을 대표하여 한때 1백만 교도의 교세를 형성하였으나 1938년 조선총독부의 해산령에 의해 해체되었다. 이후 증산계 교단은 공식적으로는 대부분 해체되었으며 비밀포교활동으로 해방까지 명맥을 유지하였다"라고 했다.[295] 증산교계의 민족운동과 이에 대한 조선총독부의 탄압이라는 논리구조는 이해되지만, 유사종교해산령이 1938년에 선포됐다는 선행연구의 주장을 수용한 탓인지 보천교가 1938년에 해산됐다는 착오를 범하고 있다.

또한 박광수의 경우 "국내의 유수한 민족종교운동을 '유사종교'라고 규정함으로써 민족종교의 신앙과 종교문화를 뿌리 채 부정하고 대종교 및 보천교 등을 종교단체로 가장한 항일독립운동단체로 불법화시킴으로써 종교에 대한 탄압과 해체의 명분으로 삼고 있다.

---

294 이경원, 『한국신종교와 대순사상』, 도서출판문사철, 2011, p.30.
295 성주현, 『식민지시기 종교와 민족운동』, 선인, 2013, p.355.

특히 1930년에는 '유사종교해산령'을 내려 민족종교를 모조리 해산시켰으며"[296]라고 주장했다. 앞선 주장들을 계승하면서도 '조선총독부가 민족종교를 항일독립운동단체로 규정'했다는 적극적 해석으로 볼 수 있는데, 여기서는 '유사종교해산령'이 1930년에 시행되었다거나 민족종교가 모조리 해산됐다는 등 과도한 표현을 하고 있다.

이처럼 기존의 연구를 통해 볼 때, '유사종교해산령'은 1990년대 노길명 이후 일제에 의한 민족종교 탄압을 대표하는 용어로 자리매김해 왔으며, 마치 조선총독부에서 일괄적으로 유사종교를 '탄압·해산'하기 위해 실제로 법령이 선포되고 시행된 것처럼 인식해 온 것으로 보인다. 하지만 시행 시점에 대해 1930년, 1935년과 1936년, 1938년 등 연구자에 따라 전혀 다르게 인식하고 있다. 그럼에도 불구하고 '유사종교해산령'이라는 용어를 사용했던 연구자 가운데 누구도 그 구체적인 내용을 확인하거나, 또는 그것의 시행 시점에 대해 의문을 제기한 적이 없었다.

그렇다면 왜 연구자들은 이렇게 '유사종교해산령'을 마치 실체화된 개념인 양 사용해 온 것일까? 이는 일제강점기 민족종교의 종교운동을 민족운동 또는 항일운동이라는 틀에서 해석하고 강조하려던 연구자들의 인식이 노길명에 의해 제시된 '유사종교해산령'이라는 강력한 가공(假空)의 개념을 근거도 밝히지 않은 채 무비판적으로 적극 활용하는 성급한 일반화의 오류에 빠진 것이라고도 말할 수 있다.

---

296 박광수, 「일제강점기(1910~1945) 조선총독부의 종교정책과 한국사회 종교지형의 변화」, 『한국신종교의 사회운동사적 조명』, 집문당, 2017, p.27.

또한『한국민족문화대백과사전』이라는 권위에 의지해 연구자들은
이 개념을 실제적인 것으로 인식하면서 반복적으로 사용해 왔으며,
그 습관성을 바탕으로 다시 '유사종교해산령'을 일제에 의한 민족종
교 탄압·해산의 상징으로 더욱 고착화하고 실체화해 온 것이 아닐
까 생각한다.

　이처럼 '유사종교해산령'은 1990년대 이후 연구자들에 의해 실체
가 있는 것처럼 생성된 개념임을 분명히 밝힐 수 있다. 하지만 이 용
어의 실체성을 부정한다고 해서 일제의 유사종교에 대한 탄압과 해
산이 없었다는 것을 말하는 것은 아니다. 그렇다면 실제로 유사종교
의 탄압과 해산의 과정은 어떻게 이뤄졌는지 당시의 조선총독부 자
료와 언론의 보도 등을 바탕으로 살펴보기로 하자.

3. 1935년 이전 조선총독부의 유사종교 탄압 양상

　일제는 을사늑약 이후 종교에 대한 관리를 위해 통감부 체제에서
1906년 11월 〈종교 선포에 관한 규칙〉(통감부령 제45호)을 공포했고,
1915년 8월 〈포교규칙〉을 공포한다. 특히 〈포교규칙〉에서는 당시
'공인종교'의 범위를 신도·불교·기독교로 한정했다. 그리고 동 규
칙 제15조에서는 "조선 총독은 필요가 있는 경우에 있어서는 종교
유사의 단체로 인정되는 것에 본령(本令)을 준용(準用)할 수 있다"고
하여 '종교유사의 단체'라는 표현으로 유사종교의 개념을 처음 규정
한다.

이렇게 조선총독부는 공인종교와 비공인종교를 구분하고, 1919년 3·1운동 이후 공인종교는 학무국 종교과, 비공인종교는 경무국 곧 경찰에서 관리하도록 했다. 3·1운동으로 무단통치의 식민지배 방식에 문제가 있음을 인지한 일본의 정계와 신임 총독 사이토 마코토(齋藤實)는 문화정치를 표방하지만, 사실은 헌병대 대신 경찰력을 강화해서 한국 사회를 통제하고자 했고, '종교유사단체'도 또한 경찰의 통제 아래 둔 것이다.

아오노 마사아키(靑野正明)는 조선총독부가 1915년 〈포교규칙〉을 통해 비공인종교로 규정된 '유사종교'에 대해서는 '회유(懷柔)', 비밀결사에 대해서는 '단속(取締)'의 두 가지 방식을 취했는데, 3·1운동 이후 이를 '단속'의 방향으로 전환했다고 주장한다.[297] 천도교가 3·1운동을 주도하면서 조선총독부의 유사종교에 대한 통제 방침이 '단속'을 강화하는 쪽으로 선회했다는 것이다.

아오노의 주장에 논자는 기본적으로 동의한다. 하지만 1919년 이후 조선총독부의 유사종교에 대한 단속의 경향을 살펴보면 1923년의 백백교의 횡령사건이나 1926년 무극대도의 보안법 위반, 1919년부터 1926년까지 보천교의 보안법 위반 사건 등 일부 특정 종교와 관련자에 대한 '단속'과 '구속·기소'는 있더라도 대부분의 유사종교 전반에 대해 강압적인 태도를 취하지는 않았던 것으로 생각된다. 조선총독부에서 1928년 발행한 『조선의 범죄와 환경』에서는 다음과 같이 적고 있다.

---

297 靑野正明, 『帝国神道の形成』, 岩波書店, 2015, pp.318-319; 『植民地朝鮮の民族宗教』, p.143.

조선인 사이에는 각종의 신앙단체가 있으며, 천도교는 그 가운데 있어 가장 큰 세력을 가지고 있는데 신자가 14~15만에 이른다고 한다. 이에 버금가는 세력이 시천교로 3~4만명, 보천교는 약 2만명, 청림교는 약 1만4천명의 신자가 있다. 그 외에도 태극교, 인도교, 태을교, 태종교(太倧敎), 대종교(大宗敎), 단군교, 공자교, 기자교, 대화교(大和敎), 제우교, 제세교, 훔치교, 각세교, 용화교, 선도교, 백백교, 인천교, 숭신인조합, 숭신교회 등이 있으며, 모두가 다소의 신자를 가지고 있다. 인지(人智)가 아직 미개한 조선인 사이에서는 미신의 힘이 매우 강하고, 이른바 음사사종(淫祠邪宗)을 신앙하는 자가 적지 않다. 우민(愚民)을 혹(惑)하는 무녀(巫女), 그 외 각종의 가지기도(加持祈禱)도 또한 성행하고 있다. 따라서 교육의 보급과 더불어 종교의 감화에 의해 조선인을 정신적으로 선도해 가는 것은 무엇보다도 중요한 일이다.[298]

위 인용문처럼 조선총독부는 유사종교의 형태를 유지하면서도 이들 교단의 신도들을 교육과 기성종교의 감화에 의해 선도해 가는 방향을 더 선호했던 것이다.[299] 이에 대해 당시 언론을 비롯하여 사회계몽을 추구하는 인사들은 증가하는 유사종교에 대해 한국사회에서 민심을 유린하는 미신사교(迷信邪敎) 또는 음사사교(淫祠邪敎)로 규정하고 이러한 유사종교의 증가가 사회의 혼란을 조장한다는 논조의 비판을 가하며, 제도적으로 이들에 대해 적극적으로 통제가 가능한 대책 수립을 끊임없이 요구했다.[300] 하지만 이런 언론이나 계몽

---

298 朝鮮總督府 編, 『朝鮮の犯罪と環境』, 朝鮮總督府, 1928, p.102-103.
299 靑野正明, 『植民地朝鮮の民族宗敎』, p.145; 고병철, 앞의 책, p.380.

인사들의 요구가 곧바로 조선총독부의 엄중한 단속 대책 변화로 이어지지는 않았던 것으로 보인다.

그렇다면 일제의 유사종교에 대한 '탄압·해산'이 본격화하는 시점은 언제일까? 이에 대해 고병철은 1931년 만주사변과 1932년 만주국 건국 이후 조선총독부의 신종교 통제가 강화되고, 신종교에 대한 해산 정책은 1936년 미나미 지로(南次郎) 총독이 부임하면서 강화됐다고 주장했다.[301]

그런데 어떤 배경에서 통제의 강화가 이뤄지는지에 대해 구체적으로 서술하지 않았다는 점이 아쉽다. 물론 1930년대 만주사변 이후 시국의 변화에 따른 조선총독부의 일본과 한국 내 사상통제와 치안 강화, 또 1937년 중일전쟁 이후 국민정신총동원운동(國民精神總動員運動)로 전환 등 시국과 국제정세의 변화에 따라 유사종교 정책에도 변화가 생겼다는 것은 분명한 사실이다.

특히 1930년대 접어들어 한국 사회에 적색운동(좌익)과 민족운동(우익)이 농민층과 사회 저변에 확산하던 상황에서 조선총독부에서는 유사종교가 그러한 사상운동의 근거지로 활용될 것을 우려한다.

---

300 〈사이비적 신자〉,《매일신보》1921.2.22;〈僞瞞誣詐의 괴종교, 엉터리없는 야마시수단으로 사람을 속이고 돈을 뺏어먹어〉,《매일신보》1924.4.5;〈훔치敎聲討盛況, 聲討組織은 警察이 禁止해〉,《동아일보》1925.2.11;〈「玉皇上帝가 强姦」훔치교정감사의 훔치 가튼말, 우리교를 믿으면 못할일이 업다고 선전〉,《동아일보》1925.2.20;〈靑年團體 言論機關 聯合大會, 훔치撲滅과 其他를 決議〉,《동아일보》1925.6.27;〈미신타파의 금일에 경신교 창립의 괴문〉,《매일신보》1927.10.1;〈우민을 무혹하는 자칭 우수도인 인천교를 전도타가 무전취식으로 피소〉,《매일신보》1929.8.31;〈검사가 유죄 인정코 예심회부 邪惡白白敎의 罪狀〉,《매일신보》1930.7.22;〈迷信이 낫는 犯罪 嚴重한 制裁를 加하라〉,《매일신보》1930.9.5 등.
301 고병철, 앞의 책, pp.380-388.

하지만 이러한 시국의 변화가 왜 조선총독부로 하여금 유사종교에 대한 '탄압·해산'의 촉구로 이어지게 됐는지에 대해 이해하기 위해서는 좀 더 구체적인 상황 설명이 필요할 것이다.

> 조선에 있어서는 포교규칙에 의해 종교에 관해서는 상당한 단속과 감독을 행하고 있는데, 해당 규칙의 적용을 받지 않는 곧 규정하는 종교 외의 유사단체가 60여의 다수를 넘고 있다. 이 가운데에 유력한 단체도 2~3개 있는데, 그중에는 세상 사람들을 미혹하는 단체도 있어 자기들의 교도 다수를 표방하면서 왕성하게 선전하며, 농민으로부터 착취를 하는 것들도 있다. 이곳 60여의 종교유사단체 아래 귀의하는 신도는 전 조선에서 20만 정도로 추산된다. 총독부 당국은 이들에 대한 단속 방법을 고려하고 있는데, 민중의 지력(智力) 관계도 있으므로 조급하게 이들에게 철저를 기하는 것은 지난(至難)한 상황이므로 가급적 이에 대해 단속과 감독의 대책을 수립하기 위해 여러모로 연구 중이라 한다.[302]

위의 기사를 통해 경무국의 유사종교 단속 방침을 볼 때, 1932년 시점에는 유사종교에 대한 철저한 단속 방침이 명확하게 수립되지 않았음은 물론, 조급하게 이들에게 단속을 가하기 어려운 상황으로 인지하고 있었음을 알 수 있다. 그렇다고 해서 1930년대 이후 유사종교에 대한 경무국의 검거와 단속 자체가 이뤄지지 않은 것은 아니

---

302 〈類似宗教の布教取締〉, 《朝鮮新聞》 1932.6.16.

다. 〈표 1〉에 정리된 것처럼 1931년 이후 유사종교 관련 간부들이나 교도들이 〈보안법〉 위반 혐의로 기소되거나 기소유예를 받은 사례는 과거에 비해 증가하고 있었다는 것을 알 수 있다.

〈표 1〉「朝鮮在來の類似宗敎に關する調査」(『思想彙報』제10호, 1937)

소속/지역	이름	죄명	일시	구형
天道敎/ 충남 서천군	崔昌奎	보안법 위반	1931.2.28.	징역4월
天道敎/ 경성부	金秉濟	보안법 위반	1932.5.31	기소유예
天道敎/ 평남 덕천군	吳廷元	보안법 위반	1932.7.7	징역8월 집행 유예 4년
天道敎/ 평남 안주군	李○○	보안법 위반	1934.11.30	기소유예
天道敎/ 평남 덕천군	李龍奎 외 4명	보안법 위반	1936.11.9	4명 기소유예, 1명 불기소
無極大道敎/ 평양부	金賢範	보안법 위반	1932.4.19	징역 6월
靑林敎/ 충남 예산군	金濟 외 15명	보안법 위반	1931.1.30	징역 10월 이하
靑林敎/ 충남 서산군	太斗燮	보안법 위반/ 詐欺	1935.10.7	징역 5년 이하
雲林敎/ 충북 청주	鄭壽承	보안법 위반	1936.8.4	징역1년
仙道敎/ 강원 평강군	金用河 외 4명	보안법 위반	1935.10.7	

이처럼 유사종교 단체의 간부나 교도의 '범죄사상(犯罪史上)의 혹세운동'에 대해서는 〈보안법〉이나 〈경찰범처벌령〉에 의해 구속 기소 및 처벌이 행해지고 있었다. 고병철의 주장도 충분히 설득력이 있는

것이다. 하지만 이렇게 〈보안법〉 위반을 사례로 특정 개인을 단속하는 방식은 앞서 밝힌 1920년대 조선총독부의 단속 방식에서 크게 달라진 바는 없다고 본다.

이에 대해 1930년대 중반 이후 유사종교에 대한 탄압의 방식에서 과거와 크게 달라지는 것은 바로 '철저한 단속'에 의해 '교단 자체를 해산' 시키는 방식이 적극 도입된다는 점이다. 무극도나 보천교, 증산교 등이 이에 해당하는 사례로 이렇게 교단을 '해산'시키는 방식이 경찰이 추구한 '철저한 단속'의 방향이었다.

따라서 1930년대 이후 유사종교에 대한 탄압은, ① 〈보안법〉 제5조~제7조를 적용해서 개인을 '검거' 또는 '기소'로 탄압하면서 교단을 해산시키는 기존 방식의 강화와[303] ② 〈보안법〉 제1조와 제2조에 의거하여 직접적인 위법행위가 드러나지 않더라도 안녕질서를 유지한다는 명분으로 교단을 '탄압'하고 '해산'하는 방식의 도입[304]이라는 두 가지 유형으로 전개됐다고 말할 수 있다. 다만 1930년대 초반 유사종교 탄압의 성향은 1920년대와 유사하게 사상 경향의 단속에 주안을 두고 있었다는 점을 거듭 밝힌다.

---

303 〈보안법〉제5조는 "정무총장은 정치에 관하여 불온한 동작을 행할 염려가 유하다고 인(認)하는 자에게는 기 거주 처소에서 퇴거하기를 명하며 또 1개년 이내의 기한을 특정하여 일정한 지역에 범입(犯入)함을 금지함을 득함"이고, 제6조는 "앞의 5조에 의한 명령에 위반한 자는 40 이상의 태형 우(又)는 10개월 이하의 금옥(禁獄)에 처함"이며, 제7조는 "정치에 관하여 불온한 언론 동작 우는 타인을 선동 교사 혹은 사용하거나 우는 타인의 행위에 관섭하야 인하여 치안을 방해하는 자는 50 이상의 태형 10개월 이하의 금옥 우는 2개년 이하의 징역에 처함"이다.

304 〈보안법〉제1조는 "경무총장은 안녕질서를 보지(保持)키 위하여 필요한 경우에 결사의 해산을 명함을 득함"이며, 제2조는 "경찰관은 안녕질서를 지키기 위하여 필요한 경우에 집회 우(又)는 해산함을 득함"이다.

시국(時局)의 긴장과 사상(思想) 관계 단속 대책을 확립하기 위하야 경무국(警務局)에서는 오는 유(六)월 상순경에 동경 대판 등 특고과장(特高課長) 회의를 계획하야 조선에서도 각 도 경찰부 고등과장(高等課長) 회의를 소집할 터이라는데 이는 근래 처음 보는 회의이니만큼 그 결과가 자못 주목되거니와 금번 협의사항(協議事項)의 주요 요령은 종교유사단체(宗敎類似團體)에 대한 사상적 경향의 단속을 주로 하고 다시 최근 각 도 농촌진흥운동(農村振興運動)에 침투하는 적색(赤色)잠행운동에 대한 단속책 등을 확립할 터이라 한다.[305]

1930년대 초반 일본제국을 뒤흔든 사상조류는 급증하는 좌익사상과 우익의 테러리즘이었다. 따라서 일본에서는 사유재산제도 폐지와 국체변혁을 주장하는 좌익을 통제하기 위해 〈치안유지법(治安維持法)〉의 개정을 서둘렀다면, 다른 한편으로 1932년 발생한 5·15 쿠데타 미수사건처럼 민족운동으로 발전하는 우익의 세력을 통제하기 위해 불법당여법(不法黨與法)의 제정을 서두르는 등 사상통제가 중요한 과제였다.[306]

민족운동과 좌익운동은 당시 한국 사회에서도 뚜렷한 징후가 나타나고 있었으며, 따라서 위의 인용문처럼 1934년 5월 일본에서 특고과장 회의가 열리는 것에 보조를 맞춰 경무국에서도 각도 고등과장 회의를 개최하여 유사종교 단속과 적색운동 잠행운동 단속을 통

---

305 〈宗敎類似團體와 赤色運動取締코저各道高等課長會議〉, 《조선중앙일보》 1934. 05.08.
306 〈극우익사상취체의 불법당여법 제정〉, 《동아일보》 1935.1.22.

한 사상통제가 주요 안건으로 등장한 것으로 보인다.

1931년부터 시행된 농촌진흥운동은 일본의 대공황에 의해 조선 농산물이 폭락하면서 심각한 피해를 입은 농민들이 소작쟁의를 일으키고 또 농촌을 무대로 적색노동조합운동이 확산되자 이를 통제하기 위해 시작한 것이었다. 우가키(宇垣一成)총독은 농가갱생계획의 실행에 의해 '조선인들에게 적당한 빵을 주는 것'으로 민심을 달래면서도 경찰력과 행정력을 동원해 민족해방사상이나 사회주의사상을 억압하는 것으로 민족운동단체나 혁명조직을 무자비하게 검거하고 탄압했다.[307]

이에 대해 일제의 유사종교에 대한 통제의 방침이 적극적인 '탄압·해산'으로 변화된 시점에 대해 논자는 1935년 '심전개발운동'의 전개, 그리고 그 배경을 이루는 '내선융화'와 '황국신민정신' 강화라는 정책이 유사종교 탄압의 흐름을 '적극적 단속'으로 전환하는 계기라고 보는 아오노의 주장에 동의한다.[308]

일본제국은 1932년 3월 1일 만주국 건국을 강행하고, 1933년 3월 27일 국제연맹을 탈퇴했다. 이후 세계열강의 비난을 받던 일본은 1934년부터 국제사회 고립이 심화된다. 이런 상황 속에서 우가키는 기존의 농촌진흥운동에 변화를 도모하는데, 그 하나는 일본의 국제사회 고립을 타개할 자급적 '일·선·만 경제블럭'을 구축하는 것이었으며, 이를 위해 식민지 조선의 경제적 토대를 확충하는 것이었

---

307 이윤갑, 「우가키 가즈시계 총독의 시국인식과 농촌진흥운동의 변화」, 『대구사학』 87, 대구사학회, 2007, pp.40-42.

308 青野正明, 『帝国神道の形成』, p.325.

다. 다른 하나는 이러한 경제블럭 구축을 원활히 하고 또 일본이 열강들에 대립하는데 필요한 '황국신민정신'을 강화하여 '내선융화'를 완성해 가는 것이었다.[309]

4. 심전개발운동과 '유사종교 해산'의 연관성

우가키와 조선총독부가 국제정세의 변화에 따라 한국 사회에서 '내선융화'와 '황국신민정신' 강화를 위해 농촌진흥운동에서 특별히 역점을 둔 것이 '심전개발운동' 곧 종교부흥운동(宗敎復興運動)이었다.[310]

우가키에 의해 제창된 심전개발운동은 종교가 개인의 신앙과 수행을 중시하던 기존의 틀에서 벗어나 국가와 천황을 개인의 신앙보다 더 우위에 두며, 종교적 신행보다 '국체(國體)의 본의'를 우선적으로 대중에게 알리고 이를 실천할 수 있도록 선도(善導)하는데 노력을 경주(傾注)해야 한다는데 그 근본 방향이 있다. 곧 농촌진흥운동은 자력갱생의 물질적 측면과 심전개발운동을 통한 정신의 측면에서 민중을 조화롭게 지도하자는 것인데, 그 가운데 정신의 측면인 심전개

---

309 이윤갑, 앞의 글, pp.59-73.

310 당시 언론은 심전개발운동을 종교부흥운동이라는 관점에서 다루고 있다.(〈更に心田開発！愈よ本府学務局が乗出し宗教運動への準備〉,《京城日報》1935.1.31; 〈宗教復興의 具体化協議〉,《매일신보》1935.2.2; 〈心田開発의 大方針に則り宗教復興運動へ〉,《京城日報》1935.3.1; 〈종교부흥에 대한 一言〉,《조선중앙일보》1935.5.7; 〈심전개발로 먼저 종교부흥〉,《부산일보》1935.6.2; 〈心田啓発과 信仰向上 宗教復興에 全力傾注〉,《매일신보》1935.6.15)

발운동은 종교가 주체가 되어 대중의 정신을 황국신민정신 함양의 방향으로 인도해 가야 한다는 것이다.[311]

이러한 심전개발운동은 형식적으로는 종교부흥운동이지만 실상은 종교가 자신들의 교리나 의례보다 '국체의 본의'를 설파하는 것에 더 비중을 두게 했다. 곧 천황이 지배하는 나라(皇國)를 중심으로 하는 국체가 주(主)가 되고, 종교는 국체를 기반으로 존재해야만 하는 국가와 종교의 종속 관계가 명확해진 것이다.

심전개발운동은 1935년 1월 우가키의 훈시를 통해 본격적으로 제기되었다.[312] 당시 우가키는 불교와 유교, 기독교, 신도를 대상으로 심전개발운동을 시행하고자 했으나, 특히 그 중심에 불교를 두고자 했다.[313] 하지만 당시 조선불교계의 사찰 내 비행(非行) 문제가 제기되며, 우선 불교계의 정화 곧 〈사찰령〉과 〈경찰범처벌규칙〉에 의거한 조선 사찰의 단속 요구가 이뤄진다.[314] 조선총독부는 1935년 6월 4일

---

311 〈심전개발의 의의, 정신생활, 신앙생활으로의 향상〉,《부산일보》1935.6.20 참조.
312 김순석의 경우 심전개발운동이라는 개념이 1933년에 이미 존재했다고 주장했다.(김순석, 「1930년대 후반 조선총독부의 '심전개발운동' 전개와 조선불교계」, 『한국민족운동사연구』 25, 한국민족운동사학회, 2000, p.92) 하지만 우가키에 의해 '종교부흥운동'으로서 심전개발운동이 본격적으로 전개되기 시작한 것은 1935년 이후라고 보는 것이 타당하다고 본다.
313 당시 조선총독부가 심전개발운동의 중심에 불교를 둔 이유에 대해서는 윤기엽, 「일제강점기 조선총독부의 정신계몽운동을 통한 식민통치」, 『원불교사상과 종교문화』 86, 2020, p.423 참조.
314 〈お寺で飲酒は法度 殊に女づれの宿泊相協はず〉,《京城日報》1935.6.5; 〈心田開發에 暗影주는 郊外寺刹의 墮落相 飲酒放歌密會等이 盛行하여 總督府서 禁止通牒〉,《매일신보》1935.6.5; 〈심전개발 점점 실행에 들어가, 먼저 사찰정화부터〉,《부산일보》1935.6.11; 〈심전개발〉,《매일신보》1935.6.18; 〈도내 70의 사찰에 심전개발의 탁발, 150의 승려에게 청정으로 돌아가라고, 경남당국 정화에 착수〉,《부산일보》1935.6.19; 〈각사주지를 회합 사찰정화를 엄명 대동군의 심전개발운동〉,《매일신보》1935.7.14; 〈각지에 제창되는 심전개발운동 정화흥륭 목표로〉,

조선 사찰의 ① 경내에서 유흥(遊興), 악희(惡戲) 종류를 금함, ② 경내에서 속가속악(俗歌俗樂)을 금함, ③ 음주명정(飮酒酩酊)한 자를 경내에 들이는 것을 금함, ④ 경내에서 주류의 판매를 금함, ⑤ 그 외 사찰의 존엄을 침해하는 행위를 금함 등 사찰 정화에 관한 지시사항을 각 도 지사에 하달한다.[315] 각 도 경찰들은 실제로 각 사찰에 대한 단속을 실시하며, 당시 불교계는 이를 적극 수용해서 심전개발운동을 착실하게 실행해 간다.[316]

그리고 이렇게 심전개발운동의 시행을 준비하는 과정에서 1935년 6월, 조선총독부 학무국 사회과에서는 '종교정화'와 더불어 종교유사단체에 대한 적극적 탄압을 방침으로 하는 회의를 개최한다. 이는 1934년 5월 경무국 고등과장 회의가 열린 후 1년 만에 열린 조선총독부의 공식 회의로 주요 안건은 유사종교와 무당배에 대한 철저한 탄압에 관한 것이었다.

최근에 이르러서는 심전개발이니 종교정화이니 하는 문제가 일어나고 잇으므로 오는 십일 오전 9시부터 조선총독부 사회과에서 엄사회과장의 주재로 이들 취체에 관한 중요회의를 열기로 되엇다 한다. 이 회의에 출석할 인원은 사회과의 관계직원과 경무국의 보안과장, 경무과장, 관계 각 사무관, 계원 등과 경기도로부터서도 보안과장, 고등과장, 학무과장 등인바 중요의제는 종교의 정화운동을 일으키는 동시에 경

《매일신보》 1935.7.16; 〈심전개발 사원의 정화 드디어 실시〉,《부산일보》 1935. 8.5 등.

315 〈地獄의 靈域을 濟度 寺庵의 淨化를 嚴命〉,《京城日報》 1935.6.5.

316 임혜봉,『친일불교론(상)』민족사, 1993, pp.145-166 참조.

무국으로부터서 종교유사단체의 철저적 취체 방침을 확립하자는 것이다. 그리하야 근본적 개혁운동을 일으키는 동시에 사찰의 정화를 꾀하고 동시에 자칫하면 정치운동이나 사상운동으로 미끄러지기 쉬운 종교유사단체의 적극적 탄압과 취체를 하기로 하고 겸하야 무당배의 철저한 소탕 방침도 확립할 터이라하야 그 귀결이 극히 주목된다.[317]

종교유사단체에 대한 탄압을 안건으로 하는 회의를 학무국 사회과에서 주재했는데, 당시 종교에 대한 업무를 사회과에서 담당했다는 점에서 심전개발운동을 주도한 것 역시 사회과였다.[318] 농촌진흥운동을 전개함에 있어서도 사회교화를 위한 정신작흥(精神作興) 운동과,[319] 조선인 백의(白衣) 착용의 폐해를 주장하고 단발을 강요하는 등 당시 한국 사회에 남아있던 풍속과 관습을 구폐(舊弊)로 규정하고 폐지하는 역할 역시 사회과의 주요 업무였다.[320]

위의 회의는 심전개발운동의 본격적인 실행을 앞둔 상황에서 불교계의 정화와 더불어 유사종교에 대한 적극적 탄압과 무당에 대한 철저한 소탕의 문제가 제기된 것이며, 사회과 주도로 경무국의 협조 아래 이 문제를 해소해 가기 위한 회의였다고 생각된다. 중요한 점은 유사종교에 대해 기존과 같은 '단속'의 수준이 아니라 '철저한 단속' 또는 '적극적 탄압'의 방침을 확립한 것이라는 점에서 탄압의 수

---

317 〈종교유사단체를 엄중취체할 방침〉, 《동아일보》 1935.6.7.
318 〈심전개발공작전제로 민간측 의견청취〉, 《매일신보》 1935.7.16.
319 朝鮮總督府學務局社會課 編, 『自力更生を目指して』, 朝鮮總督府學務局社會課, 1930, pp.1-8.
320 朝鮮總督府學務局社會課 編, 『色服と斷髮』, 朝鮮總督府學務局社會課, pp.1-8.

준이 훨씬 강화될 것임을 예견하고 있다.

다만 위 기사를 통해 볼 때, 종교유사단체에 대한 탄압의 이유는 '근본적 개혁운동을 일으키는 것'에 있으며, 그와 동시에 유사종교가 정치운동이나 사상운동으로 흐를 위험성도 차단하고자 한다는 의도를 드러낸다. 곧 유사종교에 대한 '적극적인 탄압'은 그 이유가 심전개발운동을 통한 종교계의 개혁운동을 적극적으로 실행함에 있으며, 이를 통해 사상운동이나 정치운동의 발호를 차단하는 부수적인 효과도 노리겠다는 것이다.

이후 1935년 12월, 처음으로 경무국이 종교유사단체에 '총철퇴령'을 내릴 것이라는 기사가 나오고,[321] 뒤이어 1936년부터 조선총독부는 심전개발운동을 더 철저하게 이행하기 위해 그 측면 공작으로서 반드시 미신단체를 처리해야 할 방침을 다시 제시한다.

> 총독부에서는 물심(物心) 양면의 향상 즉 자력갱생(自力更生) 운동과 아울너 심전개발 운동을 역행하고 잇는데 이 운동을 명년부터 더운 철저히 하기로 되어 위선 심전개발운동에 대하야는 여러 가지 피해가 만하여오든 민심을 미혹케하는 미신단체를 철저히 취체하기로 되엿다.[322]

조선총독부에서는 민심을 현혹하는 미신단체를 '철저히 단속'하는 방침이 심전개발운동의 '측면공작(側面工作)'임을 밝힌다. 다만

---

321 〈종교유사단체에 철퇴, 필두는 보천교 소탕〉,《동아일보》1935.12.19.
322 〈心田開發側面工作으로 迷信團體撲滅爲計〉,《매일신보》1935.12.25.

제7장 '유사종교해산령'의 실체에 관하여 397

1935년 1년 동안은 심전개발운동의 실시를 위해 조선총독부와 종교계 관계자들 사이에 간담회를 개최하는 등 준비를 해 왔다면, 1936년 부터는 본격적으로 심전개발운동에 돌입하게 되는데 이 과정에서 조선총독부는 미신단체 곧 유사종교에 대한 '철저한 단속'를 거듭 확인한 것이다.

일반 민중의 정신을 작흥하고 농산어촌의 작흥을 도(圖)함에는 종교 적 신념을 함양하야 확호(確乎)한 인생관을 수립케 할 필요가 잇슴을 통감하야 우가키(宇垣)총독은 작춘(昨春) 이래 심전개발을 제창 고조하 야 왓거니와 쇼와 11년부터 이에 대한 제반시설에 일층(一層) 용력(用 力)을 하게 되엇는데 조선은 왕고(往古) 불교가 크게 은성(殷盛)하야 상 하를 통하야 민중의 신앙심 배양상 다대(多大)한 공헌을 하여 왓스나 이조중엽에 이르러 불교의 여폐(餘弊)가 각 방면에 족생(簇生)하게 됨에 정부는 이것을 광구(匡救)하기 위하야 불교에 대하야 극단의 탄압을 가 한 결과 불교는 점차 쇠미하여지고 인심은 심히 황폐하게 되엇슬뿐 아 니라 이 폐단에 승세(乘勢)하야 일면(一面) 잡다의 미신적 종교 유사의 교의가 인심을 잠독(蠶毒)하게 되엇슴으로 민중을 정도(正道)의 신앙으 로 인도하야 안심입명을 어더 생업에 충실케 하고저 총독부에서는 쇼 와 10년 1월 이래 수회에 난호어 신도(神道), 유교 기타 각종 종교 관계 자를 소집하야 의견을 교환하고 심전개발의 시설사항 안(案)에 대하야 의견을 교환하야 (후략)[323]

---

323 〈更生의 根本義는 心田開發에서부터 宗敎振興을 中心으로〉,《매일신보》1936. 1.1.

조선총독부의 방침과 더불어 당시 언론에서도 심전개발운동을 통해 종교적 신념으로 바른 인생관을 수립해야 한다는 우가키의 방침을 반복적으로 보도한다. 특히 불교가 점차 세력을 잃게 되면서 '잡다한 미신적 종교'와 '유사한 교의'가 인심에 해독을 끼쳐왔으므로, 민중을 정도(正道)의 신앙으로 인도해야 한다고 했다. 곧 미신과 유사종교에서 불교의 바른 신앙으로 전환시켜 가야 한다는 논조로 유사종교와 미신적 종교에 대한 탄압의 여론을 환기시킨 것이다. 이러한 여론의 동향과 조선총독부의 '철저한 단속'의 방향이 드디어 유사종교에 대한 본격적인 탄압을 '교단의 해산'이라는 폭력적 방식으로 드러내는 것이 곧 1936년 6월 무극도와 보천교에 대한 탄압과 해산이다.

오모토교(大本敎) 박멸을 완료한 경무당국에서는 심전개발운동의 순조로운 발전을 조장하야 종교에 명(名)을 적(籍)하야 진격한 정신운동을 저해하는 종교유사단체를 순차로 정리함이 긴요함을 인정하고 기보(旣報)한 바와 가티 금월 하순에 개최하는 각도 경찰부장 회의에 차(次)의 협의사항으로서 제안하고 각도 경찰부장의 의견을 구하야 구체안을 수립하기로 되엿는데 목하(目下) 조선 내에 잇는 종교유사단체는 경무국 보안과의 조사에 의하면 천도교, 시천교, 상제교, 보천교, 동화교 등 60단체에 달하고 그 신도 15만을 산(算)하야 기중(其中)에는 양민의 고혈을 착취하야 종교의 신앙을 오(誤)케 하는 폐해도 현저한 자 잇서 차등(此等)은 순차로 정리함과 동시에 심전개발운동의 기회를 타서 차(此)를 악용하는 제종(諸種)의 단체 등도 엄중히 감시 취

체할 의향이다.[324]

래(來) 29일부터 3일간 개최되는 각도 경찰부장회의는 다나카(田中)
경찰국장이 취임한 후 제1회의 회의인 만치 종래의 방침에 신국장 포
부를 가미하야 특색잇는 회의가 될 모양인데 그 중심 문제는 현하(現
下) 비상시국에 경찰행정의 대책을 비롯하야 외사(外事)경찰의 확충에
대한 것과 각지에서 발호하고 잇서 세도인심을 미혹하게 하고 잇는 종
교유사단체를 철저히 취체 단속할 것에 대한 것과 또는 경찰 사무를 민
활(敏活)케 하기 위하야 각도의 보고와 연락에 대한 간이화(簡易化), 경
찰관의 생활에 직접 영향이 잇는 공제조합예산(共濟組合豫算)에 관한 사
항 등을 협의하기로 되엿다.[325]

위의 두 기사는 1936년 6월 5일자《매일신보》의 2면에 나란히 게
재된 것이다. 1935년 일본에서는 제2차 오모토교(大本敎) 탄압이 있
었고, 그 영향은 국내에 있던 오모토교 관련 단체(人類愛善會)의 해산
작업이 이뤄진다. 이 작업이 종료된 후 조선총독부 경무국에서는 심
전개발운동의 순조로운 발전을 저해하는 유사종교를 순차적으로
'정리'하라는 지침을 일선 경찰서에 내렸다는 것이며,[326] 각도 경찰
부장은 이 지침을 받아 유사종교를 순차적으로 '정리'해 갈 구체 방
침을 강구하게 된다.[327]

---

324 〈『類似團體 跋扈는 心田開發運動을 妨害』〉,《매일신보》1936.6.5.
325 〈『非常警備의 擴充과 宗敎類似團體의 一掃』〉,《매일신보》1936.6.5.
326 다나카(田中)를 경무국장이 아닌 경찰국장으로 표현한 것은 단순한 오기(誤記)로
   보인다.

유사종교에 대한 해산 명령이 조선총독부 경무국에서 일선 경찰부로 직접 하달된 것임을 분명히 밝히고 있다. 이처럼 유사종교에 대한 탄압과 해산이 조선총독부의 직접적인 주도에 의해 이뤄졌다는 것은 보천교에 대한 대대적인 탄압이 있고 나서, 다나카 다케오(田中武雄) 경무국장의 인터뷰를 통해서도 알 수 있다.

> 보천교(普天敎) 검거사건에 대하야 전중(田中) 경무국장은 다음과 가티 말하엿다. 금번 보천교 검거사건의 자세한 내용은 아즉 보고를 밧지 아니하야 알 수 업스나 전 정판(井坂) 전북경찰부장과 현 실전(室田) 경찰부장에게 보천교는 불온한 사상을 가질 염려가 잇스니 잘 취체하라고 내명을 한 바 잇섯는데 금번 제1차 검색을 보게 된 것 갓다. 이번 사건의 취조 진행에 따라서는 혹시 제2차의 검색까지 잇게 될는지도 알 수 업다.[328]

다나카는 1936년 4월 23일 경무국장으로 취임했다는 점에서 유사종교에 대한 해산은 그의 첫 번째 성과였다. 다만 앞서 살펴본 바와 같이 유사종교에 대한 해산은 다나카 이전부터 심전개발운동을 적극 추진하려는 조선총독부의 방침으로 이어져 왔으며, 그것을 직접 실행에 옮겨 무극도와 보천교 등 증산계 교단에 대해 대대적인 탄

---

327 오모토교 해산이 국내 유사종교 해산에 어떤 영향을 끼쳤는지에 대해 밝히는 것은 중요한 과제다. 하지만 본고에서는 이에 대해 세밀하게 논의하지는 않을 것이다. 다만 본고의 논의 방향에서 논자의 입장을 간략히 정리하자면 시국의 변화에 따라 국가에서 '사교'를 '취체' 한다는 방향에서 그 일제의 종교탄압이라는 근본 방향의 측면에서는 일치한다고 볼 수 있다. 이에 대해서는 추후 새로운 논의를 기대한다.
328 〈普天敎 檢索에 對한 田中警務局長談〉, 《매일신보》 1936.6.11.

압과 해산을 강행한 것은 다나카 체제의 경찰이었다.

이상과 같이 유사종교에 대한 탄압은 심전개발운동을 기점으로 '단속'에서 '해산'으로 그 기조가 전환된다. 또 유사종교 해산은 심전개발운동을 담당했던 조선총독부 학무국 사회과 주도로 각도 경찰부장과 구체 방침을 협의했으며, 그 방침을 토대로 각 지역 경찰에서 자체적으로 실행해 간 것임을 확인할 수 있다.

그렇다면 조선총독부와 경찰부장 회의에서는 유사종교 해산의 방침을 어떻게 수립했으며, 실제 탄압과 해산은 어떻게 진행된 것일까? 무극도를 실례로 유사종교 해산의 실상을 알아보기로 하자.

5. 무극도의 사례로 본 '유사종교 해산'의 실상

무극도가 처음 경찰의 전면적인 수색을 통해 탄압을 받게 되는 것은 1926년 9월 15일 안동법원지청에서 정읍 태인의 무극도 본부 가택수색을 실시했던 것이다. 당시 검사와 예심판사 그리고 정읍경찰서원 십여명이 자동차 두 대로 나눠 타고 무극도 본부를 수색했지만, 도주 조철제와 중요 간부인 최창근(崔昌根) 등이 피신하는 바람에 경찰은 밤새 근처의 송림과 콩밭을 수색하는 등 엄중한 경계태세를 취했음에도 성과를 얻지 못했던 것으로 보인다. 이 사건은 이후 안동무극도장(無極道場) 조용모(趙鏞模)의 사건으로 보도되었다.[329]

---

329 〈무극도본부를 검사대가 대수색〉,《동아일보》1923.9.21.

이 사건은 1925년 4월 태인 무극도 본부에 도솔궁과 영대가 완성된 후 조철제가 '천자'로 등극할 것이라는 이른바 '조천자'의 소문이 전국으로 확대되자, 안동법원지청에서는 무극도 안동지부와 더불어 본부까지 급습하여 수색을 실시한 것이다.

결과적으로 1926년 김남수 외 5명이 강원도 삼척과 경상도 울진 등지에서 무극도에 가입하고 중앙본부 건축비 명목의 교금을 걷었다는 이유로 구속 기소되고, 또 조용모 외 2명이 천지개벽 후 천자에 등극하면 비신도는 멸망하고 신자는 행복하며 열심인 신자는 그 정도에 따라 고위 고관에 채용될 것이라는 취지의 문서를 작성하고 배포한 죄로 구속, 기소되었으나,[330] 증거불충분으로 관련자가 모두 면소(免訴)되는 선에서 마무리 된다. 일제의 탄압은 있었지만 관련자의 단속과 구속·기소라고 하는 1920년대 유사종교 탄압의 일반적인 유형이었다고 볼 수 있다.

무극도에 다시 탄압의 풍파가 몰아친 것은 1935년이었다. 이에 대해 『태극도주 조정산 전기』에서는 다음과 같이 적고 있다.

> (1935년) 12월에 조선총독이 전북지사 고원훈(高元勳)을 도주님께 보내어 친서를 전달하고 감언이설로 내선일체와 황민화정책에 동조할 것을 강요했다. 이에 대하여 도주님께서는, "이런 일은 그대가 아니고 일본 왕이 직접 와서 말한다고 해도 안 되는 일이니 총독에게 내 말을 그대로 전하라"하고 단호히 거절하셨다. 그러나 지사는 그 후에 다

---

330 안후상, 「태인 무극대도의 민족운동 연구」, 『태인 무극대도의 역사·문화적 회고 및 전망』, pp.217-218.

시 와서 비상시국을 말하며 당국의 정책에 협조할 것을 재삼 간청했지만, "나는 이미 도단을 해산하고 때를 기다리기로 결심했으니 다시는 도에 대한 일을 거론하지 말라"하고 전일보다 더욱 완강하게 거절하셨다. 지사는 결국 공문으로 그들이 말하는 '종교단체해산령'을 전하고 무극도의 해산을 통고했다.[331]

위의 내용 중 조선 총독이 당시 전북지사를 조철제에게 보내 친서를 전달했고, 도지사가 당국의 정책 협조를 위해 재삼 간청했는지 여부는 확인할 수 없다. 다만 당시 언론을 통해 보도된 무극도 관련 기사는 주로 '혹세무민'이나 '사이비종교', '유사종교'로 인식되고 있었다는 점에서 조선 총독과 전북지사가 무극도에 호의적이었다거나 일반 종교계와 동등한 대우를 했을 것이라고는 보기 힘들다.

위 내용 중 가장 주목되는 것은 도지사가 공문으로 '종교단체해산령'을 전하여 무극도의 해산을 통고했다는 부분이다. 앞서 1926년 조용모 사건 때에도 불시에 교단본부를 급습하여 가택수색을 행하고 도주 조철제 검거에 혈안이 됐던 경찰이 무극도 해산이라는 중차대한 사건에 대해 공문으로 통고했을지는 의문이다. 이는 보천교를 포함하여 당시 탄압으로 교단을 해산시켰던 경찰의 일반적인 방법과도 큰 차이를 보인다.

또한 공문으로 '종교단체해산령'을 전했다고 했는데, 앞서 살펴본

---

331 태극도 편찬원, 앞의 책, pp.60-70.

바와 같이 유사종교해산령(또는 종교단체해산령)은 공문이나 법령의 형태로 존재하지 않았다. 조선총독부와 경찰부장 회의에서 각 지역의 유사종교에 대한 철저한 단속 방침을 정함에 따라 각 지역 경찰부에서 실질적인 탄압과 해산을 가한 것일 뿐, 조선총독부에서 규정이나 공문을 통해 특정 교단의 해산을 명한 기록은 찾아볼 수 없다. 만일 '공문'에 의해 '종교단체해산령'을 내렸다면, 이는 당시 조선총독부에서 유사종교를 정식 종교단체로 인정한 것이라고 말해도 좋을 것이다.[332]

하지만 일제의 무극도에 대한 탄압과 해산 방침이 1935년 12월에 시작된 것은 사실로 볼 수 있을 것이다. 그 시작은 조철제가 '폭행사건'에 연루되어 벌금형을 받은 것이었다. 당시 주요 언론에서는 이 사건을 무극도와 조철제의 비도덕성을 드러내는 사건인 것처럼 폭로했는데, 무극도 해산과 관련한 다음 기사가 이목을 끈다.

조천자는 이번 긔회에 자긔의 난잡한 생활 이면이 세상에 알려지게 되고 또 동교의 간부 계급에서 재산을 중심으로 알륵이 심해가는 터이다. 이런 것을 피해서 그의 고향으로 돌아가리라 한다. 전북경찰부에서는 만일 경우에는 해산이라도 시키려고 조사하엿든바 교지(教旨)에는 별로 저촉되는 점이 없으므로 적극적 행동은 취하지 안흘 작정이나 동교는 이미 내부적으로 분규가 잇어 일로 와해의 길을 밟고 잇는 터이라 그때를 기다리고 잇을 터이며 앞으로도 동교를 중심으로 고소사건

---

332 고병철, 앞의 책, p.390.

이 일어나면 철저히 조사할 터이라 한다.[333]

위 내용 가운데 주목되는 점은 당시 전북경찰부에서 무극도를 해산시킬 의도에서 조사를 진행했다는 점이다. 그러나 경찰들은 당시 무극도의 교리에서 법에 저촉되는 점을 찾을 수 없었다는 점이나, 자신들이 적극적으로 교단의 해산을 위한 행동을 취하지 않아도 내분으로 와해될 조짐이 있다는 것을 기대하면서 관망적 자세로 돌아선다. 하지만 이후 재차 고소사건이 발생할 경우 교단을 강제 해산시키려는 의도를 분명하게 드러내고 있다.

당시 무극도와 조철제는 교단적으로 총력을 기울였던 안면도와 원산도 간척지를 보령군과 일본인에게 무상으로 강탈당하는 등 이미 교단 '해산'이라는 조선총독부의 칼날이 목전에 이르렀음을 인지하고 있었을 것이고, 언제 어떤 방식으로 해산되어도 이상하지 않을 상황이었다.

1930년대 중반, 오모토교 사건을 계기로 조선에서 경찰에 의해 강제적으로 교단 '해산'을 가장 먼저 경험하게 되는 것이 보천교라는 점에 이견은 없다. 하지만 위 기사를 통해 전북경찰부가 보천교보다 먼저 해산시키고자 주목하고 있던 교단이 무극도였다는 것을 알 수 있다. 그리고 이러한 움직임은 당시 무극도를 강력히 단속해야 하는 사교(邪敎) 집단으로 몰고 가려는 언론의 보도를 통해서도 드러난다. 조선총독부 기관지 성격의《매일신보》에서는 1936년 1월 26일

---

333 〈愛慾과 物慾의 生活로 瓦解될 無極大道敎〉,《동아일보》1936.1.16.

부터 2월 14일까지 〈소위무극도요괴상(所謂無極道妖怪相)〉이라는 제목으로 총 11회에 걸쳐 무극도의 부정적 이미지를 대대적으로 보도한 것이다.[334] 당시 유사종교를 대표하는 교단으로 지목되던 보천교도 이런 연속 보도처럼 언론에 의해 탄압을 당한 사례는 없었다. 무극도 해산을 향한 조선총독부와 언론의 탄압이 점점 포위망을 좁혀오면서 강화되는 형국이었다.

하지만 전북경찰이 실질적으로 교단 해산을 단행한 것은 보천교로, 그 시작은 1936년 6월 11일 탄압이었다. 5월 30일 차경석의 사망 이후 불과 10일이 지난 시점에 보천교에 대대적인 탄압을 가한 경찰은 다음 순서로 무극도, 증산교, 동화교 등에 탄압을 가할 의향을 보인다. 그리고 6월 16일 오전 11시경 도주 조철제를 정읍경찰서에 호출하여 포교, 성금, 집회를 폐지함과 동시에 그의 단발을 명령한다.[335]

이어 6월 23일 안동경찰부에서는 안동에 소재한 경북무극대도교 선정부(慶北無極大道敎宣正府)의 집회 금지를 명하는 등 지역에 소재한 무극도 지부의 해산으로 점차 탄압의 범위가 확장된다. 언론의 보도

---

334 〈所謂無極道極惡相(1)〉,《매일신보》1936.1.26; 〈所謂無極道妖怪相(2)〉,《매일신보》1936.1.31; 〈所謂無極道妖怪相(4)〉,《매일신보》1936.2.5; 〈所謂無極道妖怪相(5)〉,《매일신보》1936.2.6; 〈所謂無極道妖怪相6)〉,《매일신보》1936.2.7; 〈所謂無極道妖怪相(8)〉,《매일신보》1936.2.9; 〈所謂無極道妖怪相(9)〉,《매일신보》1936.2.11; 〈所謂無極道妖怪相(11)〉,《매일신보》1936.2.14 총 11회 연재로 나오는데, 3회는 신문에 실린 적이 없고, 7회와 10회의 경우 한국역사정보통합시스템(http://www.koreanhistory.or.kr/)에서 내용이 확인되지 않는다. 경인문화사의 영인본《매일신보》에는 1936년 2월 8일~5월 5일 사이가 누락되어 있어 해당 내용을 확인할 수 없었다.

335 〈無極道에도 鐵鎚〉,《매일신보》1936.6.18.

를 통해 볼 때 적어도 이 시점에 무극도의 해산은 거의 완료된 것으로 볼 수 있다. 다만 이런 탄압이 조선총독부의 명령에 따라 일괄적이고 일사불란하게 추진된 것은 아니며, 각 지역 경찰에 의해 상당한 시간을 두고 산발적으로 일어난다. 또한 지하로 숨어든 교도들에 의해 교단을 재건하려는 움직임도 꾸준히 발생하는 것을 확인할 수 있다.[336]

당시 경찰 측에서는 자신들이 강하게 탄압을 가하는 교단에 자발적 해산을 명함과 동시에 이들이 스스로 해산하지 않을 수 없도록 궁지로 몰아넣는 전략을 구사한다. 그것은 경찰이 조철제를 호출하여 명령한 바와 같이 첫째, 모든 포교 활동을 금지하는 것이며(布敎禁止), 둘째 일체의 집회를 금지하는 것이며(集會禁止), 셋째 어떤 형태로든 교도에 의한 기부행위를 금지(收金禁止)하는 것이었다.

집회(集會), 수금(收金), 포교(布敎)는 당시 종교활동의 기본이었다. 경찰이 이 세 가지 행위를 엄격하게 금지시켰다는 것은 유사종교를 종교단체로 인정하지 않겠다는 입장을 분명하게 드러내는 것이라고 볼 수 있다. 이 가운데 특히 수금의 금지는 결국 교단 구성원의 생활을 빈궁하게 함으로써 조직의 체제가 붕괴할 수밖에 없도록 하는 방식이었다. 1934년 경찰부장 회의 이후 경찰이 유사종교를 해산시키기 위해 오랜 시간 연구해 온 '철저한 단속'의 전모가 무극도 해산

---

336 예를 들면 보천교의 경우 1936년 해산 이후 그 잔당으로 분류되는 교단들이 새로운 교단 재건을 위해 암약하다 검거되는 사건은 1940년까지 지속된다. 〈邪敎普天敎再建の恐るべき陰謀暴露〉, 《大阪朝日新聞 朝鮮版》 1938.6.16; 〈보천교 잔당 영암서 취조단락〉, 《매일신보》 1939.5.18; 〈보천교의 재건사건 황극교 공판회부〉, 《매일신보》 1940.6.5.

과정에서 여실히 드러나며, 이 방식은 보천교 외 많은 교단들의 탄압과 해산에 확대 적용되어 간다.

그렇다면 경찰이 이렇게 교단을 해산시켜서 얻고자 했던 결과는 무엇일까? 그것은 유사종교에 속해 있던 교도들의 탈교(脫敎)와 전교(轉敎), 또는 개종(改宗)이었다. 예를 들면 "종교유사단체가 만흔 충남도에서는 보천교를 탄압 해산시키는데 자극되어 전전긍긍하는 중 스스로 내용을 고치어 불교(佛敎)화 하는 교도 잇다 하며 당국에서는 공안에 피해가 잇는 외에는 선도할 방침으로 점차 전향을 시키는 중"[337]이라는 보도를 통해 알 수 있듯이, 당시 조선총독부의 유사종교 탄압과 해산 방침이 '심전개발운동'을 통한 '종교부흥운동'에 있었다. 따라서 경찰이 원하는 결과는 유사종교에 사로잡혀 있던 민중들이 그 굴레를 벗어나 바른 종교의 신앙을 통해 '국체의 본의'인 '황국신민정신'을 확립하도록 적극 조력하는데 있었다.

당시 언론들도 무극도와 보천교 탄압을 '사교탄압(邪敎彈壓)'으로 보도하면서 "조선 내의 사교단체도 일체 철퇴를 가하야 혹세무민하는 무리를 근절하야 심전개발에 명랑화를 철저하긔 하리라"[338]라거나, "심전개발(心田開發) 운동에 장해가 심한 바가 잇서 경무국에서는 사교(邪敎) 단체의 탄압을 철저히 하고 잇는 중"[339]이라는 등 유사종교 교단의 해산을 심전개발운동의 원활한 진행과 연계하는 기사와 더불어 유사종교에 몸담았던 이들의 탈교가 줄을 잇고 있다고 보도

---

337 〈보천교 강압에 자극, 유사교 등 전전긍긍〉,《동아일보》1936.7.10.
338 〈전북경찰부 俄然活動 보천교 全幅的 檢索〉,《매일신보》1936.6.11.
339 〈秋風落寞, 普天敎 殘黨 最後의 哀願泣訴〉,《매일신보》1936.6.28.

한다.

이렇게 탈교를 주장했지만 사실 무극도의 교도들은 지하로 잠입하여 신앙 활동을 이어가고, 보천교의 경우도 여러 분파로 나뉜 후 지하로 숨어들어 교단 재건을 위해 움직여 간다. 오히려 경찰에서는 유사종교의 강제해산으로 교도들이 지하로 숨어든 후, 유사종교의 실상조차 파악할 수 없게 된다.[340]

따라서 당시 언론에 보도된 교도들의 '탈교'가 경찰이 원하는 기성종교로의 '개종'을 의미하는 것은 아니었고, 또 실제로 '개종'한 사람도 많지 않았던 것으로 보인다. 경찰이 유사종교 해산을 통해 얻고자 한 결과가 '탈교'와 '개종'이었다면, 이러한 탄압이 심전개발운동의 향상에 끼친 영향은 실로 미미했다고 말할 수 있을 것이다.

6. 나가는 말

이상 살펴본 바와 같이 '유사종교해산령'은 법령으로서 실제로 존재했던 것은 아니며, 또 유사종교에 대한 해산이 이뤄지는 과정을 통해 볼 때 조선총독부 학무국 사회과와 각도 경찰부장이 회의를 통해 이를 기획하고, 일선 경찰에서 자체적으로 각 교단에 대한 해산을 실행했다는 것을 확인했다.

특히 조선총독부가 유사종교의 해산을 단행한 것은 종교부흥운동

---

340 「思想犯罪から観た最近の朝鮮在来類似宗教」『사상휘보』 제22호, 1940, p.19.

을 통한 심전개발운동이라는 명목을 전면에 내 걸었다. 이는 당시 종교를 통해 한국인의 정신을 교육하여 '황국신민정신'을 양성하며, 이를 통해 '내선융화'를 완성해 가려는 조선총독부의 의지가 깊이 반영되어 있었다.

이러한 점에서 본다면 결국 유사종교에 대한 해산이 식민지 조선에서 포교 활동을 전개하는 모든 종교를 '국체명징'이라는 이름 아래 일괄적으로 통제하려는 조선총독부의 전략적 의도에서 이뤄진 것임을 알 수 있다. 나아가 '황국신민정신'의 고취를 통한 '일선융화'라는 우가키의 시정(施政) 지침은 한국인을 황국의 충량한 신민으로 만들기 위한 방침에서 추진된 것이므로, 민족종교 또는 민족운동이나 민족정신을 지닌 단체를 원천적으로 배제하는 것을 전제로 한다는 점에서 유사종교 탄압을 곧 민족종교에 대한 탄압이라는 관점에서 바라보는 것도 가능할 것이다. 국체명징과 황국신민정신의 배양이라는 조선총독부의 고정된 틀에서 본다면 한국의 민족적인 요소가 농후한 전통문화나 토착적 신앙을 기반으로 형성된 유사종교와 무속 등은 모두 미신사교에 불과하기 때문이다.

이렇게 이미 국가에 의해 공인된 종교도 '국체명징'의 울타리 안에서는 종속적 관계가 명확해지는 시국에 비공인단체인 유사종교가 공공연하게 생존할 수 있는 방법은 기성종교와 동일하게 국체를 수용하고 충량한 신민으로서 '심전개발운동'에 적극 동참하고 이를 널리 선포하는 자세를 취하지 않으면 안 되었을 것이다. 그것이 아니면 무극도나 보천교처럼 교단을 해산당하고 지하로 들어가 암암리에 신앙을 유지하는 길 외에 다른 방도는 없었다. 1935년부터 일제가 패망하는 1945년까지 10여년의 시간은 해산당한 교단에 있어서도, 현실적으로 교단을 유지했던 유사종교 교단에 있어서도, 또 기성종교에 있어서도 국가에 의해 종교와 신앙이 철저하게 통제되고 짓밟힌 암울한 시기였던 것이다.

한편, 무극도의 경우 1936년 정읍 본부가 해체된 후, 교단이 완전히 해산된 것처럼 보이나 실제로는 본부 해산 이후에도 각 지방에서는 일부 교도들이 활동을 지속하고 있었던 것으로 확인된다.[341] 곧 무극도는 1936년 교단 본부가 해체됨으로써 표면적으로 교단이 완전히 해산된 것으로 언론에 보도되었으나, 경찰의 유사종교 탄압과 해산이 각 지역 경찰에 의해 이뤄졌다는 점에서 일부 지역의 지부들이 활동을 지속했을 가능성도 있다.

따라서 대순진리회에서 1941년 일제가 강화된 〈치안유지법〉에 의해 무극도가 완전히 해산되었다는 주장도 그 가능성을 열어두고 생각해 볼 필요가 있다. 이 문제와 더불어 1937년 중일전쟁 발발과 1939년 4월 일본에서 〈종교단체법〉의 제정·공포, 그리고 1941년 〈치안유지법〉 개정 등의 과정을 거치면서 일제의 유사종교에 대한 탄압의 강도는 더욱 거세진다는 점을 염두에 두면서 무극도와 보천교 이후 유사종교에 대한 탄압의 양상을 좀 더 세밀하게 연구해 갈 필요가 있다. 이는 추후 연구 과제로 남긴다.

---

341 〈(心田開発実を結ぶ)類似宗教の没落〉,《京城日報》1937.3.27에 보면 경상북도 지역의 무극도 교도는 682명의 탈교자가 있었으나 여전히 10여명이 활동하고 있었던 것으로 나타나고 있다.

종장(終章)

근대 유사종교라는 용어가 부정적인 의미로 사용되었다는 것은 종교학계를 포함하여 역사나 철학 연구자들도 일반적으로 인식해 온 사항이라는 점에서 특이할 것이 없었다. 하지만 정작 이 용어가 어떻게 발생하였으며, 또 어떠한 사회적 환경을 거치면서 용어의 의미가 변화해 왔는지에 대한 관심은 그다지 크지 않았다. 본 저술의 서장에서도 밝힌 바와 같이 이미 역사의 뒤안길로 사라진 이 용어가 그렇게 큰 관심을 끌어야 할 이유를 찾기는 쉽지 않았기 때문이다.

하지만 근대에 탄생한 종교로서 현존하는 대부분 교단은 유사종교의 굴레에서 단속과 탄압의 역사를 견뎌왔다. 그리고 그 근대에서 형성된 종교성이 현재로 이어지고 있다. 따라서 이들의 종교적 정체성이나 혹은 제도, 문화 등에는 근대적 요인이 상당히 남아있다는 것도 분명한 사실이다. 물론 그 가운데에는 유사종교에 대한 단속과 탄압의 트라우마가 그들의 종교적 심리에 깊이 내재해 있는 경우도 있을 것이다.

예를 들면 원불교에서는 외형적으로 규정된 교단의 법규보다도 더 강한 금기처럼 인식되는 것이 남녀 간의 문제와 금전적인 문제다. 이는 언뜻 보면 원불교인이 겸비해야 할 도덕적인 성품에 위반되지 않을 것을 중시하는 것 같다. 하지만 이러한 인식의 근원에는 일제 강점기 경찰이 유사종교를 단속하는 가운데 남녀문제와 금전 문제에 가장 예민하게 반응했다고 하는 역사적 경험이 있었다. 과거 탄압의 역사를 겪으면서 체득한 경험이 현재까지도 그들의 내면을 통해 이어지고 있는 것이다.

이와 같이 우리가 살아가는 현재의 가치 가운데 아주 큰 부분을 차지하고 있는 것들이 근대라는 시공간을 통해 창출된다. 따라서 근대를 이해하고 그 변화와 연속의 과정을 이해하면서 현실을 파악해 가는 것은 매우 중요한 작업이다.

특히 한국 근대종교의 정체성을 논할 때, 일제강점기와 그 이후를 구분하는 작업은 특히 중요하다고 생각한다. 기존 한국의 신종교 연구자들의 기본 시각은 항일과 반일의 민족주의 이데올로기를 근간으로 근대종교 연구에 매진하였으며, 이러한 근대적 종교성이 현재까지 일관된다는 상상 속에서 한국 신종교의 종교적 정체성을 범주화한 경향이 있다. 물론 이러한 문제의식이 잘못된 것은 아니다. 분명히 근대 한국의 종교들은 일제의 탄압과 폭력 속에서 생존 그 자체를 고민해야 하는 처지에 있었던 것이다.

그렇지만 현재 한국 신종교가 살아가는 터전의 많은 부분이 사실은 근대라는 시기를 통해 형성해 온 것이라는 점 또한 피할 수 없는 사실이다. 일제의 탄압을 받았다고는 하지만 그들이 정한 종교정책의 굴레에서 제도와 조직을 정비했고, 또 근대적 교리 체제를 형성해 왔다. 또한 표면적으로 드러나지는 않지만, 근대를 통해 한국 사회에 존재했던 다른 종교의 교리 사상에서 영감을 받은 사례도 적지 않을 것이다.

그러므로 근대는 결코 피할 수 있거나 피해야 하는 대상이 아니라 마주하고 관조하는 과정을 통해 초극해 가야 할 대상이라고 생각한다. 다만 그 마주하고 관조하는 방식을 어떻게 추구해 갈 것인지가 현재 우리의 당면한 과제라고 생각한다.

본 저술에서 처음 구상한 것은 근대를 통해 성립하고 변화해 가는

'유사종교'라는 용어의 실상을 파악하는 것이었다. 그리고 이 작업을 통해 확인하고자 했던 바는 이 용어가 지닌 부정성의 근간이 무엇이었으며 그것이 어떠한 재해석의 과정을 거치면서 대중의 뇌리에 각인되어 갔는지를 확인하고자 했다. 사실상 우리가 인식하는 근대를 통해 형성된 '유사종교'라는 이미지를 복원해 보고자 했던 것이라고도 말할 수 있다.

그러한 점에서 본다면 이 저술이 적어도 방향성을 잃은 것은 아니라고 생각된다. 하지만 논의의 전개가 지속될수록 문제의 해결보다는 해결되지 않는 문제가 더 많다는 점에서 논의를 새로운 방향으로 전환해 가는데 어려움을 겪었다. 또한 연구를 지속할수록 근대종교 연구에 대한 개인적 지식과 소양의 부족에 한계를 느꼈으며, 한편으로는 한국과 일본의 근대종교 연구에 대한 기반을 더 확장해 가야 할 것이라는 점에서 새로운 연구의 필요성도 알게 되었다.

이처럼 연구 역량이 부족한 필자가 근대 유사종교 연구를 진행했다는 점에서 많은 석학 원로나 주변의 종교 관련 전문 연구자들이 저술의 부족함을 비판하고 지적할 것으로 예상된다. 그중에서도 가장 큰 비판은 아마도 연구가 근대 전반으로 완결되지 못하고 1930년대 중반에서 그친 점에서 나오지 않을까 조심스럽게 생각해 본다.

식민지 조선과 일본에서는 1930년대 중반 이후 유사종교에 대한 대대적인 탄압과 교단 해체를 감행하였다. 따라서 이 시기를 통해 유사종교에 대한 인식의 변화가 어떻게 표출되는지를 검토하는 것이 중요한 과제가 될 것이지만, 여러 여건상 연구를 확대하지 못하고 1930년대 중반으로 매듭을 짓고 말았다. 아울러 1935년 발행된 『조선의 유사종교』를 다루지 않은 것을 문제로 제기하는 사람도 있을 것이다. 이에 대해서는 비판을 달게 받으며, 추후 기회를 만들어서라도 근대 전체를 통한 유사종교 연구를 완성하고자 한다.

한편으로는 본 저술을 집필하면서 내용으로 담고 싶었으나 연구를 확대하지 못했던 부분에 대해 몇 가지 정리해 두는 것으로 아쉬움을 달래고 싶다. 그중에서도 가장 오래도록 화두로 남는 것이 있다면, 첫째 근대 유사종교에 대한 관료, 정치인, 의학자, 종교인, 사회주의자 등에 의해 인식되어 온 유사종교의 개념이 아니라, 실제 유사종교로 지목되었던 교단의 지도자나 구성원들이 이 용어를 어떻게 수용하거나 혹은 거부해 갔는지에 대한 부분이다.

본 저술에서도 제6장에서 천도교와 오모토교를 통해 이에 대한 단편적 사례를 살펴보기는 했지만, 사회 전반에 팽배한 유사종교의 부정성에 대해 그 실제 대상으로 지목되었던 교단들의 인식과 대응은 과연 어떻게 전개되는지 그 실상을 파악해 보는 것도 매우 중요한 과제라고 생각했다. 왜냐하면 사회에서 형성된 부정성의 인식이 칼날이 되어 자신들을 겨냥할 때, 이들은 과연 어떠한 교리적 해석으로 이를 마주할 것이며, 또한 어떠한 교단적 대응으로 그 예봉을 넘어서려 하는지 등을 파악하는 것이야말로 근대 신종교의 종교 정체성의 본질을 이해해 가는 중요한 척도가 된다고 생각하기 때문이다.

둘째는 식민지 조선과 일본의 인식 교류가 어떠한 양태로 정착하고 확장되는지에 대한 세부적인 검토를 어떻게 확장해 갈 것인가 하는 부분이었다. 물론 하나의 용어가 두 국가 사이를 오가면서 '정착'되고 '확장'된다는 것을 어떠한 기준으로 정리할 것인지는 연구자마다 다르겠지만, 적어도 유사종교라는 용어가 대중 사이로 확장되어 갈 때, 그 의미가 어떻게 재해석되고 재정의되며 새로운 인식의 형성으로 이어지는지에 대해 검토해 보고 싶었으나, 필자의 연구 역량이 그에 미치지 못하는 관계로 하나의 화두로만 남겨두었다.

셋째는 본문에서도 다룬 바 있지만, 한국과 일본 유사종교의 상호 영향 관계에 대한 부분이다. 다만 이 문제는 실제 종교 간 왕래나 교류가 있었는지 자료를 통해 실증적으로 분석하기가 쉽지 않다.

다만 패전 후 일본 사회에서 등장한 '지우교'의 세기말적 구원론이 근대 조선에서 제기된 유형과 매우 흡사하다는 점은 이들이 직접 교류를 하지는 않았더라도 어떠한 유형으로든 영향을 받았을 것으로 추측된다.

따라서 사료를 넘어 교리 사상이나 의례 등 내용적인 측면에서 한국과 일본의 종교 사이에 영향 관계의 흔적을 찾아보면서 그로부터 이들의 영향 관계를 추적해 가는 것도 매우 흥미로운 작업이 될 것이다.

이것뿐만 아니라 저술 과정에서는 더 많은 의문과 과제들이 머릿속에 떠올랐지만, 그것들을 전부 정리해 두지는 못하였다. 이에 대해서는 선진 제학(諸學)과 독자들께서 지적하고 또 새로운 과제로 삼아서 연구를 진행해 주시기를 희망할 따름이다. 이러한 감상을 뒤로하고 이상으로 근대 동아시아 '유사종교'의 용어 성립과 그 의미 변천의 역사에 대한 대략적인 고찰을 마친다.

참고문헌

신문류 및 사전류

《京城日報》
《東京日日新聞》
《동아일보》
《부산일보》
《朝鮮新聞》
《조선중앙일보》
《中外日報》
《正敎新報》
《독립신문》
『한국민족문화대백과사전』

단행본류

고병철,『일제하 종교 법규와 정책, 그리고 대응』, 박문사, 2019.
노길명 외 저,『한국민족종교운동사』, 한국민족종교운동사, 2003.
성주현,『식민지시기 종교와 민족운동』, 선인, 2013.
윤영실,『육당 최남선과 식민지 민족사상』, 아연출판부, 2018.
윤이흠,『한국종교연구』권1, 집문당, 1986.
윤해동 · 이소마에 준이치,『종교와 식민지 근대』, 서울 : 책과함께, 2013.
이경원,『한국신종교와 대순사상』, 도서출판문사철, 2011.
이소마에 준이치 지음 · 제점숙 옮김,『근대 일본의 종교 담론과 계보』, 논형,
    2016.
임혜봉,『친일불교론(상)』, 민족사, 1993.
장병길 · 류병덕 외 공저,『한국 신흥 및 유사종교실태조사보고서』, 문화공보
    부, 1970.
전복희,『사회진화론과 국가사상 : 구한말을 중심으로』, 파주 : 도서출판 한울,
    1996.

조성운, 『민족종교의 두 얼굴－동학·천도교의 저항과 협력』, 서울 : 선인, 2015.

ソヴエート科學研究會 譯編, 『マルクス主義の旗の下に 1』, プロレタリア科學研究所, 1930.

改造社 編, 『日本地理大系 朝鮮篇』, 改造社, 1930.

高田保馬, 『社會學概論』, 岩波書店, 1922.

_____, 『社會學原理』, 岩波書店, 1919.

高津正道, 『搾取に耽る人々』, 大鳳閣書房, 1931.

宮本隆範 編, 『新義眞言宗智山派宗規類纂』, 智嶺新報社, 1916.

宮城県庶務課 編, 『法令類纂 明治19年3月~12月分』, 宮城県庶務課, 1886.

貴族院事務局 編, 『貴族院議事速記録 第14回』, 貴族院事務局, 1899.

吉田龍英 編, 『佛教年鑑 昭和9年版』, 佛教年鑑社, 1933.

吉川文太郎, 『朝鮮の宗教』, 朝鮮印刷株式会社, 1921.

内村鑑三, 『小憤慨録 下』, 少年園営業部, 1898.

年史刊行會編輯部, 『昭和五年史』, 年史刊行會, 1931.

大島豊, 『哲学の使命』, 第一書房, 1935.

大蔵省印刷局 編, 『官報 1896年10月22日』, 日本マイクロ写真, 1896.

大沢竜太郎, 『対清策』, 大沢竜太郎, 1894.

大阪朝日新聞社 編, 『朝日年鑑 大正16年』, 朝日新聞社, 1926.

徳富猪一郎, 『支那漫遊記』, 民友社, 1918.

東京日日新聞社 編, 『果して怪教か?類似宗教の解剖』, 東京日日新聞社, 1935.

東方書院 編, 『日本宗教大講座』第二, 東方書院, 1927.

藤田香陽, 『神道各教派の表裏』, 下村書房, 1919.

林達夫, 『歴史の暮方』, 筑摩書房, 1946.

毎日新聞社 編, 『毎日年鑑 1947』, 毎日新聞社, 1947.

朴海仙, 『植民地朝鮮の豫言と民衆宗教』, 法藏館, 2024.

白揚社 編, 『歴史科学』, 白揚社, 1935.

並木清哉, 『宗教復興時代の日本 : ソヴエートでは宗教は死しつゝある』, 普及社, 1935.

報知新聞社 編, 『報知年鑑 大正16年』, 報知新聞社, 1926.

北島葭江, 『明治太平記』, 東京 : 修文館, 1913.

北峯順修, 「宗教省設立の議」, 『日本及日本人』103, 政教社, 1926.

司法省調査課 編, 『報告書集』2(『司法研究』第17輯, 司法省調査課, 1933.03.)

社会教育協会調査部, 『宗教類似団体調査』, 財団法人社会教育協会, 1926.

山口豊正,『朝鮮の研究』, 巌松堂, 1911.

山口輝臣,『明治国家と宗教』, 東京大学出版会, 1999.

山道襄一,『朝鮮半島』, 日韓書房, 1911.

森本藤吉,『大東合邦論』, 森本藤吉, 1893.

桑原隲蔵,『中等東洋史 下巻』, 大日本図書, 1898.

西脇勝,『庭の落葉』, 西脇勝, 1936.

石川文化懇話会 編,『文華』14, 北国毎日新聞社, 1947.

細井肇,『鮮満の経営 : 朝鮮問題の根本解決』, 自由討究社, 1920.

小口偉一,『日本宗教の社会的性格』, 東京大学出版会, 1953.

小林鶯里,『明治文明史』, 東京 : 富田文陽堂, 1915.

松村介石,『道会の主張』, 天心社, 1912.

阿部真之助,『現代世相読本』, 東京日日新聞発行所, 1937.

児玉九一・有光次郎,『神社行政 宗教行政』(自治行政叢書 第1巻), 常磐書房,
　　　　1934.

愛知興信所 編,『愛知県会社要録』, 愛知興信所, 1933.

野村瑞城,『療病と迷信』, 人文書院, 1929.

永井勝三,『北鮮間島史』, 会寧印刷所, 1925.

永井亨,『日本の国民に関する考察・日本の国体に関する観念』, 天理教道友
　　　　社, 1927.

友松円諦,『宗教読本』, 日本評論社, 1934.

牛台山人(鈴木純一郎),『日清韓対戦実記』, 東生書館, 1894.

越智道順,『「宗教復興論」概観 : 附・「宗教復興論」文献』(仏教法政経済研究所
　　　　モノグラフィー 第10輯), 仏教法政経済研究所, 1934.

有光次郎 著,『宗教行政』, 常磐書房, 1934.

尹健次,『「在日」を生きるとは』, 岩波書店, 1992.

日本大学総務部大学史編纂課 編,『日本大学史紀要』1, 日本大学総務部, 1995.

姉崎正治,『已弁集』, 大東出版社, 1934.

姉崎正治,『宗教学概論』, 東京専門学校出版部, 1900.

長沼美香子,『訳された近代―文部省『百科全書』の翻訳学』, 法政大學出版局,
　　　　2017.

田口芳五郎,『カトリック教の勉強へ』, カトリック中央出版部, 1935.

田中武雄,『朝鮮事情』, 警察協会福岡支部, 1925.

田中富士子,『真宗教の門』, 真世界社, 1951.

井上順孝 外 編,『新宗教事典』, 弘文堂, 1990.

_____, 『教派神道の形成』, 弘文堂, 1991.

井上円了, 『欧米各国政教日記』, 哲学書院, 1889.

朝鮮總督府 編, 『朝鮮總督府施政年報 自大正7年度至大正9年度』, 1922.

_____ 編, 『朝鮮総督府統計年報 大正4年度』, 朝鮮総督府, 1917.

_____ 編, 『最近朝鮮事情要覧 大正10年』, 朝鮮総督府, 1920.

_____ 編, 『朝鮮の犯罪と環境』, 朝鮮總督府, 1928.

朝鮮総督府警務局 編, 『高等警察関係年表』, 巌南堂, 1920.

_____ 編, 『大正十一年 朝鮮治安状況 其ノ一〈鮮内〉』, 조선총독부, 1922.

朝鮮總督府學務局社會課 編, 『自力更生を目指して』, 朝鮮總督府學務局社會課, 1930.

朝鮮憲兵隊司令部 編, 『朝鮮憲兵ノ起源及沿革概要』, 朝鮮憲兵隊司令部, 1924.

宗教時報社 編, 『今般新に発表された宗教法案』, 宗教時報社, 1926.

宗教行政研究會編, 『宗教法令類纂』, 宗教行政研究會, 1924.

中島義一, 『自由教育の諸問題 : 自由教育批評論判』, 東京宝文館, 1924.

中村古峡, 『大本教の解剖 : 學理的嚴正批判』, 日本精神医学会, 1920.

池田昭, 『御木徳近 : PL教団』, 新人物往来社, 1971.

清水梁山 述, 『日韓合邦と日蓮聖人』, 唯一佛教団, 1910.

青野正明, 『植民地朝鮮の民族宗教 : 国家神道体制下の「類似宗教」論』, 法藏館, 2018.

青野正明, 『帝国神道の形成』, 岩波書店, 2015.

清原貞雄, 『明治時代思想史』, 大鐙閣, 1921.

村山智順, 『朝鮮の類似宗教』, 朝鮮総督府, 1935.

崔南善, 『不咸文化論』, 朝鮮思想通信社, 1927.

椎尾辨匡・長井眞琴・加藤咄堂 監修, 『綜合布教大辭典』, 大東出版社, 1934.

秋澤修二・永田廣志, 『現代宗教批判講話』, 白揚社, 1935.

出口王仁三郎, 『八面鋒』, 大日本修斎会, 1920.

坪谷善四郎, 『通俗明治歴史』, 東京 : 博文館, 1898.

下間空教 編『現行宗教法令』仏教連合会, 1916.

河野宇三郎, 『三教統一論』, 博文館, 1911.

下村壽一 述, 『宗教法案に就て』, 佛教聯合會, 1926.

韓国駐箚憲兵隊司令部 編『韓國社會略説』, 韓国駐箚憲兵隊司令部, 1910.

戸坂潤, 『日本イデオロギー論 : 現代日本に於ける日本主義・フアッシズム・自由主義・思想の批判』, 白揚社, 1935.

樺山寬二,『大本敎の正體と檢擧の眞相』, 小冊子書林, 1936.
花田凌雲,『宗敎法案釋義』, 文化時報社, 1927.

논문류

강돈구, 「한국근대종교운동과 민족주의의 관계에 대한 연구」, 『한국종교연구회회보』 2-1, 한국종교문화연구소, 1990.

고성훈, 「정조년간 삼수부 역모사건의 추이와 성격」, 『사학연구』 90, 한국사학회, 2008.

_____, 「조선후기 민중사상과 정감록의 기능」, 『역사민족학』 47, 한국역사민족학회, 2015.

권동우, 「신도의 조선 유입에 관한 재검토 – 교파신도의 조선포교를 중심으로」, 『원불교사상과 종교문화』 76, 원광대 원불교사상연구원, 2018.

_____, 「교파신도의 조선포교로 보는 근대신도(近代神道)의 이중성」, 『종교연구』 80-1, 2020.

_____, 「'유사종교해산령'의 실체에 관한 연구 – '무극도' 사례를 중심으로」, 『한국학』 44-4, 한국학중앙연구원, 2021.

_____, 「통감부시기, 신습교의 한국포교 양상 연구」, 『한국학』 45-2, 한국학중앙연구원, 2022.

김순석, 「1930년대 후반 조선총독부의 '심전개발운동' 전개와 조선불교계」, 『한국민족운동사연구』 25, 한국민족운동사학회, 2000.

김철수, 「민족종교의 항일운동 – 보천교의 '숨겨진 역사」, 『유라시아문화』 2, 한국유라시아연구원, 2020.

_____, 「일제시대 민족종교의 조직구성과 근대성」, 『선도문화』 30, 선도문화연구원, 2021.

김덕, 「무극대도의 예언사상과 특성」, 『태인 무극대도의 역사·문화적 회고 및 전망』, 사단법인 정읍역사문화연구소·러시아아그로상생연구소, 2019.

류병덕, 「한국 신흥종교의 유사종교 규정에 관한 연구」, 『원광대학교논문집』 4, 원광대학교, 1969.

문상희, 「한국의 신흥종교」, 『한국종교』, 원광대 종교문제연구소, 1973.

박광수, 「일제강점기(1910~1945) 조선총독부의 종교정책과 한국사회 종교지형의 변화」, 『한국신종교의 사회운동사적 조명』, 집문당, 2017.

_____·조성환, 「근대 일본의 '종교'개념과 종교의 도구화」, 『신종교연구』 34, 한국신종교학회, 2016.

박상현, 「호소이 하지메의 일본어 번역본『장화홍련전』연구」, 『일본문화연구』 37, 동아시아일본학회, 2011.

박인규, 「일제강점기 증산계 종교운동의 연구-차월곡의 보천교와 조정산의 무극도를 중심으로-」, 서울대학교 박사학위 논문, 2019.

성주현, 「1920년대 초 태을교인의 민족운동」, 『한국민족운동사연구』 29, 한국 민족운동사학회, 2001.

_____, 「일제강점기 민족종교의 비밀결사와 독립운동자금 모금운동」, 『한국 민족운동사연구』 56, 2008.

신연재, 「스펜서의 사회진화론과 자유주의」, 『국제정치총론』 제34권 1호, 1994.

안후상, 「식민지 시기 보천교의 '공개'와 공개배경」, 『신종교연구』 26, 한국신 종교학회, 2012.

윤기엽, 「일제강점기 조선총독부의 정신계몽운동을 통한 식민통치」, 『원불교 사상과 종교문화』 86, 원광대 원불교사상연구원, 2020.

윤승용, 「동아시아 종교의 근대화과 그 한계-동아시아의 민중종교를 중심으 로」, 『한국종교』 43, 원광대 종교문제연구소, 2008.

윤이흠, 「한국민족종교의 역사적 실체」, 『한국종교』 22, 원광대 종교문제연구 소, 1988.

_____, 「한국민족종교의 역사적 실체」, 『한국종교』 23, 원광대 종교문제연구 소, 1998.

李覺鍾, 「朝鮮の迷信と鷄龍山」, 『朝鮮』 112호, 조선총독부, 1924.

이강오, 「보천교」, 『논문집』, 전북대학교, 1966.

이경원, 「한국 근대증산교단의 민중·민족운동」 『원불교사상과 종교문화』 52, 원광대 원불교사상연구원, 2012.

_____, 「한국민족종교의 특성과 대순사상」, 『신종교연구』 18, 2008.

이돈화, 「최근 朝鮮에서 起하는 各種의 新現象」, 『개벽』 1호, 천도교청년회, 1920.

이윤갑, 「우가키 가즈시게 총독의 시국인식과 농촌진흥운동의 변화」, 『대구사 학』 87, 대구사학회, 2007.

이현택, 「증산교」, 『한국종교』 8, 원광대 종교문제연구소, 1983.

장병길, 「변모하는 부락사회-유사종교부락 대중신앙의 집합체」, 『지방행정』 15권 155호, 대한지방행정공제회, 1966.

전홍석, 「근대 한국민족종교에 대한 세계문명사적 조명」, 『동아시아고대학』 54, 동아시아고대학회, 2019.

제점숙, 「근대 한국불교의 '친일-항일' 담론-한국불교 '친일'의미의 다양성」,

『비교일본학』 37, 2016.

홍범초, 「증산계 삼덕교」, 『한국종교』 11・12, 원광대 종교문제연구소, 1987.

황필호, 「종교 다시 쓰기-한국종교연구회 『종교 다시 읽기』를 읽고」, 『종교연구』 24, 한국종교학회, 2001.

Bernat Marti-Oroval, 「藤島了穩と仏教公認教運動——フランスの留学期との関係を中心に——」, 『印度學佛教學研究』 71-2, 印度學佛教學研究會, 2023.

Hervert Spencer, *The Principles of Sociology*, Authorized ed.vol. 1(New York, D. Appleton and Company, 1898)

W・P・ウッダード, 「新興宗教宗と教法人法」, 『宗教公論』 26-5, 宗教問題研究所, 1956.

ベルナット・マルティ・オロバル, 「井上円了の「公認教」論―19世紀フランスのコンコルダート制度との関係を中心に―」, 『国際井上円了研究』 10, 国際井上円了学会, 2022.

加藤增雄, 「東學徒 鎭壓의 先後策에 관한 具申」, 『駐韓日本公使館記錄』, 1894.

岡本洋一, 「明治後期・帝国議会における団体・結社に対する刑事立法の審議について(その一)」, 『熊本法学』 134, 熊本大学, 2015.

廣瀬浩二郎, 「宗教に顕れる日本民衆の福祉意識に関する歴史的研究」, 京都大學博士論文, 2000.

広田ともよ, 「派生社会化する社会―高田保馬の社会類型概念からの一考察―」, 『広島修大論集』 55-2, 広島修道大学ひろしま未来協創センター, 2015.

久米易堂, 「日高見國の批評諸氏に答ふ」, 『史海』 20, 經濟雜誌社, 1893.

宮崎忍海, 「思想問題と宗教」, 『六大新報』 885, 六大新報社, 1920.

及川智雄, 「宗教法案に對する素人觀」, 『東亜の光』 21-8, 東亜協会, 1926.

峯川辰五郎, 「宗教法案に就いて」, 『法曹公論』 31-4, 日本弁護士協会, 1927.

吉永進一, 「太靈と國家―太靈道における國家觀の意味」, 『人體科學』 17-1, 人體科學會, 2008.

南山太郎, 「奇奇怪怪 秘密結社の解剖(5)」, 『朝鮮公論』 제10권 제11호, 朝鮮公論社, 1922.

_____, 「奇々怪々秘密結社の解剖(四)」, 『朝鮮公論』 제10권 제10호, 朝鮮公論社, 1922.

_____, 「奇々怪々秘密結社の解剖(一)―宗教類似団体の暗中飛躍」, 『朝鮮公論』 제10권 제7호, 朝鮮公論社, 1922.

大宅壯一, 「宗教インフレ時代」, 『改造』, 1934.

大島豊,「新時代に於ける哲學の使命」,『維新』2-3, 維新社, 1935.

_____,「宗教の本質と教育」,『宗教教育の新思潮』, モナス, 1935.

大蔵省印刷局 編,『官報』1932.08.02.

大塚清章,「最近に於ける宗教の日本主義化」,『國本』15-11, 國本社, 1935.

渡邊彰,「朝鮮に於ける宗教」,『朝鮮彙報』60, 朝鮮総督府, 1920.

渡邊海旭,「祈禱を要せざる宗教」,『無礙光』18-2, 無礙光社, 1922.

島田裕己,「新宗教批判の歴史的変遷―天理教, 創価学会, オウム真理教を事例に」,『宗教研究』82-2, 2008.

東定宣昌,「明治期, 日本における最初の朝鮮人労働者」,『經濟學研究』57, 九州大学経済学会, 1992.

鈴木惠照,「社會事業と寺院(二)」,『六大新報』1213, 六大新報社, 1927.

瀬沼夢,「宗教界の一顯象」,『穎才新誌』703, 穎才新誌社, 1891.

李覺鍾,「朝鮮民政資料 契に関する調査」,『朝鮮』100, 朝鮮総督府, 1923.

牧之内友,「戦前期における文部省の宗教政策―「類似宗教」が「宗教結社」となるまで」,『北大史学』43, 北大史学会, 2003.

文部省訓令제12호,「一般ノ教育ヲシテ宗教外ニ特立セシムル件」, 鳥取縣教育委員會事務局,『教育法令集 鳥取縣編』, 第一法規出版, 1949.

梶谷素久, J.ランガー 編,『社会学とヨーロッパ』, おうふう, 1994.

飛鳥生,「金城女學校不敬事件」,『新光』28, 金光教青年会, 1908.07.

山口道弘,「久米邦武の思想展開」,『法政研究』89-4, 九州大学法政学会, 2023.

山口鹿太郎,「武人と信仰(承前)」,『軍事警察雑誌』21-2, 軍警會, 1927.

山崎泰輔,「上毛支會一周年の總會に臨む情を陳す」,『明治会叢誌』24, 明治会, 1890.

山田顕義述,「井上毅君演説筆記」,『山田伯演説筆記：附・井上毅君演説』, 1888.

小關紹夫,「新興教團の諸形態」, 友松円諦,『邪信に迷ふ人のために』, さんもん書房, 1935.

小關紹夫,「類似宗教團體の現勢とその分析」,『宗教研究』11-6, 1934.

小野清一郎,「宗教法案の法理的批評」,『中央公論』41-9, 中央公論新社, 1926.

孫江,「宗教結社、権力と植民地支配―「満州国」における宗教結社の統合」,『日本研究』24, 国際日本文化研究センター, 2002.

新田均,「明治十七年の公認教制度の採用に関する一考察―史料の翻刻と分析を中心に」,『皇學館大學神道研究所紀要』7, 1991.

安藤枯山,「十萬の癩患者をどうするか」,『新公論』30-7, 新公論社, 1915.

安藤正純,「大本教取締方針質問」,『六大新報』906, 六大新報社, 1921.

奥谷文智,「新興宗教論(一)」,『新公論』30-10, 新公論社, 1915.

和泉乙三,「新興宗教論(二)」,『新公論』31-2, 新公論社, 1916.

呉佩遥,「迷信と信仰のはざま：境野黄洋における「詩的仏教」の構想」,『宗教研究』96-1, 日本宗教學會, 2022.

奥平康弘・齊藤小百合,「宗教の自由の系譜―宗教団体法制定への動き(上)」,『時の法令』1536号, 雅粒社, 1996.

玉置文弥,「近現代日中におけるアジア主義・超国家主義と「民衆宗教」―大本教と道院・世界紅卍字会の連合運動―」, 東京工業大学 博士學位論文, 2024.

遠藤高志,「1930年代中盤に見る「類似宗教」論：「迷信」論との関係に着目して」,『東北宗教学』2, 東北大学大学院文学研究科宗教学研究室, 2009.

長野仁三郎,「天道教論」,『軍事警察雑誌』第15巻 第11号(169号), 軍警會, 1921.

荻野勉,「新興宗教の發生と敎勢」,『宗教時報』1-5, 宗教時報社, 1947.

町 泉寿郎,「第一次宗教法案と東本願寺：唐津高徳寺資料の紹介」,『東アジア学術総合研究所集刊』43, 二松学舎大学東アジア学術総合研究所, 2013.

諸岡了介,「R.N.ベラーにおける宗教進化論の展開と現代の宗教研究」,『論集』42, 印度学宗教学会, 2015.

鳥山汀果,「生神様の種類頭数」,『新公論』36-8, 新公論社, 1921.

佐伯友弘,「宗教法案の教育史的意義について」,『キリスト教社会問題研究』37, 同志社大学人文科学研究所キリスト教社会問題研究会, 1989.

中濃教篤,「宗教的民族主義の系譜―仏教とくに日蓮系諸集団を中心として」(〈日本宗教史講座 第4巻〉),『現代の宗教問題』, 三一書房, 1959.

中原賢次,「YMCA歴程―青年會は何處へ行く」,『開拓者』27-6, 日本基督教青年会同盟, 1932.

青野正明,「植民地期朝鮮における「類似宗教」概念」,『国際文化論集』43, 桃山学院大学総合研究所, 2010.

＿＿＿＿＿,「朝鮮総督府の「心田開発運動」と「類似宗教」弾圧政策」,『日本学』31, 동국대 일본학연구소, 2010.

崔錫榮,「植民地朝鮮における宗教政策と巫俗の研究」, 広島大学大学院社会科学研究科, 1998.

澤田和吉,「現代宗教批判講話」,『唯物論研究：唯物論研究会機関誌』28, 唯物論研究会, 1935.

編輯者,「山田所長演説筆記」,『皇典講究所講演』4(34), 皇典講究所, 1890.

丸山鶴吉,「現在に於ける朝鮮治安の状況」,『警察協會雑誌』279, 警察協會,

1923.

「[이달의 순국선열] 건국훈장 대통령장 양기탁 선생」,『월간순국』399, 대한민
　　국순국선열유족회, 2024.

「『日本主義』と宗教家」,『大日本』3(6), 大日本社, 1898.

「故山道裏一位階追陞ノ件」,『叙位裁可書・昭和十六年・叙位巻三十二』(國立公文書
　　館デジタルアーカイブ, https://www.digital.archives.go.jp/img.pdf/3087463

「教界春秋」,『東亜の光』15-9, 東亜協会, 1920.

「教法家ヲ論スル説ヲ見テ愚見ヲ述フ」,『会通雑誌』4, 会通雑誌社, 1885.

「卷頭 國民衛生を蠹毒する類似宗教の邪療行爲」,『日本醫師新報』659, 1935.

「論說 神職として教師を帶ふる者に一言す」,『皇風』11, 興風館, 1896.

「大本教と岸博士の天眼」,『醫海時報』1288, 醫海時報社, 1919.

「大本教の將來」,『六大新報』830, 六大新報社, 1919.

「東學黨事件ニ付審ノ顚末具報」,『駐韓日本公使館記錄』8권.

「東學黨鎭定後再燃豫防ノ爲メ當分ㅅ間我兵ヲ各要地ニ分屯ノ義ニ付上申」,
　　在朝鮮國日本公使館 機密發第5號, 1895.01.16.

「東學徒 鎭壓의 先後策에 관한 具申」(『駐韓日本公使館記錄』), 1894.12.03.

「燈下不明의 近畿 情形」,『개벽』47호, 천도교청년회, 1924.

「嶺西八郡과 嶺東四郡」,『개벽』42호, 천도교청년회, 1923.

「美名を衒ふ宗教類似団体の取締」,『日本警察新聞』842, 日本警察新聞社, 1930.

「思想犯罪から観た最近の朝鮮在来類似宗教」『사상휘보』제22호, 1940.

「成文となれる宗教法案」,『六大新報』1169, 六大新報社, 1926.

「誰言神道非教法」,『会通雑誌』13, 会通雑誌社, 1886.

「神宮奉齋會」,『禪宗』55, 禅定窟, 1899.

「神道家諸氏に望む」,『会通雑誌』97, 会通雑誌社, 1888.

「神社寺院規則及布教規則要旨」,『朝鮮彙報』11, 조선총독부, 1916.

「新興宗教徒の佛教觀」,『六大新報』334, 六大新報社, 1910.02.

「類似宗敎にお灸」,『日本警察新聞』834, 日本警察新聞社, 1930.

「淫祠邪敎の取締」,『禅宗』58, 禅定窟, 1900.

「再び大本教と迷信に就て」,『六大新報』875, 六大新報社, 1920.

「全國學務部長會議に於ける文相訓示・指示事項・協議事項」,『帝国教育』610,
　　帝国教育会, 1932.

「濟化敎」,『高等警察用語辞典』, 朝鮮總督府警務局, 1933.

「詔書」1919.08.19. (『朝鮮彙報』, 朝鮮総督府, 1919.09)

「朝鮮の警報」,『家庭雑誌』9, 家庭雑誌社, 1893.

「朝鮮の鬼神教」, 清水梁山 述, 『日韓合邦と日蓮聖人』, 東京 : 唯一佛教団, 1910.

「朝鮮の東學黨」, 『華族同方会報告』41, 同方会事務所, 1893.

「朝鮮の不穏」, 『自由黨黨報』35, 自由党党報局, 1893.

「朝鮮事變關質問」衆議院事務局 編, 『帝國議會衆議院議事摘要』, 衆議院事務局, 1919.

「朝鮮人の宗教類似団体(一)」, 『朝鮮及満州』179, 朝鮮及満州社, 1922.

「朝鮮人の宗教類似団体(二)」, 『朝鮮及満州』180, 朝鮮及満州社, 1922.

「朝鮮人の宗教類似団体(三)」, 『朝鮮及満州』181, 朝鮮及満州社, 1922.

「朝鮮總督府令第百六號」, 大蔵省印刷局 編, 『官報』1931년 10월 28일.

「宗教条例発布の噂」, 『回瀾滴珠』10, 直理学会, 1890.

「天道教勃興」, 『六大新報』129, 六大新報社, 1906.

「靑林教徒發見處分ノ件」, 『不逞團關係雜件 朝鮮人ノ部 在内地 二』, 高제14338호, 1918.

「太靈道及び皇道大本教」, 伊藤円定, 『世界十大宗教早わかり : 比較対照』, 日本禅書刊行会, 1920)

「統天教設立計劃ニ関スル件」, 『大正8年乃至同10年 朝鮮騒擾事件關係書類』共7冊 其6, 朝鮮總督府 警務局 高等警察課, 1920.

「平壤 宗教類似團體」, 《매일신보》1917.09.07.

「現代日本佛教界批判」, 大日本學術協會 編, 『教育學術界』38-4, モナス, 1919.

「化粧せる病婦」, 『六大新報』1226, 六大新報社, 1927.

저자약력

권동우

원광대학교 원불교학과를 졸업, 일본 북교대학(佛教大學) 대학원에서
일본신화를 전공했다. 현재 원광대학교 특임교수로 재직 중이다. 교파
신도의 한국 유입과 포교의 양상을 비롯하여 근대 한국 신종교 연구 등
한국과 일본의 근대종교에 대한 연구를 주로 진행해 왔다. 최근에는
근대 동아시아의 유사종교 연구로 시야를 확대하고 있다.

저서로『スサノヲの変貌—古代から中世へ』(2013)이 있으며, 공저로『神話
・伝承学への招待』(2015),『日本書紀1300年史を問う』(2020),『근대 일본
계 종교의 조선 포교 양상과 그 영향』(2024) 등이 있다. 주요 논문으로
는「神道의 조선 유입에 관한 재검토 : 교파신도의 조선포교를 중심으
로」(2018),「'유사종교해산령'의 실체에 관한 연구 : '무극도(無極道)'
사례를 중심으로」(2021),「통감부 시기, 신습교(神習教)의 한국포교
양상 연구」(2022),「일제강점기 천리교의 토착화 과정 연구」(2024),
「근대 교파신도의 일선동조론」(2025) 등이 있다.

이 연구는 한국연구재단 저술출판지원사업의 지원을 받아 수행되었음
(과제번호 : 2022S1A6A4038808)

근대 동아시아 '유사종교' 연구
─용어 성립과 의미의 변천사 탐색─

초 판 인 쇄	2026년 01월 20일
초 판 발 행	2026년 01월 30일
저 자	권동우
발 행 인	윤석현
발 행 처	박문사
책 임 편 집	최인노
등 록 번 호	제2009-11호
우 편 주 소	서울시 도봉구 우이천로 353
대 표 전 화	02) 992 / 3253
전 송	02) 991 / 1285
전 자 우 편	bakmunsa@hanmail.net

ISBN 979-11-7390-031-0 93200   정가 35,000원